失われた民主主義

メンバーシップからマネージメントへ

シーダ・スコッチポル 著
河田潤一 訳

Diminished Democracy
From Membership to Management
in American Civic Life
Theda Skocpol

慶應義塾大学出版会

失われた民主主義——メンバーシップからマネージメントへ

ビルとマイケルに

民主的な国家では、いかにして人と結び合うかを知ることが基本的な知恵であり、ほかのすべての進歩はその進歩に依存する。

民主政治は国民にもっとも有能な政府を提供するものではない。だがそれは、もっとも有能な政府がしばしばつくり出しえぬものをもたらす。社会全体に倦むことのない活動力、……とエネルギーを行き渡らせるのである。こうした活力は民主政治なしには決して存在（しないのである）。

政治は数多くの結社を生ぜしめるだけでなく、巨大な結社をつくり出す。社会生活においては、一つの利害関心が、多数の人間を自然のうちに一つの共同の行動に惹きつけることは稀である。……政治においては、……結社の普遍的価値が明らかになるのは、大結社の場合をおいて他にない。……政治的結社は多数の人々を一時に自分の殻からひき出す。年齢や頭脳や財産によって本来はどんなにかけ離れていようと、……ひとたび相見れば、再会の術は常にある。……

政治的結社は授業料のない偉大な学校であり、そこに来て国民の誰もが結社の一般理論を学ぶもの、とみなすべきである。

アレクシス・ド・トクヴィル『アメリカの民主主義』

まえがき　ix
序文と謝辞　xi
第1章　ウォレン・ダージンの墓石——アメリカにおける草の根民主主義　1
市民世界の変貌／　合衆国における草の根民主主義の高まりと変貌／　本書の見取り図
第2章　いかにして合衆国は市民共同体となったのか　17
「小さいことは美しい」——今日の多くが受け入れている物の見方／　ボランティア主義と民主的共同体の建設／　古い見方への新証拠／　アメリカにおけるボランティア主義の起源／　市民共同体としてのアメリカの近代化／　自発的連合体の急増／　二〇世紀における市民社会／　ボランティア主義と民主的ガバナンス
第3章　結社好き《ジョイナー》、組織者、市民　63
メンバーシップの意味／　組織者を入会させる組織者／　民主的市民精神への道筋／　回顧と展望

第4章　メンバーシップからマネージメントへ　109
古い連合体と新しい社会運動／　アドボカシーの噴出／　アドボカシー時代のメンバーシップ集団／　一変した市民世界

第5章　なぜ市民生活は変化したか　149
社会的慣習からの解放と市民世界の変貌／　政治的機会と結社の変化／　結社建設の新しいモデル／　トップの変化／　改造された市民生活

第6章　我々は何を失ったのか　187
トップダウンの市民世界／　失われた民主主義／　二〇〇一年の〈9・11〉以後の市民性復興か

第7章　アメリカ市民社会の再構築に向けて　217
有害な対策／　草の根民主主義の新しいモデル／　メディアと民主性再興／　ナショナルな政治の改革／　アメリカの失われた民主主義の再興

訳者あとがき　253
註　*11*
索引　*1*

一、本書は Theda Skocpol, *Diminished Democracy : From Membership to Management in American Civic Life*（Norman : University of Oklahoma Press, 2003）の全訳である。

二、原則として、諸符号の転記は慣例にしたがう。すなわち、（ ）→（ ）、〝 〟→「 」。

三、原語の読みをカナ書きする場合にはなるべく原音を尊重する。

四、原文においてイタリック体で強調されている部分は、訳では傍点を付している。

五、エピグラフのトクヴィルの言葉の翻訳に際しては、岩永健吉郎・松本礼二訳『アメリカにおけるデモクラシー』（研究社、一九七二年、一一〇頁、一一三頁、一一四頁）、および、松本礼二訳『アメリカのデモクラシー：第一巻（下）』（岩波書店、二〇〇五年、一三七頁）を参照した。記して感謝する。

まえがき

素晴しい多くの出来事が私の人生で起こったが、オクラホマ大学にカール・アルバート連邦議会調査研究センターを設立したことほど、私が誇らしく思うものはない。また、同センターのジュリアン・ロスボーム特別記念講義における講演ほど満足のいくものはない。このシリーズは、ジュリアン・J・ロスボームを記念して、イレーヌ夫人と御子息のジョエル・ジャンコウスキーが創設した、オクラホマ大学の恒久基金によるプログラムである。ジュリアン・J・ロスボームは、オクラホマ南東部で過ごした少年時代以来の私の親友であるが、同氏は、オクラホマ州の公的諸事の長きにわたる指導者である。ロスボームは、オクラホマ大学の理事を二期務め、州高等教育評議員も歴任した。一九七四年、彼は、大学の最も名誉ある特別有功章表彰を受賞し、また一九八六年、オクラホマ州聖堂に加えられた。

ロスボーム講義シリーズは、代議政治、民主主義と教育、公共的事柄への市民参加といったテーマ、すなわちジュリアン・J・ロスボームが生涯にわたってコミットしてきた価値に捧げられるものである。生涯にわたるロスボームのオクラホマ大学、オクラホマ州、そして祖国アメリカへの献身は、ロスボーム講義シリーズが捧げられる理想への尊敬の徴である。このシリーズの一巻である本書は、アメリカ民主主義の理解に永続的な貢献をするものである。

第四六代米連邦議会下院議長　カール・B・アルバート

序文と謝辞

すべては一九九〇年代半ばに始まった。当時、私は、ある直感を突き止めようと、仲間とともに小規模な研究チームを組織した。その直感とは、研究者や評論家が想定しているよりも大規模で、地元を越えた自発的なメンバーシップ結社が、昔のアメリカには存在していたのではないかというものであった。今日のアメリカの民主的健全さについての議論は、過去についての誤った仮定に基づいているのではないか。そうした考えが頭をよぎったが、確信は持てずにいた。当初は、研究費もほとんどなく、我々の小さな研究グループは、合衆国の歴史上現れた最大規模の自発的結社について、資料に裏付けられた一覧と詳細な事実を明らかにするために発足したが、この時には、この作業は二、三年もあれば終わりそうだ（あるいは、これらの巨大結社のうちどれ位の数がかつて実在していたのだろうか）などと考えながらのスタートであった。何年か後に、ハーバード大学の「市民的積極参加に関するプロジェクト」は、会員数が合衆国史上一度でも成人人口の一パーセントを超えたことがある巨大なメンバーシップ結社が、六〇団体ほどあることを突き止めた。それまでに、私と研究仲間は、継続中の一群の調査に関わっており、数多くの種類の自発的結社を規模の大小に関係なく、その出現と成長の軌跡をたどっていた。アメリカにおいて変貌する草の根ボランティア主義の形を——異なったタイプの組織の興亡というレンズを通して——理解することにとりつかれていた。

以上のことからもわかるように、私は長い期間にわたって、協力者の顔ぶれは変わりはするものの、いつも素晴らしい同僚諸氏、大学院生、学生とともに合衆国の自発的結社に関する数多くの調査に光栄にも携わってきた。ハーバード大学の「市民的積極参加に関するプロジェクト」の共同研究者と私は、驚くほど多くのことを知っただけではない。過去の豊かなアメリカ民主主義について、これまで見失われてきた、あるいは軽視されてきた断片を追跡する歴史探偵の役を大いに楽しむことができた。我々は、ハーバード大学のワイドナー図書館はもちろん、学外のいろいろな場所を飛び回った。考証中である自発的結社の多くの役職者（年配者が多いが）に助力をいただくことができ、そのおかげ大規模な自発的結社の記録を掘り起こし、非常に興味深い歴史について学んだ。こうした結社には、今日の高等教育機関の中心においてはほとんど耳にしないような団体が多く、たとえばオッド・フェローズやグッド・テンプル結社からグレンジ、婦人クラブ総連合、そして東方の星、忠節なるムース結社などがあった。かつて高等教育を受けたアメリカ人が、こうした階級横断的な自発的連合体の一員であったり、指導者であった可能性があるのだ。今では多くの人は、こうした結社のことについて知識がない——そして、このことは、アメリカの草の根ボランティア主義の変容する形態についてこの調査から我々が学んだ話の一部でもあるのだ。

私は、こうした努力における最も親しい協力者として、マーシャル・ガーンツ、ジアド・マンソン、ジェニファー・アーザー、ベイリス・キャンプ、ジョスリン・クローリー、ラッチェル・コブ、ケイシー・クロフスタッドの諸氏に特に感謝したい。ほかの多くの方々も同様に、「市民的積極参加に関するプロジェクト」に研究チームの一員として、あるいは調査データの入手者、あるいは遠方からデータの分析者として重要な貢献をしていただいた。以下の方々の名前を書かせていただくのは私の喜びである。ルース・アーギレイラ、デヴィッド・アール・アンダーソン、グレン・ベスマー、クリスチャン・ブルネリ、サンディ・チャン、スーザン・クロフォード、ジュリアン・ディカット、アン・マリー・フロウリズ、クリスティン・ゴス、ジュリア・グリーン、ジャナ・ハンセン、アンドリュー・カーク、オリット・ケント、マイヤー・ケスツンバウム、アリアン・リアゾス、ショーン・マッキー、レジーナ・マーカード、ロバート・ミッキー、ジジ・パリス、アニータ・レントン、ジュリア・ラビン、エリザベス・リビキー、キャメロン・シェルドン、アンドレア・シェパード、ブライアン・シリングロー、デヴィッド・シーウ、マイケル・スヴァーズ、ジュリアンヌ・アンセル、カレイヴァニ・サンカラパンディアン、ミランダ・ワーセン、クリスティーヌ・ウォイシュナー。このリストから漏れている方がいるかもしれない。その方々にはご寛恕をお願いする次第である。

合衆国の自発的結社の歴史について、各氏の調査データを使わせていただいた、デヴィッド・ベイト、デヴィッド・フェイイ、ジェラルド・ガムおよびロバート・D・パットナムの各氏には深謝したい。また、多くの古文書保管人、結社所属の史家、自発的結社の役職者、また特定の結社を研究している市井の研究者には特に感謝したい。私や共同研究者が、会員の傾向や結社の歴史を調べるにあたって、大いに助けていただいた。たとえば、マサチューセッツ州クインシーのピシアス騎士団の最高秘書官アルバート・サルツマンは、小さなオフィスから外に出て働いているが、我々が何度もお邪魔したにもかかわらず、その度に快く受け入れてくださり、オフィスに保管されている何箱もの古びたボックスから宝物のような文書の自由な閲覧をお許しいただいた。また、東方の星の本部ワシントンの総大秘書官ベティ・ブリグズを訪ねたことがあるが、訪問後、彼女は親切にも一八七六年から三年毎に出されている報告書一揃を、「市民的積極参加に関するプロジェクト」とハーバード大学の図書館に寄贈してくださった。こうした特筆すべき重要な方々以外にも、以下の方々には大変お世話になった。記して感謝したい。ビルとジニー・ビーティ（婦人キリスト教禁酒同盟）、ジョアン・ベンソン（小児麻痺救済募金）、スーザン・ブロスナン（コロンブス騎士団）、クリス・コーブル（クリスチャン・エンデヴァーを研究中）、ジョン・コンキャノン（古ヒベルニア団）、ロバート・コックス（米国在郷軍人会）、ジュリー・クルーデル（グリーンピース）、ダグラス・フレイザー（全米自動車労組）、エドナ・グラス（インディアン向上同盟およびポカホンタスの娘たち）、エイブラハム・ホルツマン（タウンゼント運動を研究中）、マイク・ケリー（エルクス慈善保護会）、ジェーン・キンズマン（米国赤十字）、ジャニス・クラーン（ルター派救済会）、エイモンド・ロダート（環境保護団体を研究中）、ジャネット・マーン（聖堂会）、スティーブン・モロー（独立オッド・フェローズ結社、マサチューセッツ州）、ウィリアム・ムアー（メーソンを研究中）、グレッグ・ネイゲル（ボーイスカウト）、ヴァーン・ポール（海外従軍軍人会）、ロバート・プラウドリー（メーソン奉仕団）、ジョー・ライリー（マサチューセッツ・キリスト教連合）、ボブ・レイノルド（米国労働総同盟産別会議［AFL＝CIO］）、アンソニー・シュナイダー（全米友愛会議）、シンシア・スワンソン（婦人クラブ総連合）、マーク・タバート（国民的遺産付属博物館）、ロジャー・J・タルバート（全米グレンジ）、バーバラ・ヴァイツアー（女性国際ボウリング協会および米国ボウリング協会）、ブライアン・ウィリアムズ（米国赤十字）、ジョイス・ライト（ピシアスの姉妹）、ロバート・ジーガー（産別会議［CIO］を研究中）。調査に御協力をいただき感謝します。完全を期したつもりだが、一部の方の名前が落ちているかもしれない。失礼があればお詫びしたい。

本書はまた、古物収集家や米イーベイ・インターネットオークションの世界で発見した新しいつき合いの恩恵にも浴すことができた。フロリダとニューヨークのジム・バーケルからは、珍重な普段は目にできない会員バッジを譲ってもらった。コロラドのジム・ダヴェンポートは、ウッドメン友愛会の写真や「事実」を提供してくださった。また、ミズーリのジョン・カーンズは、珍しい友愛会の儀式の原稿を提供してくださった。三氏には感謝申し上げる。

著書というものは、パソコンと向き合う執筆者のみでは決してできあがるものではない。度重なる知的邂逅――専門家の会議で、リサーチワークショップの中で、また客員講義の間の――から生まれるものでもある。本書は、オクラホマ大学カール・アルバート・センター主催の一九九九年秋の一連のロスボーム講義として始まった。当時、センター長は、ロン・ピーターズであった。ロンおよび氏の同僚諸氏に対して、オクラホマ大学滞在中の心温まる素晴らしい歓待に感謝申し上げたい。この時に、オクラホマ大学総長デヴィッド・ボーレンだけでなくジュリアン・ロスボームとジョエル・ジャンコウスキーにも光栄にもお目にかかることができた。私は、講義が終わった後、州内のあちこちを旅し、本書執筆に利用した古い文書の一部を見つけることもできた。

オクラホマでの講義の後先に、ここには一々書ききれないほど多くの場所で、本書に関する議論や証拠の種々の側面について発表する機会を得た。ヨーロッパからカリフォルニア、そして合衆国の中心地。参集いただき、私の話に耳を傾けてくださったすべての聴衆者に感謝します。そこでの質問やコメントは、本研究を進める上で大いに役立った。特に、ハーバード大学アメリカ政治研究ワークショップには感謝したい。そこへの参加者とのやり取りは、本書で具体化された着想を磨き上げるのに何度ともなく役立った。多くの友人や同僚諸氏が、この仕事に対して個人的な支援や知的激励を与えてくれた。特に、エレン・フィッツパトリック、モーリス・P・フィオリナ、エリノア・オストロム、ポール・ピアソン、シドニー・ヴァーバにはお世話になった。ロバート・D・パットナムは、有益なデータと刺激的な議論の尽きない知的源泉であった。我々二人は、いくつかの決定的な論点で意見を異にするが、二人の識見豊かな同僚が嬉々として談笑し、ＰＴＡやエルクスに関するデータを交換するような主要大学は、ハーバードをおいてはないであろう。

本書が基づく調査は、何年にもわたって多くの団体から財政的支援を受けた。その中には、バーテルズマン財団、ラッセルセージ財団、ピュー慈善信託、ジョン・Ｄ・&キャサリーン・Ｔ・マッカーサー財団、そしてハーバード大学ウェザーヘッド国際問題センターおよび子ども研究プログラムが含まれている。特にフォード財団には、アメリカの市民生活に関する私の調査のいくつかの主要な側面を支援していただき御礼申し上げる。そして、この試みの多くの局面を通じて緊密な協力を惜しまれなかった、フォード財団役員のコンスタンス・ブキャナンの友情と知的支援には深謝したい。

オクラホマ大学出版局の他の同僚諸兄とともに、ジーン・ウアターゾウ、マリアン・J・スチュアート、シェイラ・バーグは原稿を書物の形にする上で主導的な役割を果たしてくださった。心から御礼申し上げる。ハーバード大学の私の助手、社会学部のアビー・ペック、政治学部のアメリカ政治研究センターのリリア・ハルパン＝スミスもまた、多くの重要なやり方で本書に貢献してくれた。彼らのおかげで、私は同時にほかのプロジェクトを継続することができた。

『失われた民主主義』は、私の夫ビル・スコッチポルおよび私の愛する息子マイケル・アラン・スコッチポルに捧げたい。息子のミドルネームは、私の父、生涯を通じての南北戦争狂アラン・バロンからきている。父は、南北戦争が主役を演じる本書が気に入ってくれるものと信じる。ビル・スコッチポルは、アメリカに関する文献・資料に対する私の愛を共有しているし、ビルは、ウィリアム・ダージンの墓を発見し、その意味を即座に理解した人でもある。マイケルは、アメリカの未来――願わくば、民主主義が隆盛する未来――に我々を結びつける存在である。

シーダ・スコッチポル

ケンブリッジ（マサチューセッツ州）にて

第*1*章

ウォレン・ダージンの墓石——アメリカにおける草の根民主主義

Warren Durgin's Gravestone — Understanding American Civic Democracy

狭く曲がりくねった道を一マイル以上下って行くと、小川に突きあたる。川辺には、木々が立ち並んでいる。我々を迎えるのは共同墓地だ。いくつもの小さな墓標が、まばらにつっ立っている。メイン州ノースラヴェルのウィリアム・ウォレン・ダージンの亡骸もそこにひっそりと眠っている。この安住の地の佇まいは、人生の大半をメイン州の西のはずれに位置するケザー湖に接し、隣のニューハンプシャー州のホワイト山脈の麓に広がる丘陵地帯にきびすを接する森林地帯、一面岩の野原と小村落が点在する、この農村地帯で生を全うした――一八三九年一二月一八日に生まれ、一九二九年一月二七日に死去。九〇歳という長寿であった――無骨な農民、木材切出し人監督、糸巻き職人にふさわしいものである。[1]

しかし、〈ウィリアム・W・ダージン〉の墓標には驚かされる。碑文は、ひときわ高い大きな花崗岩の石板に刻まれている。ダージンは、「エイブラハム・リンカーンの従者の一人にして、リンカーン大統領の遺骸をイリノイ州スプリングフィールドへ移送する儀仗兵」を勤め、「納骨を補佐した」、在りし日の偉大な瞬間を、碑文は物語っているのである。南北戦争中、四年間にわたって北軍に従軍した後、ダージン曹長は、棺側葬送者八人の一人に選ばれた。その中には傑出した将校のほか、「年齢や兵役期間、リンカーン大統領の遺骸を生地のイリノイ州スプリングフィールドに護衛するにふさわしい武勲を基準に選ばれた……[2]」四名の曹長が含まれていた。ダージンは、棺を棺台に運ぶのを補佐し、リンカーン大統領が葬られる州都スプリングフィールドまで護衛した。遺骸を乗せた有名な特別列車は、首都ワシントンからスプリングフィールドへ、「ボルティモア、ハリスバーグ、フィラデルフィア、ニューヨーク、オルバニー、バッファロー、クリーブランド、コロンバス、シカゴ、［さらには］インディアナポリス」を悲しみにくれつつ進んで行った。ダージンは、これらのすべての出来事を、何十年も後に記者インタビューを受けた死の前年に、まだ思い出として記憶していたのだ[3]。

リンカーンの棺側葬送者としての軍務の顕彰だけでは、まだまだ不足であるかのように、ダージンの墓石は、ミドルネームの〈ウォレン〉として生前知られた男の所業を、数多く物語っている。生誕と死亡の年月日の下に、〈南北戦争在郷軍人会（GAR）指揮官〉なる文字がくっきりと刻まれている。南北戦争在郷軍人会とは、南北戦争後の北軍退役軍人の集まりであるが、彼は地元の支部長に選出されていた。さらに下に目をやると、今度はダージンが所属していた団体であろうか、〈P. of H.〉と刻まれている。この組織は、農業擁護者会（Patrons of Husbandry）、すなわちグレンジ（農業共同組合）である。ダージンは、ノースラヴェルのケザー湖グレンジ四四〇号の一員であった可能性が高い。さらに、墓石のてっぺんには、細長い三葉のリボンが矩形に絡み合って垂れ下がっているのが見える。この種の通には一目瞭然であるが、ウォレン・ダージンは、合衆国の主要な友愛結社の独立オッド・フェローズ結社の一員であった。彼はノースラヴェルのクレセント支部二五号の一員であったのだ[4]。

私が、最初にウォレン・ダージンの墓石を思い浮かべたのは、夫のビル・スコッチポルが、西メインの田舎道をドライブ中にそれに気を止めてからのことであった[5]。ある男の生涯が刻まれた墓石。その男への好奇心も手伝って、我々は、ラヴェル歴史協会からさらに多くの情報と手がかりを手に入れた。後に、私が、その墓石を直接見に行ったとき、ダージンの物語が、合衆国における市民の歴史のいくつくらいの要素に光を当てるのか、往生した。

一つには、墓標の光景が、私に結社に入会する意味がどれほど変化したかを十分に納得させた。何十年も後という有利な立場から、森のまだら模様の日の光を通してじっと見ていると、ダージンがエイブラハム・リンカーンの棺側葬送者としての軍務を永遠に語り継ぎたがった理由がすぐに合点できた。だが、こうした重要な戦争中の役務があれば、なぜ南北戦争在郷軍人会、グレンジ、あるいはオッド・フェローズへのつながりが加わるのか。私は、名誉なことに役職も務めたことがある申し分のない二つの学会、アメリカ政治学会〈APSA〉とアメリカ歴史社会科学会〈SSHA〉の会員であることをすごく大事なことだとは思っているが、墓石に、〈APSA〉、〈SSHA〉と刻んでもらうことなど想像だにできない。ウォレン・ダージンは、私にとっては、直感的にはおよそ理解しがたい市民的世界の一部であった。そうした世界では、結社の一員であることが、それ自体名誉であり、すこぶる重大な意味を持ったのだ。

ほかの考えも頭に浮かんだ。ダージンの墓をこの目で見に行く前に、私は貧しい農夫で労働者でもあるこの貧相な男が、当時最も特権的で大きな勢力を誇った自発的結社の一員であり、実際にその役員でもあった事実を理解しようと、合衆国の自発的結社の歴史を相当調べ上げていた。南北戦争在郷軍人会、グレンジ、オッド・フェローズの名前が出てくるのはダージンの墓石だけの話ではない。一九〇〇年前後の数十年間、同種の自発的結社の名前は、メイン州選出の米国連邦上下院議員、あるいは州政府の選出公職者として仕えた実業家、裕福な農民、教育を受けた専門家の伝記紹介の中にも誇らしげに登場してくる。[6] さらに重要なのは、同じ結社を、マサチューセッツ州のより都会風の、国際的な感じがする指導者も頻繁に引き合いに出していたことだ。事実、そうした結社の一員であることを、全米の政府内外のエリートは公に表明していたのである。[7]

この後すぐに知るように、オッド・フェローズ、南北戦争在郷軍人会、グレンジの三つは、自発的に加入した会員が運営するアメリカ史上最大規模の最も包括的な結社であった。これらとそれ以外の多くの自発的結社が、アメリカの連邦的に組織された共和政体からインスパイアされた市民的組織者によって創設された――本当にそのとおりであって、彼らは団体を合衆国の統治制度を模して作り上げ、全米各地に広がる大規模な連合体を創設したのだ。各地の支部は、代表を通じて州・全国組織に傘状に結びついていた。一八六〇年代の南北戦争での北軍の勝利は、自発的結社の発展にとっても一つの重要な分水嶺であった。というのも、この大きな戦争によって、ウォレン・ダージンが入会し、後に墓石を紋章で飾った団体のように、階級横断的な自発的連合体が生まれ、全国に拡大する新たな勢いを獲得したからである。

南北戦争への従軍と同時に大きな自発的結社の一員であったこと。ダージンの墓から読み取れるこれらの事実は、伝記の意味ばかりか象徴的な意味合いも持つものであった。アメリカの指導者が、志願兵や救援網を結集することで北軍を救ったときに行ったように、アメリカの最大規模の自発的結社は、階級を越えて親交を図った。これらの結社は、善良な男性／女性（また時にはグレンジの場合のように両方）を、彼らがその構成員でもある民主的共和政とそっくりの――また、それへの影響力を持つ――大規模かつ包括的な結社に集めることを目指した。その結果、ウォレン・ダージンだけでなく何百万という質素な暮らしをしている人々も、最も特権的で有力な市民を一員とする当の自発的結社に入会でき、うまくいけば役員になるのも難しくはなかった。結社に盛衰はあったものの、階級横断的なメンバーシップは、一九世紀半ばから二〇世紀半ばまでアメリカの市民生活の大部分を特徴づけるものであった。

市民世界の変貌

だが、アメリカの市民生活は今では大きく変わってしまった！　二〇世紀初めのアメリカでは、ウォレン・ダージンのような卑しい男が、高慢ちきな連中の全国的な自発的結社に同じように属することなどほとんど考えられなくなっていた。自発的に入会した会員が運営する全国的に影響力を持つ組織は、今もなお健在ではあるが、それらは専門家集団である場合が多い（私も活発な会員の一人であるＡＰＳＡやＳＳＨＡのように）。アメリカの市民生活は別なふうにも著しく変貌してきた。かつて階級横断的な自発的連合体が影響力を持っていた所で、全国的な公共生活は、今や支部もなければ、会員もいない専門的に運営されるアドボカシー・グループによって牛耳られている。また州や地元レベルの「自発的集団」はたいていが、有給従業職がサービスを届け、ときおり、ボランティア事業を調整する非営利組織である。今日の我々の市民世界では、ウォレン・ダージンを多様な社会的背景の人々が織りなす自発的結社——おそらく教会は別として——の活動的な一員よりも、非営利組織の利用者としてイメージする方がはるかにしやすい。

　その上、他の変化も起こっているようである。アメリカ人としての至高の行為——ウォレン・ダージンの南北戦争への従軍——が、自発的結社への積極的な参加と密接に関係しているとはもはや思われない。また我々は、ダージンが会員であった南北戦争在郷軍人会やグレンジといった政治的に活発で階級の区分線を越えた自発的結社の偉業をもはや強調して見せたりしない（ダージンは、南北戦争の恩給受給者であり、また南北戦争在郷軍人会は、北軍の従軍兵全員への惜しみない扶助金のために政治的に扇動した）。ここ数年の傾向では、アメリカで顔が最も売れている多弁な政治家や研究者、評論家が、「自発的集団は積極的な中央政府から距離をおいて——また、政治から切れて——最もよく繁栄する」と言ってはばからない。市民的積極参加の政府の、政治的な源泉の過小評価は、研究者や穏健な評論家の間では目立たなくとも、保守的な政治評論家の間では非常に露骨である。クリストファー・ビームが、多方面にわたる批評の中で指摘しているように、あらゆるタイプの同時代の著者が、地元コミュニティを取り上げ、「政府の活動、そして大規模な政治組織の活動」は、健全な市民社会にとって、「……

よくて的はずれ、下手すれば有害だ」[8]と考える始末である。

ロバート・D・パットナムは、よく知られた著書『哲学する民主主義』(*Making Democracy Work*, 1993) および『孤独なボウリング』(*Bowling Alone*, 2000) によって、同時代のどの研究者にもまして、市民的積極参加の理解を図った。[9]パットナムの見解では、家族のピクニック、町のボウリング連盟が、市民的積極参加の水源なのだ。彼の鍵概念である「社会資本」は、社会的・政治的信頼感、さらにはあらゆる種類の対人的な社会的つながり——家族、友達、隣人のインフォーマルなつながりから、組織された集団への反復的な参加まで——を含む。ただし、それらが繰り返される対面での交流を伴う限りにおいてであるが。彼の社会資本の採点では、十分ネットワーク化された地元コミュニティが最高点を占める。なぜならば、そうした地元では、人と人との繰り返される交流がしばしば中心的位置を占めるからだ。パットナムは、相互作用的な結びつきを、あらゆるほかの社会的・政治的活動の形態よりも重視する。というのも、彼が、そうした交流が信頼と協力をほかに例を見ないほど促進すると信じているからである。対面的な集団交流が活発であるほど、そうした国に生活する国民は、より健康になり、政府と経済もより効率的になる、と言うのだ。[10]

リベラル派や、マイケル・サンデル、ジーン・ベスキー・エルシュテイン、ウィリアム・ガルストンといった穏健なコミュニタリアンの市民社会論は、パットナムのものとは違っているが、地元コミュニティ、家族、友人、隣人間の交流を彼と同じように特別扱いしている。サンデルの主要著作『民主主義の不満』(*Democracy's Discontent*, 1996) においても、健全な市民生活はジェファーソン的な言葉遣いで地元コミュニティの一側面として描かれている。そこでは、中央政府は、共和主義的美徳にとって、よくて的はずれ、下手すれば有害だとされている。[11]同様に、エルシュテインが共同座長を務める、全米的な委員会である「市民社会会議」の最終報告書は、合衆国における市民性の退潮の主要な源泉として、家族生活の衰弱、地元コミュニティの崩壊、個人的責任の基準の低下を公然と非難している。[12] 政府と政治は、この報告書にはほとんど登場しない——そして、政府と政治は、健全な市民生活の描写においても同じように欄外扱いであり、衰退目録《インデックス》は、ガルストンがコーディネーター役を務めた別の最近の全米委員会の報告書にも見出される。[13]

政治やナショナルな政府から市民的積極参加を切り離す試みは、現代アメリカの保守主義者の間で激しさを帯びている——というのは、彼らの多くが一種のゼロ・サム概念に固執しているからである。この種の考え方にあっては、ナショナルな政府が社会に「介入」すればするほど、市民は積極的に参加しなくなる。わずかな例外（ウィークリー・スタンダード誌に集まる知識人のように）を除いて、現代アメリカの保守主義者は、積極的な全国政府を健全な市民社会にとって有害である、ともれなく描くのだ。影響力の強い声明の中で、政治理論家のマイケル・S・ジョイスとウィリアム・A・シャンブラは、リベラル＝革新的な「全国的コミュニティというビジョン」と、それに付随して巨大化する「大規模で中央集権化された連邦政府」を、「自然な」草の根コミュニティの主たる敵として描いている。彼らは、こうした草の根コミュニティは、地元外の政府を巻き込まなくても、社会問題を自ら解決できる自立的な家族、近隣地区、地元の民族的・自発的な集団に根を置いている、と信じている。[14] 同様にピーター・ドラッカーは、「下からの自発的な集団活動」と、「上からの組織された政府活動の集団主義」を対比しており、またジョージ・ウィルは、ちょっとまねのできない生き生きとした話法で、自発的集団のことを、「連邦政府の大軍勢」と戦う街の「小隊」と呼んでいる。[15]

こうした誤解を招きかねない信念は、二〇〇一年九月一一日のテロ攻撃の直後、アメリカの認識と希望における著しい変化と衝突した。〈9・11〉は、過去の戦争の勃発と同じように、愛国主義や全国民は仲間だという意識を急激に盛り上げ、加速させた。にわかにアメリカ人は、全国政府への信頼を取り戻し、公共的努力を共有することに熱を帯び出した。[16] さらに〈9・11〉後、一部の指導者は、失業者支援の新たな社会保障プログラムを要求し、またテロと全米の経済不況の同時発生が引き起こした犠牲的行為を推し進めた。そうした強い声はまた、ブッシュ政権が、おそらくアメリカの若者全員を対象に、新たな、義務的な国民奉仕プログラムを声高に求めることで国家的な市民性再興を推進するための機会をぐいと掌握することを大統領に迫った。[17] この種の連邦政府のイニシアティブは、それらの提案者が主張したように、多くのアメリカ国民に活動的、参加的な市民性という新感覚を与えることによって、ひょっとしたら愛国的感情を行動に翻訳できたかもしれない。

だが、ブッシュ大統領は、危機の前だけでなく直後においてさえ、思い切った新たな国内の社会的イニシアティブを信用できないでいた。また、合衆国の指導者は総じて、かつての指導者が戦争開始時に示した熱意が嘘のように、国内で民間人の活動を拡大すること、そして大規模に市民を動員することに邁進するのを渋った。大統領は、結局は、〈9・11〉直後の正念場の数ヶ月に、全米各地で運営される合衆国公共奉仕プログラムのアメリコープをそこそこ広げることを求めたが、大統領の口から聞かれる最大のメッセージは、経済刺激を目的に、できるだけ消費せよ、との強い呼びかけであった。[18] ブッシュは、市民的関与を盛り上げようと、地元の努力を強調し、アメリカ国民に民間の慈善団体に寄付するように訴えた。[19] ブッシュ政権の市民社会強化のための最重要かつ最優先事項は、政府よりは、教会や地元の地域グループが貧しい人々や弱い人々のニーズを慈善で世話することを奨励することを目的とした「信仰に基づくイニシアティブ」からなっている。[20]

アレクシス・ド・トクヴィルが、もし今日のアメリカ合衆国を再訪したとすれば、非政治的な草の根地域第一主義《シビック・ローカリズム》が強調されすぎている様子に当惑したであろう。というのも彼は、活発かつ民主的な政府と政治が参加的な市民社会を活性化し、補完すると信じていたからだ。ウォレン・ダージンは明らかに、トクヴィルが見た民主的社会の十分に発達した時代のアメリカに生きた。そこでは、「民主政治」は「社会全体に倦むことのない活動力……、エネルギーを行き渡らせ」、「政治的結社」は「そこに来て国民の誰もが結社の一般理論を学ぶ」「偉大な学校」であった。[21] これとは対照的に、二一世紀初めのアメリカ人は、失われた民主主義の中で、ダージンの頃に比べるまでもなく非参加的で、より少数の者が運営する市民世界に生きている。さらに厄介なことに、多くの思想家が、アメリカ人が今日直面している市民の挑戦を誤診している。というのは、彼らは、全国的コミュニティ、積極的政府、そして民主的な動員が、活発な市民社会の創出と維持にきわめて重要だということを忘れているのだ。過去のアメリカ民主主義の真の教訓が、視界から消えつつあるのである。

合衆国における草の根民主主義の高まりと変貌

本書は、アメリカ合衆国における民主主義の政治と草の根ボランティア主義の相互影響に関して大きな物語を語るものである。合衆国の誕生から現代までの結社の立ち上げと市民的リーダーシップのパターンについての鳥瞰図を提供したい。私が提示する証拠や議論は、論議を呼び起こすに違いない。というのは、それらが政治的な左右両端の常識的な考えに挑戦しているからである。

保守的な推測に反して私は、アメリカにおける草の根ボランティア主義が主としてローカルであったことは決してなく、全国的な政府や政治と切り離されて隆盛したことも決してなかったことを実証している。大規模かつ地元を越えた会員によって運営される集団は、アメリカ共和国の初期に姿を現し、その後、一八二〇年代から一九六〇年代の間にかけて全米各地、国民の全部門に広がっていった。アメリカ人は、友人や隣人との交流や地元の問題を解決するためだけではなく、広大な共和国の仲間市民と接触し、全国的な文化や政治を形作る組織力を培うためにも、自発的結社に参加し、指導した。戦争と平和の時代を通じて、アメリカの代表制や公共政策は、自発的な連合体の成長を助長した――次には、それが公共政策の方向性に影響を発揮すべく、しばしば政治に関わった。今日の保守が何を信じたいと思おうが、アメリカ合衆国においては民主的なガバナンスと草の根ボランティア主義は手を携えて発展したのである。

しかし私はまた、アメリカ市民社会が一九六〇年代以降着実に民主的な歩を進めてきた、と信じるリベラル派の言い分にも挑戦するつもりだ。リベラル派は、現代のアメリカ民主主義のほとんどすべての健全な発展を、六〇年代の公民権やフェミニズム運動、少数民族の権利や公益目標《コーズ》を主張するさまざまな運動に帰責化する傾向にある。もちろん、これらの運動は、重要な民主的願望を表現し、十全な参加を阻害する壁を打破し、新しい争点を公的課題に乗せた。だが、一九六〇年代、七〇年代のこうした社会運動は、不本意にもナショナルな市民社会を、専門家が運営する結社・団体が増える一方で階級横断的な会員を基盤とした結社が退潮する社会へと再編成する引き金となった。今の時代、市民活動に熱心なアメリカ人はますます多くの団体を作っているが、そうした組織への加入者はますます減っている。階級の区分線を越えた連帯は、人種やジェンダーを軸とする統合が強まりつつあるのに対して、次第にやせ細りつつある。現代のアメリカの市民生活を支配する専門家が運営する組織は、自分たちが席を奪った六〇年代以前のメンバーシップ連合体と比べて、いくつかの重要な点で民主的でもなければ、参加的でもない。

どうして、私にはそのようなことが言えるのか。読者が、本書で深められる議論を支える証拠を怪しむのは当然である。幅広い読者層にわかりやすい、生き生きとした物語を述べることは、私にとって一つの重要な目標である。しかしながら、本書は、長年にわたる独自の調査研究に基づいた実証的に厳密な本格的学術研究でもある。本書は、アメリカの過去と現在の市民生活の傾向を斬新な形で説明するために、数多くの新しい証拠を利用している。そこで、まず第1章では、本書で私がとるアプローチを明瞭に説明し、長期にわたって集めた資料がいかなる種類のものかを提示し、章を終えたい。

私の基本的な説明アプローチは、長期間の発展を本格的に取り上げるという意味と、結社に従事する生活の激変を説明するのに役立つかもしれない。また同時に起こる諸出来事に細心の注意を払うという意味では、歴史的なものでもある。今日、多くの学者や専門家が、アメリカの市民社会の健全さについて議論している。一部の分析者(ロバート・パットナムや先述のコミュニタリアン)は、現代になって地域グループや対面的な社会的つながりが衰退していることを心配しているが、他方でこうした今日の傾向をより楽観視し、一九六〇年代、七〇年代の新しい社会運動やそこから生まれた新しいアドボカシー・グループの群生を重視する分析者もいる(政治学者のジェフリー・ベリーや社会学者のデブラ・ミンコフ)[22]。だが、「心配性」、「楽天家」と私が呼ぶ両陣営とも、立論の証拠づけとして、近年のスナップ写真に頼りがちである[23]。合衆国の長期にわたる市民の歴史の大半は、両陣営にとって引き立て役、あるいは背景でしかない。社会調査のデータを、「心配性」は、一九五〇年代以降に観察されるアメリカ人の団体加入と参加の停滞の論証に、また「楽天家」は、六〇年代以降の団体設立の増加の証明書として使うだけである。

それに対して本書は、アメリカ史をはるか過去にまでさかのぼり、合衆国がメンバーシップ基盤の結社の組織者、結社好き《ジョイナー》の国に、国の誕生この方なりえた特定の時期の社会的・政治的な条件の意味を理解するために、長期的な歴史の過程をたどろうとするものである。そこで本書は、専門家が運営する市民組織の台頭に拍車をかけた社会的、政治的、技術的変化の結合を正確に示すため、過去半世紀の発展を詳しく調査している。私の分析にとっては歴史が重要であるが、その理由は、歴史がそもそもおもしろい——確かにそうだが——ということからだけではなく、歴史的視座を広げると、市民的変化が現れては廃れる特定の時期の社会的、制度的な文脈全体がよりよく見えるようになるからである。合衆国がそもそも市民共同体、すなわちメンバーシップ基盤の結社の熱心な組織者、結社好き《ジョイナー》の国にいかにして、またどのような理由でなったのかを、まずはしっかりと把握できなければ、メンバーシップからマネージメントへの最近の変化をどのように理解できるというのか。

歴史過程と諸々の出来事の結合を真剣に受け止めることに加えて、私は市民的組織に焦点を当てている。これは、全国的標本調査で集められた個人レベルの態度データへの、近年の典型的な学術的依存との決別の作業でもあるのだ。さかのぼること一九六三年に、ガブリエル・アーモンドとシドニー・ヴァーバは、『現代市民の政治文化』（*The Civic Culture*）を出版した。同書は、アメリカ、イギリス、ドイツ、イタリア、メキシコ五ヶ国の市民的態度と行動を測るために、全国的標本調査を利用した非常に想像力に富む、大きな影響力を持った研究であった[24]。同研究は、新しい実証データを用いて、伝統的な観察家が長い間論じてきた、アメリカ人は特段に自発的結社に加入し（少なくとも一九六〇年代のように）、活発な役割を果たす傾向にあることを実証した。この先駆的研究書の影響は非常に大きく、実際、社会学者と政治学者は後に、行動論的社会科学で最新の統計的、社会調査的な調査道具に見合うように、アーモンドとヴァーバが市民生活について訊いた質問を定義し直した。

これは大きな変化であった。一八三〇年代にアレクシス・ド・トクヴィルが書いた旅行記や、一八九〇年代のジェームズ・ブライス卿から一九四〇年代のアーサー・シュレジンガー（父）の「結社好《ジョイナー》きの国の伝記」（"Biography of a Nation of Joiners," 1944）に至るまで、アメリカ人の市民生活の指導的な分析者は、広い社会的文脈で考察される自発的組織の増減を常に調べてきた。彼らは、多数の個々の市民を潜在的な結社好《ジョイナー》きと見ていただけではなかった。彼らは、指導者が立ち上げた組織の種類を調べ、市民が加入できるのはいかなる種類の集団かを考察した。しかし、『現代市民の政治文化』の出版に続き、コンピュータ、全国的標本調査、手の込んだ統計モデルの活用が増え出し、その結果、分析の焦点は投票、あるいは自発的集団への加入についての個々人の態度と選択に集中することとなった。

サーベイ・データを使った現代の行動科学的研究は、ヴァーバと彼の研究者仲間のような大家に任された。それによって我々が手に入れたのは、大衆行動の種々のニュアンスを含む国民的なスナップ写真と、個人の市民参加度の学歴、性別、人種等による変差を説明することを目的とするモデルの統計的に洗練された検定であった[25]。だが、意識調査に基づく調査研究の株は下がってきた。というのも、そうした研究は、市民的活動を実際に促し、方向づける指導者や組織から目を背けてきたからである。結果として、大衆の活動の変化するパターンの原因と結果の区別が非常に難しくなった。継続中の意識調査――たとえば、一般社会調査（GSS）や全米選挙調査（NES）――が、類似の全国標本に対してよく似た質問を何度訊ねてみても、また調査時期を一九七〇年代半ばから九〇年代半ばまで延ばしてみても、二〇世紀後半の変貌の起源を解明するには、期間としては短かすぎるし、時代も近年にすぎる。

さらに気になる点は、質問調査員が投げかける質問が、あまりにも一般的だということだ。たとえば、個人が加入している自発的集団の数がわかっても、団体の特定の組織構造や目的、あるいは社会的支持基盤についてはほとんど知ることはない。一九六〇年以前に市民的指導者が影響力を持っていた自発的組織と非常に異なった種類の団体を、市民リーダーが組織、運営している時代――また、アメリカ人が市民的関与によって意味する内容が、昔とは非常に違う時代――には、団体の曖昧なタイプを立てて、それへの所属をカウントしてみても、あるいは「コミュニティ集会」への出席回数を訊ねてみても十分とは言い難い。行動科学モデルは、こうした一般的な標本調査の質問項目に依存するほかなかったとしても、結果は、しばしば言われるほど、大きな説明力を有してはいない。行動科学モデルは、特定の時期に誰がいかなる種類の団体を組織化しているのかに関しては、ほとんど何も明らかにしない。この種のモデルは、結社と政府の相互作用についての問いを無視する。またそれらは、合衆国における自発的結社の世界全体に見られる変化を記述もしないし、また説明もしない。

本書を通じて私は、いわゆる「歴史的制度論」的な視点から作業を進め、さまざまな種類の自発的集団を設立し、運営する指導者の戦略に影響を与え――また、それによって影響を受ける――変化する社会的・政治的条件のみならず、自発的結社に焦点を当てている[26]。もし、トクヴィルが書いたように、アメリカ人が民主的な連帯とパワーを生み出すのにきわめて重要な「結社の術の知恵」に秀でてきたとするならば、組織的な活動こそが、市民的な傾向と変化を探すに最適なポイントである。我々は、集団の会員数を数えるだけではなく、さまざまな時代、環境の中で群生したさまざまな種類の結社を調査する必要がある。我々は、アメリカにおける自発的結社が長い間にいかに変化したかを説明し、変化が、我々の民主主義にいかなる影響を与えたかを考察すべく努力しなければならないのである。

こうした発展を跡づけるために、宗教制度、社会運動、選挙力学の価値について多くのインクを使ってきた歴史家や社会科学者のこれまでの研究を利用することができた。さらに私はまた、自発的結社や市民的リーダーシップについてのユニークな、新しく集めたデータにも頼っている。近年、私と共同研究者は――ハーバード大学の「市民的積極参加に関するプロジェクト」と共同して――、アメリカ史全体にわたるさまざまな類型の自発的結社の特徴と発展を記録してきた。各時代ごとに、巨大なメンバーシップ結社をより小規模な団体と、さらに別の種類の市民的な組織との関連で位置づけてきた。我々はまた、エリート層の市民的所属の変化についての新しいデータを増やし、異なる歴史的時期に多種多様なタイプの自発的結社を発足させ、指導した男女の市民的組織者によって使われた戦略とモデルを調査した。本書のあちこちで、しかるべき点で特定のデータセットと証拠の出所について、さらに多くのことが言及されるであろう。さしあたりは、特定のタイプの組織に注目し、長期間における団体の変化の過程を跡づけ、一般市民の行動だけでなくエリートの行動を検討することによって、私と私の研究者仲間は、最近の合衆国の市民的変貌に斬新な光を投げかける、驚くべき、とても興味深い真実を知るに至ったと言えば十分だろう。

では、物語と分析を始めよう。第2章では、いかにして合衆国が旺盛な草の根民主主義へと成長していったのか——いかにしてアメリカは、代議政府および民主的政治と密接に共利共存するメンバーシップ基盤の自発的結社の組織者、結社好き《ジョイナー》の国に初めからなったのかを説明する。第3章は、証拠の珍しい情報源を利用して、より直接的に過去を調べ、自発的なメンバーシップ結社への参加が、会員、組織者、そしてアメリカ国民一般に何を意味したかを考察する。第4章および第5章は、今度は焦点を現代に移す。メンバーシップ基盤の自発的結社から、管理的に指導されるアドボカシー・グループや市民制度への急激な転換を理解するために、一九六〇年代以降の合衆国の市民生活の驚くべき再編成が記述され、分析される。

最後に、近年の市民的再編成——アメリカをより民主的にも、あるいはその逆にもした変化——のパラドックスを理解していれば、第6章のより大きな示唆を検討でき、第7章では、合衆国の市民生活を再興するために何がなされるべきかについて進行中の議論に貢献できる。歴史的な視座からすれば、現在流行のインチキ膏薬がその輝きの大半を失うことを論じ、——またウォレン・ダージンが生き、死んだ、典型的なアメリカにおける草の根民主主義の最良の顔立ちを、我々の時代に再発明するのに役立つであろう、より期待に充ちた改革を心に描くことができる。歴史は、それ自身を繰り返さないし、繰り返すべきではない。しかし、おそらく我々は、アメリカの過去の草の根交響曲と、より実効的な形で歩むべき、未来を創出できるのである。

第2章

いかにして合衆国は市民共同体となったのか

How the United States Became a Civic Nation

アメリカ人は、「その年齢・階層・思想の如何を問わず」、絶えず団体を作る。その市民的な創造性は、長きにわたって感嘆されてきた。[1]「自発的組織」は、アメリカ国民に「自治に関する最良の教育」を与えてきた、とアーサー・シュレジンガー（父）は書いている。「……結社に加入することによって、彼らは民主的な方法を学んだ」[2]。だが、ボランティア主義はアメリカ民主主義の中心要素だと長い間皆そう思ってきたが——また理論上、あるいは政策上の公式声明にその点が頻繁に引き合いに出されてきたにもかかわらず——、合衆国がいかにして実際に組織者、結社好き《ジョイナー》の市民共同体になったかは驚くほど知られていない。紋切り型の理解が、体系的な知識を欠いたまま広く行き渡っているのである。

「小さいことは美しい」——今日の多くが受け入れている物の見方

現代のアメリカの市民的健全さについては、意見を異にする研究者や評論家でさえも、過去に関する神話イメージは共有している。彼らは、合衆国の市民社会はローカルかつ親密なものとイメージし、自発的集団は元々ボトムアップ型かつ四方に分散した創造物で、地元に限られたコミュニティのあちこちで、親密な隣人や個人的な友人たちによってざっと作り上げられたものだと想像している。これまでの常識からすれば、自発的集団はかつては、地元を越えたガバナンスが不在の場合に繁栄する余地があった。「社会的目標の達成のために自発的結社を頼ろうとする我々の習性は、合衆国における権限の広範にわたる分業と拡散」、および「我々の公共道徳哲学を導く私的な宗教結社」への信頼に由来する、と「市民社会会議」の最近の報告書は明言している。それも、裏付けできる注釈など何一つ挙げぬままである。それほどまでに、この会議の一員にとっては、この物言いは自明のものらしい[3]。「以前の」、アメリカ人の「市民生活は、その自給自足性とその団結性の双方によって特徴づけられていた。個人は、強い家族、結束の堅い地区、そして活動的な自発的・友愛団体によって相互に緊密に結びついていた。これらの小規模な、ローカルな『人間大《ヒューマンスケール》』の結社を通じて、アメリカ人は、所属・つながり意識を獲得しただけではなく、今日では、政府の領分におおむねなったあらゆる種類の社会・人間問題にも取り組んだ[4]」とマイケル・ジョイスとウィリアム・シャンブラは、今日の月並みな常識を歯切れよい明確な書きっぷりで断言している。

ボランティア主義と民主的共同体の建設

過去のアメリカ市民社会の「小さいことは美しい」的な理解が、今日では当たり前に思われているかもしれないが、常にそうであったとはかぎらなかった。もっと以前の分析者は、アメリカのボランティア主義の大半は、空間的に地元を越え、全国的な民主主義の建設に密接に結びついていると信じていた。アレクシス・ド・トクヴィルは、今日、非政治的な地域第一主義《ローカリズム》の代表的論者として引き合いに出されるが、彼は、『アメリカの民主主義』(*Democracy in America*)の有名な章「アメリカ人が社会生活において行う結社の利用について」において具体例を一つだけ指摘している。一八三〇年代の大規模な禁酒運動がそれであるが、彼は、「強い酒を用いないという誓いを公にたてている人が十万もある」と書いている。「彼らの一人ひとりが別々に、政府に対して」「請願・陳情」するのではなく、彼らは一緒になって「節酒の後押し」をしたいとの考えがあったから、そうした、と言うのだ。[5]一九世紀の自発的結社についての同様の説明が、一八九〇年代の古典である『アメリカ共和国』(*The American Commonwealth*)において現れた。ブライス卿は、同書において、自発的結社を全米に枝状に広がるネットワーク、「州において、また大統領選挙においてさえ出てくる一種の政治的組織」として描いた。「このような結社は、世論を発達させるのに大きな勢力を持つ。というのは、結社は注意を喚起し、議論を鼓舞し、主義を明定し、プランを提出し、その会員を奮励・刺激し、共感をし、敏感な人々とともに大いに成功に向かっている枝根が広がりつつある運動といった印象を生み出すからだ[6]」。

アーサー・シュレジンガー(父)は、アメリカ歴史学会の会長演説である「結社好き《ジョイナー》の国の伝記」において、この種の省察の上に議論を組み立て、民主的共同体の建設の文脈の中に合衆国の草の根ボランティア主義を位置づけ、徹底的に再検討した。シュレジンガーは「会員の数が相当に多く、存続期間がそれなりに長く、ローカルにかなり広範囲にわたって存在する自発的団体」に焦点を当て、「いろいろな結社に重複して加入することによって、全国のあらゆる地元にまで達する」結社の「広大にして複雑なモザイク」の発展の姿を描いている。[7]植民地時代のアメリカを見ると、自発的に結成された結社はほとんど見られず、まれに観察できても、ある結社と別の結社は、空間的に遠く離れており、一般にはタウンや町の教会の会衆と結びつくものであった。だが、植民者の英本国からの独立を求める闘いは、「各地からの人々に、共同した努力について重要な教訓を与え」、さらに「憲法が採択され、さらに集団原理の適用を促進させることとなった[8]」。

新しい結社のモデルは、民主主義を強めつつあるアメリカ共和政の流動と実験の時代と言える一九世紀に具体化した。野心的な市民的組織者は、標準的なやり方に合流した。彼らは、「人目を引く」団体名を選び、「広範囲の大衆の代理者として……派遣され」、「子団体を……全国津々浦々に」「増やした」。結社は、「連邦政治システム」の線に沿って組織し出した。「地元団体は、それから州支部組織に結ばれ、州の支部組織は次には全国機構に代表者を送った」[9]。その時、南北戦争が間に起こった。北軍の勝利は、「国民意識の高揚」と「広範囲にわたる事業を計画せんとする北軍の努力」を生み、こうして一九世紀後半における結社建設に「強力な勢い」を与えたのである。[10] 全国的な代議政府を創設し、存続させようとする闘いに霊感《インスピレーション》を得た野心的な全国的組織者の役割を強調している点で、シュレジンガー（父）の一九四四年の解釈は、合衆国の過去の市民生活に関する今日有力な地域第一主義者《ローカリスト》の見方とは鋭く対立するものである。

古い見方への新証拠

より古い見方の方が、正しいことがわかる。本章と次章においては、アメリカに典型的な市民的結社が、大規模かつ地元を越えたネットワーク組織であり、特定の場所に限られた集団ではなかった、という体系的証拠が提示されよう。また、草の根ボランティア主義が、政府の活動や民衆の政治と徹底して絡み合っている多様なありさまが示されよう。大衆を動員する戦争や、包括的な公的社会プログラムが、地元だけでなく全国的な規模でも草の根ボランティア主義に影響を与え、それを助長してきた。合衆国の歴史の大半を通じて、草の根ボランティア主義と大胆な公的事業は切っても切れない関係にあった。典型的な自発的結社（一九世紀半ばから二〇世紀半ばにかけて叢生した草の根市民に根を張るメンバーシップ集団をこう呼びたい）は、幾千という地元組織を相互に、さらには州や全国的な活動の代表制ガバナンスの中枢に結びつける一方で、階級横断的に市民を結びつける連合体であるのが普通であった。

アメリカにおけるボランティア主義の歴史を正確に叙述することと、こうした目的に信頼できる方法で接近することは、まったく別物である。アメリカ史全体を通しての自発的結社の盛衰、目的と形態を正確に叙述するために注目しうる簡便な参照文献――あるいはコンピュータディスク――は、ほとんど見あたらない。一定地域やコミュニティに関する詳細なモノグラフから、確かに多くのことを知ることができるし、また主要な結社や特定のカテゴリー集団についての印象記風の歴史研究はある。[11]だが、これらの研究の部分的な洞察を、筋道をつけて理解するのは難しい。ごくわずかの研究者だけが、さまざまなタイプの集団が多くの場所を越えて長期間にわたって広がり行く様を記録してきた。[12]こうしたギャップを埋めるべく我々研究グループは、自発的なメンバーシップ結社を一七九〇年から現在まで、その起源と発展の過程を調べてきた。[13]我々の研究は、調査によって得られたさまざまな情報源を三角測量に付し、自発的な全国的組織と地域グループとの重なりを探し出そうとするものである。

我々はまず、アメリカ史に現れた巨大な結社を一つ残らず正確に記述するという、我々にとってこなせそうな努力から始めた。政党や宗派については、ほかの研究者の仕事があるので、それ以外の、合衆国成人の一パーセント以上が「会員」であった履歴を有する自発的結社（個人会員の定義は集団によって違うとしても）を確認し、記録することで彼らの仕事を補完できればよいと考えた。もし団体の会員が男女別の場合、アメリカ成人の男性／女性の一パーセントを基準値とする。もし、男女混在型の場合、全成人人口の一パーセントが基準値となる。アメリカにおける長期にわたる市民社会と民主主義を観察するので、この規模に関する基準は厳格に守った。巨大な自発的結社の起源を探る作業において、この目標値は正しいものと考えるが、その理由は、こうした組織が、定義上、非常に一般的かつ広範に行き渡ってきたということによる。

当初は、この種の結社は、確認できてもせいぜい一〇、二〇程度と踏んでいた。だが、長期の研究の結果、五八もの巨大な団体を確認できた。表2・1は、その経年別一覧である。[14]親リストに収載の各組織のプロフィールを質的、量的に完全なものとするために、各団体の創設者の設立意図に関する情報や、会員の傾向、結社構造、集団の活動内容、集団と政府・政党・宗教制度との関係について、データを収集した。本章で集中的に取り上げるのは、第二次世界大戦以前に設立され、巨大化した非常に多くの結社である。

巨大なメンバーシップ結社を調べることで、我々はいかほどのことを知ることができるのか。得られる知見は、期待以上のものかもしれないが、その種の結社は、典型的なアメリカのボランティア主義の単なるお飾りであった可能性もある。今日の月並みな常識が想定するように、メンバーシップ団体の大多数は、特殊で、ローカルな創造物（地元に限定されることはなく、州を越えて会員がいる非常に小規模な結社）であったかもしれない。最大規模の結社をほかの集団との関係で位置づけるために、我々研究仲間は、さらに数種類の証拠を分析してきた。現時点だけでなく歴史上の団体名鑑や編纂資料によって、全国的に確認できる結社をほとんど残らず追跡調査することができた。こうして、巨大なメンバーシップ結社が、あらゆる種類の全国的に関係を持つ集団と比べて、どのようなものであるかがわかる。[15]合衆国の主要な民族集団や人種少数派に関するデータ・ソースを検討することによって、全成人人口の一パーセント以上の会員維持が難しい人々の結社の発達を詳細に描写することが可能となる。[16]

さらには、鍵となる重要な証拠の段階で、我々は、一九世紀後半から二〇世紀前半の市の団体名鑑に掲載があるローカルな自発的団体を分析した。[17]ジェラルド・ガムとロバート・パットナムは一九九七年の草分け的な論文において、一八四〇年から一九四〇年に二六の都市に広がったローカルな自発的団体を跡づけた。彼らは、対象が特定地方に偏ることを避け、全米に散らばる五つの大都市、一〇の中規模都市、一一の小都市について定期刊行の地元団体名鑑を使い、一〇年おきに何万もの団体を集計した。[18]一九一〇年頃、算出された地元団体の数は、

コロンブス騎士団	1882	ニューヘイブン(コネティカット州)	○	戦争協力	1910年代−現在
近代ウッドメン協会	1883	リヨン(アイオワ州)	○		1890年代−1930年代
黒人農民全国連合協同組合	1886	ヒューストン(テキサス州)	○	○	1880年代−1890年代
米国労働総同盟(1955年以降AFL=CIO)	1886	コロンバス(オハイオ州)		○	1880年代−現在
米国保護協会	1887	クリントン(アイオワ州)	○	○	1890年代
婦人伝道同盟	1888	リッチモンド(バージニア州)	○		1920年代−現在
忠節なるムース結社	1888	ルイヴィル(ケンタッキー州)			1910年代−現在
全米婦人有権者同盟	1888	ワシントンD.C.	○	○	1910年代
世界のウッドメン	1890	オマハ(ネブラスカ州)	○		1900年代−30年代
婦人クラブ総連合	1890	ニューヨーク	○	○	1900年代−70年代
米国ボウリング協会	1895	ニューヨーク	○		1930年代−現在
全米母親会議	1897	ワシントンD.C.	○	○	1920年代−現在
イーグルス友愛会	1898	シアトル(ワシントン州)	○	○	1900年代−80年代
独米国民同盟	1901	フィラデルフィア	○	○	1910年代
ルター派救済会	1902	アップルトン(ウィスコンシン州)			1970年代
米国自動車協会	1902	シカゴ	○	○	1920年代−現在
ボーイスカウト	1910	ワシントンD.C.		戦争協力	1930年代−現在
海外従軍軍人会	1913	デンバー(コロラド州)	○	○	1940年代−現在
クー・クラックス・クラン団(第2次)	1915	アトランタ	○	○	1920年代
女性国際ボウリング協会	1916	セントルイス(ミズーリ州)	○		1950年代−現在
米国在郷軍人会	1919	ミネアポリス	○	○	1920年代−現在
全米農業局連盟	1919	シカゴ	○	○	1920年代、1940年代−現在
老齢年金有限会社(タウンゼント運動)	1934	ロングビーチ(カリフォルニア州)		○	1930年代
産別会議(CIO)	1938	ピッツバーグ		○	1930年代−50年代
小児麻痺救済募金	1938	ニューヨーク			1950年代
統一メソジストの婦人たち	1939	アトランタ(ジョージア州)			1940年代−現在
米国退職者協会	1958	ワシントンD.C.		○	1970年代−現在
全米生命の権利委員会	1973	デトロイト(ミシガン州)	○	○	1970年代−現在
飲酒運転防止母の会	1980	サクラメント(カリフォルニア州)	○	○	1980年代−現在
グリーンピースUSA	1988	ワシントンD.C.		○	1990年代
キリスト教連合	1989	ワシントンD.C.	○	○	1990年代−現在

表2・1　合衆国における大規模メンバーシップ結社の歴史と現在

団体名	設立年	設立地	全国／州／地方単位を有するか?	直接的政治への関与は?	対成人(男子／女子／両性)人口比の1%以上が会員の時期
古代承認フリーメーソン	1733	ボストン			1810年代−現在
独立オッド・フェローズ結社	1819	ボルティモア	○		1840年代−50年代
米国禁酒協会	1826	ボストン	○	○	1830年代−40年代
キリスト教安息日厳守促進同盟	1828	ニューヨーク		○	1830年代
米国奴隷反対協会	1833	ボストン	○	○	1830年代
インディアン向上同盟	1834	ボルティモア	○		1900年代−20年代
ワシントン禁止協会	1840	ボルティモア		○	1840年代
禁酒の息子たち	1842	ニューヨーク	○	○	1840年代−50年代
独立グッド・テンプル結社	1851	ユーティカ(ニューヨーク州)	○	○	1860年代−70年代
キリスト教青年会	1851	ボストン	○	戦争協力	1890年代−現在
米国機械工青年結社	1853	フィラデルフィア	○	○	1920年代−30年代
全米教員組合	1857	フィラデルフィア	○	○	1970年代−現在
ピシアス騎士団	1864	ワシントンD.C.	○		1870年代−1930年代
南北戦争在郷軍人会	1866	ディケイター(イリノイ州)	○	○	1860年代−1900年代
エルクス慈善保護会	1867	ニューヨーク			1900年代−現在
農業擁護者会(グレンジ)	1867	ワシントンD.C.	○	○	1870年代、1910年代−20年代
東方の星	1868	ニューヨーク	○		1910年代−現在
統一職人古代結社	1868	ミードヴィル(ペンシルベニア州)	○		1880年代−1900年代
労働騎士団	1869	フィラデルフィア		○	1880年代−1900年代
全米ライフル協会	1871	ニューヨーク	○	○	1980年代−現在
神的聖堂貴族団	1872	ニューヨーク			1910年代−80年代
婦人キリスト教禁酒同盟	1874	クリーブランド	○	○	1910年代−30年代
ロイヤル・アーケイナム	1877	ボストン	○		1900年代
農民同盟	1877	ランパサス(テキサス州)	○	○	1880年代−90年代
マカベ騎士団	1878	ポートヒューロン(ミシガン州)	○		1900年代−10年代
クリスチャン・エンデヴァー	1881	ポートランド(メイン州)	○		1880年代−1920年代頃
米国赤十字	1881	ワシントンD.C.		戦争協力	1910年代−現在

対都市人口規模でピークに達した。我々は、一九一〇年時点（あるいは、最近年）での、ガムとパットナムが検討した二六都市の団体名鑑を再検討して、そこに列挙されたすべてのメンバーシップ団体のタイプと組織規模を区分けした。団体の大半は、純粋に地元の組織であったのか、あるいは地元を越えた多様な種類の連合体の一部であったのか。いかなる種類の団体が、最も安定していたのか。こうした問い掛けへの我々の知見は、明快であった。[19] 工業化途上の合衆国においてローカルに存在していた自発的団体の大半は、自発的な全国的、もしくは広い地域の連合体の一部であった。アメリカ人一人あたりの自発的団体の組織率が最高であった一九一〇年に調査した二六の都市すべてにおいて、平均して団体の七八パーセントが、宗派、組合連合体、巨大なメンバーシップ連合体（教会や組合以外の）、あるいは広い地域、全国に広がるほかのメンバーシップ連合体の一部であることが明らかになった。教会の会衆や、表2・1に見られるまったく同じような大規模なメンバーシップ連合体の支部が、どの都市でも、特に最小規模の市においても目立った。さらには、長期にわたる証拠はまた、連邦化したメンバーシップ結社の重要な地位を確認している。一八七〇年から一九二〇年にかけては、教会と巨大連合体の支部が、地元の自発的メンバーシップ団体の中で最も長続きし、全米に点在するあらゆる規模のコミュニティで、団体を通じた市民生活の安定した中核を形成していた。このように、以下の頁では、地元を越えて連邦化した自発的結社の起源と発展について述べるが、読者はきっと私が、合衆国における結社のお飾りではなく、内実そのものについて述べていることを確信されるであろう。

アメリカにおけるボランティア主義の起源

大規模に組織され、見事に参加的な市民社会は、アメリカ人の大多数が農場に住み、働いたり、あるいは非常に小《スモール》さな街《タウン》に住んでいても、アメリカ合衆国の国民生活が始まった時点から明瞭な形をとっていた。独立革命から南北戦争の時代にかけて、自発的団体は激増し、そのつながりは一定地域を横切って形成された。アメリカにおける草の根民主主義は、産業革命やメガロポリス成立のかなり以前に出現していた。

歴史家のリチャード・D・ブラウンが説明するように、自発的に結成された結社が激増する以前に、二－四百家族から成り、成人男子の五分の一が農業以外の仕事に従事するようなコミュニティが存在していたはずである。[20]だが、人口統計学だけが、アメリカの市民的な運命を形作ったわけではない。多くのコミュニティは、この基準を一七六〇年よりも前に超えた。だが、マサチューセッツ植民地（現在のメイン州の大部分を含んでいた）には、教会を別とすれば自発的団体は二、三〇を数えるのみであった。その三分の一以上が、植民地の中心であり唯一の実質的な都市ボストンに集まっていた。だが、そうした状況は、まもなく変化した。英国からの独立戦争時代に、自発的団体は劇的に増加し、その速さは人口増加のスピードを凌いだ。教会や営利目的の団体以外の結社は、ボストンにおいては、一七六〇年から一八三〇年の七〇年間で一四から一三五へと、七・六倍に増加した。ボストン以外では、伸びはいっそう急激で、二四から一三〇五へと実に五〇倍となった。[21]この社会生活の成長の大半は、合衆国が誕生して間もない一七九〇年以後に起こった。

ブラウンの観察によれば、「植民地時代のアメリカでは」、選択や地元を越える意識を伴う社会様式は、「行政の中心地でもある港町に限られたきわめて限られた現象」[22]であった。こうした様式は、「仕事上の必要性から「英国植民地の」中心地と接触することがあった」名士たちを通じてのみ、米大陸の内陸部に浸透した。だが一八三〇年代までに、「地域第一主義《ローカリズム》と島嶼性は挑戦を受けていた。……人々はなお、家族、教会、タウンといった古い組織に縛られていたが、今や別のつながりを持つようにもなった。……もしときどき、会合や集会に出て行ったり、あるいはよそ者が政治キャンペーンや文化運動、禁酒運動、伝道協会の一員として彼らの所にやって来れば、接触は直接的なものとなった。より頻繁に、その接触は、田舎の、あるいは州大の組織におけるメンバーシップ、およびこうした活動の一環でもある出版物から来る心理的なものであった[23]」。

市民社会の全国化

初期アメリカにおける草の根ボランティア主義が、最初に、また集中して急速に繁茂したのは北東部諸州であった。だが、同様の現象は、堰を切ったように新生国家の津々浦々へと拡大し、多種多様な社会的背景を持つ多くの人々の間に広がって行った。当初は、フリーメーソンや教会といった集団のみが、地元を越える団体と公式に結びついていた。だが、そうであっても、多くのほかの自発的努力は、ある特定の場所の人々がよその場所の同じような事業をまねるにつれ増加した。

この時期、成人女子の結社が、地元を越えて組織化されることはまれであったが、それとわかる類似の慈善団体が多くのタウンに現れた[24]。少なくともニューヨークで結成された米国女性道徳改革協会は、大西洋沿岸中部諸州、大ニューイングランド地方で最終的には四四五の支援団体を生んだ[25]。その間、男性の運動家は、コミュニティ結社の創設、運営のための明確なモデルと教本を普及させた。その典型的人物は、ヨシア・ホウルブルックであった。彼は、成人教育の促進、巡回講演家の後援、新生の「公立」小学校と教師の支援を目指す自発的地元組織となる「公会堂」の振興を図ろうと、あちこちを旅し、講演業、出版活動にいそしんだ[26]。一八三〇年代から五〇年代にかけて、これらの組織は、ニューイングランドから上南部諸州や、(特に)ミシシッピー河の中西部東地帯へと広がった。

同じ時期、巨大な道徳的改良運動が、地元や州レベルで幾千もの関連結社を生み落とした。絶好の例は、南北戦争以前の結社の雄、禁酒協会である[27]。一八三四年までに米国禁酒協会の下に、東部と中西部でおよそ五千の地方支部が組織され、百万人の会員を集めた。だが、組織の形は上意下達型にすぎず、民衆への訴求力を維持することは難しくなり、ほどなく印刷物の配布やロビー活動の全国センターとなってしまった（運営の実態は、現代の専門家主導のアドボカシー・グループと類似）。一八四〇年代には、ワシントニアン協会が、労働者階級の会員を得ようと努力した。「飲んだくれ」の改心を目標とする同協会は、一時的には地元組織が一万を数え、会員も六〇万人を超えた。[28] ワシントニアン運動は、形式ばった全国組織を信頼しておらず、急進的な下からの民主主義を試みた（その点では、一九六〇年代のニューレフト運動によく似ている）。だが、こうした組織編成のあり方では、当初の民衆の熱烈さを維持できず、禁酒支持者はまもなく、州や連邦レベルでの組織を有する結社に加入した。禁酒党が一八四二年に結成されたが、この団体は一八六〇年までに全国的連合体にまで成長し、二三九八ほどの地方「支部」を誇った。九万四二一三名の会員は、北部、南部の三五、六以上の州支部を越えて広がり、さらにはミシシッピー河を越えてアイオワ州やカリフォルニア州にまで広がった。[29] 一八五〇年代には、独立グッド・テンプル結社（ＩＯＧＴ）も、同じように全国的名声を博し始めた。[30] ＩＯＧＴは、会員、執行役員には女性もおり、一八六〇年までに五万人以上の会員を数え、一二〇〇の支部は二〇州におよび、その中には深南部のアラバマ州、ミシシッピー州も含まれていた。

兄弟愛の相互扶助や儀式に専念している友愛組織もまた、一八三〇年代に絶頂期を迎えたメーソン、その他の「秘密結社」への、一時的ではあるが激しい怒りが噴出していたにもかかわらず、巣立ったばかりの合衆国に広がった。[31] 植民地時代から、メーソン・ロッジは全米に根を下ろした。地方ロッジは、イギリス人がアメリカに植民地を築き、各植民地へ駐屯軍が到着次第、次々に創設された。また、新しい「最高大《ソブラン・グランド》」ロッジは、北軍に加盟した州として設立認可された。[32] 国、州、あるいは地元の政治的名士はたいていがメーソン友愛会の一員であったが、多くの他の身分の人々も一員であった。一八一〇年代から今日まで会員数は、成人男子人口の一パーセントを下回ることはなかった。

アメリカ第二の大きな友愛組織である独立オッド・フェローズ結社（ＩＯＯＦ）は、一八一九年から四二年の間にメリーランド州ボルティモアにおいて、「兄弟たち《ブラザーズ》」の指揮の下に結成された。移民が、イギリスの親組織のいくつかの出先支部を設立した後、アメリカのオッド・フェローズは、メーソン（基礎的＝「ブルー・ロッジ」）がとらなかった組織構成をとった。各地方の小ロッジを管轄する州本部《グランド・ロッジ》の代表からなる全国レベルの「最高グランド・ロッジ」を頂点とする三層の連邦的構造を構築した。[33]この新しい連邦的構造は、アメリカの諸条件にぴったりと符号し、オッド・フェローズの急速な発展を促した。一八三〇年までにロッジは五八を数え、メリーランド、マサチューセッツ、ニューヨーク、ペンシルベニア、コロンビア特別区に広がった。その後、一八六〇年までに、一七万人の会員が特定の地元に偏することなく、全米三五州をまたぐ三千以上の地方ロッジを擁するまでに成長した。[34]『オッド・フェローズ教本（一八五二年版）』の著者パスカル・ドナルドソンは誇らしげに、「タウンからタウン、市から市、州から州へこの結社は広がり、我が国の何千という最高のエリートが、続々と会員に迎え入れられた[35]」と息巻いた。

メーソンやオッド・フェローズほど華々しい規模ではないが、他のアメリカの友愛組織も、南北戦争以前に急速に広まった。インディアン向上同盟は、白人キリスト教徒の独りよがりな団体ではあるが、一八三四年に創設され、その起源は、コロンブスが新大陸を発見した一四九二年となっていた。会員は、インディアンの服装で身を飾り、レッド・メンと名乗る割には、本物のインディアンの入会を認めておらず、人種的、民族的に排他的な組織であった、と言われてもしかたなかった。一八六〇年までに、およそ一万人のレッド・メンが、メリーランド、ペンシルベニア、バージニア、オハイオ、ニュージャージー、ミズーリ、ケンタッキー、デラウェア、コロンビア特別区に広がる「保留地」と呼ばれる九四の支部で集会を持った。[36]それに負けじと一八三六年、アイルランドのカトリック教徒の移民は、古ヒベルニア団のアメリカ支部を設立した。この団体は、南北戦争までに東部、南部、中西部の八つの州で組織された[37]。また、一八四〇年代、ニューヨーク市のドイツ系アメリカ人は、ヘルマンの息子たち結社やハルガリ結社を設立した。これら二つの慈善・文化連合体（最終的には州を越えた存在となる）は、ドイツ文化の振興や、ノーナッシングの運動が蔓延《はびこ》っていた間、ネイティヴィズム（外国人排斥運動）の攻撃からドイツ系アメリカ人を防衛することに精力を傾けた[38]。さらに、オッド・フェローズにおける努力をモデルにして、チェコからの移民は一八五四年に、ボヘミア・スラブ慈善協会を設立した[39]。

アイルランド系やドイツ系以外には、黒人が最大の少数民族であった。一部の禁酒協会は例外として、白人支配の自発的結社は黒人の入会を禁じた。だが、黒人は南北戦争以前でも、黒人の入会を拒んだ白人組織と同規模の大きな連合体を結成した。プリンス・ホール・メーソンは、プリンス・ホールらが英国本部からロッジ設立の許可を得て、マサチューセッツ州ケンブリッジに一七七五年に組織した、フリーメーソン初の黒人ロッジであった[40]。建国初期に自由黒人は、「南はバージニア州までの大西洋岸諸州と多くの中西部諸州……」、（また）「自由黒人が密集するメリーランド、バージニア、ルイジアナ」の南部諸州に至る一八州で、この友愛的な共和国を広げた[41]。一方では、一八四三年に船乗りのピーター・オグデンの指導の下に、ニューヨーク市で自由黒人の一つの団体がふたたびイギリスからロッジ設立許可を得て、オッド・フェローズ大統一連合を組織した。一八六〇年代初めまでに、約一五〇〇の黒人のオッド・フェローズが、半ダース以上の東部諸州において約五〇のロッジで集会を開いた[42]。

草の根ボランティア主義が繁茂した理由

初期のアメリカにおける市民社会は――規模を問わず、どのコミュニティでも驚くほど同時期に自発的集団が生まれ、また多くの集団が地元を越え、代表制を伴うロッジ体系で組織された連邦組織と結びつくようになったように――、なぜそれほど急激に変貌したのか。答えのポイントは、合衆国の統治構造の影響力と、それが促した政治的・宗教的な競争にある。

我々が垣間見てきたように、英国の帝国的統制からアメリカが解放されたことが、民主的な市民社会の成長に勢いを与えた。独立戦争や、その後の新しいアメリカ合衆国憲法をめぐる争いは、当然視されていた忠誠心を四分五裂させ、地理的に散在していたアメリカ人の諸々の団体を相互に接触させ、大西洋岸沿いの大都市の勢いを徐々に弱めた。アメリカ国民は、ひとたび独立戦争に勝利し、独立国家の地位を勝ち取るや、進展中の代議政府が行う政治業務のルーチンによって、それまで以上に幅広い参加へと引っ張り込まれた。選挙は、州大と全国的な公共的事柄をめぐって争われた。誕生ほどない政党は支持を求めて競争し、各地の一部市民は別の土地の仲間のフェデラリスト、あるいはジェファーソン派と結びついた。大半の白人成人男子は、一八三〇年代までに選挙権を獲得した。地元を越えた政党は、頻繁に行われる選挙において一般民衆の票を動員しうる情実マシーン（集票組織）と草の根結社を結びつけていた[43]。大衆政党の建設期に、地元を越える運動と市民的結社が繁茂したのは偶然ではなかった。政党設立者も団体結成者も共に、民主的な住民の動員に奮闘したのである。

第二次大覚醒運動の宗教的熱狂が、英領植民地時代のアメリカを一気に押し流し去った。宗教的改宗は植民地後期を通じて始まり、共和国初期に加速した。アメリカ合衆国に特徴的なことであるが、公認宗教は早くに廃止された――こうした条件は、民衆を中心とする活気にあふれた独立志向の宗教の発展にとって最善の状況であることが明らかになった。「一七七六年にバージニアから始まり、一八四〇年代にコネチカットで終わるが、アメリカの全州は、最終的には教会と国家を結びつけていた伝統的紐帯を打ち破った[44]」。アメリカ合衆国憲法と権利章典の下、相互に競い合う宗派が自由に説教を行い、人々の改宗を行った[45]。事実、教会は、国家の支持を失った結果、各宗派は献身的な会衆を自ら組織し、集める必要が出てき、それがうまくいかなかった場合、衰退の危機に瀕した。まもなく移動組織者、特に活発に活動するメソディスト派とバプティスト派は、全米に散らばった。移動説教師は、新しい会衆の基礎を固め、会衆ともども地元の指導者は、彼らの説教に感化され、新たな会衆を教会に向かわせ続けた[46]。男も女も、こうした宗教的運動に巻き込まれた[47]。熱心な信者の多くは女性で、彼女らは宗教的理想・ネットワークを拠り所とする改革運動に引き込まれがちであった。また、彼女らには、相互に競い合う宗派の中で自らを主張できる余地があった。歴史家のキャサリン・キッシュ・スクラーが説明するように、「一八二〇年代に始まるが、女たちは、活発な汎プロテスタント平信徒団を組織できた。この組織は、牧師たちの権威に挑戦し、自立した社会的課題を生み出した[48]」。

地元を越える結社が、初期アメリカで繁茂した一つの原因は、人々の間断なき移動であった。最近の人口統計学的調査は、長距離の地理的移動が、一九世紀中葉に特に若い男たちの間でピークを迎えたことを示している[49]。移住の波が大陸中に広がるにつれ、新参者は、農場や商店、教会を興すと同時に、なじみの種類のロッジやクラブを作った[50]。さらに、人々がいったんある土地に定着すると、出所の身内や友だちを訪ねたり、彼らに手紙を書き、新しい種類の結社の過程で、新天地のコミュニティでその設立に役立つかもしれないことを知った。

だが、アメリカ人の頻繁な地理的移動を考えた場合、もし建国初期に連邦政府に強く集権化された活発な郵便制度によって市民が政治的・宗教的・道徳的目的のために相互に結びつく集団を創設するのに実効ある社会的コミュニケーションが容易になっていなかったとすれば、市民間での相互協力は無理であったかもしれない。独立革命以前の段階には、植民地にはヨーロッパの多くの都市でよく見かけるような初歩的な郵便制度が存在していたが、大都市間の郵便網は密でなく、特に大西洋岸の場合はそうであった。こうした事情は、共和国誕生後ほどない一七九二年に、郵便局法が成立したことで一変した。同法律は、「特別に新聞を郵便扱いとし、……役人が、通信手段への統制を監視技術として使うことを禁じ」、また「大西洋沿岸部からアパラチア山脈の西方へと郵便網を急速に広げる一連の手続きを確立させた」[51]。歴史家のリチャード・ジョンが指摘しているように、「一八二八年までにアメリカの郵便制度は、英国の約二倍、フランスの五倍以上の数の郵便局を備えるに至っていた。これは、住民一〇万人あたり、英国が一七、フランスが四であるのに対して、アメリカには七四の局があった勘定となる」[52]。一八三〇年代、四〇年代に、郵便局員は、連邦職員の四分の三以上を占め、一八三一年の八七六四名の郵便職員の大半と一八四一年の一万四二九〇名の職員は、「地方の至る所に点在する町やタウンのパートタイムの郵便局長」[53]であった。

郵便網は、合衆国の政府組織によって具体化した。議会代表が、州や地元レベルの選挙区を基盤としたため、連邦上下院議員は、通信・輸送手段を成長中の国の最辺境地にさえ引っ張ってくる事業に補助金を出させること――とはいえ、やり方は慎重に標準化されていた――に強い関心を持った。議員連中は、郵便とニュースが最小規模のコミュニティにも届くことを希望した。また彼らは、ワシントンとの往来を望んだ。そうした彼らは、駅馬車旅行に補助金を出し、安い郵便料金を設定した。郵便規則はまた、編集者間での新聞の無料交換を認めたので、小新聞は大新聞からネタを拾うことができた。だが同時に、料金構造は、東部沿岸地方の新聞が地元紙を駆逐してしまわないようにと微調整された。

政治的に工夫された郵便補助金を利用しようと、政党と同様、自発的集団も、自分たちのメッセージを「新聞」（後には雑誌）に込めて広めた。アメリカ史上初の大道徳改善運動の一つであるキリスト教徒安息日厳守促進同盟は、日曜日に郵便局を開いたり、郵便物の配達をやめる運動に力を注いだ[54]。皮肉にもこの運動は、運動の攻撃対象である連邦郵便制度に影響を受けた。というのも、何万ものパンフレットや嘆願書をまくにも、この郵便制度を使わざるをえなかったからだ。同様のことは、南北戦争以前の他の巨大な自発的な聖戦――禁酒運動、南北戦争に火をつける一助となった民衆の奴隷制度反対運動を含む——にも言えた[55]。要するに、アメリカの初期の国家が、結社や社会運動、また大衆動員的政党に好都合な条件を生み出し、次にはそれらすべてのことが、全国的な政治・政府を絶え間なく苛立たせ、変貌させたのである。

市民的モデルとしての連邦型代議制国家

合衆国の統治機構が、結社の創設に影響を及ぼした最後のルートがあった。政府構造が、組織モデルの役割を果たしたのである。合衆国は、建国の父祖によって連邦共和国として建設され、連邦政府と州で憲法が起草され、投票および代表に関する規則が詳細に規定され、行政、立法、司法の権能が区別され、主権は国家、州、地方政府の各レベルに割りあてられた。アメリカの市民的結社は、建国初期より政府の連邦主義を組織モデルとして利用し始めた（表2・1参照）。代表制手続きによって結合する国・州・地元団体を設立する憲章が、南北戦争前の数十年間に発足し、結果的に巨大化した自発的集団（また一九世紀後半に活動を開始した集団）の四分の三によって採用された[56]。

多くの集団は、政治的に熟慮し、アメリカ合衆国憲法に類似したガバナンス構造を進んで取り入れた。社会運動は、その組織構造とルーチン的な仕事を、全国的な「政治的機会構造」にしばしば適合させる[57]。合衆国の政治システムは、全国、州、地元レベルでの活動を調整できる運動や結社に報いた。禁酒運動、反奴隷制運動から農民の集団、婦人運動、排外主義運動に至るまで、世論を形成し、公選の政治家に影響を与えることを目指す集団は、これら諸レベルを横断する組織の利点を学んだ。結社は、地元の市民らと選出公職者との仲介をすることで、連邦議会と州議会の双方に影響を与えることができた。さらに、集団は、諸レベルを交差して活動しながら、社会文化的、政治的変化を追求できた。また、相互に激しくやり合うこともできた。「我が団体は、酒密売買やアルコールの個人の飲酒から生じる悪を撲滅すべく組織された」と独立グッド・テンプル結社真正グランド・テンプルは、設立趣旨を説明している。「飲んべえ製造業者には、強力な地元・州・全国組織がある」ので、下部ロッジは個人の救済に乗り出し、世論に訴えた。その一方でこの結社は、「州蒸留酒同盟に対して」、州レベルの「本部《ロッジ》」の陣容を整え、「米国醸造者会議および全米蒸留酒製造者同盟に対しては」、全国レベルの「真正グランド・テンプル・ロッジ」を中心に活動を展開した。[58]

しかし、市民的活動家の政治的機会・試練への反応だけでは、十分な説明とはならない。というのも、政治的目標に熱心でない数多くの結社も同じように、連邦的代表制を伴うガバナンス構造を取り入れていたからである。組織発展に関する制度論者によれば、不安定な条件下で複雑な試練に直面する組織設立者は、周りの環境の中で十分に理解され、すでに正当とみなされたモデルから霊感を引き出す可能性がある。[59] この種の革新的な適応が、新しい国に到着した外国移民のような、野心的ではあるが、やや社会の進歩から置いてきぼりを食った人々によって頻繁に実践された。[60] このように、アメリカに到着したオッド・フェローズは、権力分立と合衆国国家の地元、州、全国の諸レベルを模倣して、自らを再組織したように思える。というのは、ロッジを点在させ、活動を全国的な規模で調整しようと、威信のある、十分に理解されたモデルをアメリカ合衆国憲法が提供したからだ。年代史家のヘンリー・スティルソンが説明しているように、移民たちの「優れた眼力」を兼備したオッド・フェローズは、地方ロッジを名望家が集まる全国委員会によって調整する英国流の友愛的ガバナンス体系が、「この国で実現するのは無理だし、特に不向き」なことを理解していた。アメリカに移植されたオッド・フェローズは、代わりにすぐに「合衆国の政治的枠組みの中に彼らのモデルを見つけたのだ」。[61] アメリカのオッド・フェローズが、新たに案出した友愛憲章の前文は、アメリカ合衆国憲法を間違いなく模倣したものであった。そこには、次のように記されている。

一方で、彼らに多大かつきわめて重要な利益を与えるこれらの制度を永続させることは、人類にとって適切、かつきわめて重要であることが明らかとなった。それゆえに、お互いを一つの共通の連合の絆の中で結合するという、いっそう適切な目的のために、我らは、合衆国グランド・ロッジによって協力して行動することを保障し、……我らと我らの子孫の上にかくも貴重、かつ有益な制度を泉とする祝福を、いっそう効果的に確保する目的をもって、独立オッド・フェローズ結社のために……この憲章を制定する。[62]

多くの他の集団が、すぐさまオッド・フェローズの例にならった。アメリカ合衆国憲法のモデルが非常に権威があったので、移民‐民族友愛組織は、数ヶ所の市に散らばって存在するわずかな数の地方ロッジでさえ一杯にできない程度の会員しかいない段階でも、州、全国レベルにおいて必要な総数の代表システムをしばしば構築した。誰もが、アメリカの新しい代議制連邦政府に合わせて結社を作りたがっていたようである。

アメリカ合衆国憲法、州憲法に投票の居住規則が明記されているのとまったく同様に、市民的結社の憲章にも、州、地元団体の設立、居住区域会員の明瞭な入会規定が記されている。たとえば、他の国の友愛組織とは違って合衆国の場合には、婦人準会員組織も含めて、彼／彼女の居住地に最も近いロッジが入会申請の可能性がある会員を引き受けた。[63] 移動会員は、他の場所で訪問者として認められたり、あるいは会員資格の「移籍」のためには元の支部発行の公式書類を携えておく必要があった。友愛組織以外の結社には必ずしもこうした正式な規則はなかったが、支部間の会員の流れは管理されていた。合衆国の自発的連合体は、恐ろしいほどの遠距離間のつながりを確実に維持し、人々が住居を転々と変えても問題はなかった。だが、根無し草の世界市民主義は――合衆国版代表民主制と同様に――、結社に従事する生活でも許されなかった。

市民共同体としてのアメリカの近代化

野心ある自発的集団の形成のいくつもの波が、一八六一年より以前に生起したとすれば、南北戦争後にはさらに大きなうねりが勢いづき、いくつかの古い結社は会員数を伸ばし、何百という新しい民衆的な自発的連合体が生まれた。その内の数十の集団は大規模化し、二〇世紀の大半を生き延びることとなった。一九世紀後半は、市民の活気が横溢したまれな時代であった。では、いかなる種類の集団が出現し、いかなる力がそうした革新の波を形作ったのか。合衆国が、大都市を中心に発達した工業強国になるにつれて、結社に従事する生活は階級によって倒壊させられ、分裂に瀕している可能性もあった。だが、そうはならなかったし、――それはまた、主要なストーリーでさえなかった。経済が近代化するにつれ、アメリカの結社に従事する生活の前工業的な形態は、新しい種類の集団が出現するのを横目で見ながらも、維持、拡大したのである。

社会科学者はしばしば、経済的変化が他のすべての領域においても同様の変化を自動的にもたらす、と考える。結社の変化を説明しようとする標準的な見方はこうして、企業による工業化や大都市の成長がもたらす新しい緊張と機会に応じる新興アクターに焦点を当てる。学者の中には、階級対立が労働者に労働組合を作らせ、資本家は企業グループ内での団結に駆り立てられる、と主張する者もいる。また、近代的結社を、社会統合のメカニズムと見る研究者もいる。彼らによれば、そうした結社は、工業化以前の町《ビレッジ》での家族のつながりや隣人への好意の代替物というわけだ。こうした論法の一つの説明が、ロバート・ウィービの大きな影響力を有した集大成『秩序を求めて――一八七七―一九二〇年まで』(*The Search for Order, 1877-1920*, 1967)に見られる。同書に曰く、重要なアクターとは、台頭中の「新しい中産階級」、すなわち専門職従事者や事業者で、彼らは、移民、工業化、人口の都市集中といった人々を不安に陥れる変化に「対応して」、新たな結社や市民奉仕団体を設立した、と。[64]

これらの期待に沿う事実もあるにはある。ガムとパットナムは、一八四〇年から一九四〇年の間に二六の都市の団体名鑑に掲載された自発的集団を研究しているが、それによれば、労働組合が一九世紀後半と二〇世紀初期に急増し、ビジネス・専門職集団も都市の人口増に伴って数が増えたことが実証されている。[65] より質的な情報源から、エリートの「奉仕団体」――男性ではロータリークラブ、交換クラブ、ライオンズクラブ、またビジネス・専門職女性ではより小規模な団体――も同じように二〇世紀初期に、いろいろな都市に広がったことも確認している。[66] こうしたクラブは、友情とより広いコミュニティへの奉仕を強調し、各企業、あるいは専門職従事者（「専門職」の定義は非常に狭く、会員資格の拡大にはつながらなかった可能性がある）から、ささやかな数の指導者を迎え入れた。一部の研究者の考えでは、エリートの市民奉仕クラブは、実業家や知的職業人が夜遅くまで続く儀式に嫌気がさし、もっと短い昼食時ミーティングを好み、ブルーカラー労働者やホワイトカラー従業員との「兄弟愛」の再確認よりも、仲間内の情報網を作りたがるにつれ、階級横断的な友愛結社に取って代わった。[67] だが、これが話の一部始終ではなかった。というのは、アメリカが工業化するにつれ、いくつかの歴史の古い友愛組織は自己再生したのである。また、エルクスクラブ、ムースクラブ、イーグルス、コロンブス騎士団といった新進の友愛組織は、簡素化した儀式、現場《アウトリーチ》での地域《ローカル》福祉活動への新しい気遣いを当てにし、これまでになく有名になった。

自発的集団の単独のタイプに一つずつ焦点を当てると、新しい種類の結社が現れると、より古いタイプの結社は衰退するものと愚かにも考えてしまう。それゆえに、変化する状況についての体系的なデータが必要なのだ。たとえば、市の団体名鑑に載った集団についてのガムとパットナムが概観したところによれば、宗教集団と友愛結社は、合衆国が大都市を中心とした工業国家になる以前には、経済的集団よりも普及していただけでなく、工業化の時代を通じて増殖している[68]。人口一人あたりにおいて友愛結社は、特に一八七〇年代から世紀転換期にかけて急激な増加ぶりを示した。大小の広く普及したメンバーシップ結社の全国的な創設に関するデータが、この状況を裏付けている。私と私の研究者仲間が研究してきた巨大なメンバーシップ結社にはいつも非エリート層の多くの会員が含まれており、その大半は一九世紀後半に創設されている（表2・1および図2・4を見よ）。過去の団体名鑑を見ると、同じ時期に何百ものより小規模な階級横断的な連合体が誕生し、会員を引きつけていたことがわかる[69]。

要するに、工業化によって国の経済が変容すると同時に、アメリカ人は階級別の職業を基礎とした結社に単に分かれて加入しただけではなかった。労働組合、商業組合、専門職業家団体が増殖し、新しい会員を引きつけた。だが、そのまったく同じ時期に、教会、宗教結社、友愛・婦人団体、また階級横断的に入会者を獲得する多くの他の種類の長期にわたって存続する自発的結社が、広がり、成長していたのである。

南北戦争の結社形成力

アメリカ革命を除いては、一八六一—六五年の南北戦争ほど、合衆国における市民社会の発展に影響を与える分岐点となった出来事はない。研究者は往々にして、「基本的」原因は経済的なものに相違ないと仮定するようであるが、戦争や政治的衝突も政治形態や社会を形作る——そして、そのことが、近代化しつつある合衆国ほどあてはまる国もなかった。膨大な会員を引きつけることになる、さらに多くの自発的な結社は、合衆国史を五年刻みで見た場合、南北戦争終結時の一八六〇年代後半ほど多くの結社が設立された時期はなかった。南北戦争後の数十年の間に大規模になった集団が何十と誕生した。他方、南北戦争以前から存在した連合体もまた、その規模を大きくした[70]。二〇世紀初期の革新主義時代は、近代アメリカの市民社会の母体としてしばしば引用されるが、これは間違っている。南北戦争における北軍の勝利は、二〇世紀初頭の途方もない数の地方ロッジ、クラブ、労働組合支部に連結する多くの巨大な、民衆基盤のメンバーシップ連合体の形成・拡大に拍車をかけた。野心的なこれらの連合体の全国、州レベルのセンターは、系列下で繁茂した地方支部よりは時期的にかなり先に設立された。全国、州レベルの組織者や指導者は、支部の設立を促し、それら支部が相互に常に連絡を取り合いながら繁茂できるルールと制度を作った。[71] アメリカの自発的集団の形成は、元々ローカルなものではなかったし、「自生的」な草の根の組織化に起因しもしなかった。地元の人間、指導者は確かに重要ではあったが、彼らは全国的に野心的な指導者——結社に従事する生活が二〇世紀にも優に生き残ることができる、さしあたりの制度的環境として役立つ巨大な自発的連合体を発足させ、地方に広めた、大胆かつ先見の明がある男女——によって行動を促され、彼らと協働したのである。

南北戦争が、野心的な結社の創設を助長した。この事実は、一見すると普通は信じられそうもない。トクヴィルは、戦争の長期化によって市民的自由が押しつぶされてしまうことを恐れた。[72] そして、一八六一年から六五年の政治的激変は、アメリカにとって最も破壊的な戦争であった。二〇世紀の大戦と比べても一人あたりの死傷者数は多いし、一般市民の被害はあまりにも大きかった。南北戦争によって、オッド・フェローズや禁酒党といった、戦前から存在する自発的連合体はめちゃくちゃになった。結社生活を含む人々の市民的な諸活動は破散され、無数の人が死んだ。南部の大半は、経済的に極度に疲弊したままほったらかしにされた。だが、南北戦争は、当代のある観察者が驚いたように、「博愛的な結果」をもたらしもした。[73] 人々は、奉仕に献身した。戦時期の人々の多大な努力が、アメリカの卓越した大規模な結社の建設のモデルとして、民衆に根を置く連邦主義の実用性を強めた。とりわけ、指導者にとって戦争の経験は、戦後かなり経ってからの野心的な結社建設を助長した理想やネットワーク関係、市民組織のモデルを創造した。

市民にとっての影響は、この大規模な衝突が——特に戦争に勝った連邦側《ユニオン》で——どのように戦われたか、という面から表れ始めた。一八六一年よりもかなり以前に、アメリカ人は連邦化した自発的結社に通じていた。彼らは、特殊でローカルな目標はもちろん、大きくナショナルな目標のために、いかに「結合」するかを知っていた。だが、政府は、大殺戮戦に要する巨大な努力を市民ほど準備できていなかった。サウスカロライナ人がサムター要塞を砲撃したとき、ワシントンの連邦政府には常備軍はほとんどいなかった。合衆国の軍隊は、総勢わずか一・六万人にすぎなかった——兵士の大半は、「ミシシッピー川の西に広がる開拓前線の七九の駐屯地」でインディアンの警備にあたっていた。兵士は、ウェストポイント出の職業軍人の指揮下にあったが、彼らの約三分の一——その中にはロバート・E・リー将軍のような大立者が含まれていたが——は、反乱を起こした南部連合に仕えようと、すぐに「我が南部に下った[74]」。南北戦争で北軍、南軍ともに必然的に、地元志願兵を集めてコミュニティ・州部隊を編成し、次にこれらの諸団を合同して偉大なる陸軍や民間救援活動に結合するために、選挙で選ばれた指導者だけでなく、民間の指導者にも頼った。南北戦争は階級の線を越えて組織された志願兵グループによって闘われた。教育を受けた特権階級の市民と、兵卒から昇進した他の将校は、「処方によってではなく、自ら手本となった[75]」。ボランティア主義は、北部でとりわけ深く浸透しており、長続きした。一八六二年以後、連邦軍の徴兵があるにはあったが、兵士の少なくとも八七パーセントは志願兵であった。彼らは普通、同郷の州やタウン、もしくは同じ民族集団の将校の指揮の下、戦地に赴いた[76]。銃後では、婦人や男子の民間人が、合衆国衛生委員会（傷病兵救済婦人中央協会が母体となって組織）、ＹＭＣＡが後援するキリスト教委員会、他の志願兵の連合を介して部隊に差し向ける医療的・社会的・精神的支援を調整した。歴史家のジェームズ・マックファーソンの説明によれば、合衆国衛生委員会は、「この種の事業では、合衆国最大の自発的組織」であった。同委員会は、「サムター要塞への砲撃から日をおかずに突如現れた、地方の兵士救援団体との提携から発展した。女性たちは、奴隷制廃

図2・1　異なる時代に設立された巨大メンバーシップ結社の設立当時の活動範域

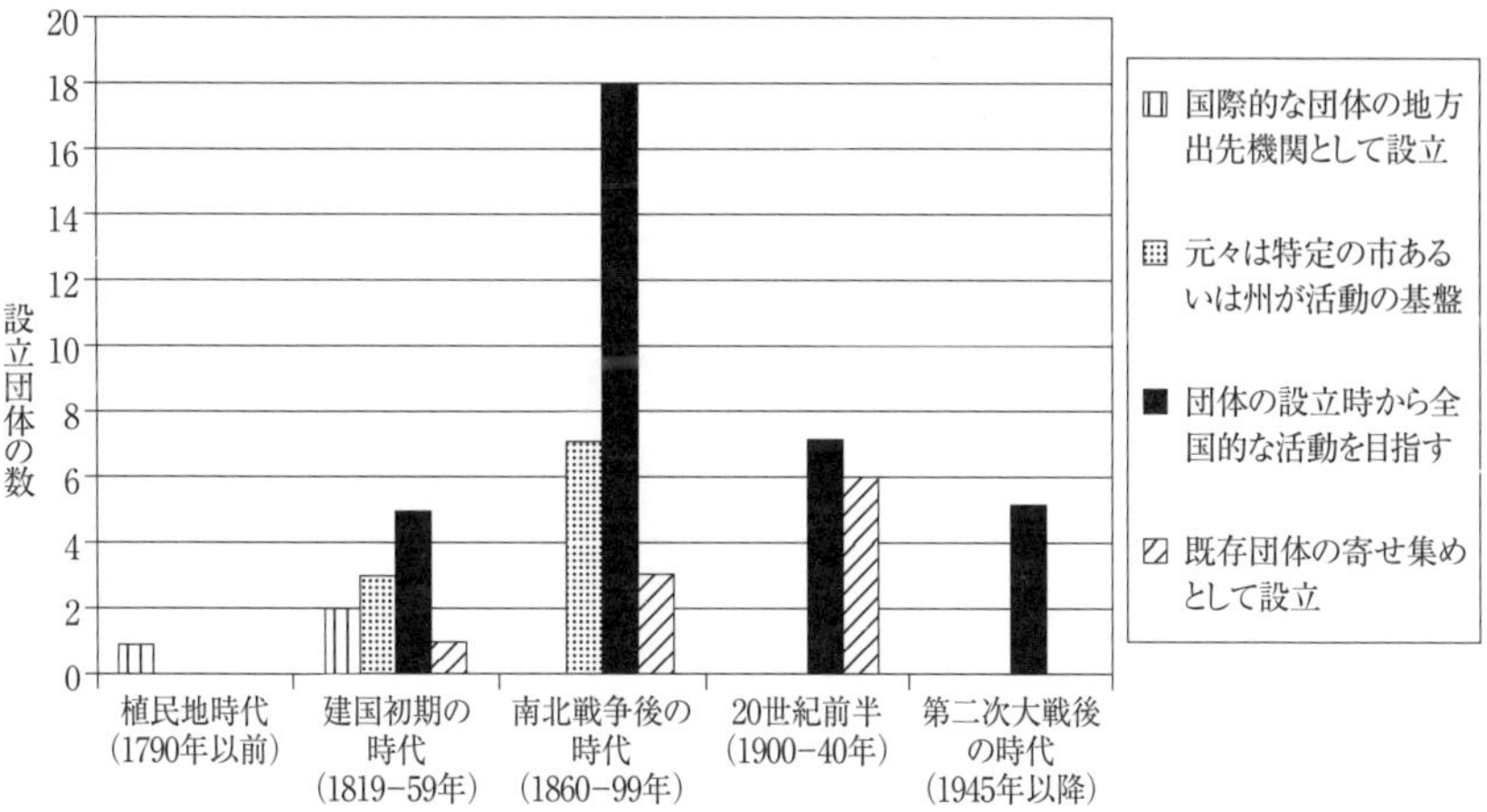

出典）合衆国成人男子／女子／両性の1%以上が会員であった履歴を有する58の結社に関する Civic Engagement Projectのデータ

止、婦人の権利、禁酒、教育、伝導などを唱道する協会での関与感覚や以前の経験をよりどころに、これらの結社を率先して結成した」[77]。

南部連合軍がアポマトックスで降伏した後、連邦軍側の意気が揚がった。国家的目的という新しい感覚によって奮い立ち、また民衆動員の連邦主義モデルを熟知していたので、一九世紀後半に成人した北部の人間は、男女を問わず新しい民衆基盤の自発的連合体を数多く発足させた。それらは、思い切った組織的発明で、全米に広範囲に広がり、地元や州を相互に結びつけようとした。先に述べたが、南北戦争後に発足した最終的に巨大になるメンバーシップ結社は（一八六〇年以前に設立された結社と同様に）、たいていの場合、代表制を伴う国－州－地元体系の代表制を伴う連合体として組織された。こうした結社の設立者の野心もまた、南北戦争の影響力を明らかにしている。図2・1は、成人男子、女子人口、あるいは両性の一パーセントが入会することになったすべての自発的結社のデータに依拠しており、結社設立者が設立時に思い描いた活動領域に関するデータを要約してある。[78] 大規模なメンバーシップ結社の一部は、元々「地元の」、当初は市、州レベルの集団と理解されたが、その後やがて全国的な結社へと発達した。メーソン、オッド・フェローズ、YMCAといったような他の結社は、ヨーロッパ伝来の国を越えた結社の地方「支部《キャンプ》」としてアメリカの大地に広がった。さらに、婦人クラブ総連合といった別の結果によって巨大化した結社は、従来の諸集団の「連合体」として創設された。[79] だが、これら三つの経路も、アメリカ史上に結成され大規模な会員を有するに至る結社の五分の二でしかない。残りの五分の三は、設立に多少の時間がかかったかもしれないが、頭から全国的な組織の設立を狙っていた野心的な指導者によって立ち上げられた。南北戦争期――一八六〇年から世紀転換期まで――は、野心的な全国的結社の設立が特に目立った（一八六〇―九九年に結成の組織中、六四パーセントが全国的組織を目指して結成された）ことは覚えておいてよい。最終的に大規模なメンバーシップ組織となった結社の多くが、どの時代にもまして南北戦争後数十年に集中していたのみならず、この画期的な時代の結社設立者は、第二次世界大戦前のいかなる時期に（同程度に長く）存在した、活動的で最終的に大規模化した結社の設立者よりも、設立当初から全国的な事業を計画しようとしていた。

以下に紹介する集団結成の話は、戦時の連邦軍の動員がその後の結社の創設をどのように促したかを示唆している。一八六八年、南北戦争中に面識を持った鉄道労働者がペンシルベニア州ミードヴィルで統一職人古代結社（AOUW）を発足させた。この友愛組織は、アメリカ最初の友愛「保険」結社であった。AOUWは、その後ほどなく出現する類似の結社のモデルとなった。[80] AOUWの創設者は、全労働者に通常の保険金を支払うのみならず、文化的向上サービスの提供によって、戦争が生んだ鋭い階級対立の克服を目指した。ある学校教師は、多くの同志を募り、やがて全米三位の巨大な友愛組織となるピシアス騎士団をワシントンDCで結成した。彼らは、戦争で膨張した連邦政府の行政事務を通じて知り合いになり、元兵士のみならず南北の再統一を望むアメリカ人全体に訴えうる自己犠牲的な同胞愛を鼓舞する参入儀式を考え出した[81]。

地域的にまったく異なる連邦職員の他の団体が、農業擁護者会（＝グレンジ）を一八六七年に結成した[82]。ミネソタ生まれの合衆国農務省の官吏であったオリバー・ケリーがその創設者であるが、彼は南北戦争後、アンドルー・ジョンソン大統領の使者として荒廃した南部田舎のニーズを調査するために、当地に派遣され、南部滞在中に農民のためにこのような結社を考え出した。敗戦の地、南部において個人的な接触を図るためにメーソン的絆を使ってケリーは、農民も全国的な友愛組織から利益を得ることが可能なことをすぐに理解した。彼は、仲間の連邦政府の公職者――彼らの誰もが、ケリーのように首都ワシントンと自分の地元とを行ったり来たりした――とともに働き、既存のいくつかの農民団体を取り込み、さらに何千という地方グレンジの創設を促す連合体を設計した。

南北戦争の連邦《ユニオン》側での北部人の経験はまた、女性の野心を高め、その市民的能力を高めた[83]。オリバー・ケリーの姪であるキャリー・ホールは、オリバーを説得して女も男と対等な資格で正規会員になれるクレンジを設立させた[84]。戦時の有名な看護婦クララ・バートンに加えて、戦時救援活動に奮闘した他の多くの男女が、一八六〇年から八一年にかけて、米国赤十字の支部設立許可の運動を展開した[85]。その間に女性は、大規模な禁酒運動の前面に立つようになった。グッド・テンプル結社は、男と同じ条件で女性の指導者、会員を積極的に受け入れ、戦争中も勢力を保持し、その後急成長したため、禁酒党も女性の入会を認めるのを急がせた。

だが、禁酒第一主義の女性は、彼女らがジェンダー化した表現で理解した試練に対処するために、いっそう主要な役割を望んだ。彼女らは、兵役のせいで深刻になっていた男どもの飲酒を阻止することを強く望み、戦時中のおいしい税収源となった酒産業を優遇する政府の政策と闘うことを決心した。女性改革者たちは、一八七四年にオハイオ州クリーブランドで婦人キリスト教禁酒同盟（ＷＣＴＵ）を結成した。彼女らの何人かは、連邦軍

図2・2　南北戦争前・中・後における合衆国北部・南部での白人・黒人別オッド・フェローズ支部

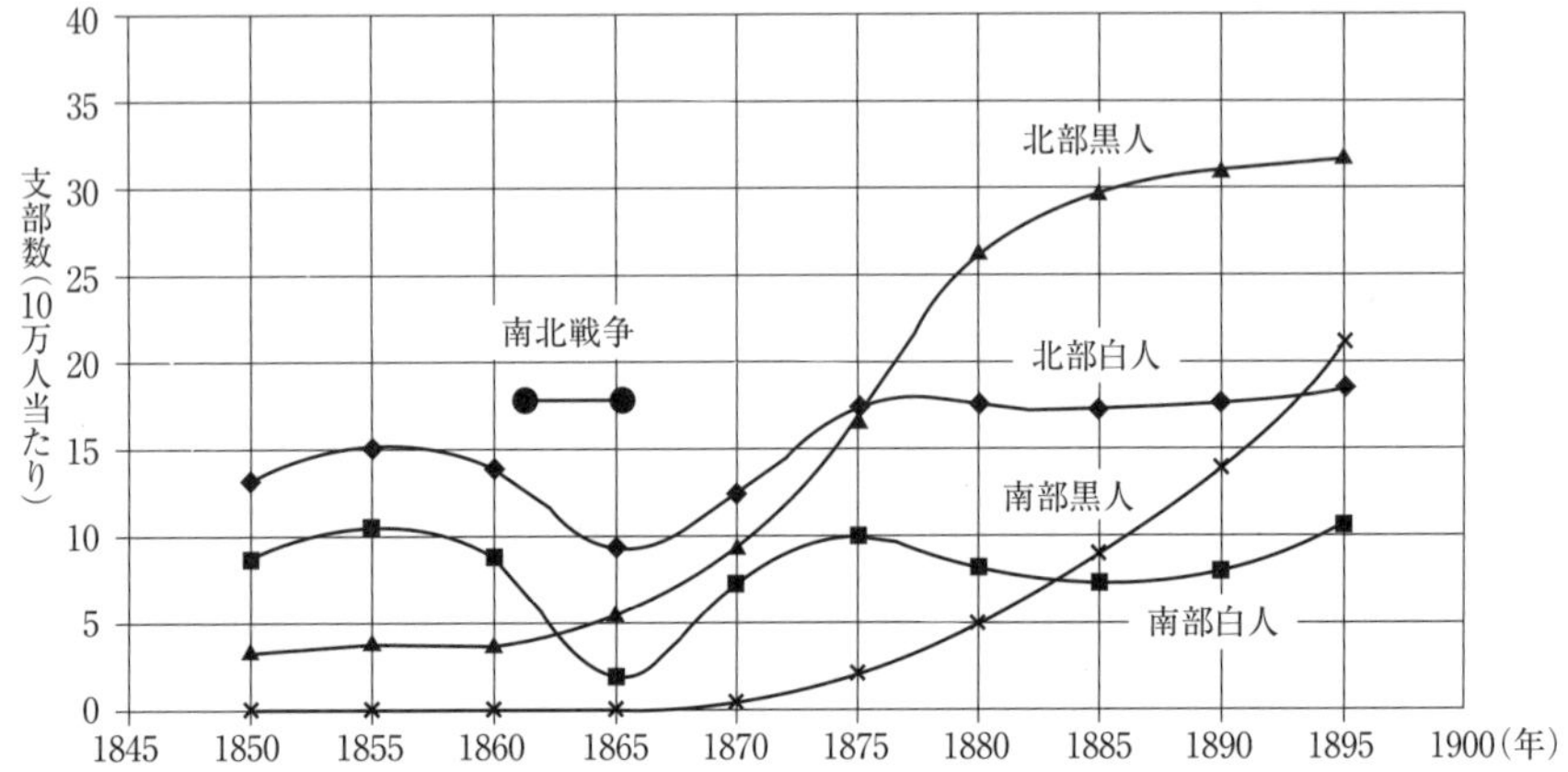

出典）独立オッド・フェローズ結社の年次報告書。また、推定数は、Charles H. Brooks, *The Official History and Manual of the Grand United Order of Odd Fellows in America* (Freeport, N.Y.: Books for Libraries Press, 1971; reprint of 1902 ed.)におけるロッジの設立および死亡率から。

の救援活動を通して顔見知りであった。彼女らは皆、一八七〇年代初期に中西部各地に広がった酒場主に反対する婦人十字軍を称賛した[86]。だが、草の根の抗議活動を持続させるのは難しく、そこで全米日曜学校集会夏季キャンプに集まった婦人は、「禁酒大反乱」を制度化する計画を企てた。北軍勝利の『見よや十字架の旗高し』なる修辞にあふれた抑揚で、「各州一名の代表からなる……組織委員会」が、全国婦人キリスト教禁酒同盟を結成する「召命」を正式に出した。召命は、「同盟と組織の中で」「成功と永続、その結果生じるこの土地を大酒の呪いから贖うこと……[87]」を宣言した。

　戦争は、衝突のあらゆる側面で人々の絆を強めうるが、それでも戦勝者が最も永続する市民的利益を享受するようである。一八六〇年以前には、多くの自発的集団がアメリカ南部と北部の境目に位置する東海岸沿岸の都市、ボルティモアで結成され、本部を構えていた。さらに重要なことには、南部は農村的性格が強かったにもかかわらず、全国的連合体内に自分たちの組織を有していた。だが、南北戦争後には、全国的な存在に仕立て上げようと躍起になっている新しい結社が、最初は北東部の大中都市から、その後は極西部のいくつかの地点で発足した。それに比べて南部の会員数は、オッド・フェローズのような以前に設立された全国的連合体で遅れをとった（図２・２を見よ）[88]。北軍従軍者が、南北戦争直後にいくつかの連合体（最終的に最も有力な団体となった南北戦争在郷軍人会を含む）を創設したが、他方、南軍従事者の地域団体が南軍在郷軍人会を結成したのは、やっと一八八九年になってのことであった。南北戦争以後、アメリカ国民共同体の巨大な境界争いで敗れ去った南部白人は、戦勝者の北部人に比べて、大規模な市民的努力を組織化、あるいはそこに参加することの難しさに気づいた。

南北戦争後、合衆国における結社の成長では北部が完全な優位に立ったが、それへの一つの例外、すなわち黒人の動向は、大量動員の戦争での勝利が市民的エネルギーを増強するという法則を裏付けるものとなっている。北部白人に加えて黒人も、南部、北部を問わず、何といっても南北戦争の大きな利益を手にした人々であったのだ。約一八万人の黒人が連邦軍に従事し、黒人全体への奴隷制度の法的足枷を最終的に打破する勝利に貢献した。南部の黒人奴隷が解放され始めるとすぐに、地元を越えた黒人結社の数が増え、会員も増えた。多くの新しい黒人の友愛組織、相互扶助団体――その多くは婦人会員も認めていた――が、南北戦争後数十年の間に結成された。こうした連合は、多くの場合、南部北域諸州の都市部で結成された。南北戦争前のプリンス・ホール・メーソンやオッド・フェローズ大統一連合のような友愛組織に加えて、統一友情兄弟・神秘的十人の姉妹、独立セント・ルーク連合、テイバーの騎士とテバナクルの娘たち、米国メーソン・テンプル騎士団が支部を設置し、猛烈な勢いで会員を増やした[89]。解放黒人（男女）が、経済的に貧困にあえぎ、教育もほとんど受けていない深南部の農村地帯においてさえも同様であった。一八七六年の「再建」後、黒人が投票したり、労働組合に入ろうとすると、それまで以上に厳しく弾圧されたが、彼らは教会や友愛組織を設立し、そこに入会する権利――そして彼らの意志――を決して失わなかった。事実、現存する（質的にはでこぼこがある）証拠によれば、一九世紀後半、二〇世紀初期の黒人が白人の特権階級よりも教会や友愛組織を作り、加入する傾向にさえあった点を示唆している。この点を論証する有力な証拠の一つとして図2・2は、南北戦争中に設立された南部、北部のオッド・フェローズ支部を人種別に追いかけている。南北戦争後、白人の独立オッド・フェローズ結社の北部支部は早い速度で増えていったが、それにも増して黒人のオッド・フェローズ大統一連合は、北部、南部ともに支部数（対人口比）で白人を圧倒する猛烈なスピードで増加した点は重要である。おのずと、南部における白人オッド・フェローズは、支部の結成、維持の点ではるかに遅れをとっていた。

自発的連合体の急増

黒人の例は、南北戦争後の時代を特徴づける結社の急増を示している。定番の組織化のやり方を見習って、連邦化した、階級横断的な、あらゆる種類のメンバーシップ結社が、世紀転換期に全米で増殖し続けた。既存のモデルは、結社設立者――女性の市民活動家、友愛保険を支給する組織者、衝突する移民排斥主義者と少数民族の人々を含む――の多重の波によってコピーされ、磨きをかけられた。

女性は、一九〇〇年前後の数十年の間に、新しい全国的結社を数多く結成した。[90] 多年にわたる戦い（婦人友愛主義者が従順だとは、間違っても言えないことが如実になった）の後、女性会員の身内が入会できる準組織が、主要な男性友愛・愛国組織の大半に設けられた。[91] 職業婦人自体が少なかったが、彼女らは自身の連盟を結成した。二つの大規模な婦人の独立的な連合体――婦人クラブ総連合（一八九〇年設立）、全米母親会議（一八九七年設立、後のPTA）――が新たに結成された。これらの階級横断的な連合体は、南北戦争直後に現れた婦人キリスト教禁酒同盟（ＷＣＴＵ）を組織構築のモデルとした。ＷＣＴＵにおいて活動的であった多くの婦人が、これら二つの団体の設立と普及を手伝った。世紀転換期までに、アメリカの女性は、地元コミュニティに熱心に参加したのみならず、メンバーシップ連合体の連結体系を通じて州や国の法律制定に影響を与えた。

世紀転換期のもう一つの活力は、会員への保険金支払いを目的とする友愛組織の興隆——そして急な退潮——であった。一八八〇年以後に結成された保険友愛結社は、たいていの場合、草分け的存在であった統一職人古代結社（ＡＯＵＷ）よりもずっとビジネスライクであった。年齢別会費を徴収し、見積もり給付額を保証すべく積立金制度を設けた。だが、多くの小規模保険結社が、大きくなることはなかった。その理由は、この種の組織が、故意に健康状態にさほど問題がなさそうな人だけを会員にしたとか、あるいは以前に設立されていた保険結社から、そもそも脱退してできたからである。たとえば、若い西部人は、老齢の東部人に保険を保証する会費は支払いたくはなく、多くの場合、親組織から分かれた。さらには、別のアイアン・ホール結社（一八八一—九一年）といった小さな保険友愛協会は、ネズミ講方式をあえて隠そうともしなかった。この詐欺めいた投資術は、保険経理的に信頼できないことがばれ、短命に終わったのも当然であった。おのずと、巨大化し、何十年にもわたって生き長らえたごくわずかの友愛団体——大きな結社がほぼ常に保険の保証人になった黒人の間以外は——、社会保険の支給に主に焦点を合わせた。白人の間では、主要な友愛組織は、保険金給付がたとえ残るとしても会員にとって任意の補助プログラムに格下げする一方で、社会的なつながりや道徳的説得に重点を置いたときには、たいていうまくいった。

最後の点は、今日の分析者が自発的結社を社会的協力の純粋な発現として扱いがちなので、強調しておく価値がある。実生活では、人々は頻繁に他の人間を排除し、争い、あるいは自衛のために結合する。明らかに、激しい民族的・宗教的対立が、一九世紀後半の合衆国における結社設立の大半を勢いづかせた。東欧、南欧系のいわゆる「新移民」の大量流入に応じて、生粋のアメリカ人に訴える自発的結社は、プロテスタントの習俗を強く主張し、公立学校を支持し、ハイフン付きアメリカ人の殺到と政治的影響力を制約する法律を要求した。[92] 攻撃された少数民族の人々は、逆に自衛のために地域グループを結集し、自らのアメリカ人としての正当性を主張する自前の自発的連合体を組織した。驚くことではないが、アメリカ史上、移民排斥主義者の結社創設と政治的な世論への訴えの最盛時――一八四〇年代と一八五〇年代、一八九〇年代、そして一九二〇年代――は、数多くのアメリカの民族集団の結社が発足、あるいは拡大した時期である。[93]

二〇世紀における市民社会

二〇世紀の夜明けまでには、合衆国では、場所だけでなく階級の区分線も越えた男性／女性（時には、男女とも）を入会させる支部を持つメンバーシップ連合体が数多く目撃できた。最後には巨大化した何十もの自発的連合体や、何百という小さな連合体も、一八六五年から一九〇〇年代前半にかけて生まれた。これらの連合体に結びついた地方支部が、最も小さなタウンにさえすぐに広がった。膨大な数の大小の自発的連合体の支部は、おそらく一九〇〇年代、一九一〇年代にピークに達した。その後、多くの保険第一主義の友愛組織が弱体化し、また他の自発的連合体が全国規模の支部網を完成するにつれて、かなりの合同、整理が起こった。二〇世紀のアメリカのメンバーシップ結社はまた、旧来の組織と比べて、別々の単位の純然たる増殖よりもむしろ、数多くの組織内の下位グループを有する大きい単位を強調する傾向にあった。このように、エルクス、イーグルス、聖堂会、コロンブス騎士団、ムースのような、拡大中の二〇世紀の友愛組織には、一九世紀に全国で名を馳せたオッド・フェローズやピシアス騎士団、その他の友愛連合体がそうであったように、各所に何十もの支部を設立するように奨励する代わりに、市ごとに一つか、数ヶ所の支部だけを認可する規則があった[94]。

第一次世界大戦における連合体と政府

大規模な戦争が、アメリカの草の根ボランティア主義に与えた驚くほど有益なインパクトは、南北戦争で終わったわけではなかった。というのは、同様の力学が、二〇世紀の大規模で、大量動員の世界大戦の最中とその直後にふたたび起こったからである。トクヴィルが信じたように、戦争は、権威的な官僚が経済・社会生活のあらゆる側面の支配権を握り、自発的努力を抑圧するときには特に、組織的な市民生活にとって有害なこともある。だが、合衆国では、大戦争はこうした形では戦われなかった。アメリカ史上最大規模の戦争——南北戦争、第一次、第二次世界大戦——の間、連邦関係諸機関は、戦力の一助となりたいと願う自発的団体からの支援を必要とした。こうした戦勝者側における参加は、今度は戦争の正当性を高め、協力する自発的団体の資源にてこ入れした。大規模な大量動員型の戦争はまた、アメリカのエリートに対して、彼らの同胞市民を組織化し、共有の大事業に全面的に従事させることの価値を教えた。民衆動員を確約した政党が争う競争的選挙と同時に大規模な戦争は、アメリカのエリートに民主的であることを勧めた。一九世紀の競争的な選挙政治だけでなく大戦争においても、合衆国のエリートは、協同の努力に膨大な数の普通の市民を組織化し、参加させないかぎり、責務を果たせないということがわかった。

第一次世界大戦は、アメリカ史上初めての中央集権的に経営された戦争であった。参戦とともに、「選抜徴兵法」が制定され、兵士が前線に送られた。また経済的な生産活動も連邦政府の経営下で調整された[95]。だが、たとえそうであっても、この戦争は、それ以前の南北戦争と同じく、合衆国における組織化されたボランティア主義を促し、さらに強めた。一九一〇年代の連邦政府は、ワシントンに専門家と管理者を配置したが——一八六〇年代よりも、その数は確実に多かった――、地元コミュニティや家庭には手を突っ込めなかった。それができたのは、多くの人々に根づいた自発的連合体のみであった。それゆえに、連邦政府の戦争経営者は、そうした連合体を必要としたのである。その種の組織と連携を図ることが戦争動員上、大いに必要とされたので、第一次世界大戦は、全米に広がる連邦化した結社に基づく、組織化された市民社会を一つにまとめるのに役立った。

確かに、第一次世界大戦の最中と直後に設立された新しいタイプの結社の大半は、ビジネス・専門職集団であった。[96]一九一七年から一九年までの間の経済運営のために、連邦関係諸機関は、ビジネス・専門職リーダーとの革新的な種類の協力関係を助長した。また、戦時の諸省庁で出会ったエリートたちは、より永続的な組織をしばしば結成した。[97]数十の新しいビジネス・専門職集団が、一九一〇年代後半と二〇年代前半に設立されたのに比べ、大規模な一般の人々の連合体で新設されたのは次の二団体だけであった。一つは、一九一九年に、第一次世界大戦の全階級の復員軍人を代表する全国的連合体として結成された米国在郷軍人会であった。[98]同年には、もう一つの全国的組織である米国農業局連盟（ＡＦＢＦ）も創設された。この団体は、少しばかり平和主義志向のグレンジや他の既存の農業連合に依存したくないと思っていた合衆国農務省の役人によって鼓舞された、地元や州の農務局の間の戦時協力につけ込んだ。[99]だが、連邦関係諸機関は、戦時活動の大半の分野で新しい民衆の自発的連合体を奨励する必要はなかった。すでに非常に多くの団体が繁茂しており、それらの団体はしきりに連邦機関に協力し、国家的な努力に地元単位の既存ネットワークを貸したがった。たとえば、表2・2は、中西部のアイオワ州で食糧節約運動に参加した数十の結社のネットワークと数千という信徒団と自発的支部を列挙している。アイオワ州は、とりわけ市民的な州であったかもしれないが、同じような自発的動員は全米各地で生じた。

第一次世界大戦中、家や公共の場所の至る所に張られていたポスターに劇的に表現されているが、連邦政府諸機関と主要な全国的に連邦化したメンバーシップ結社との協力関係が、社会的、経済的動員のあらゆる局面で目

表2・2　アイオワ州における第一次世界大戦の食糧節約運動に参加した連邦化した団体

教派		
メソジスト　783	長老派　202	
カトリック　480	ドイツ・ルター派　121	
ルター派　337	ドイツ福音派　56	
クリスチャン会　324	スウェーデン・ルター派　53	
会衆派　237	エピスコパル　40	
バプティスト　221	福音派ルター派　19	計　2,873

団体の地方支部		
合衆国商業旅行者	34ロッジ	
旅行者保護協会	14ロッジ	
アイオワ州旅行者協会	235ロッジ	
ギデオンズ	324ロッジ	
ピシアス騎士団	235ロッジ	
エルクス慈善保護会	32ロッジ	
忠節なるムース結社	50ロッジ	
コロンブス騎士団	47ロッジ	
統一職人古代結社	118ロッジ	
イーグルス友愛会	25ロッジ	
独立オッド・フェローズ結社	685ロッジ	
米国ヨーマン兄弟会	500ロッジ	
ホームステッダー	140ロッジ	
世界のウッドメン	400ロッジ	
近代ウッドメン協会	982ロッジ	
メーソン	531ロッジ	
ヘルマンの息子たち	1,500ロッジ	
フォレスター結社	22ロッジ	
忠節なるアメリカの隣人たち	575ロッジ	
東方の星	419ロッジ	
世界のウッドメン・サークル	190ロッジ	
レベッカ	600ロッジ	
ピシアスの姉妹	144ロッジ	
婦人クラブ	600クラブ	
婦人キリスト教禁酒同盟	400ユニオン	
アメリカ革命の娘たち	75チャプター	
植民地の婦人	100チャプター	
南北戦争在郷軍人会	600ポスト	
アメリカ革命の息子たち	25チャプター	
アド・メンズ・クラブ	14ブランチ	
ロータリー・クラブ	14クラブ	計　9,630

出典）Ivan L. Pollock, *The Food Administration in Iowa*, vol. 1（Iowa City State Historical Society of Iowa, 1923）, pp. 188-89.

立った[100]。米国赤十字、ＹＭＣＡ、コロンブス騎士団、ユダヤ福祉局（青年ヘブライ協会を含む）は、米軍を社会的に支援すべく戦争省と協力した[101]。プロテスタント、カトリック、ユダヤ人の結社の間で、この協力関係は特に重要であった。というのは史上初めて宗派間の協力が正式に承認され、全国的に目に見える形になったからだ。この時からアメリカ人は、国について以前よりも宗教的に包摂的な視点で物事を考え始めることができるようになった。さらに、統一戦争－労働キャンペーンの担い手となった主要な結社以上にボーイスカウトは、財務省による自由公債なる戦時国債の売り込みを手伝った[102]。女性の自発的連合体や友愛集団は、食糧管理庁と一緒になって、各家庭が疲弊した対ヨーロッパ輸出に必要な小麦、肉、その他の食品の節約に努めるよう働きかけた[103]。また、米国労働総同盟（ＡＦＬ）は、戦時生産を管理するために協力した[104]。南北戦争以来発展していた全国に広がる自発的連合体のほぼ勢ぞろいが、連邦政府がアメリカの初めての世界大戦を戦うのを支援するパートナーとして影響し始めた。結局のところ、第一次世界大戦中に最も緊密に国家機構に協力した連合体――米国赤十字、ＹＭＣＡ、コロンブス騎士団、エルクス、ＰＴＡを含む――は、紛争終了直後に会員を最も引きつけそうな団体であった。戦争が終わってみると、今度はこれらの組織は、一九二〇年代、三〇年代の経済の後退に耐えるのに結局は好位置にいることとなった[105]（例外はＡＦＬであった。ＡＦＬは大戦中には前進したが、企業、連邦政府による厳しい抑圧により一九二〇年代には後退した）。

しかしながら、第一次世界大戦は、一部の自発的団体にとってはいいものではなかった。アイデンティティが、戦時中の敵対／連携関係とずれた民族組織の場合がそうであったように、社会主義者や急進的グループも、大戦後ばかりか大戦中も困難な状況に苦しんだ[106]。アイルランド系アメリカ人古ヒベルニア団は、合衆国がアイルランドの敵、英国と同盟を組んだ紛争に熱心に臨めず、大戦中に衰退した[107]。それまでは活気にあふれていたドイツ系アメリカ人の結社は、もっとひどかった[108]。不忠誠問題を調査するために議会が開催した聴聞会の召集後、ドイツ

図2・3　第一次世界大戦の窓ポスター

系アメリカ人同盟は、資金の残りを放棄し、米国赤十字に譲り渡す決定を行った[109]。このことは、氷山の一角にすぎなかった。第一次世界大戦以降、人口の約一〇パーセントを占めるドイツ系アメリカ人の多くは、民族へのこだわりを捨てた集団に転じた——あるいは、長い伝統のある結社名を自慢げに「アメリカ」式に改めた。友愛組織は、長年ドイツ語を使ってきたロッジを禁じた。「ドイツ」系教会は身を潜めた。また、ドイツの旗や国の色が団体章から消えた。

要するに、一九世紀から二〇世紀へと、大規模な戦争が多くのアメリカ人をより強い市民的な献身へと引き込んだのだ。確かに、いくつかの団体——特に一八六〇年以降の南部白人や一九一七年以後のドイツ系アメリカ人——は片隅に追いやられた。だが総合的に見てみれば、南北戦争と第一次世界大戦——工業化時代を間にした二つの大規模な戦争——は、組織化された市民社会に活気を取り戻させた。二つの大戦争とも、大規模な階級を横断する、連邦化されたメンバーシップ結社におけるローカル、ナショナルな参加をさらに強め——今度は、そうした連合体が、国が近代化しつつも、階級によって分離された結社の世界へとアメリカ人が分裂するのを防ぐのに役立った。

現代合衆国の政体におけるボランティア主義

合衆国は一九二〇年代までに工業国家となっており、図2・4のデータは、二四、五の大規模なメンバーシップ連合体が、三〇年代の大恐慌時代に巨大結社の会員に若干の減少はあるが、その後共存したことをはっきり示している。もちろん、大きな合衆国の自発的結社の正確な組み合わせは、時間をかけて少しずつ相当に様変わりした。禁酒党、グッド・テンプル結社、南北戦争在郷軍人会といった、いくつかのより古いタイプの結社は衰退、あるいは消滅し、他方、他の結社も一時的なものでしかなかった。いくつかの短命の結社は、失敗に終わろうと（労

図2・4　合衆国の大規模メンバーシップ結社の設立と累積数

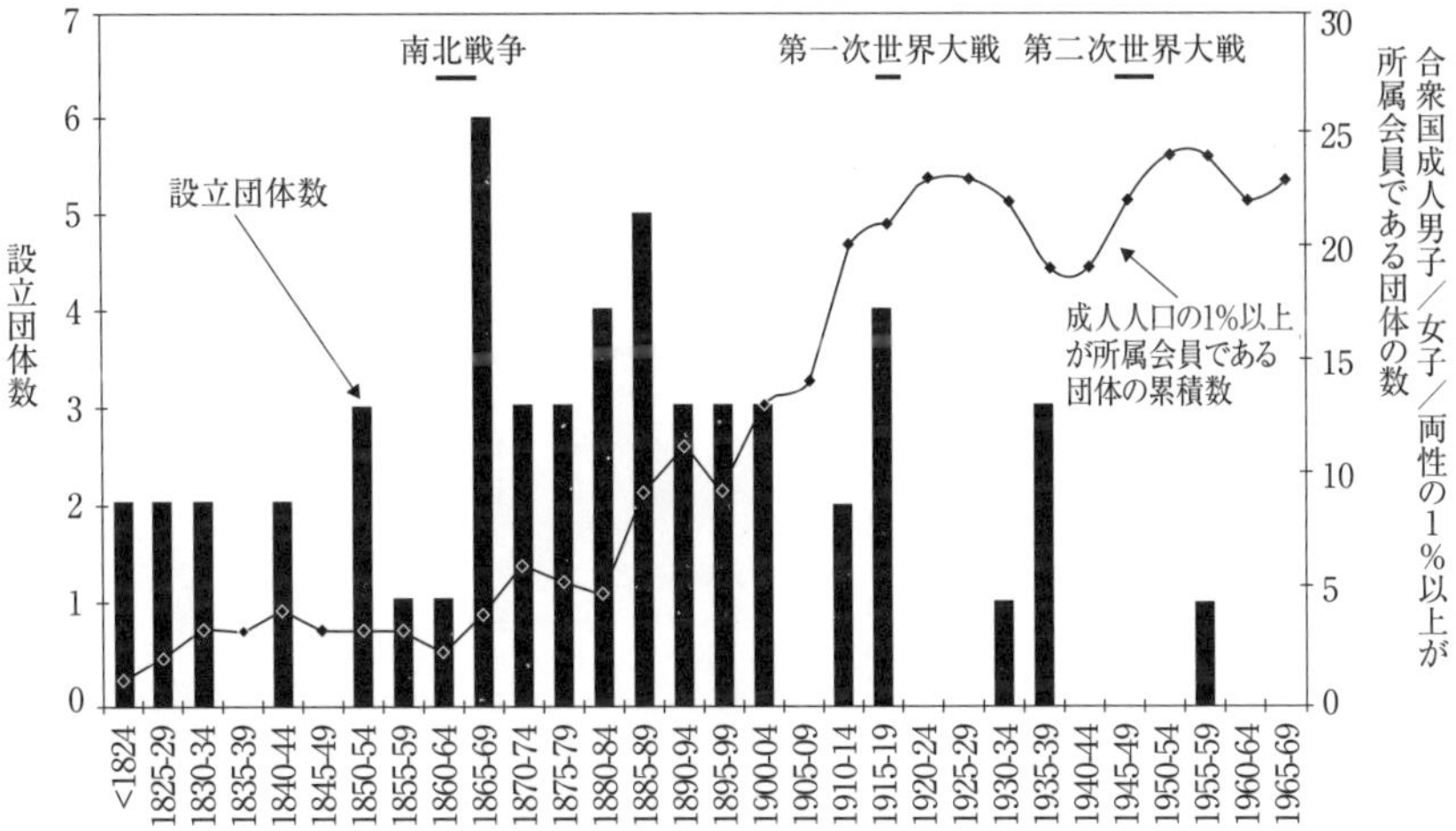

出典）Civic Engagement Project のデータ

働騎士団や黒人農民同盟の場合のように）、成功しようと（全米婦人有権者同盟の場合のように）、「改革十字軍」の役割を果たすや消滅してしまった。他の短命の団体——たとえば、米国保護連盟、米国機械工青年結社、一九二〇年代に全国的規模の運動にのし上がっていった第二次クー・クラックス・クラン団——は、民族的、人種的緊張が高まった時代にごく短期間であるが巨大化した。しかしながら、最終決算書では、いくつかの大規模な自発的連合が衰退、あるいは消滅するにつれて、米国在郷軍人会や海外従軍軍人会、PTAや婦人クラブ総連合、コロンブス騎士団、聖堂会、イーグルス、ムース、エルクスなど他の組織が出現し、大規模となった。

政党と自発的連合体は、二〇世紀初期に若干違う運命に出会った。アメリカの政党は、組織として一九世紀末以後著しく変化した。民主党は、一九三〇年代を通じて集団動員の担い手として活躍したが、民主党も共和党も選挙運動のより「教育的」なスタイルへと向かった[110]。多くの州や一定地域で、政党組織は徐々に衰微し、草の根レベルで有権者を組織化したり、彼らと接触を図るのをやめた。対照的に、政党以外の市民的組織は、地元に根を置く連邦的ネットワークとしていっそう安定した状態を保った。本章を通じて検証したメンバーシップ基盤の連合体の基本的特徴は、一八〇〇年代前半から二〇世紀半ばまで——工業化と恐慌の間ずっと、戦争と平和の間を通して——驚くほど継続していることがわかった。

よく知られているように、ニューディール期には選挙動員が高まり、連邦政府は新たな政策に打って出、一般人やビジネスが大恐慌に対応できるように支援した。タウンゼント博士の運動は、老人家庭への支援を新たに訴え、この重大な時期に急速な盛り上がりを見せた。また労働組合（熟練工ばかりか産業労働者も含む）も、一九三〇年代、四〇年代に合衆国の市民社会に重要な地歩を固めることができた。とはいうものの、三〇年代は、他の多くの自発的結社にとってはストレスの多い時代であった。というのは、この時代、労働者階級、中産階級の男女にとっては、会費支払いもままならぬ経済的苦難の時代であったからだ。大恐慌時代、大半の自発的連合体において会員数の減少、急落も珍しくなかった。だが、結社の大半はまた、三〇年代後半の経済の回復ときびすを合わせるような形で回復した。また、前の大戦で連邦政府に協力した連合体とほぼ同じ豪勢な顔ぶれの全国的な連合体が、第二次世界大戦中、ふたたび戦争に協力すべく姿を現した。かの大戦の余波は、全国の自発的なメンバーシップ基盤の連合体に、その規模の大小にかかわらず同じように新たな伸展とエネルギーを与えた。パットナムは、その重要な著作『孤独なボウリング』（*Bowling Alone*, 2000）において、第二次世界大戦後の一〇年、二〇年を今日のアメリカにおける草の根ボランティア主義の絶頂点、「結社好き《ジョイナー》の国」にとっての真の黄金時代とまで持ち上げている。[111]

保守主義者は、友愛組織による社会保険の支給の縮小を恰好の例に引き、「現代福祉国家」の伸展が合衆国の自発的努力を閉め出した、としばしば主張した。[112] だが、この仮説は、結社の変化のタイミングからは裏付けられない。というのも、多くの主だった友愛組織が社会保険プログラムをやめたり、重視しなくなったのは、一九三〇年代のニューディール時代のかなり以前のことであったし、また数多くのちっぽけな保険友愛会は、一九一〇年代、二〇年代には消滅していたか、もしくは民間の保険産業に合流したからである。[113] さらに、自発的結社を社会サービスの提供者と速断していいわけもない。市民にとっての組織化された声としての役割、市民の政治活動もまた検討する必要がある。アメリカの最大規模の自発的なメンバーシップ連合体の多くは、まず第一に公的な社会プログラムを強く要求し、次に政府が市民の手元に何百万もの人々向けの新しい給付・サービスを届けるのを手伝うことによって栄えた。

一九世紀後半に、南北戦争在郷軍人会は、北軍の退役軍人や戦争で生き残った人々に対する州や国家の惜しみない援助と一緒に大きくなった。[114] 一九世紀後半から二〇世紀中葉にかけて、グレンジと米国農業局連盟は、農民を支援する州や連邦のプログラムと密接に関連していた。[115] 独立の婦人結社——婦人キリスト教禁酒同盟、婦人クラブ総連合、全米母親会議を含む——は、母親、子ども、家族を支援する地方・州・国の公共政策の実施を支持し、また協力もした。[116] タウンゼント博士の運動は、一九三〇年代、四〇年代に、老人への連邦政府の給付金を強く求めた。そして、より近年の退職者結社は、タウンゼント運動の結果として生じた公的プログラムと同時に成長した。[117] 労働組合が地位を完全に確立するのに合衆国政府の支援を必要とした——、その結果、労働組合は、ニューディールの経済・社会プログラムの擁護者となった。

主要な友愛組織であるイーグルス慈善保護会（ＦＯＥ）は、一九一〇年代には母親年金を支持し、二〇年代には多数の州で老齢年金拡充運動を主導した。事実、老齢年金闘争ではイーグルスはまさに中心的存在であったため、大グランド・イーグルス自体、フランクリン・Ｄ・ローズベルト大統領が一九三五年に社会保障法案に署名したとき、正式の高位署名者の一つに列せられた。[118] そしてついに、若い労働者や家族への最も寛大な連邦政府の社会的プログラム、一九四四年ＧＩビル（復員兵援護法）が、自発的なメンバーシップ大連合である米国在郷軍人会によって起草され、支持された[119]。

南北戦争から第二次世界大戦後まで、自発的なメンバーシップ結社とアメリカ版現代福祉国家は徹底的に相互にからみ合っていた。主要なメンバーシップ結社は、数百万人もの市民を具体的に支援する大胆な国家的努力と結びつくことによって会員数を増やした。そしてもちろん、連邦議会、州議会は、広範囲にわたる自発的結社が、世論を形成し、包括的な公的プログラムの法制化を強く要求するために会員と支部を動員するとき、対応した。市民社会と政府は、このように分かちがたく結びついてアメリカ版福祉国家を形成し、維持するために働いた。この福祉国家は、歴史的には、機会の拡大、膨大な数の個人や家族へのわずかな安全を保障しようとする教育・退役軍人・社会保険のプログラムから成り立っていた。合衆国における一般的な社会的プログラムは、貧困者に限定した「福祉」の施しであったことはない。それらは、包括的な給付、あるいはサービス、まさに場所を越え、階級間の橋渡しをする大規模な自発的連合体が気に入りそうな種類の政府の諸活動であった。

ボランティア主義と民主的ガバナンス

本章は、我々を歴史的な嵐のような旅に連れ出した。この旅を通じて我々は、アメリカのボランティア主義が、今日の非常に多くの評論家によって過去の市民社会に投影した政治に無関係な地域第一主義《ローカリズム》の神話とは非常に異なったものであることを知った。一九世紀中頃から二〇世紀中頃までにアメリカのコミュニティで活発であった自発的集団の大半は、厳密に地元の存在以上のものであった。メンバーシップ結社は、確かに地元での存在感を誇示したが、シュレジンガー（父）が思ったように、「会員の数が相当に多く、存続期間がそれなりに長く、地域的にかなり広範囲にわたって存在する自発的団体[120]」である州および全国的な連合体の一部として現れ、活躍した。メンバーシップ連合体は、全国的ビジョンと権力欲を持つ市民的野望を抱く男女によって注意深く結成され、国家の最大級の戦争の後、猛然と成長をとげ、それらの多くは広範な――そして金のかかる――公的社会プログラムを支持し、その支持から自らの正当性を引き出した。

近年の視野が狭い考え方をいったん超えてみれば、本章の知見に真に我々を驚かせるようなものは何もない。賢明な観察者――一九世紀のトクヴィル、ジェームズ・ブライスから一九四〇年代のアーサー・シュレジンガー（父）に至るまで――がよく理解していたように、合衆国の草の根ボランティア主義は、市民‐組織者が建設した組織が、地元に強く根付く必要があるという理解だけではなく、全国的な野心も持った彼らの創造物であった。繁茂していると同時に論争好きなアメリカの草の根ボランティア主義は、筋骨たくましい代表制を伴う民主的ガバナンスの不可欠の部分として常に栄えた――しかし、いかなる意味でも決してそれの代用品ではなかったのである。

第3章

結社好き《ジョイナー》、組織者、市民

Joiners, Organizers, and Citizens

全国的《ネイションワイド》なメンバーシップ連合体は、合衆国史の大半を通して栄えた。では、我々はなぜこのことを重要事実だと考えるべきなのか。広大な結社ネットワークの出現、拡大を跡づけることはそれでいいのだが、では自発的連合体は、それを立ち上げ、指導した市民的組織者にとっては何を意味したのか。また、自発的連合体に入会し、支えたさまざまな職業からの数百万人という男女にとって、それはいかに機能したのか。さらには、合衆国の民主主義に及ぼした影響も等しく重要である。もし典型的なアメリカのボランティア主義が、「自治に関する最良の教育」（アーサー・シュレジンガー〔父〕）であったとすれば、それはいったいどのように作動したのか。過去の団体加入愛好者の生活に命をより十分に吹き込むために、本章では、自発的連合体がアメリカの結社好き《ジョイナー》、組織者、市民の日常生活の中で実際にはどのように作用していたのかを検討してみる。

ずっと前に亡くなった人々には、インタビューも世論調査も無理である。したがって、我々の父祖が結社を指導したり、入会した理由を知ったり、あるいは彼らにとって参加が何を意味したかを理解するためには、現代の社会科学が好むデータ資料を当てにはできない。だが、それにもかかわらず、結社に関する記録からの体系的データを私生活のわずかな残り物でなんとか集めたヒントに結びつけることで、相当程度のことを知ることができる。どこでもいい、ちょっとオタクぽい古物商に入ってみよう。すると、結社の会員の生涯をたどって見せる道具、人々が大事に持ち続け、子どもらに譲った物や文書をふと目にするであろう。これらの痕跡は、孫たちが

図3・1　ワシントン禁酒協会、オッド・フェローズ、古ヒベルニア団の会員バッジ

そうした文物を処分する日までは、そこに記された意味など誰も覚えてもおらず、気にかけられもせず、家族の外に持ち出されることもなかった。オッド・フェローズ、連合婦人クラブ、南北戦争在郷軍人会、グッド・テンプル結社といった結社の規約、手続き、プログラム、儀式を詳細に説明した、使い古したごく小さなパンフレットが何冊かある。月・週刻みの議事録、出欠記録、出納状況を詳細に、非常に慎重に記録、記入した直筆の業務日誌がある。グレンジや婦人キリスト教禁酒同盟といった団体用の耳折れの古い歌唱集がある。結社の活動や価値観についての変にセンチメンタルな歌詞であふれた一品だ。

私がお気に入りの遺物は、美しいリボン章である。パレードや他の祝賀行事用に誇らしげに着装されたものである——時には、会員の葬儀の際に、個人を偲ぶ「悼みて」章にも、白黒章を裏にして使われていた。図3・1には、「我らは、一人の愛国者の名誉ある名前を冠する。我らが国の福利こそ我らの意図なるぞ」という胸打つ銘で飾られたワシントン禁酒協会の一八四

〇年代のリボン章を目にできる。もう一つは、オッド・フェローズ結社のペンシルベニア州ケイン支部四一二号の一九世紀後半、あるいは二〇世紀初頭のリボン章であり、最後の一つは、古ヒベルニア団のマサチューセッツ州ニューベリーポート支部九号のリボン章である。挿絵からも、会員章がきわめて凝ったものであったことが窺われる。特定の自発的連合体の銘やシンボルで飾られ、しばしば愛国的シンボルも花綱にされている。一八〇〇年代後半までには、リボン章には通常、名前、タウン、州、地元クラブ／支部の号数も入っており、個人は全国的連合体への所属と特定支部での地位を同時に公言できた。色、大きさ、デザインの煌びやかな配列において、こうした会員用リボン章――特定集会用に印刷されたリボンや、地元・州・全国レベルでの現役や先輩会員に贈られたピンやメダルと同様に――は、何百万もの個々のクラブや支部の個人会員のものであった。一九〇〇年頃、ずいぶんたくさんのリボン章を「結社好き《ジョイナー》の国」の市民は買い求め、身に付けたので、大会社――たとえば、ニュージャージー州ニューアークのホワイトヘッド・アンド・ホウエイグ社、オハイオ州コロンブスのM・C・リリー社、カリフォルニア州サンフランシスコのB・パスクアーレ社――はリボン章の大量生産を専門的に手がけ、全国に広がる結社支部、在郷軍人会の支部、クラブからの大量購入を受けようとしのぎを削った。

本章が利用する証拠の情報源は、このように政治学者にはちょっと珍しい物である。私の資料は、大学図書館やコンピュータディスクのみならず、結社の記録が保存されている埃だらけの古文書保管所や地下室、中古出品を扱う米イーベイ・インターネットオークションでの定期的な入札、全国各地の古美術店や「切手、ポスター類」の展示会に個人的に出向き、収集した物である。この資料集めの戦法は型破りであったかもしれないが、その結果入手した証拠によって、合衆国の過去の結社において「メンバーシップ」や「リーダーシップ」が何を意味したかが多少はわかるようになった。我々はまた、メンバーシップ連合体が、アメリカの民主主義の活力とドラマに貢献した多くのやり方についても洞察する。

メンバーシップの意味

人々が、グレンジ、オッド・フェローズ、レベッカ、イーグルス慈善保護会、プリンス・ホール・メーソン（黒人）、米国在郷軍人会、婦人クラブ総連合といった団体を脱会するとはどういうことであったのか。これらの連合体と結合した地方支部では、定期的に集会が開かれた。人々は個人的な交流を楽しんだに違いない。さらにアメリカ人は、大事業への橋渡しを重視した。アメリカの典型的な自発的メンバーシップ結社の会員は、二つのやり方でそれを実現できた。地元コミュニティでは、友人、隣人、家族の会員とのつながりを強めることができた。それと同時に、個人的には面識がない数多くの他の人々との間で共有された価値観やアイデンティティを表明できた。さらには、親密なつながりよりずっと広範囲に及ぶ連帯から、合衆国の民主主義にとってきわめて重要な能力の共有と社会的影響力が生まれた。

ローカルで親密な連帯

「社会資本」論者が強調しそうなことだが、人々は親しい他人と幾度も交際しようと連合した結社の地元集会に出席した。アメリカにおける大規模なメンバーシップ結社の大半、特に二〇世紀半ばまでに設立された組織は、毎週か隔週、あるいは月一回、会員が集まる支部を基盤としてできていた。集会参加者は、普通は一つのタウン、あるいは市から集まっていたので、社会生活の別の側面でも互いに定期的に交流していた。だが、支部集会での交流が、すべて特定の地理的に限定された範囲の人々の間だけで行われていたと想像すべきではない。全国的な自発的連合体の会員は、広く共有されたアイデンティティに参加し、十分に制度化された規則・手続きに通暁していたので、旅行者でも旅先で団体の会合にすぐに連絡をとることができた。クラブや支部が、その定例集会を訪れる仲間（兄弟／姉妹）を歓迎してもおかしくはない。さらに重要なことには、正規会員でさえも、中心地域周辺に広く散らばって住むこともあった。社会学者のジェイソン・カウフマンとデヴィッド・ワイントラウプは、一八九四年にバッファロー（ニューヨーク州）の一七のピシアス騎士団の支部の会員住所を調べた。[1] その結果、大部分の支部において会員が、タウンの外に住んでいたことがわかった。数字は支部によって違うが、バッファロー地区の会員の五分の一から二分の一が、支部ホールから一マイル以上も離れた所に住んでいた。バッファローのように白人ホワイトカラーの騎士が目立つ支部では、会員は、地理的には特に拡散傾向にあった。

ちっぽけな国際的《コスモポリタン》ではないタウンの支部においてさえ、会員の中には驚くほど遠方に住んでいる者もいた。たとえば、ウエスト・バージニア州南部の炭鉱地帯オーク・ヒルのオッド・フェローズ支部の場合がそれにあたる。なんと支部会員の約三分の二は同市の住民ではなく、周辺地域の支部《キャンプ》やコミュニティの人々であった。[2] もう一つの印象的な例に気づいたのは、グリーンヴィル（メイン州）のオッド・フェローズ支部の一八九〇年代の議事録と出欠記録を発見したときであった。現在、グリーンヴィルとジャックマンの間のでこぼこ道を車で走ると、最低四五分はかかる。けれども一世紀以上も前、旅といえば馬、カヌー、汽車の時代に、ニューイングランド支部二二五号にはグリーンヴィル、ジャックマンの二つのタウンから定期的に集会に集まる役員、会員がたくさんいた。明らかに、この「地元」団体の一員であることによって強まった対人的なつながりは、広々とした水面や森を越えて伸びていたのだ。

友情は、支部集会において結ばれ、表現された。男女が入会している結社は珍しいが、その自発的支部の地元集会は、将来の伴侶となりそうな相手が親の目が届かない家庭の外で会える数少ない場の一つであったかもしれない。独立オッド・フェローズ結社のロッジが、南北戦争後何十年の間、しょっちゅう開設、閉鎖を繰り返しており、一部の研究者は、新ロッジは、喜んで道徳的に適切な逢い引きの場所を持ちたいと願う若い男女の歴代のコーホートによって、何千ものコミュニティにおいて頻繁に設立された、と考えてきた。[3] だが普通は、男女は別々に集会を開いた（レベッカや東方の星のようないくつかの女性友愛組織には、男性版でも親結社の会員であれば、入会できる規約があるが）。典型的な自発的連合体のクラブや支部の大半は、役割、アイデンティティの上で男女を明瞭に区別して編成されていた。グッド・テンプル結社やグレンジのような、男女の別なく入会できる結社でさえも儀式や手続きでは、男女の役割を明確に区別している。

男女それぞれ別個の集まりは、核家族を除いて特に男にとっては連帯をさらに強めた。友愛組織が一九二〇年代前半に絶頂であった頃、団体加入魔《スーパー・ジョイナー》である夫たちは、毎晩、別の支部集会に出席することだってない話ではなかった。だが同時に、多くの自発的結社は、家族の役割の延長線上に作られた諸団体を連絡し、集合的な組織や団体を設立した。男性の友愛団体ロッジ、退役軍人団体、同業者組合には普通、その妻、母、姉妹が入会できる婦人版が存在した。女性は男性版と同じような儀式を行い、同じような価値観や特別な時間を賛美した。またもちろん女性は、男性のみの団体の集会の前後には頻繁に食事を用意し、彼らと親しく交際した。自発的連合体はまた、青年部を支援し、それを通じて父母が会員資格の規範を息子や娘に伝えることができた。二、三の結社では、大人と年長の子どもが、実際一緒に集会を持った。おそらく、グレンジや米国農業局連盟は、農場において協力して働くのに慣れた家族の興味をそそったので、活動網を共有する父親、母親、年長の子どもが会員となっていたのだ。「農場家族」は、実際には、農村地帯に集中している自発的連合体の典型的なメンバーシップ部隊であった。

友愛集団や組合からグレンジ、婦人クラブに至るまで、典型的な自発的連合体の儀式、価値、プログラムは、区別された性役割と家族の義務をほぼ常に宣伝し――したがって、さらに強めた。女性の養育者は、病人を見舞い、困窮者を救済し、夫を支え、子どもを導くものと考えられた。こうして、オッド・フェローズの女性版であるレベッカの入会儀式は、「大虐殺の戦場における血生臭い勝利」や、あるいは「個人的な美貌の魅力」によって、「その生涯を有名にした……エリザベス、クレオパトラ、カトリーヌ、イザベル」といった「地上最強」の女性に代わって、エスター、レベッカ、サラ、ミリアム、ルース、ナオミといった勇敢で家族を重視する聖書に登場する女性を模倣の鏡として褒め称えた。[4] 女性は弱くあるべきだとは確かに強要されなかったが、典型的な自発的集団が好んだ女性らしい強さや美徳の定義は、女性の愛情に満ちた世話や深い同情という価値を強調しており、妻、母親、姉妹、娘としての良心的な活動を通じた女性の貢献――単に自分の家族だけではなく、より広い社会秩序への貢献――を称賛した。同じように家庭での勤勉さが称揚された。ミツバチの巣が、女性団体によってバッジやプログラムにしばしば使われる絵柄であったのも、このことによる。伝統的な女らしい美徳の賛美は、教会や友愛結社から婦人キリスト教禁酒同盟、婦人クラブ総連合、全米母親会議、その後継組織であるＰＴＡに至るまで一律に起こった。ただ時が経つにつれて、独立した女性主導の結社は、個々の家族とより広い社会の幸福にとっての鍵として、「教養のある母性」という理想を徐々に強調するようになった。[5]

一方、自発的連合体の男子会員は、守護者として振る舞うことが好まれた。何度も、中世「騎士」の象徴的表象が、友愛団体、退役軍人団体の儀式において上演された。多くの集団は、ただこのように、たとえばコロンブス騎士団、ピシアス騎士団、マカベ騎士団と名乗った。他の集団は、集団の儀式で騎士道の修辞的表現を使った――というのは、全身を甲冑でくるんだ中世の騎士は、理想化された守護者であったからだ。他方、騎士道は、社会全体を防衛するための兵役という理想を想起させた。「歴史上、トルコ人によって汚された土地から連中を追放せんとする、純粋に利他的な動機によって鼓舞された十字軍騎士の物語ほど、心を強くとらえる物語はない」と、海外従軍軍人会は、バッジや団体記章に十字軍のマルタ十字架を使う理由を説明している文章の中で明言している。儀式は、次のように続く。「我らが戦友たちよ」、「マルタ十字架は、最貧困の労働者のぼろぼろになったシャツに栄光を与え、土地の最上位層が着るコートを美しく飾り、古くからの十字軍の歴戦の兵士が抱いたのと同じ戦友意識ですべてを結合する」[6]。他方、騎士道は、戦時と同様に平和な時代において、弱い人々を保護し、家族の面倒を見る有徳の男たちを象徴した。この共通テーマを十分に明確にするために、中西部の友愛保険結社である、安全のための騎士と淑女のリボン章や記章は、一九世紀のドレスに身を包んだ一人のアメリカ婦人と腕組みをし直立した甲冑を身にまとった中世の騎士を描いたのだ！[7] 平和な時代には、現代版の友愛的騎士として働き、既婚の一家の稼ぎ手は、妻や子どもを保護し、養うように命じられた。

事実、男子友愛組合は一つ残らず、未亡人や孤児に敬意を表し、その救援に自らを捧げた。友愛集団は、州内に、さらにはアメリカ全土に資産を出し合い、会員の孤児を収容、世話するための孤児院を作った。おそらくその最もよく知られた例は、イリノイ州ムースハートのムース慈善保護会によって維持管理された多くの建物が散在する、広大な孤児施設であった。それは、第一次世界大戦中、戦争孤児のための天国としても喧伝された[8]。さらに地方支部は、より個人的な種類の継続した世話を約束したことも考えられる。たとえば、オクラホマ州ガスリーのメーソンは、入念に彫刻を施した証明書を一九〇〇年一〇月にレベッカ・スミスに贈ったが、それは、彼女が、「棟梁であり、逝去時には我らがロッジの正会員であった、今は亡き最愛の兄弟H・L・スミスの未亡人」であって、「そのようなものとして、我らは、友愛会全体の世話と保護を彼女に推奨する」ことを認めている。スミス夫人は、それを額に入れ、壁に掛け、亡夫にとってはたいそう意味のある男たちの共同体への彼女の継続した絆を示した[9]。

この例が示すように、結社の絆は、会員とその家族が、病気や死去に対処するのを支援するために明らかに作られていた。集団による支援の有無は、稼ぎ手が死ぬことで打撃を受けた家族にとってはずいぶんと違うので、典型的な合衆国の自発的連合体は、多少とも正式に給付される社会保険を基本目的としている、と考える研究者もいる。この説明では、友愛集団は費用便益の点から理解でき、民間生命保険の到来とともに凋落することになる。家族への相互扶助が、一九世紀のあらゆる友愛集団のアピールの中心部分であったことは確かに正しい。また、一九〇〇年頃に、数百の友愛集団は、ますます注意深く計算された会費の定期支払いへの見返りとして、一家の大黒柱への保険補償の出所として宣伝した。しかし、多くの組織――メーソンやエルクスを含む主要な友愛集団を含む――は、保険を重視しなかった。というか、ピシアス騎士団のように、それらの結社は最終的に、財政的に独立式の任意プログラムの保険給付を切り離す決定をした。いずれにしても、保険給付金を支給する自発的なメンバーシップ集団への入会者の多くは、万が一の時に受け取ることができると期待する支給額よりもはるかに多くの金を、儀式用の制服、社会的な諸活動、会費に使った。男たちは、民間の生命保険や政府の公的社会保障が利用できるようになったからといって、すぐに友愛組織を去ったわけではない。もちろん、中には衰退してしまう友愛連合もあったが、人気が上昇し続けた組織もあった。合衆国の友愛結社主義は、二〇世紀の最初の三分の二の時期を通じて盛んであった。

多くの証拠が、アメリカの最も成功したメンバーシップ連合体は個人的な損得勘定をはるかに越えるものであったことを示唆している。保険団体が、保険数理的に注意深くはじき出した保険給付金を支払うときでも、それらは、社会的、市民的な目的も重視した。二〇世紀の初頭、ある主要な保険重視の団体が、新規会員開拓用の説明冊子『マカベ騎士団に入会を』を発行した。リストアップされた一三の理由の中の最後に、「会員（男女とも）死亡時に、その扶養者の面倒を見るための、本人存命中の保険支給」という一節があった。しかし、より幅広い道徳的、愛国的な関心はそれ以上に強調された。曰く、「それは」、「神の父性と男の兄弟愛」、「汝を護持する国旗への忠誠」、「家庭の諸義務を遂行する誠実さ」、「汝自らよりも不運な人々への寛大さ」といった「よき市民性の原理に基づいているからだ[10]」。他の典型的なメンバーシップ連合体のように、マカベ騎士団は、階級の区分線を越えて広がる幅広い連帯に訴えることを意図した、宗教的・愛国的諸理想の混合に根差していた。訴えは、個人の市場計算も働いていたとしても、その枠をはるかに越えるものであった。

大きいものの一部分

マカベ騎士団の小冊子が力説しているように、友愛集団を含む典型的なアメリカの自発的連合体は、家族、隣人、友人間の一時的な連帯感を越え、入会や関心の動機は、個人、家族、地元を越えるものであった。というのは、地元を越える連合体の会員資格が、より広範な社会的・政治的運動への結節点——また、それに連結する組織的回路——を提供したからだ。典型的なアメリカの結社に従事する生活の真髄は、何か小さな組織への参加が、地方支部の会員をずっと大きな組織の尽力に結びつける点にあった。

ローカルな絆とより大きな集合体への参加は、典型的な連合体の会員にとっては、相互に強化的なものとして感じられた。両者の切れ目なき混合は、『パトロンの誇り』の頌歌第二〇番「グレンジよ永遠に」の歌詞に見事に表現されている。『パトロンの誇り』は広く流布した。私が持っている耳折の古本は、その昔メイン州マチャイアスのある地元グレンジで使われていたものである。[11]「我らが社会的絆を団結させるグレンジでの労働」と、マチャイアス・バレー・グレンジ三六〇号の会員（男女）は歌った。「その教えはますます純粋に／利己的な絆は解かれよう。……願わくは、至上の喜びで満ちあふれんことを／このホール内に格調高く」。対面での社会資本が、ここでは確かに称賛された。だがそれでも、マチャイアスのグレンジ会員が、彼らの政治に関心を寄せた運動の「喜び」や「思想」が「全土に広がる」ように求めたように、それ以上の何かが存在した。「願わくは団結せんことを／我らが大義は正義なりし故／手に手を取り合って勇敢に進もう／そして、神を信じよう」。この事例が本当であったように、アメリカ人は、広範に存在する自発的結社の地方支部に熱心に参加した。一つの支部が、「全国に広がる」何千という別の支部と、忠誠心やエネルギーの点で結びついていることをアメリカ人は理解していた。我々がこのことを知っているのは、量的な証拠からだけではなく、巨大メンバーシップ連合体は、主要な広い地域の、あるいは全国的な存在になりきれなかった後、しばしば萎んでしまうより小規模の競争相手よりも、効果的に存続し、繁栄する傾向にあったことを知っているからだ[12]。

ロッジ、クラブの雑誌、議事録を見ると、自発的連合体会員が、地元はもちろん、地元の外にいても、団体の行動に注意を払っていたことがわかる。連合体の幹部は、姉妹・兄弟支部間の相互訪問をうまく調整した。支部代表を、地区集会、州年次大会、全国年次/隔年大会に送り出すことも、大いに人々を興奮させる出来事であった。会費が旅費の一部に回され、役員や代表に旅費の余裕がなくても上位の集会に参加できた。何ヶ月も前から、会報や結社の雑誌にこうした集会の前宣伝が載った。大会本番では、さまざまな州、あるいは田舎からやって来た人々が出会い、故郷について聞き、団体や市民的事柄についての考えを交換した。大会が終わると、役員や代表は故郷に戻って、会合があった町について、いろいろと話をして皆を楽しませたり、そこでの経験――どのような考えが議論され、どのような決定がなされたか――を話した。土地の指導者や支部は、刺激を受け、ふたたび活気を取り戻した。

地元間の対人的な絆は、より上位の連合体の会合で形成された。というのは、会合で出会った代表は、相当離れた所に住んでいても連絡を忘れなかった。「これは、私のグレンジなのよ」。メイン州ウェスト・パリ在住のミルドレッド・ヘイゼルトン夫人は、地元のグレンジ・ホールを見せたくて、優に百マイル以上も離れたベルファスト(メイン州)に住むエサル・ジャクソン夫人に一九五五年に送った写真付葉書に、こう書いたのである。残りの文面から二人とも、家庭婦人で、地元グレンジの講話部の現役であったことがわかる。二人は、メイン州で開催されたグレンジ大会で出会い、地元集会での再会を楽しみにしていたのだ。「これまでに何度かお便りを差し上げようと思っていたのですが、家族の二つの結婚式が重なり忙しい日々を送っています。……講話者大会では大変楽しい時間を過ごさせていただきました。……N・イングランド（講話者大会）に行ければと願っています。……またお便り下さい[13]」。

地元レベルを越えた会合の連続は、自発的結社の設立と維持に大いに貢献した。たとえば、二〇世紀への世紀転換期の頃、クリスチャン・エンデヴァーなる運動が、急速に広がった。多くの典型的な連合体と同じく、クリスチャン・エンデヴァー奉仕団体も何千という地元団体——この場合、プロテスタントの教会の会衆と関係があった——に根差していた。それでも同団体は、定期的な地区会議も組織していたし、また繰り返し開かれる大会を召集する州・全国・国際機構も有していた。クリスチャン・エンデヴァーの創設者で会長の牧師フランシス・E・クラークが左に説明してあるように、地元外での団結が「暗示、霊感、友情」をもたらしたのである。

暗示——「もし地元団体の会員が、おのれを越えて見る、あるいは越えることなかりせば、その考えは近視眼的になり、義務と特権の考え方も狭隘となり、彼らが払う『努力』も形式的、退屈となるおそれあり、そして意欲喪失で死にはしないが、悶々と日々を過ごそうぞ」。

霊感——「ローカル・ユニオンの〔地区〕会合に三百人から五百人、そして州大会に千人から三千人の若きキリスト者を集めよ。互いの顔をのぞき見させよ。互いの手を暖かく握らせしめよ。彼らを一緒に歌わしめよ。互いの祈りに耳を傾かせしめよ。彼らのいくつかの協会や教会での主の御業を報告せしめよ。個人の信仰声明に耳を傾か……せしめよ。とりわけ、謙虚な懺悔と奉献にぬかずかせしめよ。霊感は、計り知れないものである。出席者は普通、地元の団体や教会に戻り、積極的なキリスト者の作業のために急いで身支度をするものである」。

友情——「特に若きキリスト者には、このことが必要だ。彼らの多くがそうであるがごとく、類似の孤立状態で生き、彼らが感じるがごとく、しばしば希望をほとんど見出しえない彼らの地元農地で働くとすれば、彼らは友達も話し相手もなく不幸になり、やる気を失せる恐れがある。彼らを、同年輩の同胞のキリスト者や『努力』に引き込ませよ。彼らは、共通の思いやりの絆が彼らを結束することを認識するであろう[14]」。

牧師クラークは、連合体の機能を、彼の結社の宗教的目的の言葉でしたが、それにもかかわらず、彼の信念の理論的根拠は、多くの種類の典型的な自発的連合体の会員と指導者が非常によくわかっていること、すなわち、地元における親密さが慰めになるかもしれないが、何かより大きなものの一部であることが等しく重要――そして、ずっと刺激的――であった、ということをきちんととらえている。

組織者を入会させる組織者

一九世紀および二〇世紀前半のアメリカにおいて、地元の自発的メンバーシップ集団の大半は、地元横断的な世界観とアイデンティティを体現し、また地元の人間により広い、外へと広がる社会的な絆への通路を約束していなかったとすれば、そもそも出現しなかったであろう。このことがわかるのは、合衆国の結社の年代記的発展に関するデータが、全国的なリーダーシップと地元を越える代表制を伴う制度が普通まず創設されたことを示しているからである。主要な自発的連合体では、全国的な結社センター――普通、州、あるいは地元団体によって補われている――が、大半の地方支部より先に創設され、個人会員が多く増えるのは、その後であった。図3・2は、変化に富んだ出自の四つの重要な結社に関して、そうした発展のパターンを表している。独立オッド・フェローズ結社は、全米で二番目に大きな友愛結社で、英国結社の地方分枝として出発し、南北戦争前に全土に広がった

図3・2　合衆国の４つの主要な自発的連合体における州組織、地方ロッジ、個人会員数

(a) 独立オッド･フェローズ結社（1819−1940年）

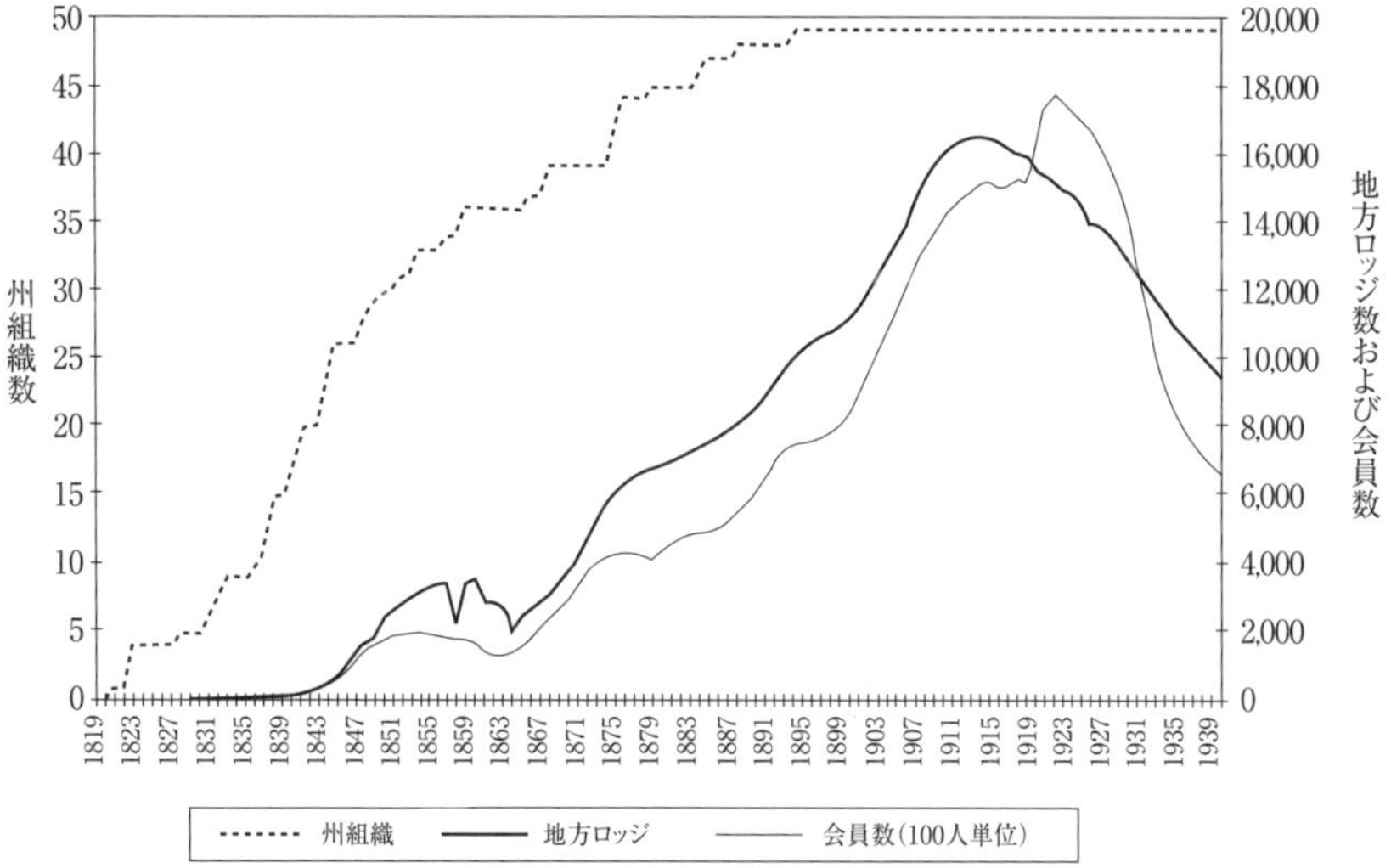

(b) ピシアス騎士団（1864−1940年）

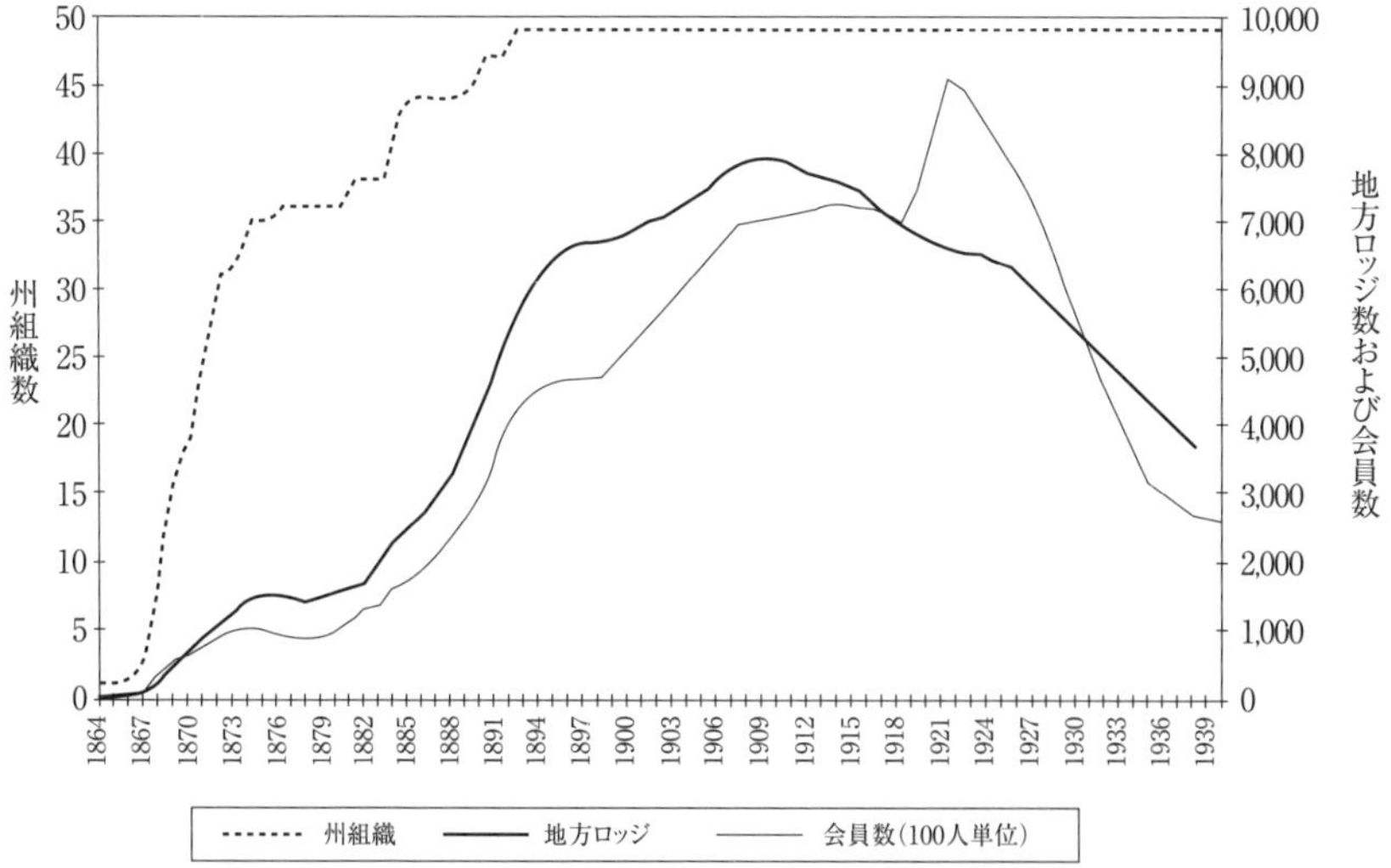

(c) コロンブス騎士団（1882−1940年）

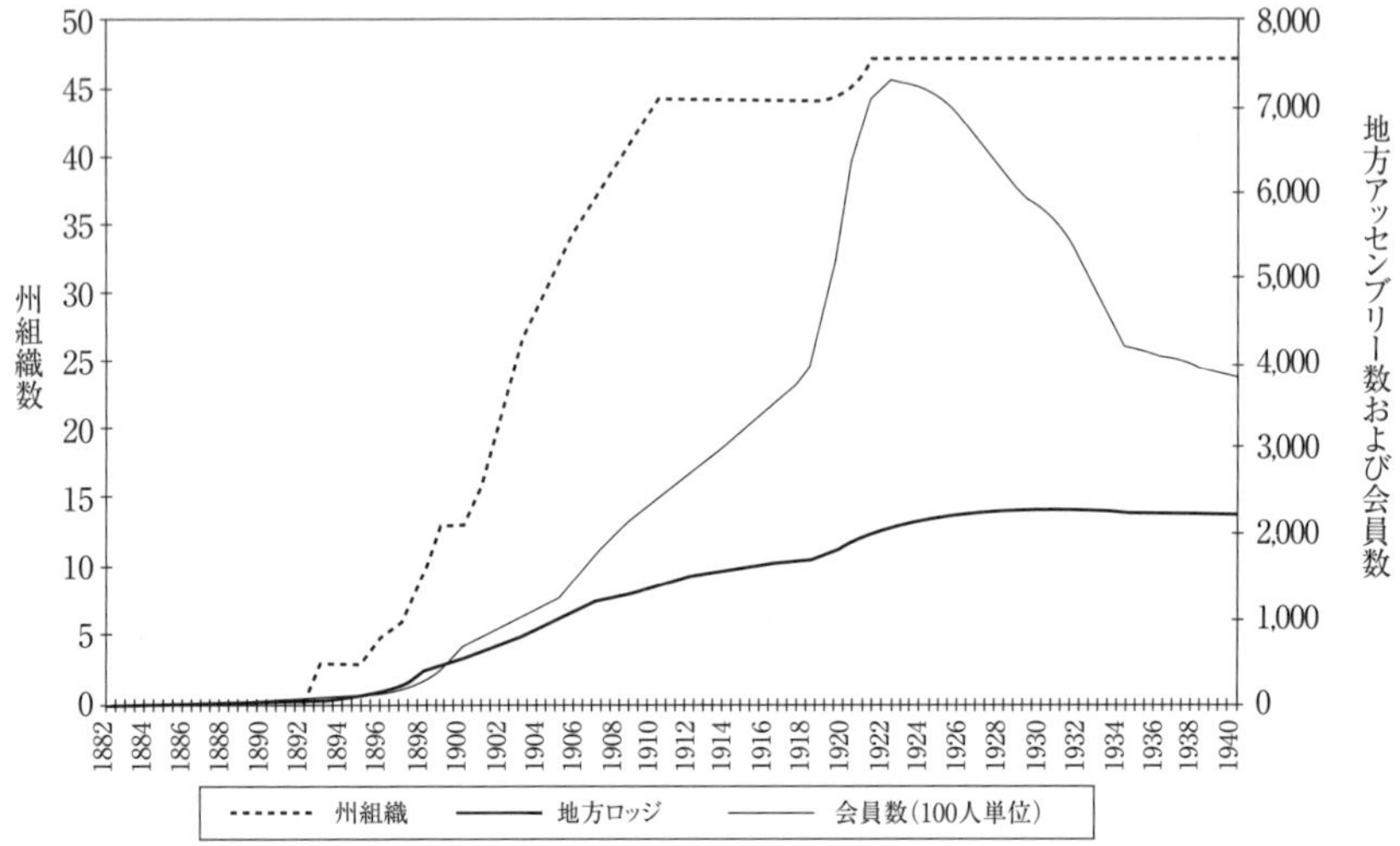

(d) 婦人クラブ総連合（1890−1940年）

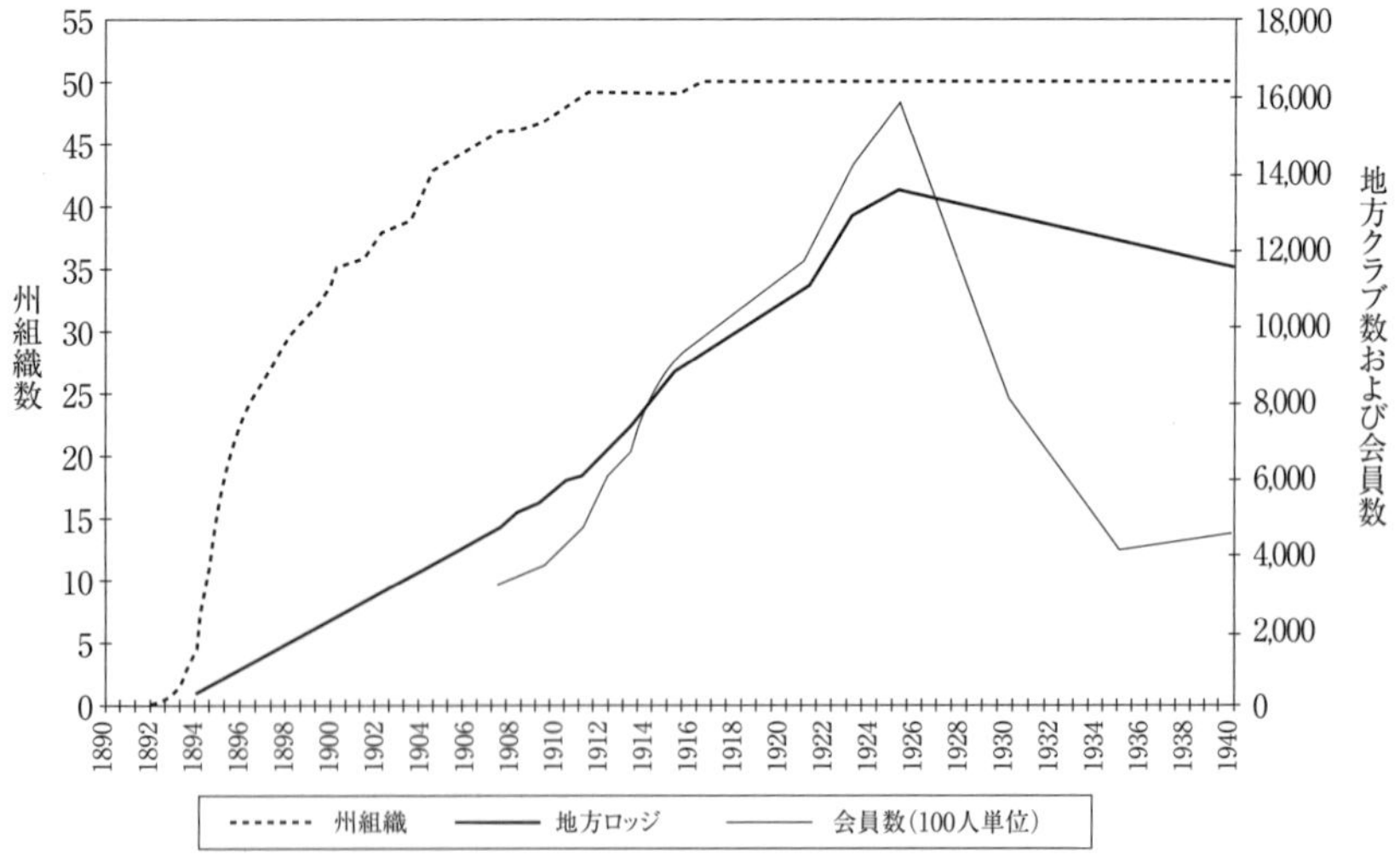

出典）Civic Engagement Project のデータ

連合体であった。ピシアス騎士団は、三番目に大きな友愛組織で、一八六四年に全国的事業として始まった。コロンブス騎士団は、ニューヘイブン（コネティカット州）の地元組織として一八八三年に結成され、数十年後には全米最大規模のカトリック系自発的結社になった。一八九〇年に、都市の諸グループの連合体として創設された婦人クラブ総連合は、アメリカで最大の、最も重要な独立した婦人組織になった。これらの連合体はいずれも、結成の経緯や憲章、掲げる目的の点では多様であるが、大半の地方支部の建設、個人会員の増加を図るずいぶん前に、全国センターを作り、州レベルにおいて結社単位を拡大していた。先ほど挙げた例は、特別なものではない。同じような展開の軌跡は、一九世紀中頃から二〇世紀中頃にかけて大きくなった自発的連合体にも見出すことができる[15]。

これこそが、合衆国の全国的な自発的連合体が通常どのような建設過程をたどったかの様態である。まず初めに、指導者は全国的な組織化の努力を開始するために集まった。このことは、禁酒を叫ぶ女性が、婦人キリスト教禁酒同盟の計画を宣言するために一八七四年にクリーヴランドに集まったときのように、真新しい全国的に野心的な連合体に起こったかもしれない。あるいは、一八九〇年代までにコロンブス騎士団で起こったように、以前は地元重視であった指導者が、彼らの組織の拡大を目指す新計画を宣言したときに起こったかもしれない。いずれにしても、野心的な全国的な組織者が、国中にくまなく送られ、他の潜在的リーダーが織りなす四方八方に散らばったネットワークと接触を持った。連合体の設立者は、各州に地元単位の結成を促し、その後で、最初期の数ヶ所の地方支部選出の土地の州指導者に会員の組織化作業を回した。指導者－組織者の広大な形でつながったネットワークは、こうして急速に場を得ることとなったのである。また、その後、各州の指導部は、誰が新人会員を最も多く入会させ、新規の地方支部を最も多く設立・維持できるか見ようと、他州の指導部と競争することを期待されたこともありそうだ。ジェイムズ・マディソンからセオドア・ロウィに至る大方の政治学において、合衆国の連邦主義は、急な、あるいは一致団結した行動を断念させるように設計された面倒な制度システムとして描かれた。[16] だが、連邦主義は、合衆国の多くの自発的結社の歴史的建設には、そうした働き方はしなかった。むしろ、この連邦主義があったからこそ、全国、州、地元レベルの組織者が、自発的な地方支部を合衆国の隅々に広げるために共進することがよりたやすくなった。全国的な目標を地域の多様性と調和できた。連邦主義はさらに、私が「競争的模倣《コンペティティブ・エミュレーション》」と呼ぶプロセスを促進した。その中では、誰が共有された結社の事業を拡大する仕事をより上手に、より素早く行えるかを見るために、州同士で人々は激しく競争した。イリノイの女性は、ミシガンの女性よりも婦人キリスト教禁酒同盟をスピーディに設立できたのか。ミズーリの男性は、アーカンサスの男性よりもピシアス騎士団を素早く拡大できたのか、等々である。競争によって類似の、連結した支部の拡大が促進されたので、連合体は驚くほど短時間で全国に広がることができた。

普通のアメリカ人——全米に無数に点在するコミュニティに住むだけでなく、あちこちへと広く移住したり、旅した——の立場から見れば、自発的連合体の拡大を専門とする上位の全国、州レベルの指導者は、「地方」支部の新たな設立と維持にかなりの支援をしてくれたのかもしれない。一次証言からの以下の抜粋は、典型的な合衆国の自発的連合体の固有の全国、州組織および指導者の地域間ネットワークによって鼓舞された、活動的なアメリカ人による地元の集合行動の注目すべき偉業を明らかにしている。

独立オッド・フェローズ結社の歴史から

ミシシッピー河西側流域に結成された最初のオッド・フェローズのロッジは、セントルイスのトラヴェラーズ・レスト・ロッジ第一号であった。その設立認可は、一八三四年八月一八日に合衆国グランド・ロッジから得られた。当時のセントルイスは、人口七千人ほどの小さな辺境地の町であった。このロッジは当時、街や周辺に住む一時的会員から「成り立っていた」。入会申請者は、英国人一名の他、二名がケンタッキー、三名がペンシルベニア、残る一人はメリーランド出身の計七名であった。ロッジ設立後まで残った会員はたった一人で、後の六名はその後行方知れずで、会員を新しく探す必要があった。……イリノイ州オールトンに引っ越し間近であった、ボルティモア市ハーモニー・ロッジ第三号のサミュエル・ミラーに対して、ロッジ設立の権限が「メリーランド市の合衆国グランド・ロッジによって」付与された。……設立一年目には、ロッジ会員は一一五名となっていた[17]。

ピシアス騎士団の歴史から

ミネソタ州グランド・ドメインにピシアス騎士団が初めてできた顛末は、二七年間ずっとミネアポリスのロッジ第一号会員であったデヴィッド・ロイヤルが説明するとおりである。彼の説明を聞こう。

一八六八年一一月、私はデラウェア州ウィルミントンのウィルミントン・ロッジ第二号に入会した。翌春には、グランド・ドメイン（ミネアポリス）にやって来て、まもなくC・M・アンド・セントポール鉄道に車両組立工として雇われ、市内の工場で働き出した。一八六九年から七〇年の冬にかけて、仲間の労働者とピシアニズムについて熱心に話し合い、入会しそうな一三人の名簿をほどなく入手した。私は、「ニュージャージーの」最高長官のリードに連絡を取った。同氏は、「ロッジ開設の」特別許可用の申請書数枚と手続き説明書一式を送ってくれた。六月一日頃、私は、最高長官リードから手紙を受け取った。インディアナポリス（インディアナ州）・マリオン・ロッジ第一号の兄弟ジェイコブ・H・ハイサーが、最近ミネアポリスに着いたこと、また彼がロッジ設立の音頭をとってくれることが書かれてあった。私は、郵便局から兄弟ハイサーに手紙を投函し、要求に応じてもらえるよう、我々の努力を結集しようと要請した。

一八七〇年六月二五日土曜日の晩、準備集会が［設立許可申請のために］召集された。……私が会長に、そして兄弟ハイサー（彼は、会員になりそうな人を二人集めていた）は長官に選出された。……最高長官リードは、一八七〇年七月九日に到着した。……一八七〇年七月一一日、オッド・フェローズ・ホール・ミネアポリス・ミンにおいて、ピシアス騎士団最高長官であるニュージャージーのサミュエル・リードの呼び掛けに賛成して、ミネアポリスと周辺地域の多くの騎士や市民が、結社のロッジを組織しようと集まった。[18]

コロンブス騎士団の歴史から

コロンビア主義（＝コロンビア騎士団の一員としての組織）への使命は、大中西部からすでに聞こえていた。そして全国的組織者のカミングズが、その使命に応えてシカゴに送り込まれた。……一八九六年七月一〇日、シカゴ協議会第一八二号が、ニューヨークの州副総監デラニーによって設立された。トーマス・S・カーナンが、イリノイ州で初めて最高騎士の地位に就いた。そして、この第一回中西部協議会の会員資格の性格は、イリノイ州の初めの三〇の評議会が、シカゴ評議会員から選ばれた最高騎士を擁していた事実に示されている。一八九九年三月一九日、イリノイ州スプリングフィールド（州都）に評議会が設けられ、その後少し間をおいて、新しい評議会が州全域に設置された。［イリノイ州］の州副総監P・L・マッカードルが……ほとんどの式典を主宰し、……［さらに］コロンビア主義を隣のミズーリ州に導入した。[19]

婦人クラブ総連合の歴史から

現在（一八九〇年代）、ネブラスカ州連合には七〇の（婦人）クラブが存在し、入会届けも絶えず届いている。……州連合が行ってきたことを十分に理解するには、現在州連合の支援クラブの三分の二以上が、州連合と共存しており、また州連合と総連合［全国レベル］への加盟が約束する、組織の永遠性とより幅広い範囲の思想がなかったならば、決して結成されてはいなかっただろう、と考えるのは正しいように思える。人口一五〇〇人程度のタウンでは、この運動の前の一〇年間は、いかなる種類の文芸組織もまったく存在しない状態であった。同じことは、これらの大草原に点在する他の多くのタウンにも言えた。各タウンには、より古い州の知的な趣から移住してきたインテリの立派な教育を受けた人々がそれぞれの比率でいた。彼らは最初は、環境の厳しさに落ち込んだが、今では州の誇りを育てつつあり、連邦化したクラブの特権をことごとく熱狂的に意識している。[20]

これらの証言が例証しているように、代表制を伴うロッジ体系で組織された全国・州レベルの自発的組織は、近代化する合衆国が、結社好き《ジョイナー》の国だけでなく、結社組織者の国になるのを助けた。地元を越えたセンターが資源を提供し、自発的連合体の指導者が大衆に接触しようと努め、新しい地元単位を設立するのを手伝うインセンティブを与えた。全国的に標準化され、共有された制度モデルの存在はまた、すべての結社の会員が、必要性、あるいは機会が高まれば、組織者になることを可能とした——たとえば、別々にミネアポリスに移住した後のデヴィッド・ロイヤルやジェイコブ・ハイサーのように。地元を越える制度によって、見知らぬアメリカ人同士でも「結合」しやすくなり、社会的流動性が高い膨張中の国家における結社の活力を増進した。下から散発的に、非公式に泡立つがごとく地元でばらばらにできた集団が、同じように広範で安定的な市民的な成果など得られることなどありえなかった。結果として、最小規模のコミュニティにおける自発的集団は、より大きな町の自発的集団よりも、地元、あるいは全国に及ぶ連合体内の支部になる可能性がずっと大きかった。[21] これはもっともなことである。というのは、結社組織者や選挙で選出された指導者は、連合体のネットワークを非常に小さな場所にさえも広げようとしたからであり、またアメリカ人——地理的に高度に移動的な人々——は、家や仕事場に近いなじみの組織に入会、あるいはその結成を手伝いたがったからである。先に引用した、ネブラスカ州婦人クラブ連合の一八九〇年代の報告書にぴったりの言葉では、連邦化した支部によって、そこへの参加者は、連合の活動を代表する州、全国センター「への加盟」が「保証する……組織の永続性とより幅広い範囲の思想」に結びつけたのである。

それゆえ、典型的なアメリカの自発的結社は、「小さいことは美しい」的な地域第一主義《ローカリズム》ではなかった。逆に、幾重もの層をなす全国的な連合体が、アメリカのボランティア主義の重要な制度的支柱であったのだ。というのは、それらは、親密な連帯を維持すると同時に、より広い世界へのつながりを促進したからである。動態的に見れば、合衆国の自発的メンバーシップ連合体は、会員組織者が別の会員組織者を入会させる、全国に分岐したネットワークであった。それこそが、市民的リーダーシップが、合衆国の歴史の大半を通じて理解され、機能したやり方なのだ。アメリカ史の大半の期間を通じて、市民的リーダーシップは、仲間の市民を共有された努力に巻き込み、また多くの地元団体が、共通の制度的・文化的枠組み内で自らを維持するのを手伝うことが、その役目であった。

民主的市民精神への道筋

自発的メンバーシップ連合体は、親密なつながりを補強すると同時に、地元の人々をより広い運動へ結びつけてきたかもしれないが、では果たしてそうした連合体は、合衆国の民主主義にどのように寄与したのであろうか。一見すると、アメリカの典型的なボランティア主義の大半は、民主的な政治よりもむしろ宗教的な道徳に焦点があるように思えるかもしれない。たとえキリスト教徒にユダヤ人を加えようと、メンバーシップ連合体の中には、典型的なギリシア＝ローマの神話を強調し、啓蒙、あるいは聖書の倫理観を強調するものがあった。とはいえ、明白にキリスト教への志向性も――クリスチャン・エンデヴァー、婦人キリスト教禁酒同盟といったプロテスタント系団体および古ヒベルニア団やコロンブス騎士団といったカトリック系結社では――、ごく当然のことであった。さらに、アメリカの典型的なメンバーシップ連合体のほとんどは、教会や宗教運動と直接結びついておらずとも、「神と御国のために」と宣する米国在郷軍人会に類似したところがあった。

けれども、在郷軍人会のモットーは、ものおじしない愛国心が典型的なメンバーシップ連合体の儀式・式典にとって中心的であることを思い起こさせる。典型的な事例を引くと、グレンジの集会開始の儀式は、ホール中央にある祭壇上に重々しく置かれた聖書を開くことから始まる。次に、儀式として星条旗が聖書横に掲揚されている中、〈忠誠の誓い〉の集団復唱が続く。かつては、愛国的忠誠心が、友愛集団、婦人補助会、独立婦人団体組合、余暇団体、教会関連の結社によってあたり前のものとして呼び覚まされた。「アメリカの心・精神・魂・力はイーグルスの比類のない文化遺産である」と、イーグルス友愛会設立五〇周年に関する一九四八年の一記事は表明しており、合衆国のこれまでに重要であったメンバーシップ結社について繰り返し言われる次のようなコメントをしている。「イーグルスは、アメリカ民主主義である。それ以外に追求するものは一切ない」。

第2章において、我々は、合衆国の連邦化した自発的結社が、競争的、大衆動員的な政党と相前後して、南北戦争の以前に現れたことを知った。南北戦争の後には、膨大な数の新しい自発的連合体が、有権者動員がピークに達した時代を通じて結成されたのである。そして、一八七〇年代から二〇世紀半ばまで自発的連合体は、合衆国の代表制政府の制度・活動に密接に関連して繁茂した。さて、今こそ我々は、政府、政治、草の根ボランティア主義の交錯が、民主的な共和国市民としてのアメリカ国民にとって何を意味したのかをより具体的に検証できるのである。多様なやり方で――ほぼすべての集団によって利用された政治的に関連がある社会化の実践から、かつて大きかった結社の半数以上が手を付けた計画的な政治的な策まで――メンバーシップ連合体は、多くの背景を持つアメリカ人に対して、積極的な市民性への無数の小道を作り出した。

市民スキルとリーダーシップ機会

アメリカのおびただしい数の自発的連合体のクラブ、ロッジ、分会《ポスト》の中で、無数の人々が、集団作業や集団討議、決定について学んだ。一言で言えば、会員は結社を支配する「立憲ルール」を熟知するようになったのである。地方支部は、規約と内規のコピーを作成し、全会員がいつでも手に取り、参照できるように配った。たいていこの手の冊子は、簡便かつ実用本位に書かれているが、時にはニューヨークの禁酒党のオリーブ・ブランチ・ディビジョン第六七号の一八五四年冊子（図3・3は、表紙および一頁目）のように非常に凝ったものもあった。

合衆国の納税、代表制統治構造のルールの模倣こそが、集団の手続きにとって中心的であった。結社の会員として身に付けておかなければならない内容は、このようにして、合衆国市民としても知っておく必要がある知識と関係していた。「隣人を彼の支部《キャンプ》に定期的に参加させよう」「さすれば、彼は共和国の市民としての義務をよりよく果すようになろう」。なんとなれば、「支部《キャンプ》の運営は、会議の審議ルールに合わせて行われ、支部《キャンプ》の事務に明るければ、どのような役職もこなせる人物になれる[22]」からだ、と大規模な近代ウッドメン協会の手になる一八九四年判冊子『ウッドメン・ハンドブック』（*The Woodman's Hand Book*）は説明していた。

教理だけでなく実践においても、自発的連合体の会員、役員は、民主的政治への有効な参加に必要と思われる組織的スキルの指導を受けた。「何らかの友愛団体と関係がないアメリカ人は皆無に近く、彼らは友愛会で」「より広い活動分野に向けて自分たちを準備する」「規律に服する[23]」。結社のロバート議事規則において明確にされて

図3・3　禁酒党支部の1854年憲章

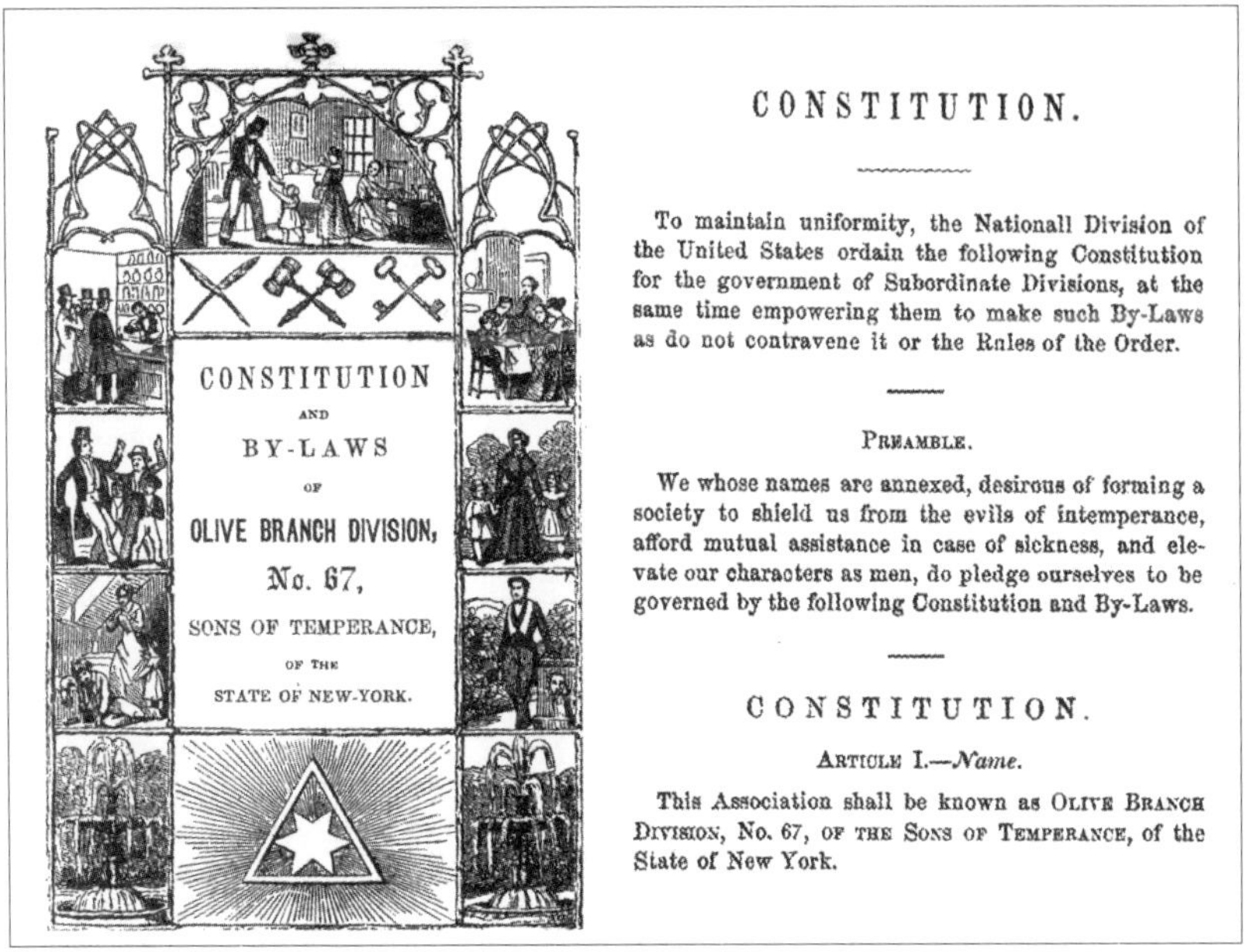
CONSTITUTION
AND
BY-LAWS
OF
OLIVE BRANCH DIVISION,
No. 67,
SONS OF TEMPERANCE,
OF THE
STATE OF NEW-YORK.

CONSTITUTION.

To maintain uniformity, the Nationall Division of the United States ordain the following Constitution for the government of Subordinate Divisions, at the same time empowering them to make such By-Laws as do not contravene it or the Rules of the Order.

PREAMBLE.

We whose names are annexed, desirous of forming a society to shield us from the evils of intemperance, afford mutual assistance in case of sickness, and elevate our characters as men, do pledge ourselves to be governed by the following Constitution and By-Laws.

CONSTITUTION.

ARTICLE I.—*Name.*

This Association shall be known as OLIVE BRANCH DIVISION, No. 67, OF THE SONS OF TEMPERANCE, of the State of New York.

いる議事運営手続きは、ロッジの仕事において――また婦人クラブの集会や組合集会においても――日々教えられ、使われる標準的教則本であった。同様に、多くの集団は、参加型討論の規範を教えようと骨を折った。たとえば、個人の道徳的な正義と同時に民主的な参加を課すクリスチャン・エンデヴァー運動の地方協会に若い男女が入会するときの誓約をじっくり考えてみよう。彼らは、次のように宣する。「私は、積極的な一員として」、「我が主イエス・キリストに良心にもとらずにお示しできる理由がないかぎり、我が全義務に忠実であり、すべての会合に出席し、歌唱以外にも私でお役に立つことがあれば何であれ参加のお約束をいたします[24]」。似た方針で、友愛会ロッジの憲章も、集団討議の行動指針となる子細な「議事進行ルール」――たとえば、「会員は、同じテーマや質問について、同じように発言したい会員全員に発言の機会が回らないうちは、何度も話さないものとする[25]」と宣する、オッド・フェローズのロッジっぽい規則——を正式に記載した。『ウッドメン・ハンドブック』には、次のような一節がある。「支部《キャンプ》を満たす善意の精神」によって、「臨席者は、支部の一連の出来事に参加するのに自信を得る。失敗しても笑われないから、思い切ってもう一度やってみる。不器用な、どじな臨席者は、礼儀正しい、迅速な返答ができる、巧みな討論者へと訓練されてきた」[26]。

一八五〇年にフレデリック・A・フィッカートが書いているが、彼は、禁酒党を民主的な共和国にふさわしい「教育団体」として讃えた。大学《カレッジ》は一握りの人間だけのものだが、禁酒党の五千を数える「部門《ディビジョン》」が毎週開く会合では、二五万人もの人々が、民主的に開放された「民衆の討論と雄弁の学校」に出席した。

その精神は、……断固として共和主義的である。その前では、年齢やうわべの条件は、友愛をもって交換され、対等の立場である。その中では、富にはなんら影響力もなく、社会的地位にはなんら威信もなく、専門家はなんら特権も持たない。……人々はそれぞれ、仲間の正当な尊敬を確信している。……真の努力をことごとく寛大に、そして激励して見る一団の兄弟たちの前で、若い話し手は、今後、その職責を得るかもしれない地位を支持、あるいは擁護して堂々と立ち上がって発言する。……このように若い話し手は、一瞬の内に、しばしば驚くほど短時間に、より高度な権力の行使と報酬をもたらす出世の足がかりをつかむ。……彼らは、……適切な討議者、演説者としての落ち着き、機敏さ、うらやむほどの腕前を身につける。すなわち、アメリカ人にとって「欠かすことができない条件」である「当意即妙に知恵を働かせる」力、聴衆の目を見ながら自分の考えをしっかり話す力を身につけるのである[27]。

「それゆえに」と、フィッカートは締めくくった。「我が青年は、……どんな大義を支持しようとも、自分の最大かつ高潔な実力を発揮する準備のできた一般的領域に踏み出す。……この意識を高める感化が、これほど幅広く、普遍的に普及しているのを観ることは実にうれしい。禁酒党結社は、少数者のための学校ではない――本結社は、結社を称賛するに値するものにする多数者を称える……。市民の独学。これは、……金銭に代えることができないものであり」、結社を「善の誇らしげな手段とする。祖国に神のご加護を」。[28]

禁酒党が、多くの成年男子を有効な民主的な積極参加へと準備したやり方を示唆することによってフィッカートは、合衆国の組織化された草の根ボランティア主義について長年言えてきた特徴を、実は確認したのだ。一九世紀から二〇世紀半ばにかけて、グレンジ、ロッジ、婦人クラブの集会に通った普通のアメリカ人は、今日学歴が高くなければ、せいぜい教会関係の小集団でしか習得できないような種類の組織的スキルを獲得した。[29] 以前は、さまざまな背景を持つ男性、あるいは女性が、市民・政治生活に関連のある表現・組織的スキルをもっと一般に学ぶことができる、普通のアメリカ人に開かれた多くの参加型の会場があったのである。

政治絡みの個人的な政治能力だけでなく、代表制、多数決原理に基づくリーダーシップ能力も自発的連合体によって磨かれた。大半のメンバーシップ連合体の支部においては、新役員、新委員が少なくとも年一度は選出され、任命された。時には、三ヶ月に一度と頻繁な場合もあった。必要上、輪番制で選ばれた指導者は、会合の運営方法、記録書類の残し方、演説方法、催しの組織化の方法を会得した。さらに、地元役員が選出された後、彼らは、厳粛な式典をしばしば主宰した。各役員の正確な任務が、こうした儀式の中で注意深く詳しく説明された。そのような繰り返し行われる儀式は、無数のアメリカ人が役員長、書記、会計、選出教誨師、上位代表機構への地元団体の代表等の意味内容を理解するのに役立ったかもしれない。職務にまつわる責任の厳しさが、相手がわかるまで力説された。というのも、就任式典では、新役員は自らの義務を良心的に修得し、彼らへの信任を果たすべく、利己的、個人主義的な衝動は封印しなければならないことを常に強調したからだ。黒人のルースの家族に対する儀式の『責任《チャージ》』は、次のように宣言した。「汝には今や、『ルースの家族』の幸福と道徳的評判が委ねられています。ゆえに汝は、運営規則や慣行に通暁しておくべきです。……汝を選出した人々が、汝に示した信頼と尊敬を悪用することは、信義を破ることを意味しましょう。したがって、我々は、汝がその義務を良心的に全うするだろうと、また任期全うの暁には、『同胞《インメート》』（地方支部会員）が汝を役員に選出して良かったと実感できるものであると確信します」[30]。役員職は、率直に言えば、地位達成とより高い役職への跳躍台だと理解されていた。「汝は、将来ある時期により高い地位に浴したいと願っているはずです」とルースの家族の『責任《チャージ》』は認めていた[31]。だが、そうだとしても、全体的《コレクティブ》な信頼の不可侵性が同時に強調され、そして新役員は、現職で期待はずれの振る舞いをすれば地位が上がれそうもないことを、それとなく警告された。

一八九二年、ウォルター・B・ヒルは、外国の友人に次のようことを説明すると称する一文を、『センチュリー・マガジン』誌に寄せた。「すべてのアメリカ少年が大統領に、また少女が大統領夫人になる機会を有することは生得権である」が、「政治的に傑出した地位は、膨大な数の考えられうる野心家に比して割合に非常に少ない[32]」とき、合衆国がどのように機能しうるのか。この問いに用意された答えは、無数の普通のアメリカ人を「社会的、ビジネス上の、あるいは宗教的な結社、またその他の結社――それらすべては、精緻に役職を配備している――」に組織化するからである、であった。「団体名鑑を取り出して、団体一覧を調べてみよう」と示唆している。「全住民が地元の野心を満たすだけの数の組織が一瞥できるはずです。……でも、単なる地元優先では、より野心的な人間を満足させることはできません。だから、山ほどある団体のほとんどに」、「我が広大な国と領土の大きさに見合った、膨大な役職がぶらさがっている州、全国組織があるのです」。

ヒルはもちろん、ユーモアを利かそうと大げさに言っているが、彼の言うことには一理あった。連邦化した自発的連合体――特に三層構造の組織――では、役員の位階がものすごい勢いで増えた。各地方クラブ、ロッジは、普通は毎年八名から一二名、あるいはそれ以上の定数の役員と委員長を選出し、任命した。会員は軽い役職から始め、さらに上を目指すことができた。地元単位長をうまく務めれば、その後、努力して州役員の位階を上り、さらに地元や州の仲間から熱烈な支持を獲得できれば、全国組織の委員に選出される可能性もあった。全国レベルの指導者は、地元の問題を治め、選挙人の尊敬――および票――を獲得することがどのようなものか、常に自覚していた。彼らは、民主的な市民社会の活動に丸ごと基づいていた。

今日の評論家は、役員には実業家、あるいは専門職にある男性、またはその妻が、しばしば就任していたとの理由で、典型的な自発的連合体の民主的資格を鼻であしらいがちである。確かに、エリートの男や女たちが、地元のクラブやロッジだけでなく、特に州、全国レベルの役員に頻繁に選出されていた。それでも、身分の低い多くの事務員や農夫、また熟練労働者、あるいは彼らの妻たちも指導者に就いていた。この点は、特に在郷軍人会支部に言えた。在郷軍人会では、上位の集会に出席する場合、金銭的な補助が出、州、全国レベルの役職への就任の機会が与えられた。一部のクラブやロッジは、圧倒的にブルーカラーによって占められていた。したがって、そうした場の役員は決まって貧しい人々であった。だが、それでも、階級が混在する支部などでも、低い職業身分の人間は、努力の結果はるか遠くにあると思っていた最高位階にまで上りつめることができた。

アーサー・シュレジンガー（父）が、合衆国のボランティア主義を「民主主義の学校」として断言するのが妥当であったかどうかを検討するために、政治学者のダグラス・レイは、一九一三年のニューヘイブン（コネチカット州）において、教会を除くあらゆる種類の自発的集団の役員の職業構成を調べたことがある。[33]当時、地元の自発的集団――圧倒的多数の、支部を基盤にして連邦化した結社を含む――は、人口一人あたりでの存在数でピークに近く、レイの研究は、典型的なアメリカ市民社会における結社のリーダーシップ類型について重要な手がかりを与えてくれる。ニューヘイブンの三三四団体のうち二八パーセントは、会社経営者が団体の代表であった。

当時、同市の人口の〇・五パーセントをわずか超えた程度が事業経営者であった。したがって、「職場の君主」（D・レイ）が、結社指導者に過剰に代表されていたことになる。しかし、「男性友愛組織、あるいは女性友愛組織で指導者がトップ経営者なのはわずかに四団体」でありながら、彼ら実業家の役員の大半が、「上流階級のクラブ」を率い、「公的慈善団体に大量に金を出していたのだ」。

「いかに証拠を甘くみても」、「事業経営と知的専門職」が、一九一三年のニューヘイブンにおける「市民的活動相《ファウナ》を構成する組織の五分の一を大きく超えて率いていたとは主張できないであろう」とレイは書いている。判別しにくい曖昧な例がいくつかあるが、レイは、ニューヘイブンの結社の三分の一をやや超えた辺りが、明白に「労働者層によって率いられ」、他の三分の一がホワイトカラー――その大半は、「週労働時間の間、大きな権限を持つ人間」ではなかった――によって率いられていたことを見いだしている。レイによれば、これらの割合に若干の変化があるとしても、「あらゆる市民的組織の大半が、役職などに一生縁がなさそうな普通の人々によって率いられた、と確信を持って結論できる」ということだ。レイは、シュレジンガー（父）は、「市民生活の活動についてだいたい正しかった」と言い、次のように結論する。「この分析は、この時期における市民生活の幅広い活動範囲を確かに確認してはいるが、委員会や市民組織のあまり重要ではない役員によって行われていたあまり目立たない何千という仕事を無視することで、活動範囲を実際より少なく述べている」。

階級横断的な自発的集団におけるエリート

自発的連合体について、もし全国、州レベルにおける役員の職歴、学歴を調べれば、地方支部の要職に、レイのニューヘイブン調査とは比較できないほど多くの特権階級が過剰に代表されてきたことが見出されるに違いない。しかし、かなり高い社会的身分の男性、あるいは女性が役員を務めていたときでさえも、民衆に根を置く自発的連合体は、友情重視の市民的リーダーシップのスタイルと、さまざまな職業から全面的に参加する会員を入会させることによって民主化効果を有していた、と主張したい。連合体は、会員＝指導者間の対話式の結びつきを助長し、また指導者が、職業とは無関係に良い評判の他の人々を組織することに褒美を出すという点で特別であった。ここで我々は、地元を越えて組織化された結社が、合衆国の民主主義に与えた影響の核心に立ち会うことになる。ある程度、地元－州－全国へとつながる連合体は、社会のそこそこの階層にも手が届く地位移動の階段を形成した。同時に――また、おそらくより印象的だが――、これらの結社は、指導者や自称指導者がどれほど特権的な存在だとしても、彼らの幅広い範囲の仲間の市民と交流することを要求した。

アメリカ最大級の自発的連合体の支部（ロッジ、ポスト、クラブ）には、その場所や時期で入会者に違いがあるものの、ほぼどこにおいても異なる職業、階級の男女が参加していた。この効果についての証拠は、学術的な研究、あるいは会員の職業を偶然掲載している、私が見出した古い支部（ロッジ／ポスト）のいろいろな名簿からのものであろうともまったく変わりはない[34]。「会員には、商人や機械工、雇用主や従業員、控え目な暮らしぶりの者だけでなく、裕福な人々もいる」と、忠節なムース結社のボルティモア・ロッジ第七〇号は、一九一八年の短い説明書で説明している。「ムース支部では、会員全員が一様で平等である。違いがあるとすれば、結社の基本原理の実践に秀でんとする努力にある」[35]。

過去には、社会的地位の高いアメリカ人が自発的連合体に参加する傾向が強かった――卑しい職業の人々も入会してはいるが――という事実が、重要な民主的影響を持った。ウィリアム・ジェニングス・ブライアンは、一九〇三年五月六日、ネブラスカ州リンカーンで、所属する近代ウッドメン協会における演説で、次のように述べた。「今宵、ここにお集まりの皆さんの顔を見渡します」と、「皆さんの代表的性格のことを考えざるをえません。……支部《キャンプ》で我々は、大事なことは、人の財物の多寡、また大学の学位、さらには由緒ある家柄や先祖の評判によらないことを学びます。支部《キャンプ》では、我々は、……市民としての義務を人がどう果たすかを見ることで、その人物の軽重を測る方法を学びます。そして、この友愛団体および類似の友愛諸団体が、ここだけではなく、至る所で、人々の絆を強め、お互いに知己を得ることに、素晴らしい働きをしてきました[36]」。

研究者は往々にして、社会的に高い地位の人々が組織に入会し、指導するとき、他の人々を「社会的に統制」するものと想定する。だが、さまざまな地位、社会経済的背景の人々の間で進行する相互交流の価値を忘れるべきではない。共有された市民性および姉妹愛／兄弟愛の見込みがある教会、自発的メンバーシップ集団のような環境では、この点特に気をつけなければいけない。退役軍人組織や友愛集団、婦人結社、禁酒団体、その他の多くの結社の式典や儀式は、神の下におけるアメリカの市民性および兄弟愛／姉妹愛を称賛した。これらのメッセージが馬鹿げた、あるいは偽善的だと考えられないように、それらは今日では、宗教会衆以外には、結社の、あるいは制度のルーチンの一部としてはほとんど聞かれない点をじっくり考えておきたい。二一世紀初頭の合衆国で、政治家が宗教について上や下への大騒ぎをする――特に大統領選挙キャンペーン中――理由の一つは、多様な階級的背景を持つ人々がともに入会できる結社の分野が、宗教の他にはほとんどないことである。かつては、兄弟愛、姉妹愛、仲間としての市民意識は、連結する諸結社――一部は宗教会派、他は宗教会派を架橋する結社――の大集合によって、もっとさまざまに体現されたものであった。今日は、宗教会衆以外の友情集団が衰退、あるいは消滅してしまった――確かに、友情集団は、アメリカのエリートたちの間ではもはやファッショナブルではないのである。

昔の紳士、淑女――事業者、政治家、専門家、令名高き夫人、社交界の名士ら――の略伝を読んでいただきたい。そこには、無数の非エリート市民も会員である友愛結社、退役軍人結社、婦人結社、市民結社の大集合の中で、会員や役員であることを誇らしげに公言する彼らを見よう。かつては、有名な組織指導者は、メーソン、オッド・フェローズ、グレンジ、婦人キリスト教禁酒同盟、婦人クラブ総連合、エルクス、主な退役軍人結社――また、カトリックの場合、古ヒベルニア団、コロンブス騎士団、カトリック絶対禁酒同盟――における積極的な参加を成功した人生の不可欠な部分と考えていた。社会的に高い地位の男女は、苦労して地元－州－全国レベルの指導者への階段を上っていった。彼らは、その過程で他の会員と交流した。さらに重要なことには、どの典型的な自発的結社においても、会員数と会合が大事だったので、指導者だった人々――より広い社会的なリーダーシップを象徴化したり、あるいは立証してみせるために、これらの団体内部の役職を利用したい人々――は、大勢の仲間会員を鼓舞することに関心がなければならなかった。会員は重要であった。だから、指導者は、実に多様な背景を持つ人々を動員し、彼らと交流しなければならなかった。でないと、成功しなかった。組織で出世するためには、野心的な男女は、多様な職業的背景の人々と共有の価値や活動を表し、それらにしたがって行動しなければならなかったのである。

階級横断的なメンバーシップ連合体への関与はまた、合衆国の選挙運動に貢献し、民主的な政治家による政府要職への野心を正当化する一助となった。理由は、評判に関連するものと、組織に関連するものの両方があった。評判について言えば、実際の、あるいは選出されたい選出公職者は、民主的感情や道徳的誠実さを公言するのに結社とのつながりを利用した。ウォーレン・ハーディング大統領は、時の多くの大統領や連邦議員と同様、所属する友愛組織の一員であることを皆に誇示した。[37] 在職中に忠節なムース結社に入会したのは、「お抱え運転手の勧めであった。結社の民主的原理」――そしてもちろん、ハーディングの民主的性行もまた――「強調することを目的としたやり方であった」[38]。同じように、アントン・セルマックが一九三〇年代にシカゴ市長に立候補したとき、「A・J・セルマックを市長に」と書き込まれたコインを潜在的支持者に配った。コインの裏には、所属友愛ロッジのメディナ・テンプル聖堂会、メーソンのローンデール・ロッジ第九九五号、シカゴ・エルクス・ロッジ第四号、オッド・フェローズ・ロッジ第五号の名前が刻み込まれていた。おそらくセルマックは、仲間の聖堂会、メーソン、エルクス、オッド・フェローズが投票してくれることを望んでいたのだ。だが、彼はその上、自分が会員の一員であることを名誉の徴として公言し、それによって、職業線を越えて、評判の良い男たちを結びつけていることで名が知れた組織への関与を、選挙民全員が目撃できた。

他方、組織面で結社ネットワークは、公職に就こうとする人々が選挙運動を始める段階で役立った。ボストン市長マイケル・カーリーのようなアイルランド系のマシーン政治家は、古ヒベルニア団の支援を得て選挙運動を始めた[39]。民族的友愛集団は、他のハイフン付きアメリカ人政治家の履歴・資格を綿密に調べるのに同様の役割を果たした。さらには、エリート政治家、WASP政治家、改革派政治家も同様に、連邦化した友愛ネットワークを巧みに利用した。フランクリン・D・ローズベルトの政治責任者のジム・ファーリーは、エルクス慈善保護会への彼の活動的な参加を、ローズベルトが大統領候補として有力かどうかに対する「政治的な感情を判断」するために、エルクス慈善保護会への自分の積極的な参加を、最初はニューヨーク州を回る旅で、次には西部への旅の途上で——そのとき偶然に、エルクスの全国大会がシアトル（ワシントン州）で開催されていた——利用した[40]。同じように、アメリカ最初期の女性の改革派政治家マーガレット・チェイス・スミス上院議員は、市民としての評判を婦人クラブへの参加を通じて打ち立て、婦人キリスト教禁酒同盟、アメリカ革命の娘たち、メイン州ビジネス・職業婦人連合の支持を得て立候補した[41]。自発的メンバーシップ連合体におけるリーダーシップは、男性、あるいは女性が公選職に立候補するためのスキルと評判を獲得するのに役立っただけではない。指導者ともなれば、あちこち旅する必要も出てき、それが、地理的に広い範囲の人々との出会いを促した。典型的なアメリカのメンバーシップ連合体によって作られた市民的世界において、結社指導者は、特定の職業的、あるいは社会的な集団《サークル》に限定されない、幅広い対人的ネットワークにやむをえず参加し、その構築を手伝った。後になって、これらのネットワークは、選挙で勝てる見込みを判断し、政治的メッセージを広め、民衆による選挙運動への支持を動員するのに利用できた。

市民性と市民的美徳を促進する

組織面での影響から、民主主義へのより実質的な影響にテーマを移したい。そのために、メンバーシップ連合体が、共和的な市民性を支える中核的価値を訓育したやり方を取り上げ、検討しよう。自発的連合体はほぼ残らず、儀式や集会の場で慈善活動、コミュニティ、よき市民性といった基本的価値を強調した。確かにごく一部の連合体は、民主・共和と明確に政治的に党派性を帯びた存在であった。だが、「アメリカ人」という自己規定、共和的ガバナンス、国家への奉仕を称揚する点では、どの連合体も変わりはなかった。「我らが結社は、決して政治的結社ではない」と『オッド・フェローズ教本』（*Odd-Fellows Textbook*、初版は一八四〇年代）の著者は宣言し、次のように続けた。だが、「我々は、良き市民に必要とされうる責務を全うすべき、我らが義務に拘束される。こうした約束事の侵犯が、我ら友愛会会員の利益に背くことわかり次第、直ちに追放されるべし[42]」。積極的な側面では、コミュニティや祖国に奉仕する会員は、大いに尊敬された――中でも、特に軍役に服した人々は、敬愛された。どのロッジ、グレンジ、クラブの会館にも、主な戦争ごとに現役軍人の会員を象徴する青星、軍務中に死んだ人を追悼する金星で装飾した壁掛けがあった。

でも、民族文化的な壁が、これらの市民的努力の多くを無効にしなかったのか。第2章で知ったように、一九世紀後半から二〇世紀前半にかけて結成された合衆国の結社の大半は、民族的敵愾心から生まれ、宗教、人種が生み出した轍の中を歩んだ。それゆえに、自発的連合体のいかなる民主化効果も――よき市民性という美徳へのいかなる支持も――、不寛容で排他的な主張によってかき消された。白人は、黒人と会談するのを拒否した。プロテスタントとカトリックは、互いに闘うためにまとまった。また民族集団は、プロテスタントやカトリック、あるいはユダヤ人という広い括りの中でも、頻繁に対立し合った。

しかしながら、民族文化的な排除と不寛容がすべてではない。全国的に野心的な連合体には、社会的な橋渡しをする多くのインセンティブがあった。というのは、これらの集団は、何百万人もの会費納入会員を集めることが目指したからだ。以上のことは忘れてはならない。こうして主要な友愛連合体は、少数民族のアメリカ人、あるいはユダヤ系アメリカ人が、民族混合のロッジに入会したり、あるいは結社の他のロッジと完全に友情関係にある彼ら自身の社交ロッジを作るのをしばしば許可した。さらに、連合体は、特にプロテスタントのアメリカ人の間で、党派横断的、宗派横断的なつながりを構築した。「我らは、所属教会や所属政党にかまわず会員となる。その結果、我らは、相互の権利と相互の独立を尊敬するようになる」とウィリアム・ジェニングス・ブライアンは、近代ウッドメン協会への一九〇三年の演説において説明した[43]。また、ときおり、人種の違いが、少なくともいくぶん架橋された――たとえば、南北戦争在郷軍人会、米国在郷軍人会、海外従軍軍人会のような大規模な全国的な退役軍人団体の場合がそうであった。これらの組織では、黒人兵士が、人種的に統合された支部に入会したり（北部の一部で）、結社内部に自分たちの支部を作ることも許された（南部のほとんどで）。

さらに、動員や対抗動員が、相互に排他的な集団間で起こったときでさえ、自発的参加から、同じような公民の授業を学ぶことができた。人種差別主義や猛烈な宗教的・文化的対立にもかかわらず、黒人と少数民族の自発的集団は、同じ価値を重視し、アメリカ生まれの、プロテスタントが優勢な集団にそっくりの組織的実践に従事した。すべての集団は、よきアメリカ人および信仰深い男性、女性を代表すると主張した。団体のバッジや旗は、合衆国の国旗の特徴に似せていた――あるいは多くの移民結社の場合、合衆国の国旗と会員の出身国の国旗を組み合わせていた（たとえば、図3・1にある古ヒベルニア団の綬章バッジのように）。表3・1は、さまざまな典型

表3・1　アメリカの友愛結社によって称賛された美徳

友愛団体	重視される徳目
独立オッド・フェローズ結社	友情、愛、真理
オッド・フェローズ大統一連合（アメリカ軍人）	友情、愛、真理
インディアン向上同盟	自由、友情、慈愛
古ヒベルニア団（アイルランド系アメリカ人）	友情、団結、キリスト教慈愛
ドイツ・ハルガリ結社	友情、愛、思いやり
禁酒の息子たち	愛、純潔、貞節
独立グッド・テンプル結社	信仰、希望、慈愛
米国機械工青年結社	徳、自由、愛国心
ピシアス騎士団	友情、慈愛、慈悲深さ
北米・南米・ヨーロッパ・アジア・アフリカ（アメリカ黒人）・オーストラリアのピシアス騎士団	友情、慈愛、慈悲深さ
統一職人古代結社	慈善、希望、保護
エルフス慈善保護会	慈善、正義、兄弟愛、貞節
コロンブス騎士団	団結、慈善、兄弟愛
忠節なるムース結社	純潔、援助、進歩
米国ウッドメン協会（アメリカ黒人）	家庭を守る、兄弟愛
ヴァーサ結社（スウェーデン系アメリカ人）	真理、団結
西ボヘミア友愛協会	真理、愛、貞潔
カトリック・フォレスター結社	信仰、希望、慈善
全米スラブ協会	自由、平等、友愛
イーグルス友愛会	自由、真理、正義、平等

出典）Civic Engagement Project, Harvard University

的なメンバーシップ連合体のモットーの美徳をリストアップしており、そこから、諸集団が著しくよく似た愛国的、倫理的理想を支持していたことがわかる。このように、白人の独立オッド・フェローズ結社は、黒人のオッド・フェローズ大統一連合と同じモットーの美徳を備えていた。また、プロテスタント優勢の集団とカトリック友愛集団が特徴として備えていた美徳とさまざまな民族的アイデンティティを持った集団が特徴として備えていた美徳の間にも、重要な類似性が存在した。

衝突する支持基盤を持つ諸結社もまた、同じ制度的ライン——合衆国の連邦制度に匹敵する——に沿ってまとまった。白人／黒人、アメリカ生まれ／民族的、あらゆる種類、あらゆる規模の自発的連合体は、相互につながっている支部を育成し、合衆国憲法をまねて書かれた憲章の下で事を治めた。要約すると、典型的な合衆国のメンバーシップ結社は、しばしば会員資格に制限を加えたかもしれないが、人口のすべてのカテゴリーが結合して、ユダヤ＝キリスト教的、愛国的な世界観に酷似した世界観を表明する、類似の組織構造を持った階級横断的な連合体になった。皮肉なことに、このことによって、アメリカ市民が統一されたいと思わないときにさえも、彼らを団結させる——彼らに共有された価値と類似の市民性の実践を教える——効果を持った。

公共的討議と政治動員

オッド・フェローズが謳うような、表向きの不偏不党《ノンパーティザンシップ》というルールは、大半の伝統的なアメリカのメンバーシップ結社によって取り入れられた。こうしたルールの目的は、違った政党信念を持つ会員でも協働でき、また結社を分裂しそうな仕方で政党に直接従属できないようにすることであった。しかしながら、不偏不党《ノンパーティザンシップ》は、政治からの隠退を意味するものではなかった。団体はそれにもかかわらず、良き市民性を育て、公的問題の討議を促進できた上に、多くの集団は、立法目標を実現するために、「政党間」努力と呼んでもよさそうな活動に乗り出した。「米国在郷軍人会には、党派政治が入り込む余地は存在しない。そして、党派政治には、米国在郷軍人会が入り込む余地もないのです。神に感謝！」と在郷軍人会全国司令官のポール・V・マックナットは、一九二九年一月二四日にメイン州議会における演説で宣言した。だが、それにもかかわらず、司令官マックナットは、在郷軍人会が支持していた一連の立法的、市民的な新しい試み《イニシアティブ》の概要を説明した。また彼は、党派性の拒否を積極的な市民性を熱心に主張することで補った。「会員諸君。『汝らは、市民としての義務、選挙権を行使する明確な義務を有し、またそれを超えた義務」、すなわち、時代の重要な公的問題に関して、「『汝らが接触するすべての人々』」に「『知的な関心をかき立てる義務を有する』」[44]というわけだ。

ここには、個々の会員の政治的な「自学自習」という純然たる呼びかけ以上のものが含まれていた。合衆国のメンバーシップ集団の大半が、地元を越えて連邦化していたが、そうした連邦構造は、公的問題に関する集団討議を育むには最適であった。地元を越える連合体の中の地域団体は、催しに関する情報ルート、代表と指導者間のアイデアの流れに事実上結びついていた。地方住民は、地区や州、あるいは全国レベルの集会に参加した。彼らは、そうした場で、専門家や市民活動家、あるいは政治家の演説に耳を傾けた。その後、彼らは、おもしろそうで情報にあふれた地元集会の計画を胸に抱いて故郷へ戻った。役員は職にある間、彼らの州、あるいは地域支部への訪問が課せられた――またその訪問の過程でロッジからロッジへ、グレンジからグレンジへ、地方協会《ユニオン・ローカル》から地方協会《ユニオン・ローカル》へ、クラブからクラブへと催しのアイデアを伝えた。こうした連携プレイのおかげで、非常に小さな、あるいは辺鄙な所でさえも、地元の自発的集団が、緊急の立法、政治に関わる問題を含め、非常に複雑な問題についいて、ついには話ができるようになったのである。

連邦化した集団の支部について私が収集した年間行事の冊子には、数多くの事例を見ることができるが、ここでは一八九七年に設立され、一九〇〇年に連邦構造を備えることになったサウスダコタ州ヘンリーというちっぽ

図3・4　進歩主義勉強会会員（サウスダコタ州ヘンリー）

けな町の婦人団体での進歩主義勉強会の例を紹介したい。会員数は一二名で、図3・4に見られる面々である。年齢には明らかに幅がありそうだが、二〇世紀初頭の中西部に点在する農村タウンに見受けられた、平均的な婦人組織と大差はない。しかしながら、一九一六年初めのわずか四ヶ月の間に集会に限っても、非常に多彩なテーマについての議論が行われていたことは注目に値する。その中身は、図3・5に示されたとおりであるが、扱われたテーマは、肩のこらない話題から教養もの、さらには州立法（「婦人と子どもの関心を集めるサウスダコタ州法」、「サウスダコタ州における既婚婦人に必要な立法に関する一〇の疑問」）、さらには国家に関する、あるいは国際的な関心事（「今日における我が国の国防」、「我らが移民」）に及んだ。取り上げられたテーマの幅広さは、どの近代的な大学の学部もかなわなかったように思われる。学習テーマのアイデアの多くは、サウスダコタ婦人クラブ連合や全国的な婦人クラブ総連合が培った交流システムを通してヘン

図3・5　進歩主義勉強会の隔週集会プログラム（サウスダコタ州ヘンリー、1916年）

Education of a Music Lover

JANUARY FOUR

Hostess—Mrs. Pease

Roll Call—My Favorite Instrument and Why?

Lesson—Chapter IX, "The Problem of Expression
Mrs. Murphy

Review—Orchestral Music
Mrs Morris

Magazine—Three Four-minute Articles Mrs. Martin

JANUARY EIGHTEEN

Hostess—Mrs. Martin

Roll Call—What Women Elsewhere are Doing

Travalogue Mrs. Snyder

Review—Womans' Progress
Mrs. Goepfert

Magazine—Three Four-minute Articles Mrs. O. H. Tarbell

FEBRUARY ONE

Hostess—Mrs. Goepfert

Roll Call—An Incident in the Life of a Musician

Lesson—Chapter X to close (History and Biology)
Mrs. Duffner

Review—American Scientific Investigation Mrs. Pease

Magazine—Three Four-minute Articles Mrs. Kreger

FEBRUARY FIFTEEN

Hostess—Mrs. Babcock

Roll Call—Patriotic Quotation

Lesson—Fathers' of the Constitution Mrs. Whooley

Review—"Our National Defenses Today" Mrs. Snyder

Magazine—Three Four-minute Articles Mrs. Baker

MARCH FIRST

Hostess—Mrs. Hopkins

Roll Call—Favorite Musical Selection

Musicale Mrs. Martin

Review—New Methods of Child Education Mrs. L. B. Parsons

Magazine—Three Four-minute Articles Mrs. Whooley

MARCH FIFTEEN

Hostess—Mrs. H. A. Tarbell

Roll Call—South Dakota Laws of Interest to Women and Children

Discussion—Ten Questions on Needful Legislation for Married Women of South Dakota Mrs. Kreger

Magazine—Three Five-minute Articles Mrs. Parsons

MARCH TWENTY-NINE

Hostess—Mrs. Baker

Roll Call—Current Events

Discussion—Our Immigration
Mrs. Pease

Review—America's Policy in Regard to Contraband Goods Mrs. Brown

Magazine—Three Four-minute Articles Mrs. Babcock

APRIL TWELVE

Hostess—Mrs. Snyder

Roll Call—Scenic Wonders of the United States from Personal Observation

Fashions of Different Periods
Mrs. H. A. Tarbell

Ten-minute Monologue
Mrs. Murphy

Magazine—Three Four-minute Articles Mrs. Stutenroth

APRIL TWENTY-SIX

Hostess—Mrs. Brown

Roll Call—Words Usually Mispronounced

Our Expositions and their Benefits to Our Country
Mrs. Goepfert

Review—Synopsis of a Standard Popular Book Mrs. Neill

Magazine—Three Five-minute Articles Mrs. Murphy

リーに届けられたものであった。

典型的な自発的集団は、儀式活動を重視したときでさえ、公的問題の討論のための場所でもありえた。こうした「場」は、社会的であるだけではなく、物理的でもあった。というのも、非常に多くの集団が、集会用ホール――集団の会員だけでなくタウンの他の団体も同じように使えた――を建てるために人と金を集めたからだ。これらのホールは、普通は週一度の会合や懇親会に使われたが、政治討論が開かれることもあった。一九三四年のメイン州オーバーンでのピシアス騎士団のホールの例を考えてみよう。ユーレカ・ロッジの議事録――私がある古物市で見つけた埃だらけの古い記録雑誌――にはさまっていたロッジの便箋には、会員四名が、部屋の使用を願い出(一九三四年一一月二二日付)、「謹んで」「一一月二八日水曜日の晩に無料で、このホールの使用」を申し込む、と書かれてあったことが読み取れる。「集会の目的は、タウンゼント老齢年金計画についての話し合い」とある。[45] 大恐慌とニューディールの真っ直中に、オーバーンのピシアス騎士団の何名かの会員は、当時最も論争的な公共政策の問題の一つを議論しようと、友愛会のホールを使ったのだ。同様に、一九三三年一一月二一日に、ジョージア州アトランタにある女子高のPTAは、いつもの話題である教育と子どもの訓練に直接関係するテーマを変更した。体育館で毎月開催される定期集会で、この地元PTAは、討論に一九三〇年代初期のニューディールの主要な全国的経済復興計画の米国復興局(NRA)に関するユージン・ガンビーの演説を予定したのだ。[46] 全国的な公的関心が、学校に関連する地元問題の討議の流れの中に切れ目なく織り込まれていた。

米国在郷軍人会や連合婦人クラブのように、最終的には人口の一パーセントを超える会員数を誇るに至った自発的結社の約五分の三は、公的問題を議論するだけではなかった。表2・1掲載の五八の大規模結社中、三四の結社が明確に政治的な目標――奴隷制反対、禁酒改革運動から婦人参政権、また一連の社会的・民族的プログラムに及ぶ――へと会員を動員した。[47] ときどき、党派的選挙への関与に反対するいつもの障壁が突き破られた。たとえば、一九二〇年代、アイオワの婦人キリスト教禁酒同盟は、土地っ子のハーバート・C・フーバーの大統領選への立候補を支持せずにはいられなかった。彼の少年時代の写真を載せた禁酒同盟のパンフレットには、「このアイオワっ子を大統領にしましょう」、「ええ、そうしましょう」とのやり取りが見られる。

今こそ、合衆国の新しい大統領を選ぶ時です。農場が何を必要としているかを知っている農場育ちの少年を大統領に。金の儲け方、貯め方を我々に教えることができる、よき事業家を大統領に。というのは、彼がその先達だからです。キリスト教徒を大統領に。というのは、ここはキリスト教者の国だからです。我々の憲法を愛し、憲法を守る人物を大統領に。酒を飲まない人間、禁酒法の施行を約束する人物を大統領に。ハーバート・C・フーバーを大統領に。彼こそ、そうした人物なのです。[48]

しかしながら、自発的連合体の全国、州のリーダーは、より頻繁に、自分たちが支持する立法の実現に向けて、選挙運動を調整した。彼らは、自分たちの正当性を訴えるために、州、全国レベルの選出公職者と連絡をとり、また地方支部にもその情報を広く伝え、政治家に連絡をとるように強く促した。ときどきは立法キャンペーンと同時に、またときどきはそれとは別に、連合体はまた、国民の福利に不可欠と考えられる道徳的、政治的目標のために世論に影響を及ぼすべく活動した。

第2章で、私は公的な社会プログラムを要求する運動を展開する連合体の多くの事例にふれた。連邦化した自発的結社は、法律や世論に影響を与えるのに独特な位置を占めてきた。というのは、結社の連邦制構造が、議会選挙区、下院議員選挙区としばしば対応していたからである。母親年金、一九一〇年代のシェパード・タウナー法を求めた運動で見事に証明した婦人の連合体のように、多くの州、地元を越えて調整された組織活動は、政党とは無関係に政治家に決定的な影響を持つことができる。[49] 同種の成功例は、グレンジや土地交付カレッジ計画、農民への公的補助金を世に訴えたグレンジや米国農業局連盟によって、また退役軍人へのサービス、年金、(最終的には) GIビル (復員兵援護法) のためにロビー活動を行った大規模な退役軍人結社によって、同じようなやり方で実現された。これらのすべてや他の多くの実例において、自発的連合体は、世論を形成すると同時に、政党ラインを越えて国会議員の優先順位や投票に影響を与えることができた。それらは、無数のアメリカ人を地元のコミュニティ生活に参加させながらも、合衆国の州、全国政治において圧倒的に影響力のあるアクターでありえた。

回顧と展望

それゆえ、アメリカの伝統的な自発的メンバーシップ結社は、いくつかの間接的なやり方ばかりでなく直接的にも、積極的な市民性を助長し、政治や統治に影響を与えた。連合体はその中で、普通のアメリカ人が参加し、スキルを獲得し、繰り返し起こる相互のつながり――地元だけでなく、広大な、拡大中の国家のコミュニティ、州、広い地域を横断して――を構築できるアメリカ民主主義を建設する上で格別に重要であった。連合体によって、普通のアメリカ人は、強力な社会的指導者と交流することが可能となった。また連合体は、多数決選挙に基づく公式の指導性のスタイル、また役員が仲間の市民を引きつけ、動員する責任を育てたのである。

アメリカの歴史において長期間にわたり、自発的メンバーシップ連合体は、政治・政府の方針を定める上で、政党を補完し、また政党と競い合った。[50] 合衆国の州、連邦議会に代表を選出する無数の選挙区を横断して、膨大な人々を調整、鼓舞することによって、自発的連合体は、民主的な梃子力を振るうことができた。連合体は、州、全国レベルの活動範囲とローカルな存在感を結びつける。この仕組みは、合衆国の選出公職に影響を与える最善の方法である。もちろん、メンバーシップ結社の政治的な目標が、いつも善であるとはかぎらない。とんでもない一例は、クー・クラックス・クラン団の場合で、その活動目標たるや、人種的優越主義およびプロテスタント至上主義を、法外の暴力や時には立法活動を通じて追求しようとする団体で、一時は相当の広がりを持った。よく似た排外主義的目標（たいていは、さほど敵意に満ちていないものかもしれないが）は、多くの歴史的に重要な自発的連合体のプログラムの中で目立つものであった。だから、私は、社会的寛容や最大限に包括的な市民性が、多くの会員を擁する結社によって常に促進されてきた、と論じてはいない。

さらに重要なのは、主義《プリンシプル》の問題についての勇気ある立場を明確にする、より小規模で、より機敏な集団が、重要な民主的目標をしばしば促進してきた。言わずもがなの例として、全米黒人地位向上協会（NAACP）といった、会員数がさほどではない団体や、死刑廃止論者から児童擁護基金に至る専門的アドボカシー・グループがある。合衆国における民主的な市民社会を完全に説明するには、大勢の会員を擁する結社だけを詳しく論じるだけでは不十分である。だが、アメリカ合衆国の歴史の大半を通じて、主なメンバーシップ連合体は、アメリカ国民の広範な諸セクターにとって道徳的、物質的に関連する諸問題について絶えず論争に加わった。何百万というアメリカ人にとって連合体は、協働の方法――地元だけでなく全国的にも「結合」する――を提供し、それによって世論や政府の活動に影響力を持った。多くの場合、合衆国政府の民主的な応答性は、広範な自発的連合体の活動によって向上した。

ガブリエル・アーモンドとシドニー・ヴァーバが、五ヶ国の民主的国家の国民を対象に、その市民的な関与・態度を調査した一九六〇年頃、彼らは高度に参加的な合衆国市民を発見した。[51] アメリカ人は、男女とも同じように、自発的集団において役員、委員会委員として高いレベルの関与を報告しており、またアメリカ人は、全国、地方の公共的業務に影響を及ぼす能力に並はずれた自信を持っていた。アーモンドとヴァーバは、そのスナップショット的な社会調査において、地元に根を置くが、全国的に組織された自発的メンバーシップ連合体を中心とする、民主的な合衆国の市民社会の意識面をとらえた。

しかし、社会科学では非常によく起こることであるが、研究者は、当該の現象がまさに変化しようというときに、事象を見出し、事実を苦労の末に手にする。一九六三年に『現代市民の政治文化』（*The Civic Culture*）が出版されたとき、人騒がせな、気分を浮き立てさせる市民世界の変貌が、アメリカ人にとってまさに地平線の向こうにあったのだ。連邦化したメンバーシップ結社を中心とした、何十年にもわたって作られ、詳述されてきた合衆国の市民的世界は、根底から今まさに変化しようとしていたのである。以下の三つの章では、二〇世紀後半のアメリカ市民社会において何が変化し、なぜそうした変化が起こり、市民組織の再編成が、我々の民主主義にいかなる重要な影響を与えてきたかを考察しよう。現代の変貌についての我々の理解は、典型的なアメリカ市民社会について、すでに得た理解——一九世紀から二〇世紀中葉にかけて全盛期にあった結社好き《ジョイナー》と会員組織者の国——によって大いに高められよう。

第4章

メンバーシップからマネージメントへ

From Membership to Management

一九六〇年から二一世紀の変わり目まで眠りについていたリップ・バン・ウィンクルには、自分の国の市民生活は、ほとんどわからないであろう。かつて、全国レベルで活発に活動し、地元でも活気にあふれていた自発的メンバーシップ連合体――たとえば、米国在郷軍人会、エルクス、ＰＴＡ――を中心とした市民社会は、昔の人気テレビ番組「ビーバーちゃん」と同じ道をたどった。今でも再上演される可能性があるかもしれないが、このタイプの連合体は、かなり古くさい感じがする。今日、アメリカ人が市民的努力の組織化に取り組む様子は、昔以上であるかもしれないが、もはや彼らは熱心な結社好き《ジョイナー》ではない。人々が、大部分は会員のいない自発的組織の非常に新しい寄せ集めを通して影響力やコミュニティを求めるにつれ、専門的に運営されるアドボカシー・グループや非営利組織が市民社会を支配するようになった。

確かに、一部のアメリカ人は、福音派教会の状袋《じょうふくろ》生活にコミュニティを見出している。だが、他の多くの人々は、自分が会員でもない非営利組織が運営する事業を散発的に引き受けたり、専門的に運営される公益ロビーに小切手を送ったりしている。大勢の市民の意見の代弁――あるいは、影響力の行使――を目指し、新しい全国的なアドボカシー・グループの群れが店開きをし、メディアがプロの代弁者間の討議を大袈裟に取り上げたりする。全米中絶の権利行動連盟は、全米生命の権利委員会とやりあう。コンコード連盟は、米国退職者協会と対決する。環境防衛基金は、ビジネス団体に反対する。一般人は、こうした議論に気まぐれに参加し、楽しみ、時には困惑する。また、夕食時に世論調査員が、意見を皆から集めようと電話をしてくる始末だ。

メンバーシップ活動から、専門的に運営される組織やアドボカシー・グループへの、アメリカ人の市民生活の最近の変化を理解すること。この作業は、我々の民主主義への望みを賢明な形で熟考しようとする場合、きわめて重要である。集団態度、個人行動、投票率のパターンにおける変化は、研究者や評論家によって定期的に確認されている。これらの問題も重要であろう。だが、市民的リーダーシップの組織されたいい公共的な活動や戦略における変化も、それと同様に、あるいはそれ以上に注目に値する。南北戦争の直前、直後の数十年間は、草の根結社が多く誕生した時代であるが、その時期のどの時点と比較してみても、最近目撃できる、アメリカ人が結社を作り、使う仕方における変化は途方もないものである。一九六〇年代、七〇年代に大規模な社会運動が、連邦化したメンバーシップ結社を横目に成長し、新しい種類の専門的に運営される市民的事業の急増の機運が生まれた。

古い連合体と新しい社会運動

一九五〇年代の最大のメンバーシップ結社を考えてみたい。表4・1は、一九五五年当時の成人男子／女子および両性の「会員」が各人口の一パーセント以上を占める二三の結社を載せている。このリストは、当時のアメリカの市民社会の顔に関して大変興味深い観察の機会を与えてくれる。というのも、これらの巨大メンバーシップ結社は全米にわたり、コミュニティというコミュニティに地元単位を備えていたからである。多くの余暇組織ばかりか、職業に基づくメンバーシップ連合――米国労働総同盟（AFL）と産業別労働組合会議（CIO）（一九五五年AFLと合同して、AFL＝CIOとなる）や米国農業局連盟――、それに二つの全国的な社会奉仕組織（米国赤十字、小児麻痺救済募金）が含まれている。[1] だが、リストで数が多いのは、成人男子が主導する友

表4・1　アメリカ成人の1％あるいはそれ以上が入会する合衆国のメンバーシップ結社（1955年）

団体名（設立年）	会員数	所属率	地方単位の数
米国労働総同盟産別会議（AFL=CIO）（1886）	12,622,000	12.05	NA
父母と教師の全国協議会/PTA（1897）	9,409,282	8.99	40,396（地域PTA）
米国自動車協会（1902）	5,009,346	4.78	464（クラブ）
古代承認フリーメーソン（1733）	4,009,925	7.86(m)	15,662（ロッジ）
米国在郷軍人会（1919）	2,795,990	5.48(m)	16,937（ポスト）
東方の星（1868）	2,365,778	2.26	12,277（チャプター）
キリスト教青年会（1851）	2,222,618	2.12	1,502（地域YMCA）
統一メソジストの婦人たち（1939）	1,811,600	3.37(w)	NA
米国ボウリング協会（1895）	1,741,000	3.41(m)	43,090（リーグ）
米国農業局連盟（1919）	1,623,222	1.55	3,000（推定）（地方農事局）
米国ボーイスカウト（1910）	1,353,370（推定）	1.29	53,804（地域部隊）
婦人伝道同盟（1888）	1,245,358	2.32(w)	65,132（教会WMU組織）
エルクス慈善保護会（1867）	1,149,613	2.25(m)	1,720（ロッジ）
海外従軍軍人会（1913）	1,086,859	2.13(m)	7,000（推定）（ポスト）
忠節なるムース結社（1888）	843,697	1.65(m)	1,767（ロッジ）
婦人クラブ総連合（1890）	857,915	1.6 (w)	15,168（クラブ）
コロンブス騎士団（1882）	832,601	1.63(m)	3,083（カウンシル）
神的聖堂貴族団（1872）	761,179	1.49(m)	166（テンプル）
イーグルス友愛会（1898）	760,007	1.49(m)	1,566（高巣）
女性国際ボウリング協会（1916）	706,193	1.31(w)	22,842（リーグ）
独立オッド・フォローズ結社（1819）	543,171	1.07(m)	7,572（ロッジ）
米国赤十字（1881）	*	*	3,713（チャプター）
小児麻痺救済募金（1938）	*	*	3,090（チャプター）

注）(m)は成人男子のみ、(w)は成人女子のみを表す。また、（推定）は現在考えうる最良の推定数である。

NAは、この時期についての利用可能なデータが存在しないことを表す。
＊ 米国赤十字と小児麻痺救済基金には、参加者ばかりか寄付者も含まれていないので、会員数のデータは示していない。
出典）Civic Engagement Project, Harvard University

愛団体、退役軍人団体と、女性が主導する宗教結社、市民的結社である。あらゆる宗教で何百万というアメリカ人が、主要な宗派に結びついた宗教集会に参加しただけではなかった。彼らは、全国的に際立った自発的連合体の支部にも所属していたのである。

一九五〇年代の最大規模のメンバーシップ集団には、設立されたのが一七三三年のメーソンから一九三九年の統一メソジストの婦人たち（一九世紀に根を有するいくつかの「伝道」協会の合同によって結成）まであるが、いずれも歴史の古い老舗の団体であった。アメリカの歴史を通じて大規模メンバーシップ結社の大半がそうであったように、一九五〇年代に多くの会員を擁していた結社の多くは、階級の区分線を越えて会員を集めていた。地方支部は、定期的に会合を開き、州（あるいは広い地域）と全国レベルの定期集会に代表を送った。これらの結社の多くは、狭い領域に活動を特定するよりは、多様な活動を展開することによって、社交的、儀式的な活動をコミュニティ奉仕、相互扶助、国政への関与に結びつけた。アメリカ愛国主義が中心思想であったので、おそらく第二次世界大戦――自発的連合体が、熱烈に支持した熱のこもった、勝利を収めた国民的努力――中と戦後に、これらの結社が、会員数を伸ばし、ローカル、ナショナルな活動を再活性化したのは当然のことである。[2]

確かに、巨大団体だけが、戦中・戦後のアメリカで重要であった唯一の自発的結社というわけではなかった。より小規模でエリート的な市民グループもまた重要な存在であった。たとえば、ロータリークラブ、ライオンズクラブ、キワニスといった男性の社会奉仕団体や、米国大学婦人協会や婦人有権者同盟といった長い歴史を誇る婦人組織がそうである。[3] プリンス・ホール・メーソンや世界エルクス慈善保護会といった黒人のための友愛・文化組織がそうであったように、何十もの民族集団独自の友愛・文化組織が繁茂した。[4] また、前述した組織のすべては、最も大きなメンバーシップ連合体と同じような方針に沿って動いた。その大半もまた、一九四〇年代から第二次大戦直後にかけて、会員増と活力の甦りを経験した。

ガブリエル・アーモンドとシドニー・ヴァーバが、一九五九―六〇年にアメリカを含む五ヶ国の市民に対して、さまざまなタイプの結社への加入について質問したとき、合衆国の回答者には、加入先として友愛結社、教会関連団体、市民的‐政治的結社といった回答が目立った。[5] アーモンドとヴァーバはまた、アメリカ人が他の国の市民よりもいくつもの結社に加入している、とも報告した。アメリカの女性は、他国の女性に比べ関与的で、結社への関与の程度は、残り四ヶ国に比べて教育水準の影響を受けることは少なかった。[6] 個人レベルに関するこれらの知見のすべてが、さまざまな職業背景の多数の男性、女性会員を参加させる宗教的、友愛的、市民的な自発的連合体に大きく影響を受けた戦後の市民世界の状況に一致している。

あらゆる種類のメンバーシップ連合体にとって、二〇世紀中葉という時代は、コミュニティへの影響だけでなく全国的影響力の点でも黄金時代であった。一九六〇年、合衆国の結社会員の五分の二が、アーモンドとヴァーバの面接員に対して、自分が加入している集団が政治的な問題に関係していると思う、と述べた。非常に多くのアメリカ人が、いろいろな種類の集団の一員であったので、このことは、合衆国市民が、イギリス人、ドイツ人ほど労働組合に所属してはいないという事実にもかかわらず、政治的に活発な組織へ大きく関与していることを主張していることを意味した。[7] 第二次世界大戦直後は、なるほど合衆国の労働組合、ビジネス組織、専門職組織が、州、国レベルにおける政策論議に多大な影響力を発揮していた時代であった。だが、この点では、職業、所得階層とは関係なく新入会員を集めた、多くのコミュニティ基盤の連合体も変わるところはなかった。米国在郷軍人会、海外従軍軍人会は、退役軍人のプログラムを推進した。[8] イーグルス友愛会は連邦政府の社会保障プログラムを唱え、闘った。[9] グレンジと米国農業局連盟（ＡＦＢＦ）は、他の農業団体と協力して、国や州の農業政策に影響を与えた。[10] 父母と教師の全国協議会や婦人クラブ総連合は、教育、保健、家族の問題についての有力組織であった。[11] 図４・１は、ＡＦＢＦの会員用公民教則本『あなたの農業局』（*Your Farm Bureau*）に載っていた挿絵で

図4・1　農業局の政策ハイウェー

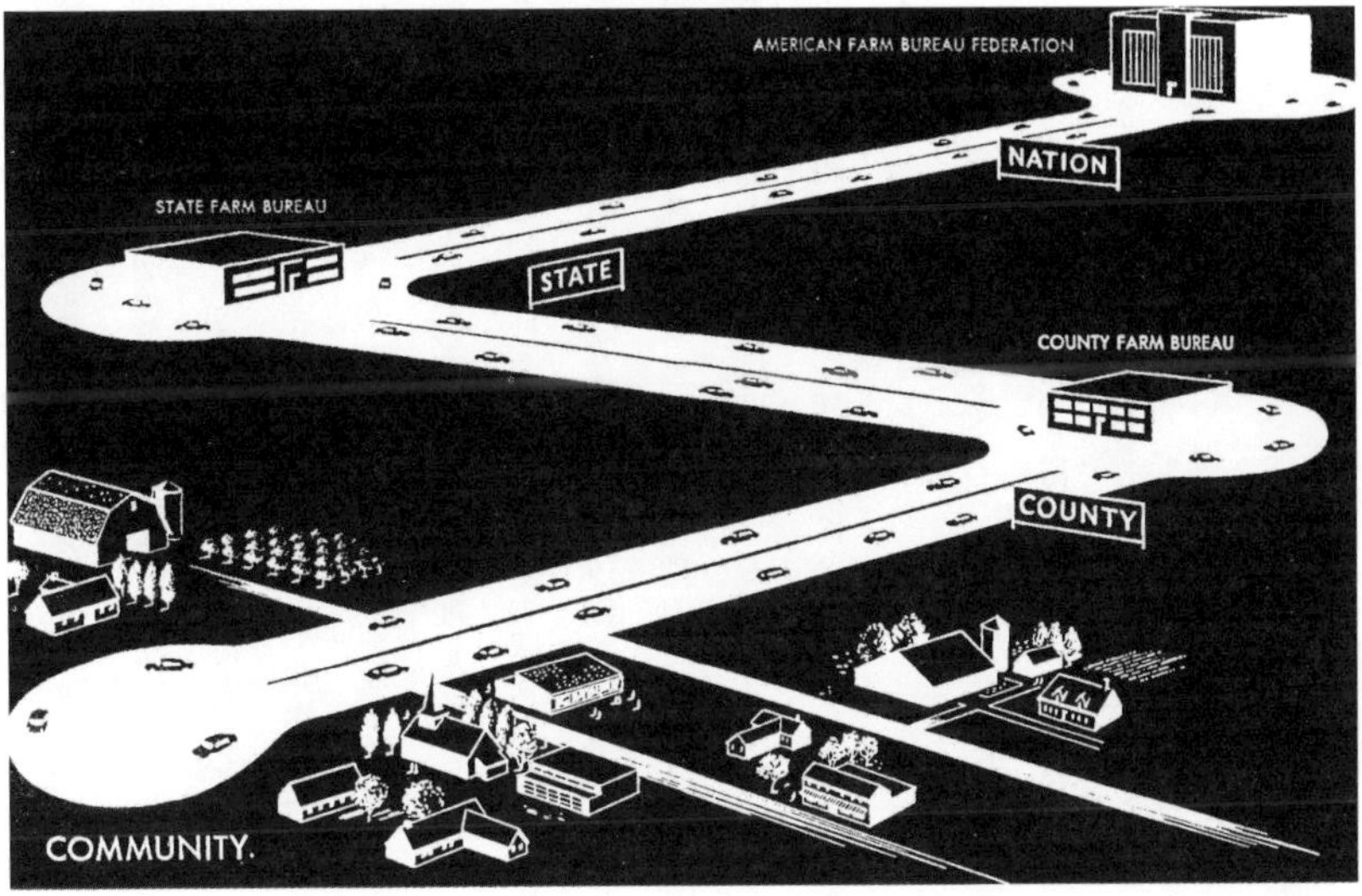

ある。そこからもわかるように、自発的メンバーシップ連合体は、地元コミュニティの市民を州、中央政府に結びつける両面交通の「ハイウェイ」として役立った。結果は、たとえば連邦政府の政策の中でこれまで最も寛大かつ社会的に包括的な教育・家族政策の一つ、一九四四年のＧＩビル（復員兵援護法）の下書き、ロビー活動に果たした米国在郷軍人会の中心的な役割に具体的な例を見るように、決定的であったかもしれない。[12] アメリカのメンバーシップ連合体の世界は、一九四〇年代後半から六〇年代半ばまで好調の波に乗っていた。

長い一九六〇年代

しかし突然、歴史の古いメンバーシップ連合体の活動は姿を消した。大変動が、一九五〇年代半ばから七〇年代中頃までの「長い六〇年代」を通じて、アメリカを揺すぶったのである。南部の公民権運動は、白人の人種的支配に戦いを挑み、黒人への法的平等と投票権の実施という国民的な立法化を急がせた。[13] 公民権の実現に刺激を受けて、さらなる「権利」運動が、一九六〇年代、七〇年代に爆発的に増加し、女性に対する平等、同性愛者の承認と尊厳、農場労働者の組合形成、黒人以外の非白人少数民族の動員を促進しようとした。[14] 運動は、さらにベトナム反戦運動として現れたり、新しい環境主義のための闘いとして展開されたり、さまざまな他の公共的目標を促進するために出現した。これらの急激に昂揚する運動の最前線には、アメリカの若者、特に人数を増やしていた学生、院生がいた。

「社会運動」は、非常に大きな、やや非構造的な努力であり、参加者は新しい思考法を表明し、制度的な変革を叫んだ。運動は、たった一つの組織の作業では決してなく、協力と対立を繰り返す多くのグループの活動によって弾みがついた世論の変化を通じて推し進められる。先行する支配的な制度や結社で心地よさを味わっているアクターが、根本的な社会変革を目指す運動の先頭に立つことはほとんどない。代わりに、新しいリーダーが主導権をとる――時には既存のやや周辺化された組織を通じて活動をすることもあるが、往々にして真新しい組織を発足させる。[15] 社会変革を目指す運動の活動家は、その道徳的決断、戦略的機敏さ、人々が新しい方法で結合するのを手伝う能力の点で注目に値する。こうしたリーダー、そして再定位された、あるいは新設された彼らが活動拠点とする組織は、民主性再興にとってきわめて重要な担い手である。アメリカの歴史で何度も目撃してきたところだ。

革新《イノベーション》と新しいリーダーシップは、長い六〇年代の偉大なアメリカの社会運動をなるほど特徴づけた。一九五五―六五年の南部の公民権運動は、黒人教会のネットワークと指導者の中核グループの驚くべき結合が維持し、推進した直接行動――「フリーダム・ライド」、モントゴメリーのバス・ボイコット運動、グリーンズボロでの座り込み《シットイン》、市全域で展開された非暴力デモ――によって引き起こされた。[16] 普通の人々は、教会の会衆内での社会的つながり通じて参加するようになり、他方、戦略的革新《イノベーション》は、南部キリスト教指導者会議（SCLC、一九五七年創設の黒人聖職者たちの調整団体）、学生非暴力調整委員会（SNCC、一九六〇年に創設された学生活動家の調整組織）から生まれた。それまでは、一九〇九年創設の人種間的《インターレイシャル》な連合体である全米黒人地位向上協会（ＮＡＡＣＰ）が、全国レベルの主要な公民権団体であった。ＮＡＡＣＰは、法的権利擁護活動に力を入れたが、公民権運動が高揚する時代までは、黒人人口の二パーセントを超えて人を集めたことがなかったし、会員の大半も専門職従事者や牧師であった。活動家が、新しい直接行動の戦術に視点を変えたとき、特にＮＡＡＣＰ支部と青年評議会が重要な役割を果たしたが、ＳＣＬＣとＳＮＣＣは、拡大した大衆抗議運動の調整役として重要な位置についた。[17]

一九六〇年代後半および七〇年代のフェミニズム運動は、緩く相互に連結したサークル、雑多なリーダー集団、単一争点グループ、少数の新設のメンバーシップ結社の連合によって推進された。[18] 公民権運動中に始まった、急進的な「女性解放」の活動は、意識高揚《コンシャスネス・レイジング》、直接行動グループに基づくものであった。改革重視の「女性の権利」フェミニズムは、政府委員会への参画者が、活動家と支部に基盤を置く結社として全米女性機構（ＮＯＷ）の結成を一九六六年に決定したときに明瞭な形をとった。[19] 改革派フェミニズムの先頭には、女性公正行動連盟（一九六八年結成）や全米中絶の権利行動連盟——双方とも、結局は、そこそこの規模の郵送名簿会員を発達させたリーダー集団——が含まれていた。彼女らの多くが、一九七〇年代のフェミニストのプロジェクトを支持して参加したが、米国大学婦人協会、キリスト教女子青年会（ＹＷＣＡ）、婦人クラブ総連合、婦人有権者連盟のような歴史の古いメンバーシップ連合体は、新しいフェミニズムを始めたり、強く推進したりしなかった。一九八二年に「フェミニストの動員」を描いたジョセフ・ゲルブとマリアン・リーフ・パリーは、「過去二〇年（の）グループは、メンバーシップではなくリーダーシップに基づく傾向が見られた」[20]と結論した。

一九七〇年、全米で大規模なデモが行われた。アース・デイと呼ばれたこのデモは、土地資源保全や特定動物種保護についての長年の関心が広がり、エコロジー意識が高まるにつれて具体化した、現代型の環境保護運動を象徴した。レイチェル・カーソンの有名な著書『沈黙の春』（*The Silent Spring*, 1962）に加えて、法律家、科学者、従来の環境団体からの批判的離反者が結成した「新タイプの……組織」が、この転換を推進した[21]。中心的な組織には、以下のようなものがあった。「DDT禁止運動」の最中の一九六七年に創設された環境防衛基金、独立的直接活動主義を理由にシエラクラブを追放された元会長が一九六九年に結成した地球の友、アース・デイの学生組織家が一九七〇年に結成した環境のための行動、「弁護士が経営する環境ローファーム」から一九七〇年に訴訟団体として結成された自然資源防衛評議会、より派手で直接行動による立法ロビー活動を叫ぶ活動家によって一九七〇年代に国際的に結成されたグリーンピース[22]。一九七〇年代から九〇年代まで、現代型の環境保護主義が、さまざまな戦略・歴史・支持基盤を持った広範囲にわたる本質的に異なる一群の組織として急成長した。中核団体は、問題を再定義し、斬新な戦術を求めて増殖し続けた。同時に、シエラクラブ（一八九二年創設）、全米オーデュボン協会（一九〇五年創設）、ウィルダネス協会（一九三五年創設）、全米野生生物連盟（一九三六年結成）といった歴史の古いメンバーシップ連合体は、それまで払ってきた努力を再定位し、新しい環境保護主義の主要なプレーヤーとなった[23]。

長い六〇年代の大きな社会運動は、このように、草の根抗議活動、活動家の急進主義、政府にロビー活動を行い、一般市民を啓蒙する専門的に主導された活動を綜合した。一部のより古いメンバーシップ結社も結局は参加し、その支持基盤を広げることになったが、運動に火をつけた諸団体は、既存のメンバーシップ連合体よりも活発で、より柔軟に構造化されていた。さらに重要なことは、重要な団体の多くは、決してメンバーシップ結社ではなかったことである。それらは、新しい目標を支持する、フットワークの軽やかな、斬新な考え方のできる、熱心な活動家たちの小さな複合体であった。

話はこれで終わりではない。次に何が起こったのか。さらに、あれこれと考えをめぐらすことができるのだ。長い六〇年代の抗議運動が勝利を手にし、その後それへの支持が衰え始めていたとすれば、結社の革新《イノベーション》は、二〇世紀後半の合衆国において引いていたかもしれない。また、市民的なトレンドもチャンネルが広げられていれば、長い伝統あるチャンネルの方に帰る形で力を注いでいたかもしれない。市民の騒乱や政治的扇動の尋常でない時代は、アメリカの歴史でかつて起こったことがあったが、メンバーシップ連合体が放逐されてしまうというよりは、それらの復位・再興に弾みがついただけであった。一九六〇年代の大変動は、構成を変更した市民世界——一部の歴史の古いメンバーシップ結社が衰退してしまい、いくつかの新しい連合体が出現し、それでも他の組織が支持の新しい問題と支持の源を活かそうと自己を再定位、再編成した世界——を遺産として残した可能性もある。それぞれの大きな社会運動の内部で、メンバーシップが固まり、諸団体が合体して、一般構成員を州、広い地域、全国レベルのリーダーシップに結びつけることが可能な、新しい（あるいは、刷新された）包括的連合体となり、同時に古くからのアメリカの市民的伝統が新しいやり方で存続できることが現実となった可能性もあった。

しかし、ほとんどこれは、実際に起こったことではない。一九六〇年代、七〇年代、八〇年代には、新しいさまざまな市民組織の増殖が見られた。『団体名鑑』（*Encyclopedia of Associations*）掲載の全国的団体の総数は、一九五九—九九年の四〇年間で四倍となった（表4・2参照）。一九五九年には、五八四三であった団体が、一九七〇年までには、約二倍の一万三〇八となった。この前半部分の増加分の一部は、以前からあった団体を『団体名鑑』の編集者が見つけた分が含まれているかもしれないが、後半部分の増加分には、そうしたずっと前に結成された団体はほとんど含まれていないと思われる。[24] 一九八〇年までに、全国的団体は一万四七二六あり、一九九〇年には全体で二万二二五九に達した。しかし、九〇年代の一〇年間にアメリカの拡張した全国的結社の世界は、停滞期に入った。団体数も、二・二―二・三万で横ばい状態であった。団体の増殖の大半は、一九九〇年以前、特に七〇年代、八〇年代――この時期、新しい集団の結成が、合衆国の人口成長をはるかに上回った――に起こった。[25] さらに重大なのは、革新《イノベーション》が、この市民的に多産な時期における団体の急増と同じくらい重要であったことだ――というのは、新しい種類の集団が衆目を集めたからである。その中には、政策ロビー活動や公教育に焦点を当てる専門家が運営する多くのアドボカシー・グループが含まれていた。

ジェフリー・ベリーが「アドボカシーの噴出」と適切に呼んだ事態が、いくつもの部分的に重なり合う波の中で起こった。[26] 以前は周辺化していた社会的カテゴリーに属するアメリカ人の諸権利を主張する集団がリードして、斬新な公益観を擁護すべきだと主張する多くの新しい市民アドボカシー・グループがすぐ後を追いかけた。アドボカシー組織は、すでに十分な数にある職業・ビジネス組織に付け加わることで、さらに増えた。

権利アドボケート

長い六〇年代の数多くの運動は、典型的なアメリカ市民社会において周辺化されていた人々のために闘い、新しい結社が火花を散らした、これらの努力の成果として現れた。デブラ・ミンコフは、「平等のための組織化」をそれなりに詳しく研究した。彼女は、「一九五五―八五年のどこかの時点で活動的な九七五」の相当数の「全国的な少数民族・女性のメンバーシップ結社」[27] を特定しようと、毎年の『団体名鑑』に掲載されている団体一覧を使った。全体として、女性、黒人、ヒスパニック系、アジア系アメリカ人の権利と福祉のために活動する団体は、一九五五年には九八であったが、一九八五年には六八八へと六倍に増えた。[28] ミンコフのデータでは、一九六〇年代中頃の公民権運動の勝利直後には、黒人の代表として行動する集団が多く結成された。他方、女性や少数民族集団の平等を主唱する集団への加入はやや遅れ、特に七〇年代に拡大した。[29] 実はミンコフの研究は、権利重視の団体の増殖を実際より少なく述べている。というのも、彼女のデータベースには、「研究センターや事業型財団といった、政府諸機関やスタッフが運営する非営利組織[30]」は含まれておらず、何らかの種類の支持基盤をベースにした結社のみを含めているからだ。だとすれば、彼女が調査した支持基盤型団体が利用した組織戦略の型の混成比率の変化についてのミンコフの知見は、それだけ多くのヒントを与えてくれる。[31] 一九五五年から六〇年代後半の間、女性や人種、あるいは少数民族の権利増進に照準を合わせた団体の半数近くが、社会奉仕を提供し、五分の一が文化活動（たとえば、芸術祭のスポンサー、マスコミ材料の準備）を重視した。だが、権利主張団体の世界が、七〇年代、八〇年代に劇的に拡大するにつれ、組織戦略の混成比率は、急激に政策アドボカシー・グループへとシフトし、奉仕提供者もまた政策アドボカシーに従事した。政治的抗議を重視する権利主張団体は、常にごく少数で、その数は一九五五―八五年の三〇年間、かなり一定していた。その中でも抗議活動は、ミンコフが説明するように、「一九六五年末に一八三団体中一〇団体が抗議運動を続けていたとき」の方が、「六七八団体中一〇団体」が抗議運動に関わった一九八五年「よりもおそらく人目を引いた[32]」。女性、黒人、その他の人種的に特徴ある少数民族集団に関すると思われる目標を促進する結社の間では、政策アドボカシーが戦略としての抗議を上回った。

ミンコフの知見は、他の研究者の知見を引き立てるものである。ケイ・リーマン・シュロズマンが、一九八〇年代初めにワシントンに基盤を置く結社を調査したとき、女性団体――特に権利重視団体――は最近年に結成されていたが、他のワシントンの圧力団体と同じ混成比率で、専門家による権利主張の手法をすでに採用していたことを見出した。[33] ゲルブとパリーも同意見で、「六〇年代末期に社会運動として現れた」フェミニスト「グループ」は、「七〇年代後半には、利益-集団組織とプロフェッショナル化を強調する段階へと政治的に発展した」[34]と述べている。フェミニスト結社は、司法活動、研究活動、ロビー活動を続ける一方、一般大衆の共感に訴える。「フェミニスト・グループ」は、「黒人公民権団体のように」、「ワシントン、あるいはニューヨークにしばしば居を構えている」[35]とゲルブとパリーは指摘している。

市民アドボカシー・グループ

二〇世紀後半におけるアドボカシー活動のもう一つの波は、世論を形成したり、立法過程に影響を及ぼそうとする「公益」・「市民」グループに影響を与えた。[36] 市民アドボカシー・グループは、環境保護(たとえば、シエラクラブ、環境防衛基金)から貧しい子どもたちの健康(児童擁護基金)、さらには政治改革(コモン・コーズ)、公的社会保障削減(コンコード連盟)まで、「目標《コーズ》」を支持する。ベリーによればこれらの組織は、支持者がその職業的、物質的な私益ではなく、公益を求める。市民アドボカシー・グループは、有権者をしばしば代弁する。だが、彼らに「会員」というレッテルがはられたとしても、このような有権者は、彼らが個々の市民であるように、社会奉仕専門家の別の組織か、あるいは連中である可能性がある。多くの市民組織は、会員ゼロを公言して憚らない。また、最近結成された団体は、地方支部のネットワークを持っていそうではないし、会費を支払う個人会員を大いに当てにしている様子もない。[37]

多くの市民アドボカシー・グループは、長い六〇年代の社会運動の中から活動を始めた活動家が立ち上げたものだが、公益主張者として機能する数多くの団体は、八〇年代に増殖した。それらは、首都ワシントンと全国のメディアで進行中の政策闘争のさなかに結成された。ベリーは、七〇年代前半にワシントンで活動した八三の公共利益団体を対象とした調査で、ほぼ半数が、一九六八年から七三年の間に結成されたことを知った[38]。ケイ・リーマン・シュロズマンとジョン・C・ティアニーは、一九八一年度版のロビー団体名鑑に掲載の団体を分析し、四〇パーセントが六〇年以後に、二五パーセントが七〇年以後に結成されたと述べている[39]。最も包括的といえるジャック・ウォーカーらの研究では、八〇年代前半にワシントンに本部を置く五六四の団体が検討され、その三〇パーセントが一九六〇年から八〇年の間に結成され、市民団体が他の種類のロビー団体と比べてずっと急増したことを見出している[40]。市民アドボカシー活動の第一の波はリベラルであったが、新たに結成された保守派グループもすぐに、特に八〇年代を通じて論争に加わった[41]。

「公然と政治的な」団体として市民組織は、「大勢のロビイストや調査研究員を雇うために多額の財源[42]」を動員する。政治的戦術は多様で、多くの団体はいろいろと戦術を混ぜて使う。「インサイド・ロビー」――規則や法律条項への支持態度を主張するために行政官、議会スタッフに接触する活動――に集中する戦術をとる市民組織もあれば、法廷闘争中心の組織もある。また中には、連邦議会に接触するために、広報を画策したり、広範囲にわたる支持基盤の感情を駆り立てようとする市民組織もある。だが、市民団体は、戦術の強調、あるいはその組み合わせに関係なく、説得力のある議論を工夫し、広めるための専門的知識を必要とする。市民組織は、政策論争でしばしば敵対するビジネス・専門職ロビーとほぼ同じようなやり方で、政治を行い、有力な専門スタッフを発展させる。格好の例は環境運動であり、全国的に活動的な団体の数は、一九六一年の一一九から九〇年には三九六へと三倍以上に伸び、また、全国スタッフの数も、この間に三一六名から二九一七名へとほぼ一〇倍、大幅に伸びた[43]。プロフェッショナル化が全面的に進み、多くの会員がいそうな歴史の古い組織と、個人会員や地方支部は断念、あるいはあまり重視しそうでない最近結成された団体の両方に影響を及ぼした。

ビジネス組織

最近になっての合衆国のアドボカシーの最後の爆発の波は、少なくともある程度まで、今述べた二つの組織・団体への反応であった。二〇世紀初頭から中頃まで、業界・専門職組織が合衆国の政治や結社生活における影響力を増大させた。結社の新設、急増は、第一次世界大戦、ニューディール初期、第二次世界大戦のように、連邦政府が国民経済と協力、あるいは管理しようとやっきになった重大な時期に重なっている。[44] 一九六〇年代半ば以後、権利主張団体と市民アドボカシー活動家は、全国レベルで存在感を著しく増した。だが、以前の支配的な利害関係者は、ただ指をくわえて傍観してはいなかった。ビジネス団体には、特別なおもしろみがある。というのは、これらの組織は、税、経費がかかる社会プログラム、さらには環境主義者、あるいは権利主張者が支持しそうな新たな種類の規制に対して反対する保守的連合の主力部隊として、しばしば考えられているからである。一九七〇年代、八〇年代を通じて、財界の諸部門はいっそう専門化した組織を結成し、新しい集団が市民団体と闘っているようだった。さらに重要なのは、多くの企業や既存のビジネス組織が、ワシントンDCに事務所を初めて開いたことであった。ワシントンに事務所を置くことは、連邦政府を監視し、新たに動員された権利主張団体や市民組織に対抗するのに都合がよい。[45] アドボカシー活動の拡大競争においては、行動がすぐさま反対行動を呼び起こしたのである。

だとしても、二〇世紀後半には、ビジネス団体と他の市民的に活動的な結社との間のバランスに急激な変化が見られた。表4・2は『団体名鑑』をベースに作成したものであるが、それによれば、「同業者・ビジネス・商工」組織と「商工・同業者・観光業会議所」を合わせると、アドボカシー活動が噴出する直前の一九五九年では、全国的な組織のなんと四〇パーセントを占めていた。そして、その後四〇年間に、こうしたビジネス団体は、一九五九年の二三〇九から九九年の三八三一に増えた。だが、全国的な組織全体でのシェアは、半減どころか、

表4・2　合衆国における全国的結社（1959-99年）

団体のタイプ	1959	%	1970	1980	1990	1999	%	成長率
(非常に)急な伸び								
公共問題	117	2%	477	1,068	2,249	2,071	9%	19.2
趣味・余技	98	2%	449	910	1,475	1,569	7%	16.0
社会福祉	241	4%	458	994	1,705	1,929	8%	8.0
運動・スポーツ	123	2%	334	504	840	821	4%	6.7
退役軍人・世襲・愛国	109	2%	197	208	462	769	3%	7.1
教育 a				976	1,292	1,311		
	563	10%	1,357				14%	5.7
文化 a				1,400	1,886	1,912		
保健・医療	433	7%	834	1,413	2,227	2,485	11%	5.7
ファンクラブ b	-	-	-	-	551	485	2%	-
平均的な伸び								
法律・政府関連・軍事	164	3%	355	529	792	786	3%	4.8
科学技術関連・自然科学・社会科学	294	5%	544	1,039	1,417	1,353	6%	4.6
友愛・外国・民族	122	2%	591	435	572	524	2%	4.3
宗教	295	5%	782	797	1,172	1,217	5%	4.1
環境・農業	331	5%	504	677	940	1,120	5%	3.4
ゆっくりした伸び								
同業者・ビジネス・商工	2,309	40%	2,753	3,118	3,918	3,831	17%	1.7
商工・同業者・観光業会議所 c	100	2%	112	105	168	119	0.5%	1.2
労働組合・協会・連合	226	4%	225	235	253	243	1%	1.1
(非)ギリシア文字社交団体	318	5%	336	318	340	333	1.5%	1.1
総計	5,843		10,308	14,726	22,259	22,878		3.9

注）a「教育」と「文化」は、1972年以前は一括りで扱われていた。両者を併せた成長率は右端の欄に記載されている。

b ファンクラブは、1987年以前は1つのカテゴリーではなかった。成長率は算出されていない。

c 1970年以前は、何千もの地方レベルの商工会議所も、全国レベルの団体を扱った*Encyclopedia*に収録されていた。1970年以降は、地方団体と全国的団体は別々に収録されている。1959年の数字は、その年の全国的団体の推定数である。

出典） Frank R. Baumgartner and Beth L. Leech, *Basic Interests* (Princeton: Princeton University Press, 1998), p.103.に掲載の表6-1をアップデートしたもの。データは*Encyclopedia of Associations*（年次は記載の通り）から。1999年度については、CD-ROM版。それ以前については、出版物。

わずか一七パーセントになってしまった。他方、最も成長株の団体類型の「公共問題」団体は、シェアを二パーセントから九パーセントに伸ばした。また「社会福祉」「教育・文化」「保健・医療」関連団体は、一九五九年の約五分の一から、九九年には三分の一のシェアを誇るまでになった。こうしたタイプの団体の必ずしもすべてが、ミンコフやベリーが呼ぶ「権利主張」／「市民」組織に正確に対応しているとは言えない。というのも、彼らが言う組織の多くは、社会事業施設、あるいはかなりのエリート職業を代弁しているからだ。だが、一九九〇年までに、これらの急速に成長するカテゴリーの組織が、全国規模で活動する団体に占めるシェアでビジネス団体を大きく追い抜いたことは非常に重大であることに変わりない。

さらに長期的な視点から、政治学者フランク・バウムガートナーとブライアン・ジョーンズは、二〇世紀初頭には全国的規模の営利組織（ビジネス団体以外に農業団体も含む）の数は、他の種類のアイデンティティや利益に基づく組織の二倍に上った、と推計している。二〇世紀半ば、一九三〇年から六〇年代にかけて営利組織は増え、その数は非営利団体の三倍を数えた。だが、六〇年代以降になるとアドボカシーが噴出し、二〇世紀前半と比べて、営利組織の優位に翳りが見え出した。バウムガートナーとジョーンズは、「これらのデータは、一九四〇年代から五〇年代のワシントンDCにおける政策形成や利益集団を研究する政治学者が、なぜ鉄の三角形や下位政府などを議論し、他方七〇年代、八〇年代に同様のテーマを議論した研究者が、分散的政策ネットワークやアドボカシー連合の特徴を描き出す傾向にあったか、その理由をなにほどか示している[46]」と考えている。その結果は、権利主張団体や市民アドボカシー・グループ側が公的な討議・法律の課題への影響力行使能力を高めただけではない。「かつては合意的かつ親産業的に理解されてきた問題がより論争的になる[47]」につれ、公共政策形成もまた、以前よりずっと対立的になったのである。

図4・2　合衆国の公的問題における金とアイデアを握る組織

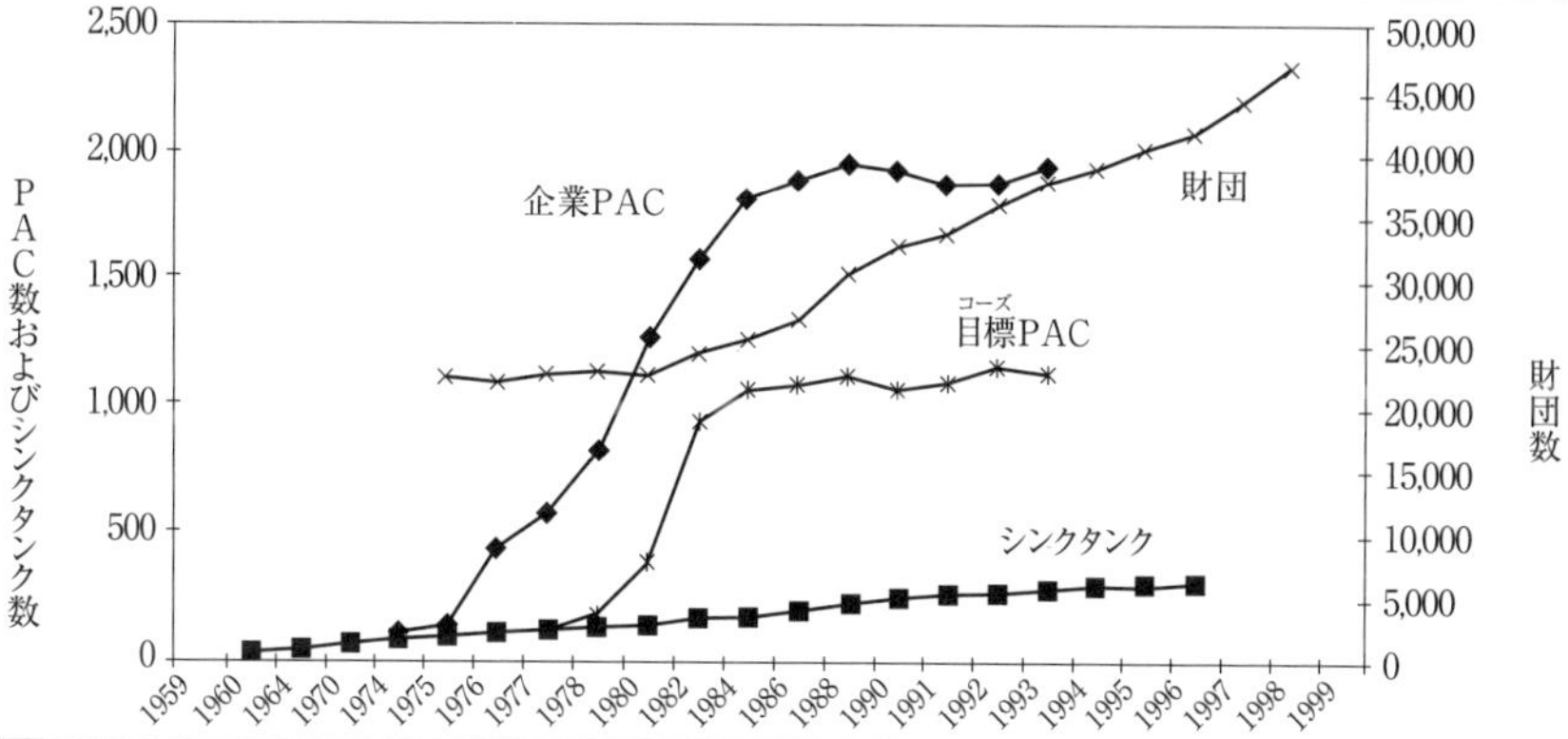

出典）シンクタンクはアンドリュー・リッチから。財団に関するデータは財団センターのウェブサイトから。PACデータに関するデータは以下から。M. Margaret Conway and J. Green, "Political Action Committees and the Political Process in the 1990s," in *Interest Group Politics*, 4th ed., edited by A. J. Cigler and B. A. Loomis (Washington, D.C.: CQ Press, 1995), table7-1, p.157.

加速する団体の増殖

ビジネス団体と比べ、全国活動を展開する公益集団の一般会員数が増加したことを、近年の合衆国の市民的傾向の唯一の重要な組織指標ととらえるべきではない。先に述べたアドボカシー・グループは、急増の結果合衆国の組織化された市民生活の様相を変えてしまったいくつもの種類の組織の一つにすぎない。図4・2が示すように、資金、アイデアを握る別の存在もまた近年盛んとなり、その多くでは、財界や大富豪が重要な役割を果たしているのも確かである。政治行動委員会（PAC）は、ビジネスや富裕層の寄付者から金を集め、役職を追い求める政治家に回したり、公開討論の行方に影響を与えたりする。民間財団は、元は富裕な創設者がくれた寄付財産を少しずつ配分し、選ばれた集団や目標《コーズ》に補助金を配る。また、シンクタンク――しばしば同じように基金の寄付を受けている――は、公共政策の問題に取り組むためにその道のプロフェッショナルを集める。PAC、シンクタンク、財団は、営利・非営利の利害間の争いではいろいろな立場をとるかもしれないが、ビジネスや特権階級の関心事は、こうした組織による実効的代表にほとんど事欠かない。さらに、PAC、シンクタンク、財団は、政策争いでの立場がどうであれ、近年急増中の他の種類のアドボカシー組織と印象的な特徴を分け合っている。大半の現代のアドボカシー・グループと同様に、PAC、シンクタンク、財団は、専門的に運営され、資金や専門的知識を頼りに、公的生活に影響を与える。どれにもパトロンや寄付人がくっついており、多くに支持基盤があるかもしれない。だが、これらの組織には、過去に影響力があった合衆国の自発的結社のような意味での個人会員はいない。

もう一つ言及しておく値打ちがある傾向は、主に全国レベルの市民世界の変貌を扱う本書のカテゴリーを広げる。全国的な変化は、それでも州、地元の発展と関連しており、そして多くの種類の非営利組織が、全米のコミュニティにおいて近年増殖している。アドボカシー組織は、ナショナルな政治や公開討論での重要な新たな担い手かもしれないが、州や一定地域ではさまざまな非営利組織が主な公的役割を果たし、同時に一般市民にサービスを届けている。ヒューマン・サービス供給者、文化協会、コミュニティの公共施設、活動の焦点を州や一定地域の公共財の産出に絞る、多くの他の専門的な組織は、その活動が団体や組織の理事の座をコミュニティ・エリートに資する場に存在する。ベリーは言う。非営利団体は、「市民社会のまさに中核に存在する」。なんとなれば「大半のアメリカ人は、コミュニティにおいて非営利組織のために無償奉仕をするか、非営利組織のサービスの受け手であるかのどちらかだからだ[48]」。誰もが口にすることだが、「合衆国には、一六〇万の非営利組織があり」、「その半数は、ヒューマン・サービスに従事しているか、保健医療を供給している」。非営利組織の総生産高は、国内総生産（GDP）の約七パーセントに相当し、一一〇〇万人ほどの人を雇用している[49]」。

非営利組織は、市場と政府の両方から自立していることをしばしば自慢するが、実際には両者、特に政府とは深く絡み合っている。非営利団体は、富裕層からの寄付金を定期的に求めるばかりか、公的プログラムを「共同生産」（ジェフリー・M・ベリー）するために、地方・州政府と緊密に協力する。政府が、「官僚」を新規に雇わずに、ますます多くのことをしようとする時代には、非営利組織が、政府が公的に金を支出するプログラムを実施するお手伝いをする。公共政策の実施に密接に関わる副産物として、非営利団体は、リサーチの専門知識や政策デザインについての助言を求める国会議員や行政官からしばしば接触を受ける。非営利団体はまた、アイデアや専門知識によって引っ張りだことなり、政策論議において団体の「顧客」ニーズを代弁する――そして、州や地元政治において非営利団体は、ロビー活動自体には公式には関わらなくとも、ホームレス、被虐待者、精神病者、貧困児童に代わって日常的に権利主張をする唯一の団体かもしれない。

このように、地元や州レベルの非営利団体は、重要な意味で全国的なアドボカシー組織と同程度に政策アドボカシー活動に関与している。事実、児童擁護基金のような全国レベルのアドボカシー組織――リーダーや専門スタッフが同組織の最も熱心な支持者の一角のようだ――は、地元や州レベルの社会事業施設の考えをしばしば表明する。地元サービスの提供の大半が、プロフェッショナルが運営する組織の領域に移ってきており、そうした組織のリーダーは、全国レベルのプロのアドボケートが、州政府を通した非営利供給者へのリソースの流れを促進する政策に対してロビー活動をすることを期待している。

アドボカシー時代のメンバーシップ集団

専門的に運営されるアドボカシー組織や非営利組織の台頭は、近年の市民生活の変化の物語のすべてではない。典型的なメンバーシップ連合体は、二〇世紀半ばまで、膨大な数のアメリカ人を会員にしてきた。それゆえ、こうした結社に何が起こったかを理解しなければならない。最近のアドボカシー・グループや非営利組織が増殖する中、個人会員基盤の結社――特に支部の大ネットワークを備える結社――は目立たなくなり、影響力を失った。それでも、検討すべき複雑な点は存在している。一部の大規模なメンバーシップ結社は、最も典型的な連合体がまさに衰えるときに大きくなった。そして、ある種のローカルかつ親密な団体が、代表制を伴うロッジ体系で統治された連合体は別として、最近数十年間に栄えたように思える。

衰退する典型的な自発的連合体

かつての大規模で自信にあふれたアメリカのメンバーシップ連合体は、一九六〇年代以後にはナショナルな政治において無視されただけではなかった。それらの大半はまた、衰退してしまったのである。表4・3に詳しいデータが示されているが、基本的な状況は簡単に約言できる。一九五〇年代に最大規模であったメンバーシップ結社の大半は、六〇年代、七〇年代に成人人口に占める会員シェアが低下し始めた。特に七〇年代半ば以後に急速に会員を失った。[50] 五〇年代の主要なメンバーシップ結社のごく一部においてのみ、会員数の対人口比率が横ばい、あるいは伸びた。YMCAは、男子の肉体的・精神的発達の奨励から家族の余暇施設の管理へと力点を移した。米国農業局連盟（AFBF）は、農場人口の減少に伴って保険プログラムを拡大した。朝鮮戦争、ベトナム戦争の退役軍人にとって、海外従軍軍人会が、八〇年代、九〇年代前半を通じて魅力的なことがわかった。だが、これらの組織は、例外的な存在であった。表4・1に列挙した結社の四分の三以上は、最近数十年の間に会員数の対人口比率を急激に低下させた――その中には、かつての対成人人口比率の四〇―七〇パーセントを失った一四もの結社が含まれている。[51]

労働組合の場合、米国労働総同盟産別会議（AFL＝CIO）への加入率だけでなく、すべての組合に関係する被雇用労働力の比率においても急落した。一九五〇年代には非農業労働力の三分の一以上が組合に組織化されていたが、何らかの組合に加入している労働者は、九〇年代までに六分の一弱を切るまでになった。[52] 友愛・市民メンバーシップ結社もまた大打撃を受けた。メーソンや東方の星といったかつての有力な結社や米国在郷軍人会、婦人クラブ総連合は、あまり集会に出席しない会員をおだてて会員数の減少に歯止めをかけようと努めている。年次レポートに登場するのは、恰幅のいい白髪の紳士淑女ばかりだ。というのは、若い層ほど、かつてほどにはこの種の団体に参加しないからである。

表4・3は、確かに事態の全貌とは言えない。というのも、いくつかの全国的なメンバーシップ結社が、近年新たに結成されたり、拡大したからだ。表2・1は、一九四〇年以降に成人人口の一パーセント以上をなんとか会員にした、新たに創設された結社を示している。全国最大の組織は、米国退職者協会（AARP）である。AARPは今や、五〇歳以上のアメリカ人の約半数にあたる三三〇〇万人の会員数を誇る巨大組織である。[53] 一九五八年に設立されたAARPは、元はと言えば退職教員の団体、保険企業であったが、一九七〇年代、八〇年代には、会員に商業ベースの割引を提供したり、高齢者に影響する連邦の法律を監視し、ロビー活動を展開する本部をワシントンに置き、急速に拡大した。AARPには、立法・政策スタッフ一六五名、登録ロビイスト二八名、また専門スタッフは一二〇〇名以上いる。[54] AARPは、最近、広い地域、地元レベルの組織基盤を拡充するよう努力し、その後は、会員の五―一〇パーセントを会員組織《メンバーシップ・チャプター》に参加させている――たとえば、イリノイ州プリンストンの支部の入り口は、大きな広告板で美しく飾られており、会員組織の存在を（伝統的な奉仕、友愛、婦人団体と並んで）誇示している。だがたいていは、AARPの全国本部――たった一つの郵便番号を持つ市街区全域に居を構える――が、膨大な個人会員をメールを通じて処理する。個別的接触は、宣伝やダイレクトメールによる勧誘を利用する全米野生生物連盟（一九三六年設立。六〇年代以後に拡大）や飲酒運転防止母の会（一九八〇年設立）といった、最近大きくなった他のメンバーシップ組織にとっての標準的な手法である。グリー

市民関連										
婦人クラブ総連合	1.5	1.2	0.8	0.5	0.3	−22.5	−33.3	−39.7	−45.8	−83.1
レクリエーション関連										
女性国際ボウリング協会	1.3	4.4	5.0	4.3	2.2	237.9	12.8	−14.6	−47.9	69.7

	合衆国成人人口に占める会員比率					10年ごとの変化				全体的変化
男女混合団体	1955	1965	1975	1985	1995	1955-65	1965-75	1975-85	1985-95	(1955-95年)
職業関連										
米国労働総同盟産別会議(AFL=CIO)	12.1	10.9	10.0	7.9	6.9	−9.2	−8.3	−21.2	−12.9	−42.9
全米農業局連盟	1.5	1.4	1.7	2.0	2.1	−1.6	22.4	14.0	8.8	49.4
友愛団体										
東方の星	2.3	2.0	1.5	1.0	0.6	−11.5	−27.0	−29.9	−38.0	−71.9
教育関連										
父母と教師の全国協議会(PTA)	9.0	10.0	5.0	3.4	3.6	11.2	−49.6	−32.8	6.3	−60.0
米国ボーイスカウト	1.3	1.6	1.2	1.0	1.1	21.8	−21.9	−23.0	17.7	−13.7
レクリエーション関連										
キリスト教青年会(YMCA)	2.1	2.8	4.3	3.3	3.5	29.6	57.1	−22.7	3.3	62.5
その他										
米国自動車協会	4.8	8.0	12.4	15.8	20.2	66.2	56.4	27.1	27.7	322.0

注)%は四捨五入して小数点ひと桁にしてあるが、10年刻みの変化は四捨五入しない元の数字を基にしている。
出典)Civic Engagement Project, Harvard University

表4・3　合衆国における大規模結社の会員変化（1959-95年）

男性団体	合衆国男子に占める会員比率					10年ごとの変化				全体的変化
	1955	1965	1975	1985	1995	1955-65	1965-75	1975-85	1985-95	(1955-95年)
友愛関連										
古代承認フリーメーソン	7.9	7.1	5.3	3.7	2.4	−10.1	−25.2	−30.1	−35.7	−69.8
イーグルス友愛会	1.5	1.0	1.1	0.9	0.8	−31.2	4.5	−14.6	−11.2	−45.5
忠節なるムース結社	1.7	1.5	1.7	1.7	1.3	−11.9	18.3	−3.6	−22.0	−21.6
エルクス慈善保護会	2.3	2.4	2.4	2.0	1.4	7.0	−1.2	−15.2	−30.0	−37.2
コロンブス騎士団	1.6	1.8	1.5	1.4	1.3	14.3	−16.8	−4.8	−8.4	−17.0
独立オッド・フェローズ結社	1.1	0.6	0.3	0.2	0.1	−44.1	−46.3	−48.7	−47.9	−92.0
神的聖堂貴族団	1.5	1.5	1.4	1.1	0.7	0.3	−6.6	−21.3	−38.9	−55.0
退役軍人										
米国在郷軍人会	5.5	4.5	4.1	3.3	3.3	−17.7	−10.1	−17.5	−2.7	−40.6
海外従軍軍人会	2.1	2.2	2.7	2.6	2.3	4.2	21.1	−4.7	−8.9	9.5
レクリエーション										
米国ボウリング協会	3.4	8.1	6.5	4.6	2.7	136.2	−19.8	−28.4	−41.5	−20.6
(%)										

女性団体	合衆国女子に占める会員比率					10年ごとの変化				全体的変化
	1955	1965	1975	1985	1995	1955-65	1965-75	1975-85	1985-95	(1955-95年)
宗教関連										
統一メソジストの婦人たち	3.4	2.8	1.8	1.4	1.0	−16.7	−34.6	−23.2	−28.4	−70.0

ンピースは、一九七一年に国際的に設立され、その米国組織であるグリーンピースUSAは、一九八八年に結成された。その戦法は、主としてダイレクトメールと戸別訪問である。

最近、合衆国の成人人口の一パーセントを超えた別の四つの組織は、こうした個人化した入会募集の方法をとっているけれども、全国会員の一部はまた地元や州レベルの組織に参加してもいる。興味深いことに、これらの団体は党派的な選挙政治に――特に保守の側に――非常に熱心でもある。なるほど、リベラルな団体も、近年巨大化したこうした集団の一角を占めてはいる。全米教員組合（NEA）は、設立（一八五七年）以来何十年にわたって公教育関係者のかなりエリート的な組織であった。だが、一九七〇年代になるとNEAは、公立学校の教師にとっての準労組的な存在になり、また全国レベルだけでなく州や地元レベルの民主党政治における熱烈な支持者になった。[55] その間にも地元を基盤としたメンバーシップ連合体は、右派陣営でより奏功してきた。その中には、全米生命の権利委員会（一九七三年設立）やキリスト教連合（一九八九年設立）が含まれる。両組織とも、福音派から会員や活動家を集め、共和党の内や周辺の政治的な活動への彼らの参加を促す。さらに、創設は一八七一年と古いが、全米ライフル協会（NRA）は一九七〇年代だけとはいえ、巨大な勢力を誇った。この時代、銃規制反対の右派活動家が、伝統的には射撃名手のクラブのネットワークであった組織を、銃規制法案に激しく反対する、保守的で、共和党寄りのアドボカシー・グループに変えたのである。[56]

全体的に、全米最大規模の個人メンバーシップ結社の一般会員は、二〇世紀後半の間に著しく変化した。図4・3、図4・4は、一九四〇年代から九〇年代までを、一九四五年を起点に一〇年間隔で巨大な結社を二〇だけ検討した結果であるが、二つの最も劇的な変化を突き止めている。[57] 図4・3からわかるように、二〇世紀半ば、最大規模の自発的メンバーシップ結社の半数から五分の三が、男女別々の組織か、男性か女性のどちらかに大きく偏したものであった。男と女は別々に楽しみや親交、コミュニティ奉仕を目的に会っていた。しかし、最大

図4・3　アメリカ最大のメンバーシップ結社の性別構成、1945-1995年

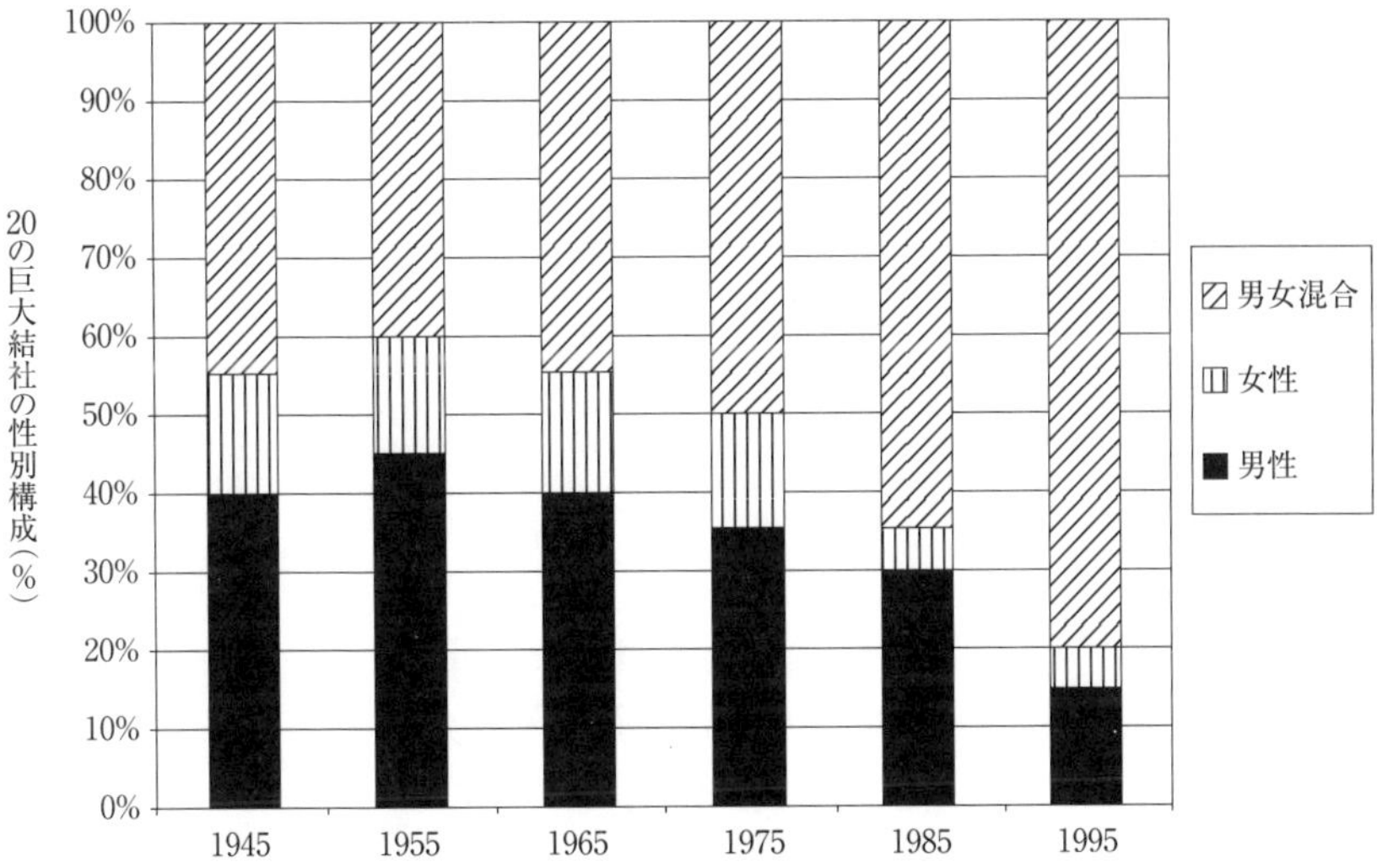

図4・4　アメリカ最大のメンバーシップ結社の第一義的使命、1945-1995年

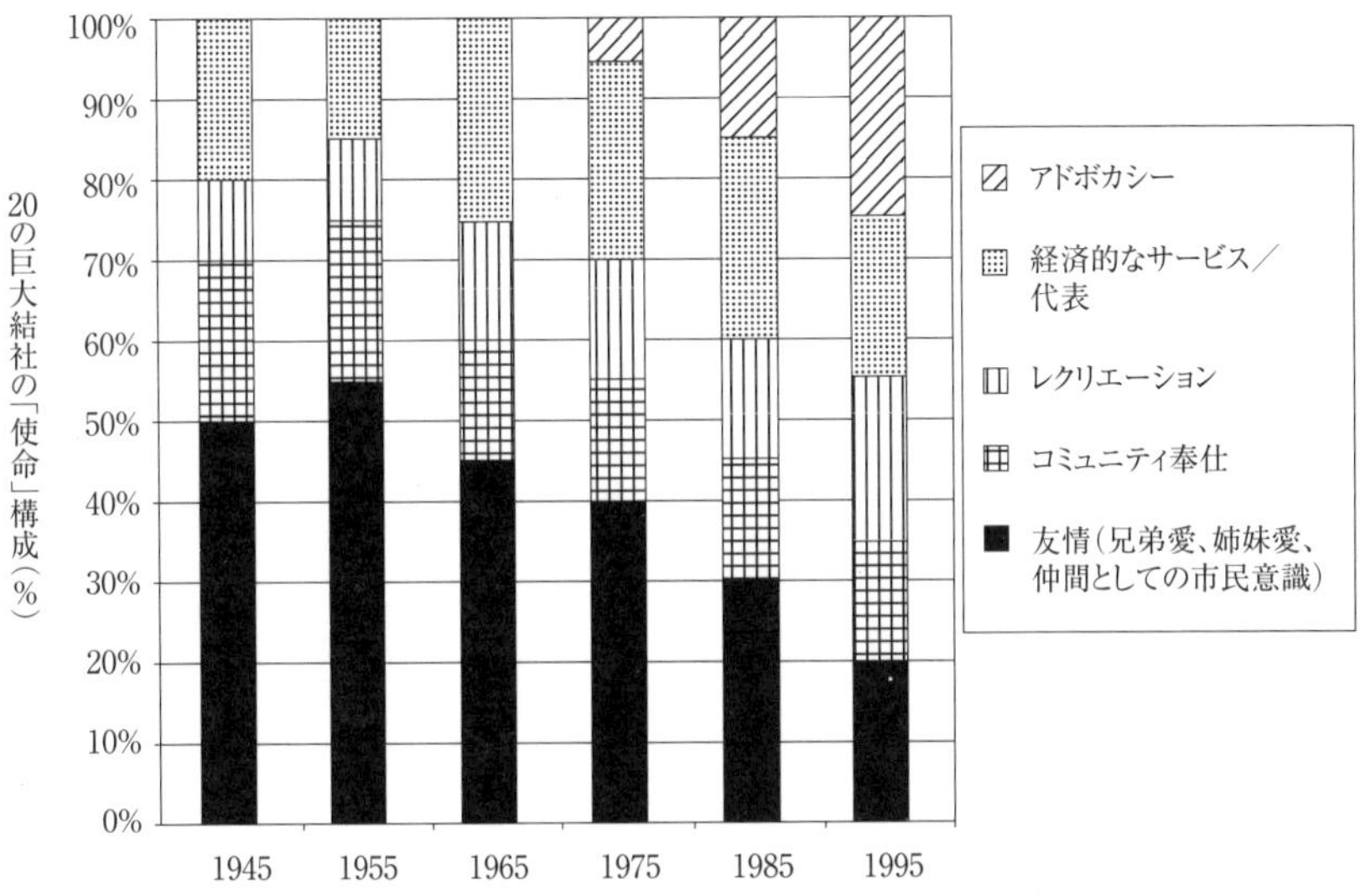

規模の結社の中で男女別々に編成されていた結社は、一九六〇年代以後になると、男女の区分けを無視した新たな組織が出現したり、一部の男性組織が女性の入会を認め出すと（たとえば、ボーイスカウト。女性も隊長になる資格あり）、確実に力を失ってきた。一九九五年までに、二〇の最大規模のメンバーシップ結社のうち一六が、完全に男女別々の組織ではなくなった。

さらに印象的なことは、巨大結社の主要目的の混合比率に変化が現れたことである（図4・4を見よ）。二〇世紀半ば、巨大な自発的結社の大半は、兄弟愛、あるいは姉妹愛を賞賛しようと努める友愛的・宗教的連合体であるか、コミュニティ奉仕に専念する市民的結社であった。余暇活動や経済に特化した組織もあるにはあったが、数は少なかった。しかしながら一九八〇年代、九〇年代までには、巨大組織の目標は、ずっと狭く手段的、もしくは娯楽志向となった――これは、今や多くの大集団が経済的便益を、あるいはワシントンDCへのネット上の代表を約束するメールによって会員集めをしているという事実に照応している。今日の巨大なメンバーシップ組織の世界は、合衆国の長い市民の歴史上かつてないほど、兄弟愛、姉妹愛、仲間としての市民意識、コミュニティ奉仕への関心が薄い。

新しい社会運動と支部基盤のメンバーシップ連合体

ある程度、最大規模のメンバーシップ連合体だけを見ていると、一九六〇年以後の時代を誤解してしまう。地元・地区支部を持つ連合体を含む、あるメンバーシップ連合体は、一九六〇年代、七〇年代のリベラルな社会運動によって元気づいたが、それらの成長は、典型的なアメリカの自発的連合体が達成した会員の絶対人数、対人口シェアでかなり下回ったところで止まってしまった。以前は小さかった二つの環境保護団体が、新環境主義の風をつかんだ。一九六〇年には約一万五千人しか会員がいなかったシエラクラブ（一八九二年設立）は、九〇年までの三〇年間で三七八の「地域グループ」で集会を開く、会員数五六万五千人の大組織となった。また、全米オーデュポン協会（一九〇五年創立）は、一九五八年には会員数三万人、支部数三三〇であったが、九〇年代には約六〇万人の会員を擁する、五百以上の支部を持つ大組織に成長した。[58] もう一つの近年成長中の団体が、全米女性組織（NOW）である。創設された一九六六年から一年で、会員は一一二二人、支部数一四となったNOWは、一九七八年までに全米五〇州に広がり、約一二万五千人の会員、七百の支部を組織するまでになった。[59] 重要なことには、これらの環境保護団体やフェミニスト組織には、明瞭な党派的な政治的傾向を認めることができる。表向きは政党が関与しないが、これらは民主党に絡むアドボカシー組織群の主要アクターである。

しかし、こうした「新しい社会運動」組織が、歴史の古いメンバーシップ連合体の組織的な広がりと一致しないことは注目すべきことだ。たとえば、婦人クラブ総連合（GFWC）が第二次世界大戦後にピークとなった一九五五年には、地元クラブの数は、一万五一六八、そこに集まる会員は八五万人以上いた――地元クラブは、全米各州とワシントンDCで代表的ネットワークを作って結束した。対照的にNOWの場合、ピーク時の一九九三年には会員数は約二八万人、支部数は八百を擁していたが、全国本部と地方支部を媒介する代表制ガバナンスという結合手を欠いていた。[60] それ以来、NOWはかなり小さくなり、支部はよりリベラルで国際色豊かな州の都市や大学町に主にあるのに対して、GFWCの何千もの支部は、二〇世紀のほぼ全期間を通じて全米各州のコミュニティ――大、中、小、とても小さな――に散らばって存在していた。他方、環境保護団体の場合には、地元か地域の支部を介して入会する者もいるにはいるが、会員募集は、戸別訪問やダイレクトメールにしばしば頼っている。現代の環境保護組織――たとえば、シエラクラブや全米オーデュポン協会――に、州、あるいは地元団体が見受けられても、典型的なメンバーシップ連合体の支部に比べると、数も少ないし、基盤も厚くない。

全米女性組織（NOW）からキリスト教連合まで、最近拡大した全国的なメンバーシップ連合体は確かに重要で、特に現代の党派的政治では重要である。しかし、こうした集団が、支配的な結社動向への反例なんてとんでもないと思うべきではない。研究者はさまざまな種類のデータを使い、二〇世紀半ば以降に合衆国で設立された結社に、しばしば個人会員はおらず、さらには全国的な支部ネットワークがほとんど発達していないことを繰り返し明らかにしてきた[61]。私は、この問題をさらに別の方法で検討した。一九六〇年代、七〇年代、八〇年代に設立された約三千の「社会福祉」「公共問題」関連組織の動向を要約した統計によれば、半数近くの団体が「会員」ゼロであり、「会員」千人以下の組織が四分の一もあった[62]。場合によっては、千人以下という数字は、そこそこの個人会員の数を示しているが、多くの公共問題、業界、専門職組織の場合がそうであるように、その構成員として他の諸団体を有する組織を暗に含んでいるかもしれない。

一九六〇年代以後に現れた全国的組織の新たな世界は、アドボカシーの爆発によって設定され直され、五〇年代の連合体中心の市民世界に比べ、それだけ多くの非ビジネス団体や全体で何千も増えた集団で飾られるだけではない。そこには、ずっと多くの小集団や、メールやメディアを通じて獲得した支持者はいるが会員数はゼロのずっと多くの組織や団体が存在している。何千人もの市民起業家は、あれかこれかの支持基盤・目標《コーズ》・活動を専門にし、個人会員ゼロのアドボカシー組織、他の組織を代表する集団、大量メーリングや寄付による入会勧誘に応じるそこそこの数の個人的信奉者を代弁する団体を結成した。同僚で共同研究者でもあるマーシャル・ガーンツの生き生きした表現を借りれば、最近結成された非常に多くの市民組織は、「胴体のない頭」である。そして、変貌した市民世界は、コミュニティや仲間としての市民意識という意味の広い表現と比べ、専門化した手段としての活動にずっとはるかに集中している。

草の根グループは増殖中なのか

幾人かの観察者は、専門的に運営される結社の爆発と全国的なメンバーシップ連合体の衰退は、アメリカにおける近年の市民的変化のすべてではないと主張している。その主張によれば、メンバーシップ団体は今なお盛んであるが、それらは全国にアーチをなす連邦化した枠組みから意識的に分離された、新タイプの親密かつ柔軟な組織体である。「国民生活の多くの分野において高度に分散した参加を測定するのは、きわめて難しいが」、「最近の傾向は、中央集権化された全国的な組織から離れて、分権化されたローカルな組織へと変化している」[63]とエヴァレット・ラッドは論じている。ラッドや他の分析者は、ロバート・パットナムの『孤独なボウリング』(*Bowling Alone*, 2000)が大きく依拠する全国的調査のレーダー画面下で展開していたかもしれない傾向を示している。パットナムは、長い期間のデータを使い、また彼を批判する者はある一時期の特定時点の興味深いスナップ写真に主に依っているが、我々は、小集団「運動」についての学術的説明を省くことはできない。おそらく現代のアメリカ人は、世論調査員が「クラブの集会に出るか」とか、「地域組織に時間を費やすか」[64]と聞いたときには思い起こせないほどささやかな、ありとあらゆる種類のグループ活動をますます行うようになっている。

子どもの学校に携わる父母のグループは、ラッドによれば恰好の例である。彼は、父母と教師の全国協議会（PTA）の支部での会員減少がアメリカにおける「社会資本」の急激な低下を示しているというパットナムの主張に対して、父母と教師の組織（PTO）での「開放的な、エネルギッシュな地元での参加」の話をする。[65]「PTA会員減少の真の理由は」、「親たちが、参加をやめてしまったことでない。むしろ、彼らが、PTA以外の集団と、ますます交流したからだ。すなわち、彼らは、同じ基本的機能を他の集団に代替させたのだ」とラッドは書いている。一九六〇年代に会員数が頂点にあった全国PTAは、九〇年代中頃までには、「全公立学校とK―12の私立学校の四分の一弱にしか支部は置けなくなった」。「何か別のことが起こっていたに違いなかった」。それが何であるかを明らかにするために、ラッドと彼の研究仲間は、コネチカット州（非常に裕福かつ都会的な州）とカンザス州（あまり豊かではなく、より田舎臭い州）で校長と教育長の標本サンプルを調査した。ラッドらは「申し分のない協力」を仰ぎ、ほぼどの学校区にも、父母の会——教室の手伝いや事務の手伝い、図書室やコンピュータ室、食堂の手伝い、フィールドトリップへの参加、募金活動の組織づくりのような人の支えとなるボランティア活動に従事——があると確信した。（明らかに、この調査方法には欠点がある。すなわち、自分の学校に活発な父母組織がある、という短い電話インタビューで校長が何を話そうとしなかったのか）。

パットナムは、独立組織のＰＴＯの会員数は、最近何十年にもわたるＰＴＡ入会者数の低下を埋め合わすことはできなかった、と主張してラッドに反論している。[66] ラッドは、連邦化していない学校支援グループがおそらく広範に普及していることを確かに実証したが、これらのグループがどのように構造化されており、誰がそうした活動を始め、実際に参加しているのか、さらにはそうしたグループがかつて支配的であったＰＴＡとは異なりなぜ増殖したのかに関してはあまり論じていない。社会学者のスーザン・クロフォードとペギー・レヴィットによれば、公立学校の人種分離廃止——全国ＰＴＡ自体の人種分離廃止——をめぐる苦しみと六〇年代、七〇年代における会員数や支部の大規模な衰退とが符合する。[67] 教員組合への幻滅や学校バウチャー制度やチャーター・スクールへの全国ＰＴＡの反対についての不満が、全国規模で連邦化したＰＴＡからの脱退の原因として指摘される、もう一つの理由である。[68] だが、多くの父母にとっては、「『街のまさにここでの自主経営』と会費全額を地元で利用するために取っておくこと、この二つが、おそらくは彼らがＰＴＡを脱退したより重要な要因だ」[69] とラッドは結論する。彼の見解では、「これはＰＴＡにとっても、ＰＴＡのロビー活動が重要だと信じている人々にとっても重要なことであった。だが、それは、市民共同体における進歩とは一切関係がない」。教育だけでなく、宗教・市民参加の他の領域でも、アメリカのボランティア主義のかつてない活発さの重要な指標として、ラッドは「小集団の膨大な増殖」を称賛する。[70]

ラッドが、アメリカ政治をやや保守的な角度から検討しているのに対して、一部の左派の学者たちは、「全国のメディアの関心が高い大集団を、……現代の社会運動の幅広い海原における単に最も人目につく岬」として表現し、地域の草の根参加が近年盛んになってきたことを、保守と同じ熱心さで主張する。[71] リベラル派のお気に入りの例には、有毒廃棄物の廃棄という脅威に対する地区環境保護キャンペーン――その数は数千と言われ、一九七〇年代、八〇年代の全国的なアドボカシー・グループの増殖をはるかにしのぐ――が含まれる。[72] この主張を支持するデータは、統括的な「情報センター」組織の市民による有害廃棄物情報センターとの「連絡」をベースにしており、きわめて不十分である。[73] だが、社会学者のボブ・エドワードのより体系的な分析は、一九八七年度版『草の根平和団体名鑑』(*Grassroots Peace Directory*)に掲載のおよそ七六五一の「平和活動」組織を検討している。[74] エドワードは、年間資金規模が三万ドル以上の平和団体の七パーセントと、それ以下の九三パーセントの標本サンプルの組織的特徴や活動範囲を検討した。彼は、専門スタッフが運営する全国規模のおよそ五、六百の「平和運動組織」は、冷戦終焉直前のレーガン政権期にピークに達したこの大規模な社会運動の単に氷山の一角であったと主張している。「小規模で、インフォーマルで、ボランティアが運営する地域グループは、明らかに運動の中核である」と彼は断言する。[75]

だが、エドワードが示す証拠をよりよく見れば、若干違った結論が読み取れる。[76] 彼が記録した全団体の約二七パーセントだけが、「主に平和のために協働する支援者団体」に、あるいは「地元レベルで活動する組織化された自立的団体」として分類される。さらに約二九パーセントは、連合体の部分を意味する「州か全国的な団体の地元組織」であった。また、一五パーセントは、「より大きな組織内に設けられた平和委員会、あるいは特別作業班」であった。エドワードが分類できた組織の残りのすべては、州、地元、全国レベルにおける団体であり、その一部は連合体に系列化されていた。確かにエドワードは、多くの種類の団体と支持基盤が入り混じった強大な影響力を持つ社会運動を描いている。だが、自発的連合体の地元、州、広い地域、全国レベルの一部を構成する集団が非常に多かった。また、あまりフォーマルに組織化されておらず、また連邦化されていない団体は、エドワードが説明するように、「より大きな（宗教的）宗派的、職業的、あるいは政治的な組織の内部に設けられた平和委員会、あるいは特別作業班」であった。「事実、運動の大半は、アメリカ社会の最も主流の宗教的、職業的な支持基盤の一部に埋め込まれていた」[77]。

たった今列挙した証拠の断片とともに読めば、社会学者ロバート・ウスノウが行った個人的な霊感と親密な社会的サポートに焦点を置く小集団の研究によって、現実に何が進行中なのかについての我々の全体像が鮮明になる[78]。一九六〇年代、七〇年代以来、アメリカ人はコミュニティを探し求め、新しいやり方で霊性を高めた、とウスノウは論じる。彼らは、分裂を克服し、現代生活のストレスと直面するために伝統的な自発的結社とは別に、新しい種類の団体を結成する。ウスノウは、一九九〇年代に成長を続けていると彼が考える諸運動を比較し、一九九一年当時成人人口の四〇パーセントが三百万を超える数の団体の常連の参加者であり、各団体には定期集会があり、会員にケアやサポートを行う人々が二五人程度いたことを見出した。性別、人種、年齢に関係なく、あらゆる地域、あらゆる規模のコミュニティに住むアメリカ人が、日曜学校のさまざまなグループ、聖書勉強会、自助グループ、多くの種類の討論グループの参加者であるのだ。人々は、「より流動的な社会的環境に順応するのに大きな強みを持つ」小集団の中に親密さや霊感、社会的サポートを見出している。ウスノウが説明しているように、小集団にとっては、「会員が毎週割きうる時間だけがほぼ唯一のリソースで、それ以外は要らない。だから、立ち上げも割と簡単だが、解散も簡単だ。……運営するのに二〇人しか要らないグループに住みつく同好の人々が群居する小地域は存在しそうだが、二百人となるとどうだろう。話は違ってこよう。それに、ちょっと別の問題に関心がある連中が現れれば、そうした人々で団体を別にちょいと作ればいいわけだ」[79]。

この文から、ウスノウが非常に入念に実証している対人的グループが独立した組織だと考えるべきではない。それらは、柔軟性と親密性を特徴とし、多様な人々の関心へと特別に作り上げられているかもしれないが、今日の小集団の大半は、制度的に埋め込まれ、それ自体よりも大きなリソース、ネットワーク、組織的に体現した意味に依存している（その意味では、典型的な地元団体と似ているが、やり方は新しい）。合衆国でこれまで繁茂してき、今も変わらず大変に活力のある、メンバーシップ基盤の制度として、宗教組織は小集団の最も重要なサポーターである――過去にカトリック教区、プロテスタント会衆、ユダヤ教のシナゴーグ付属の多数の成人男子／女子、子どもの集団がいつも存在していたように。最近数十年、牧師、司祭、ラビは、多種多様な柔軟なこうしたグループが、教会に集まる人々を引きつけ、つかんでおくのに重要な存在だと確信するようになった。「多様性こそが、我が小集団の聖職者にとっての鍵だ」と、ある長老派牧師がウスノウにいかにもという言い方で語った[80]。

小さな宗教所属集団は、福音派プロテスタントの間で非常にたやすく、よく育つかもしれない。一九六〇年代以来、伝統的なプロテスタント主流諸派は、合衆国の宗教参加というまだ活気があった世界において、信徒の割合を低下させてきた。他方、福音派教会――その多くは、連邦化した諸会派につながっていない――は栄えてきた。「巨大教会《メガ・チャーチ》」は、全米、特に南部の多くの郊外、農村部のコミュニティでは社会活動にとって不可欠な中心地である[81]。これらの巨大宗教共同体は、歴史の古いプロテスタント教会が昔やったように、進んで教会に集まる人々がより広いコミュニティ組織に参加するのを奨励しないかもしれない[82]。だが、福音派教会は規模の大小にかかわらず、会員減に脅かされている歴史の古い信徒団が参加を得ようと同様の努力をする間でさえ、あらゆる種類の会衆――既婚の両親から独身の若者まで――に魅力的な傘下の集団の豊かなネットワークをざっと作り上げる。

宗教会衆は、小集団に対して集会所、組織モデル、議論の素材、そしてもちろん共同参加への意味ある枠組みを提供する。その結果、宗教会衆とつながりのある宗教クラス、聖書研究会、その他の相互支援グループの数は、ウスノウが見積もった一九九一年当時に存在した約三百万の団体の、また入会数として彼が見積もった八二〇〇万人の半分を軽く超える数（多くの場合、人々は二つ、あるいはそれ以上の集団に属している）に相当する。[83] だが、聖職者や会衆が、小集団の唯一の制度的な支持者ではない。あるリベラル、保守の財団も、群れなす「草の根」グループに資金、アイデア、監視業務《オーバーサイト》を提供し、精神的に指導する。また、草分け的な「一二段階」回復グループの全国組織であるアルコール中毒者更正会はアルコール中毒者を更正させる地域グループを育成し、多くの他の種類の自助グループが広く模倣、適用した組織モデルを提供してきた。その結果、自助グループは、全国的な情報センターや、特定疾病との闘いに取り組む全国組織、また病院・健康維持組織によって奨励されている。[84] 教会つながりの小集団に加えて自助グループは、ウスノウが記録する小集団運動全体のもう一つの大規模なセクターであり、その数たるや、一千万もの会員とやらが参加し、その数、五〇万とも目されている。

さらにウスノウは、本や時事問題を論じたり、スポーツや趣味に熱心な同好の「特定関心」グループが七五万もあり、会員総数は三千万人にも達すると踏んでいる。[85] たぶんこれらのグループは、制度的文脈の外で自発的に結成されている可能性が非常に高い。だが、こうした分野でも、全国的な保健医療組織と健康維持向上関係の自助グループとの関係のように、それらにモデルと支援を与える上位組織が存在する。表4・2に記録されているように、「趣味および余技」および「運動およびスポーツ」に分類される団体は、一九五九年から九五年までに参加者の異常な伸びを経験した、二つの明らかにメンバーシップ基盤型の「全国」組織であった。

結局のところ、現代のアメリカ市民社会における小集団に関して、賛否両論の判断を下さざるをえないということだ。宗教グループと自助の集いは、何百万ものアメリカ人にとって不可欠のニーズに確かに応えている。P

TAの傘下組織が存在しないところでは、地元の父母グループが学校でしばしば手助けをする。また、一部の草の根「運動」グループは、平和を世論に訴えたり、あるいは特定の環境では環境への脅威と闘う。だが、今日の「小集団」のどれほどが真に草の根的な事業なのか。聖職者、校長、保健医療専門家は、しばしば率先してプロフェッショナル化した小集団を成功させようとする。また大半の団体は、正規会員を集めず、また集会場建設の運動もしないわけだから、ホスト組織から借用したリソースに依存しなければならない[86]。現代の小集団のガバナンスは、典型的なアメリカの市民的ガバナンスと著しく異なっている場合が非常に多い。典型的な自発的連合体の支部とは異なり、ホスト組織に連結した小集団の場合、代表集会への出席、集団間のネットワーク構築、あるいは州、地元、全国レベルにおける決定の責任を負う指導者の選出は普通行わない。代わりに小集団は、ホスト組織に体現したリソース、包含する意味を借り――また、そのことを当然視している――、当面の私的、対人的な目的を達成することに専心するのだ。

一変した市民世界

本章が実証してきたように、過去半世紀以上にわたって、市民的・政治的目的のためにアメリカ人が結合する仕方に途方もない変化が生じた。確かに、諸々の変化には一貫性がなかった。相反する傾向は、政治的保守派や規則的に教会に行く人々(両者は、もちろん部分的には重なっている)の間で非常に目立つ。右派の自発的連合体は、教会や台所から共和党内やその周辺の地元、州、全国レベルの政治に人々を引きずり出す[87]。また、現代の親密グループは、福音派プロテスタント会衆が増加しているときには、規則的に教会に行く人々を特に巻き込みがちである[88]。メンバーシップ中心の団体や制度が依然としてきわめて重要であるアメリカ人は、保守的な福音派だけで

図4・5　合衆国の市民生活におけるメンバーシップと支持組織

ガバナンスとリソース基盤	団体の代弁相手 エリート	コミュニティに奉仕しているエリート	公益あるいは階級横断的な支持基盤	恵まれない人々
専門的に運営（パトロンの助成金、他組織および／あるいは大量メーリング）	ビジネス組織	コミュニティの諸目的のために金を集める財団やその他の団体	公益アドボカシー・グループ（環境グループ、消費者グループ、「良き統治」グループ） 非営利機関	貧しい人々、障害者、子ども、周辺化された少数者、その他の傷つきやすいグループのためのアドボケート
選挙で選出された指導者（資金の多くは会費から）	専門職組織 大学同窓会、フラタニティ、ソロリティ	エリート奉仕クラブ（ロータリークラブ、ソロプティミストクラブ、女子青年連盟など）	大規模な友愛団体（エルクス、メーソン、ムース、イーグルス［および、それぞれの女性組織］など） 少数民族友愛団体 女性の連合体（婦人キリスト教禁酒同盟［WCTU］、婦人クラブ総連合［GFWC］、PTAなど） 宗教組織（コロンブス騎士団、婦人伝道同盟など） 退役軍人組織とその付属団体 包括的な農業団体	労働団体 人民主義的な農民組織

はない。環境保護主義者、労働組合、一部のコミュニティ組織者も同様に親密グループや地元を越える運動を架橋する革新的なやり方を発見した。社会分析では、本筋と同じだけ例外も重要であるので、アメリカにおける最近の市民世界の変貌をさらに検討する際には、例外を覚えておいた方がよいであろう。だが、例外は例外であって、法則ではない。

　図4・5は、さまざまな種類の全国的に重要な自発的結社——一つ残らずある意味で会員、あるいは支持基盤を代弁する——の類型を説明している。一部のメンバーシップ、あるいは支持基盤の結社は、エリート

の私利、すなわちビジネス・専門職従事者を意識的に代弁する。別の結社は、より広いコミュニティに奉仕することを目指すエリートを代弁している。さらに別の結社は、幅広い一般市民、階級横断的な支持基盤を代表している。そして最後の類型として、少数の集団が、恵まれない、あるいは周辺に追いやられた人々を代弁している。図4・5に並ぶ組織のタイプはまた、ガバナンスやリソース基盤の点でも違っている。ある組織は、専門的に運営され、その資源はパトロンの助成金やおそらくはコンピュータ処理の大量メーリングを含む複数の出所を組み合わせ、集められる。これとは対照的に別の結社は、選挙で選ばれた指導者が指導し、リソースの大半は定期的に徴収される会費から調達される。この図は、厳密には概念地図であるが、二〇世紀半ば以降のアメリカの全国的な市民生活の驚くべき変貌を明らかにするのに役立つ。

一九世紀から一九五〇年代、六〇年代まで、合衆国の市民生活はビジネス組織（図の左、最上段に分類）と代表制を伴うロッジ体系で組織された多くの種類のメンバーシップ結社（さまざまなタイプの集団。図、下半分に分類）の混在によって大きく影響を受けてきた。だが、一九六〇年代以後になると、専門的に運営される集団（図、上半分に表示）、特にビジネス組織以外の集団が増加した。富裕層の寄付金を施す団体、専門的に運営される市民組織、貧しい人々や弱い人々を代弁する専門家が運営するアドボカシー・グループ――これらすべてのタイプの組織が、合衆国の市民世界で存在感を増してきた。同時に、代表制を伴うロッジ体系で統治されてきた自発的連合体は、徐々に増えなくなり、会費を支払う会員数も減った。

代表制ガバナンス体系を有する全国的な自発的メンバーシップ連合体――特に一般大衆、あるいは階級横断的なメンバーシップを持つ連合体――が、全国的な公共的問題において影響力を失い、大半のアメリカ人の日常生活から徐々に姿を消す一方で、専門家が運営するアドボカシー・グループや組織が表舞台に出だした一九六〇年代以来、新しいアメリカ市民社会がこのようにはっきりした形を表した。では、なぜこのようなことが起こったのか。これが、次章で取り上げる問いである。アメリカ人の市民生活でのメンバーシップからマネージメントへの最近の巨大な変貌を推し進め、形作り一点に収斂してゆく諸勢力をよく理解して初めて、我々は、合衆国の民主主義の活力に関して進行中の議論に十全な形で再合流できるのである。

第5章

なぜ市民生活は変化したか

Why Civic Life Changed

アメリカ人の市民生活は、一世紀以上にわたり、全米に広がるメンバーシップ連合体に根差してきたが、二〇世紀後半になると、そうした結社の世界は急激に変化した。では、それはなぜなのか。市民性の衰退については多くの紙とインクが使われてきたが、議論の中心は、多くのアメリカ人がとった個人的選択に関するものであった。たとえば、以下のようなものだ。人々、特に若者は、投票やコミュニティ行事、クラブの集会に出かけるよりは家でテレビを見たり、パソコンとにらめっこなのか。第二次大戦世代の大人社会からの引退は、参加レベルを低下させてしまうほどに、その市民としての関与の仕方は半端じゃなかったのか。これら二つの疑問への答えは、ロバート・D・パットナムが想定するように、[1]「そのとおり」であるのかもしれない。だが、一九六〇年代から九〇年代の間に起こった市民の組織化に現れた急激な変化の原因を、単に漸次的な世代交代プロセスに求めることには不満が残るし、またそうした原因の求め方は、背後に作用していた制度的、社会的原因をほとんど明らかにしていないのである。

今日の市民世界の巨大な変貌はあまりにも急激で、その原因を第一義的に世代交代の漸進的プロセスに求めることはできない。また、そうした思考方法は、最も理解を必要とすることを理解しそこねる。結局、現代のアメリカ人は、単に昔の人々ほど古い結社に加入しないというだけではない。彼らはさらに、驚くほど組織化に励み、非常に新しいやり方で公共的な事柄に参加しているのである。

「社会資本」論者は、説明上、ボウリング・リーグや家族同士の夕食から、組織化や団体加入といったより公共に関係する関与形態までを一括りにして、あらゆる形態の社会的なつながりを一緒に検討している。ある説明が、いかなるタイプの社会政治的活動にもあてはまる、という点をまず疑ってかからなければならないが、それ以上に困惑するのは、この種の議論が何を焦点としているのか、その焦点の曖昧さである。公共に関係する自発的活動は、アメリカ民主主義の健全さに最も大きく関連する活動である。また、こうした活動における変化を説明するためには、社会的相互作用の変遷のスタイルに焦点を合わせるだけでは十分だとは言えない。多数の市民が政治と市民的関与について行う選択は、意味のある集団参加と公の場に関連のある強い影響力を入手できる手段《アヴェニュー》に何よりも呼応する。[2] たいていの人は、リーダーや知り合いから個人的に接触を受け、公共性への関与に直接勧誘される必要がある。人々はさらに、自らが共有の事業の「一部だと感じ」なければならない。また彼らは、そうした事業を本当に重要だと信じなければならない――そうでなければ、彼らにとっては一切がかえって迷惑な話だ。これらの事柄を一つ残らず検討しようと思えば、リーダーの変化する役割、組織の変化する社会的なアイデンティティと様式、そして権力、リソース、制度的な梃子力に注意を向けることになる。大衆の態度や親密な相互作用だけに焦点を当てても、市民社会における民主主義に関連した変化は説明できない。

アレクシス・ド・トクヴィルがずっと昔に認識していたように、民主主義の中で生活している人々は、梃子力を獲得し、共有されたアイデンティティや広く共有された価値観を表明するために、彼らが自発的に結成した結社のうちの多くを活用する。だからこそ、市民的指導者・組織者が決定的に重要となるのだ。彼らは人に先んじて行動し、トクヴィルが民主主義にとって中心的であると正鵠に考えた「結合」の芸術を定義し、活性化させる人々である。進取的な市民が立ち上げ、奨励する種類の結社、彼らが明瞭に表現する共有された価値観やアイデンティティ、市民的指導者が公的な発言権や政治的梃子力を獲得し、発揮するために使う戦術――これらすべては、たいていの市民にとって利用可能な参加形態の選択肢のメニューに強く影響を及ぼす。繁栄している民主主義においては、指導者は、常に多くの仲間・市民に、重要な努力にともに参加しようと誘う。市民は、もちろんそれに応えなければならない。そうでなければ、リーダーシップの主導力は衰えてしまう。だが、指導者が出現し、参加の共有が最も民主的な方法で提供されることはあらかじめ予定されてはいない。歴史を見れば、エリートは、たいていの人々の頭越しにしばしば仲間内で協力したり、競争したりしてきた。特別な状況でのみ、エリートは民主的なリーダーシップ――とりわけ、人々の動員、組織化を含んだ種類の民主的リーダーシップ――に取り組むのだ。

民主的動員は、自称指導者が、彼ら以外の人々を運動、結社、政治闘争に巻き込んで初めて権力・影響力を手に入れるとき、あたり前のことになる。民主的動員がきちんと起こるには、エリートにエリート以外の人々を組織化するインセンティブがなければならない。こうしたインセンティブは、合衆国のより初期――政党政治家が公職を獲得するには、接戦の選挙戦で、しかも高い投票率の選挙に勝つほかなかった時代や、結社設立者が全国的な影響力を獲得できるのは、全米に広がる会費納入会員の支部が広がるネットワークを通してのみ可能であった時代――には、確かにうまくいっていた。エリートにとって民主的な組織化・動員を行うという昔のようなインセンティブは、今日では欠けているのかもしれない。

この視点を使って本章は、組織化されたアメリカの市民生活と市民的リーダーシップの戦略における現代の変化の原因と結果を検討する。諸々の傾向と諸々の出来事が合流して、メンバーシップの動員から市民的組織化のマネージメント的な形態への変化が引き起こされた。一九六〇年以後、人種的な理想やジェンダー関係における著しい変化が、歴史の古いメンバーシップ結社の威信を失墜させ、男女を問わずリーダーを新しい方向へと押し出した。新しい政治的機会と挑戦によって、リソースと市民活動家は、中央で管理されるロビー活動の方向へと引き寄せられた。財政支援の革新的なテクノロジー・財源によって、結社創設の新しい会員ゼロ・モデルが定着可能となった。そしてついには、アメリカの階級構造やエリート・キャリアが変化することで、専門家が運営する市民的組織化にとって広い支持基盤が作り出された。多くのアメリカ人は今や、個人で自由に処分できる並はずれた市民的リソースを持つかなりの特権的な、高度に個人主義的な実業家か専門職従事者である。最も特権的なアメリカ人は今や、市民の多数派に頻繁には関わらずに、おおむね彼らの間で組織化したり、競い合えるのだ。

社会的慣習からの解放と市民世界の変貌

最近まで、大半のアメリカのメンバーシップ結社には、ホワイトカラー、農民、職人、あるいは工業労働者とともに実業家、専門職従事者も入っていた。ある程度の階級横断的な友情が――たいていの場合、人種的な排除とジェンダーによる分離を伴っていたが――見られた。だが他方では、一九六〇年代、七〇年代には、昔ながらの社会的な壁に穴が開き出し、既成の結社の実践は根っ子から動揺せざるをえなかった。

破られた古い排除

典型的なアメリカのメンバーシップ連合体は、一般的に男女の区別をはっきりさせ、両方が一緒に入会するようなことはなかった[3]。確かに、男性結社の婦人部、あるいは配偶者会――レベッカの娘たち、ピシアスの姉妹、VFW婦人会、東方の星、列車乗務員労働組合婦人会――は、大半の友愛団体、退役軍人団体や労働組合結社と並んで活動した。配偶者会が驚くほど強く自己主張することだってあった。たとえば、アメリカの忠実なる隣人たちは、近代ウッドメン協会の男性会員が入会できたとしても、全役職は女性が占めるべきであると主張した。

だが、それでも配偶者会は、現代のフェミニズム的観点からすれば、いまだ突っ込みが足りなかった。というのは、重視されたのは配偶者としての役割にとどまり、たいていの場合、マスター兄弟団の妻、娘、未亡人、姉妹だけが入会できたからである。[4] 婦人キリスト教禁酒同盟やPTAのような独立した婦人連合体には、女性はより幅広く入会できた。だが、それらでさえも、フェミニストの多くにとっては束縛的だと感じるやり方で、伝統的な性別役割・責任を強調するものであった。

人種差別は、一九六〇年代以前の市民的なアメリカにおいて性差別以上に当然視されていた。オッド・フェローズやピシアス騎士団のような巨大なアメリカのメンバーシップ連合体は、昔は大概の民族的・宗教的分裂を架橋していた――たとえば、ユダヤ系アメリカ人を受け入れ、少数民族のロッジはさまざまな欧州語を使って彼らの儀式や商売を可能とした。だが、黒人の入会に対する白人の反対は、ほぼすきまのない状態が続いた。人種差別は、全国的な退役軍人連合体よりも、他の成人男子のメンバーシップ連合体でひどかった。[5] つい第二次世界大戦後の時代まで、友愛生活での白人人種主義は露骨なものであった。ほとんどの組織の憲章は、たとえば、一九五〇年代の新入会員研修冊子『エルクス会員であるとはどういうことか』(*What It Means to Be an Elk*)の次のような言葉を繰り返し弄した。「エルクス結社の会員は、神の存在を信じ、[そして]結社の目的および目標に同意する。……会員は、合衆国の白人の成人男子市民だけとする」。[6] 伝統的な白人組織エルクスが、「慈善、正義、兄弟愛、忠誠」を口にはしていたが、黒人に関係する場合には、意味はなかった。[7] 黒人は、黒人だけの友愛連合を作ったが、白人友愛組織による排除を恨んでいたのは紛れもない事実である。

典型的なアメリカ市民社会では人種隔離と性別分業が広がっており、既存の自発的結社が動揺し出したのは、一九五〇年代半ば以降である。公民権革命やその後次々と起こるさらなる権利主張運動は、アメリカの社会と文化を中心部まで揺るがせた。第4章で知ったように、五〇年代に栄えたメンバーシップ連合体の大半はその後衰えた。一部の結社は、六〇年代に会員と力を失い、残りのほとんどが一九七〇年代半ばから衰退へと向かった。付随現象としてではなく、会員数の減少は、人種やジェンダーの新たな理想がアメリカの公共生活に定着し、女性が職場へと進出するにつれてスピードアップした。女性の労働市場への参入は、男性結社に影響を与えた。というのも、結局、婦人補助会のご婦人たちは、多くの場合、男性結社での夕食の準備（と後片づけ）をまかされた女性だったからである。その上、もちろんのこと、女性に対する新しい役割は、伝統的な婦人結社の目標と活動にさらに大きな影響を与えた。

たとえば、ずっと以前からの重要な女性優位の連合体、父母と教師の全国協議会（ＰＴＡ）は、一九六〇年代初め以降、人種差別を撤廃し、労働・家族生活の変化する条件に対応しようと苦闘した。[8] かつて、黒人と白人は別々とはいえ類似のＰＴＡ連合に組織されてきた。しかし、一九七〇年に全国的な白人のＰＴＡ指導部が、人種統合措置を拒否してきた南部白人の連合組織の抵抗を押し切り、人種統合を義務づけた。七〇年代から起こる痛みを伴った変化は、これだけにとどまらなかった。長年にわたって専業主婦の直接活動主義に依拠してきた、地元の、また地元を越えたＰＴＡ組織は、共働き家族、片親家族が増加する社会に適応しなければならなかった。我々の時代のＰＴＡは、新しい人種的な理想や家族の諸条件にかなりうまく適応してきたが、そのプロセスで会員や地元単位を失ってもきた。また、長い間続いてきた地方支部の活動は、しばしば挫折してきた。

合衆国の他のメンバーシップ連合体もまた、新しい社会的理想に適応しようともがいてきた。結社は、露骨な人種差別の壁を取り除き、新たな公共奉仕プログラムに着手した。こうした措置によって、一部の団体は会員数の減少を最小限に食い止めた――たとえば、ＹＭＣＡなどは、成人男子や少年のキリスト教に基づいた精神的・肉体的発達から家族全員のためのコミュニティ余暇活動に重点を移した。だが、多くの連合体は権威を失い、会員数の減少に一向に歯止めがかからなかった。かつて社会的分離を実施していた結社は、一九七〇年代とその後

——社会的寛容と人種やジェンダーを越えた統合に希望が持てた時代——に成人した若い世代へのアピールをあけすけに言えば失ってしまった。一九九七年のある調査は、多様な特性を持つ団体への加入率を聞いている。それによると、少なくとも五八パーセントの人が、「男女別々」の団体に加入することは「ほとんどありえない」（単に「どちらかというとありえない」ではない）と答え、九〇パーセントの人が、「人種差別の歴史」を持つ団体に加入することはほとんどありえない、と答えた。[9] 今日、アメリカ人は男女を問わず、古い世代とは事実比較にならないほど男女が混在した組織に参加するようである。ジェンダーの統合に比べれば人種統合は、いまひとつである。実際には、多くの小集団や全国的なアドボカシー・グループは、大半の教会の会衆とちょうど同じように、依然としておおむね人種的に同質である。だが、世間体を気にする団体は、人種的包摂を理想として支持している——現代のアメリカ人が、人種差別の遺物を引きずった「団体名」を嫌がる理由がわかろうというものだ。

愛国的な兄弟愛の衰退

分離された集団が、潜在的な会員の獲得にアピールしなくなるにつれて、変化する性別役割もまた、結社のリーダーシップへの古くからのルートを遮断した。かつては、雇用労働力外の元兵士や高学歴の女性が、自発的メンバーシップ連合体にとっての大黒柱であった。何十年以上もの間、男女のこれら二つのカテゴリーが、階級の区分線や場所を越えてアメリカ人に訴えかける——また、彼らを動員できる——指導者を生み出した。だが、二〇世紀後半、男か女かといった市民的リーダーシップのこうした伝統的な源泉は立ち枯れてしまった。

典型的な結社の複雑な状況は、男の場合、退役軍人が重要な指導者を務めた——それも、海外従軍軍人会や米国在郷軍人会といった言わずもがなの団体においてだけではなかった。退役軍人は、つい一九五〇年代には合衆国の巨大メンバーシップ結社のほぼ三分の一にあたる友愛組織の主要かつ非常に敬意を払われた参加者であった。

愛国主義、兄弟愛、犠牲は、すべての友愛組織が讃えた価値であり、また兵役は、これらの美徳を獲得し、表現する最も確実な方法だと褒めちぎられた。主な戦争の最中と戦後には、メーソン、ピシアス騎士団、エルクス結社、コロンブス騎士団、ムース、イーグルス、その他の多数の友愛組織が、所属する兵士会員の戦争への貢献を祝福し、記念した。男性友愛会の婦人部も同じように振る舞った。男性の奉仕クラブや鉄道員の労働組合、グレンジは言うまでもないことであった。結社の集会ホールには、軍経験がある会員を叙勲する旗がひらめいた。国家の戦争努力を支持する運動に邁進した結社の民間指導者も、同じように模倣すべき人物として引き合いに出された。

だが、兵役の「男らしい」理想は、一九六〇年代初めには色あせた——そして一九九〇年代初頭の湾岸戦争や〈9・11〉に続く軍事行動が生み出した軍への国家的崇敬の再興中にも実のところ復活しなかった。近年の軍事介入が、職業軍人や州兵予備兵によって行われ、戦時下の全国的規模の徴兵に従うものとされる大量の市民によってではなかったように、アメリカの軍隊は依然としてかなり小規模であった。ここ数十年の間に成人した男性コホート（同一生年集団）は、その前のコホートを構成する年齢集団と比べて兵役経験が圧倒的に少ない。一九二〇年代、三〇年代前半に生まれたアメリカ人男性の三分の二、あるいはそれ以上が兵役経験があった。だが、こうした経験者の比率は、その後急速に低下し、五〇年半ば以降生まれのコホートの場合、その比率はわずか五分の一、あるいはそれ以下となった[10]。また、兵役だけが唯一の問題ではなかった。というのも、論議を呼び起こし、失敗に帰したベトナム戦争におけるアメリカの苦い経験が、男たちの戦友愛への一体意識の、世代を越えての連続性を粉砕してしまった。

合衆国の歴史の大半を通して、戦争に行かなかった息子たちでさえ、父親や祖父らの軍隊経験を理想化した。勝利を収めた戦争への実際の動員でときどき中断されたが、武勇、犠牲、同士愛という世代間で共有された理想が、合衆国が階級分裂的な工業国家となっても、友愛団体、退役軍人団体を持続させるのに役立った。独立革命から南北戦争、二〇世紀の世界大戦を通じて、退役軍人結社は実際に戦った人々「の息子たち」のために結合した結社を大量に生み出した。同様に、一九世紀後半から二〇世紀前半の友愛結社は、「行進用隊列」であることを誇りにした。その中で、実際の退役軍人ばかりか若者たちも、米陸軍が行ったのとほぼ同じ形で教練を受け、演習のために軍服を着、盛装できた。戦争は、階級を越えた兄弟愛を典型的に示し、息子は父親に従うものと考えられた。「忠節なムース結社は、積極果敢に愛国的な組織である」と一九四四年度版冊子『ムースの真実』は宣言した。そこには、さらに次のようにも書かれていた。「息子の入会式をこの目で見たいと思う父親――長年の会員――の願いは、常に……結社の会員数を安定させ、徐々に増加させる上で強く影響する……要因であった[11]」。

だが、七〇年代までに数を増やしつつある友愛的な父親は、息子の入会式を経験しなかった。六〇年代、七〇年代の出来事を詳述する標準的な友愛史には、「アメリカニズム」を称揚し、市民的騒動に強く反対し、ベトナムでの国挙げての軍事努力に支持を表明する式典を開催するロッジの熟年の兄弟たちが載っている[12]。同時に、兵役は、多くの若者にとってその気迫を失わせ、そして彼らと年老いた第二次大戦世代との間で文化的なギャップが開いた。

ベトナムの経験が、多くのアメリカの若者を幻滅させたように、他の二〇世紀後半の事態の展開もまた、伝統的なナショナリズムを弱めた。冷戦の終焉とともに、平和的・国際的な考え方や活動が、多くの階層のアメリカ人にとって、まともで望ましく思え出した。さらに、六〇年代半ば以降、合衆国は、ヨーロッパだけではなく中南米やアジアをはじめ、世界中からの移民の増加を認めた。少なくとも、二〇〇一年の〈9・11〉テロ攻撃を機に引き起こされた不安による志向の揺り戻しが生じるまでは、国際主義的な世界市民主義と国内の多文化主義が上昇機運にあり、国民の連帯や愛国主義について話すことはぎこちないことだった。特に高学歴のエリート層の間ではそうであった。だが、これは、アメリカの長い市民的遺産からの大きな変化であった。第2章、第3章で知ったように、国家主義的な愛国主義は、多くの典型的な自発的連合体の儀式、目標、活動にとって中心的なものであった。二〇世紀後半の間に、そうした愛国主義は衰退した。その結果、階級横断的な結社の繁盛――特に成人男子の間で――を可能とした道徳的接着剤の大半が溶けてしまったのだ。

長年に及ぶ友愛的・愛国的な伝統との断交が、特権的で高学歴の若い人々の間でまず最初に、しかも最も明瞭に起こった。この主張を裏付けるデータの一部が、一九七四年から九四年にかけて、アメリカ人の全国標本に対して特定タイプの自発的結社への所属を聞いた一般社会調査（GSS）である。GSS調査が取り上げた団体のタイプの多くは、曖昧ではあるが、「友愛」「退役軍人」といったカテゴリーが、アメリカの市民社会の伝統的に中心に存在した階級横断的な結社であったことを明らかに表している。

図5・1および図5・2が示しているように、七〇年代半ばから九〇年代半ばにかけて、友愛団体、退役軍人団体は、学歴の最高位集団と最低位集団で違った軌跡を描いた。教育水準は、後からくる若者コホートほど上昇したので、高卒集団は人数も減り、威信も劣る人口集団となった。この種のますます周辺化した人々が、伝統的に影響力があった友愛団体、退役軍人団体からまず撤退するものと想定された。だが実際は、大学経験のない彼らの団体加入水準はほぼ横ばいで推移し、これに対して大卒、あるいは大学院卒が、伝統的に重要な友愛団体、退役軍人団体を辞めたか、あるいは入ろうとしなかった[13]。数十年前からの比較可能な調査があれば完璧なのだが、限られたこれらの集合データからでも、驚くべき全体像が浮かび上がってくる。合衆国の近代史上、戦争の後に友愛団体、退役軍人団体登録が増えた――特権的なアメリカ人が先頭を切って大いに増えた。だが、ベトナム戦争後に起こったことは、何か非常に異なるものであった。

別の種類のデータは、アメリカのエリートが一九六〇年代後半以降、伝統的な兄弟愛結社から距離を置き、しかもそれがかなり突然起こったという仮説を支持している。図5・3は、マサチューセッツ州上院議員四〇人

図5・1　アメリカの友愛団体におけるメンバーシップ

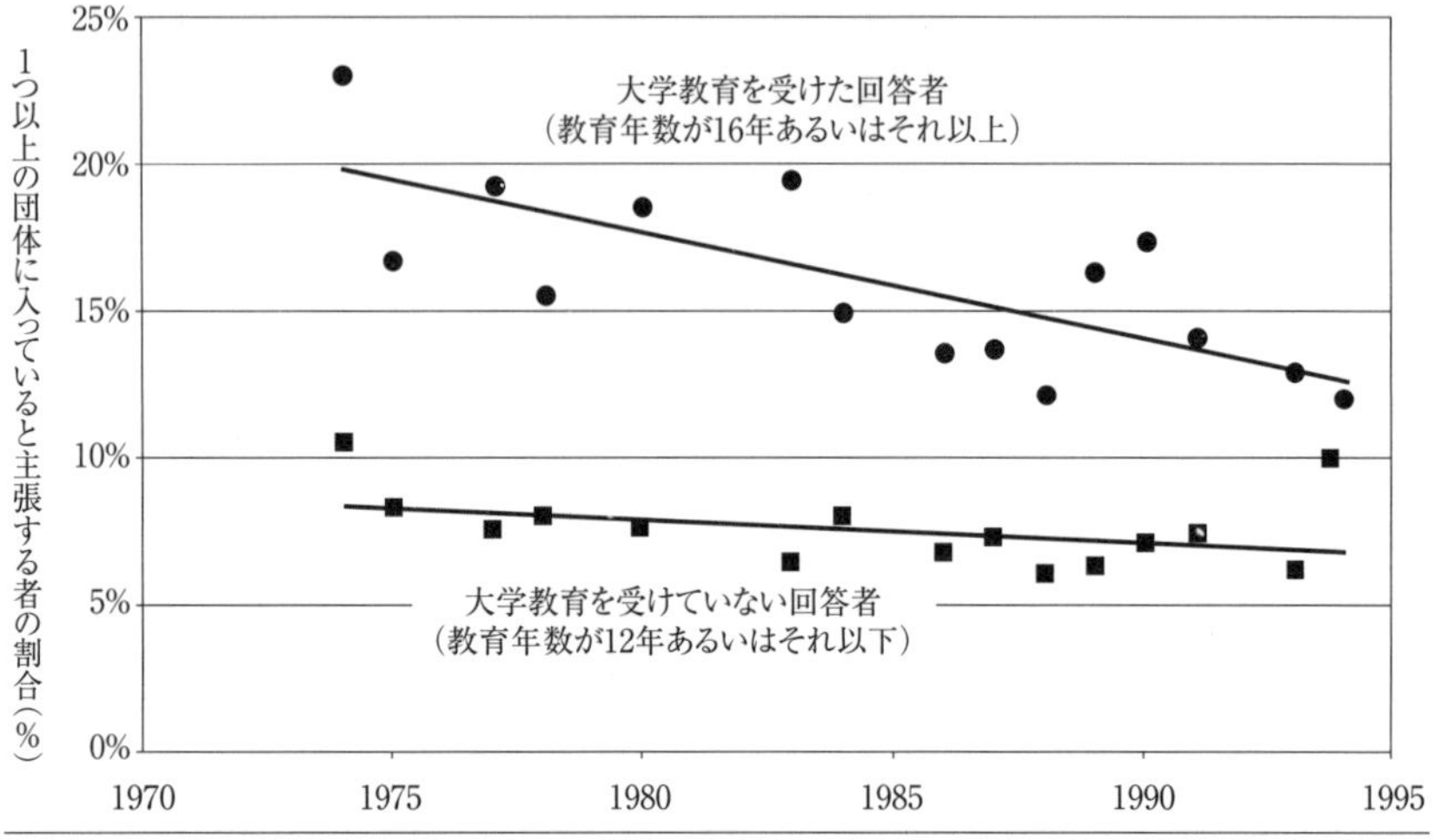

出典）General Social Survey, 1974-94

図5・2　アメリカの退役軍人団体におけるメンバーシップ

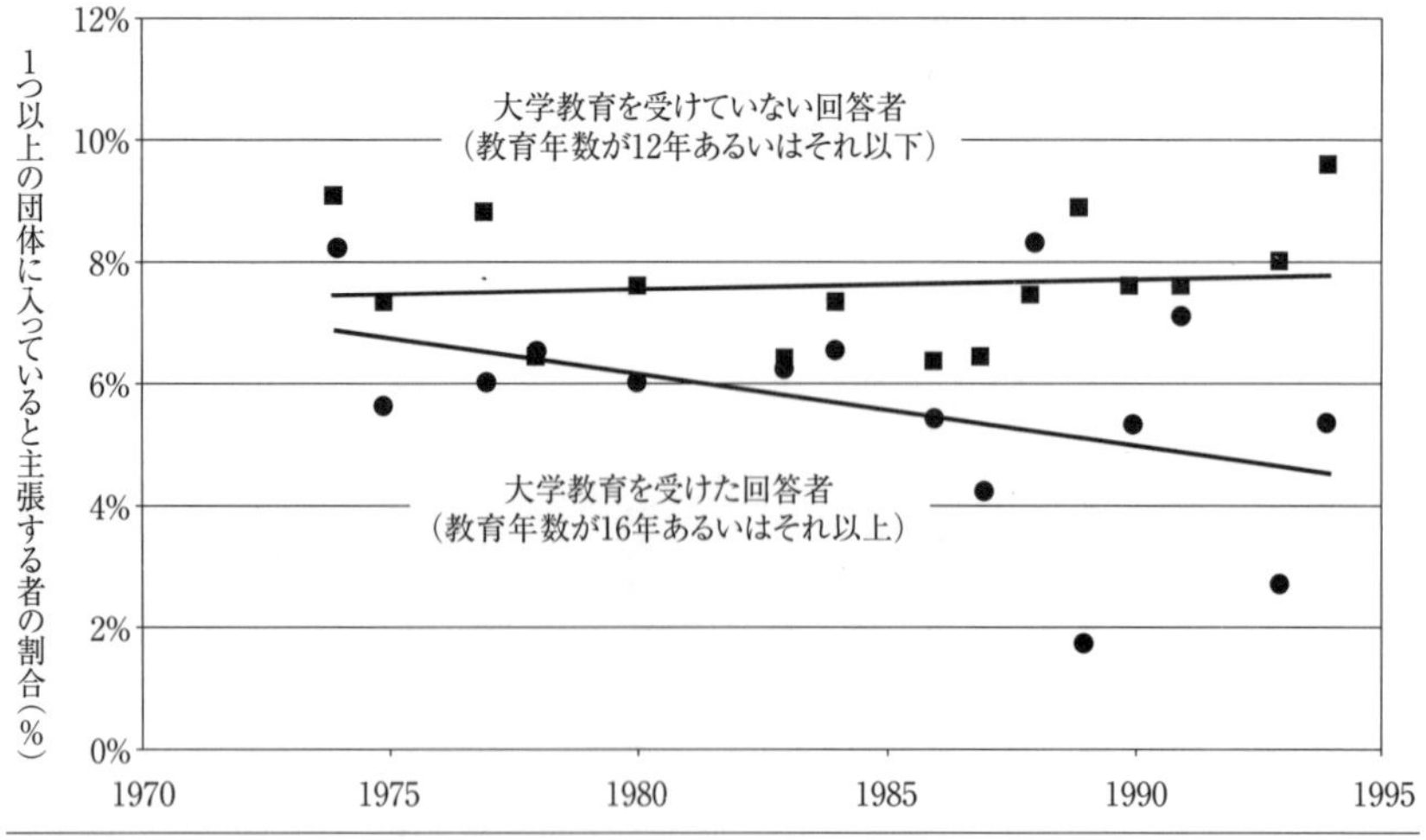

出典）General Social Survey, 1974-94

図5・3　マサチューセッツ州上院議員の友愛団体、退役軍人団体への所属、1920-2000年

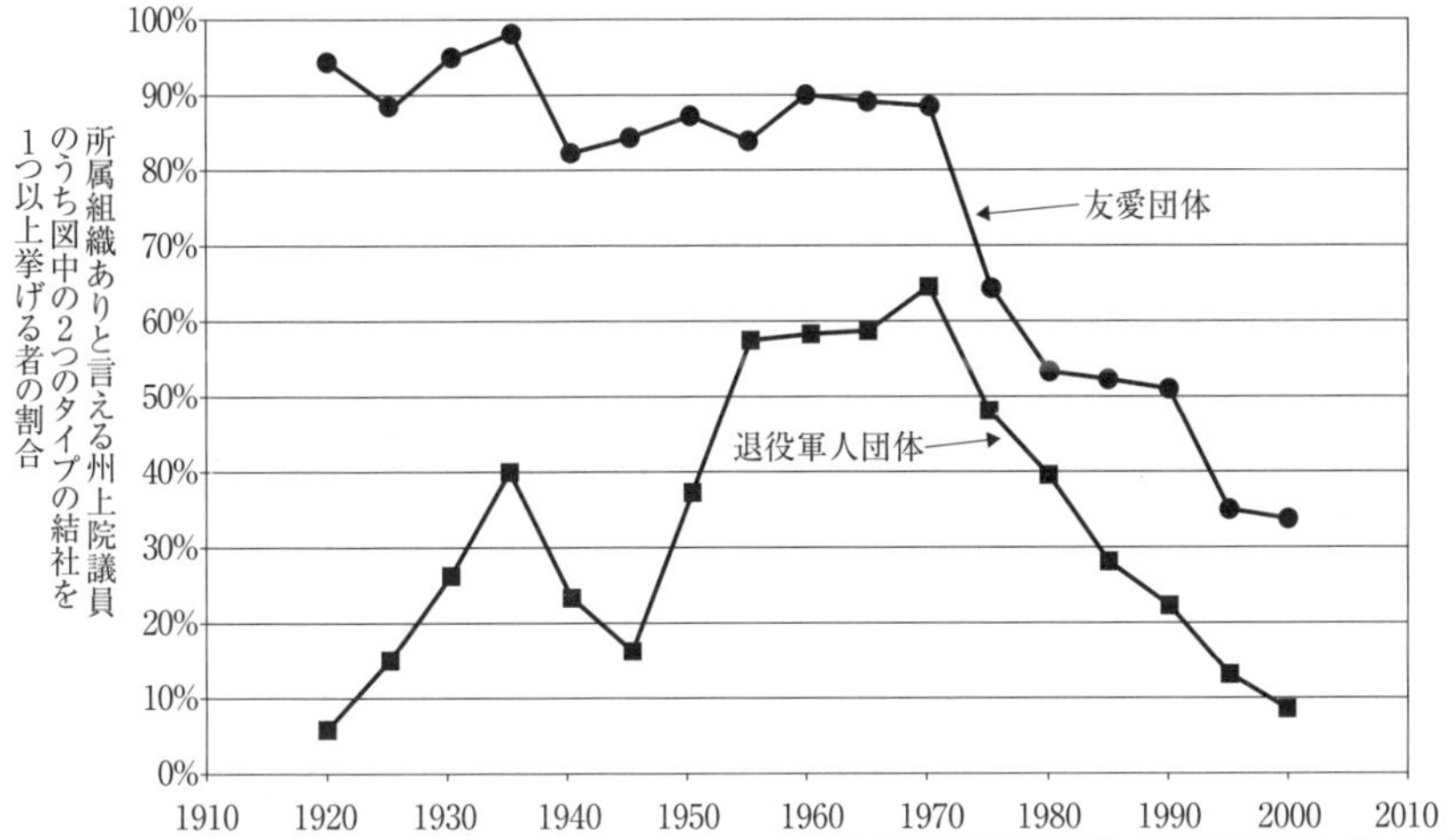

出典）*Public Officials of Massachusetts*, 1920-2000.

一三組——彼らの大半は、大学・大学院卒で、四〇代、五〇代は、実業家や専門職従事者であった——の友愛団体、退役軍人団体への所属を、一九二〇年から二〇〇〇年まで、五年間隔で調べた結果を示している。マサチューセッツ州は毎年、州政府要職者の顔写真と所属結社を含む具体的な経歴情報（一九二〇年以降の書式は同じ）を載せた小冊子を発行している。[14] この小冊子は、定義を同じくするエリート集団の伝記や彼らの市民生活を驚くほど詳細に記述している得難い情報源である。

図5・3が実証しているように、何十年もの間、友愛結社はマサチューセッツ州上院議員（時たま女性議員も含む）が挙げる自発的団体加入の一般的な種別として群を抜いた存在であった。退役軍人団体への参加率は、合衆国の特定の戦争に従軍した男性コホートの加齢に合わせて上下してきた。だが、ベトナム戦争直後の時代には、退役軍人結社への加入にいつもの増加は観察できない。それどころか、退役軍人結社に一つ以上入っていると言う上院議員の比率は、二〇〇〇年

には一〇パーセント以下へと急落した。さらに驚くべきことに、一九六五―七〇年期以後、上院議員の友愛結社への長年の絆は、急速に弱まった。一九二〇年から六五年までは、上院議員の四分の三以上が、一貫して一つ以上の友愛団体の会員であった。だが、マサチューセッツ州上院議員が友愛団体の会員である割合は、七〇年代に急落し、九〇年代前半にはさらに低下した。その結果、二〇〇〇年までには、友愛団体への加入率は上院議員の間でも下がり、所属数は一つだとしか言えない議員の場合でさえも三〇パーセントを切ってしまった[15]。

過去には、マサチューセッツ州上院議員は、アメリカ人成人の一パーセント以上を会員とするいくつかのよく似た階級横断的な巨大な自発的連合体の会員であったので、私は、男性の州上院議員と州民全体との間の結社会員の低下率を比較できた。私は、マサチューセッツ州上院議員が非常に頻繁に挙げる、階級横断的な巨大な四つの連合体に焦点をあてて分析した。彼らは、昔ほどエルクス、コロンブス騎士団、海外従軍軍人会、米国在郷軍人会に加入しなくなったが、そうした傾向は一般州民のトレンドを単に映し出したものであったのか。あるいは、上院議員のポスト六〇年代コホートが、市民的美徳におけるニュー・ファッション――これらの公の場でよく目にするエリートたちの間にまったく突然に定着した――に反応してのことなのか。

図5・4〜図5・7は、後者の仮説がより妥当なことを示唆している。一九七〇年代から始まった現象であるが、マサチューセッツ州上院議員は、突如としてVFW婦人会、エルクス、米国在郷軍人会への絆を示さなくなり、これら大規模結社への所属減少の割合は、一般州民（男性）よりも急激であった。コロンブス騎士団の場合、そうした傾向は七〇年代は両団体の間にほとんど差が認められなかったが、それ以降になると騎士団の会員だと言う上院議員の数はきわめて少なくなった。図5・8が示唆するように、マサチューセッツ州上院議員は、一般大衆の、あるいは階級横断的なあらゆる種類の自発的集団への所属を表明するのではなく、文化的、あるいは社会的サービス施設、基金、委員会、アドボカシー組織のような専門的に運営される団体の理事、あるいは別種の所

図5・4　海外従軍軍人会におけるマサチューセッツ州の一般市民と州上院議員

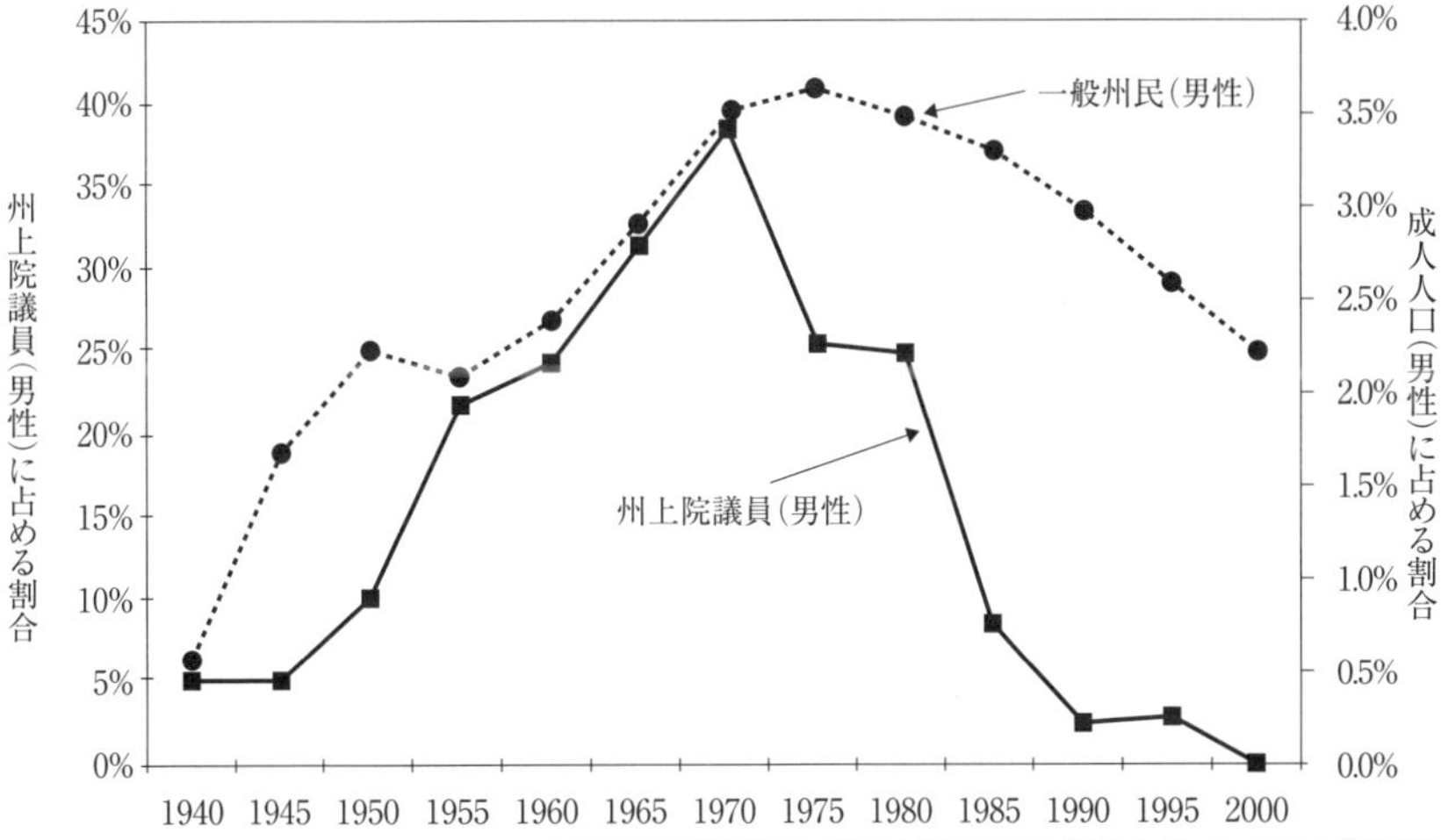

出典)*Public Officials of Massachusetts*, 1940-2000; Civic Engagement Project のデータ

図5・5　エルクス慈善保護会におけるマサチューセッツ州の一般市民と州上院議員

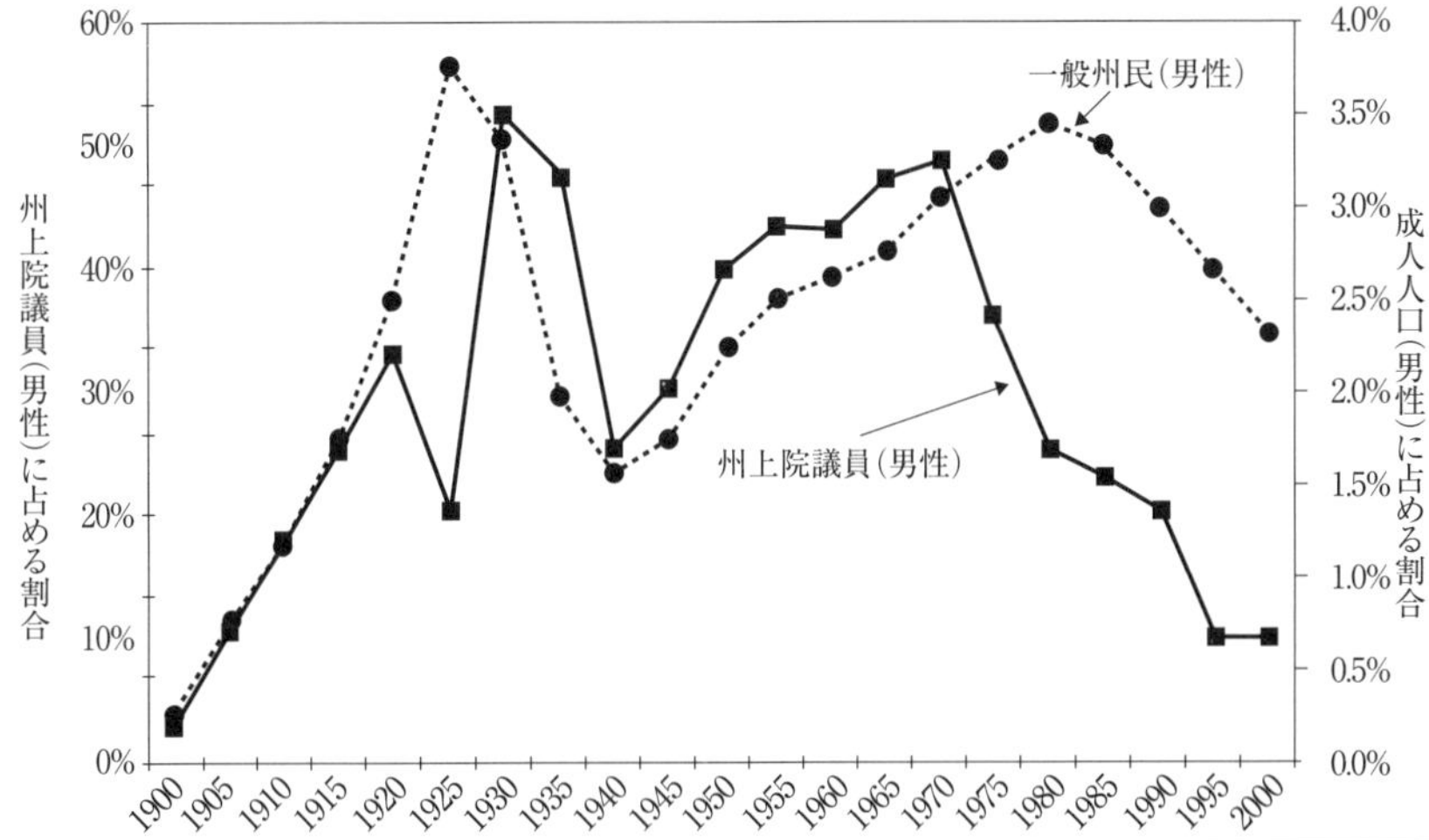

出典)*Public Officials of Massachusetts*, 1940-2000; Civic Engagement Project のデータ

図5・6　米国在郷軍人会におけるマサチューセッツ州の一般市民と州上院議員

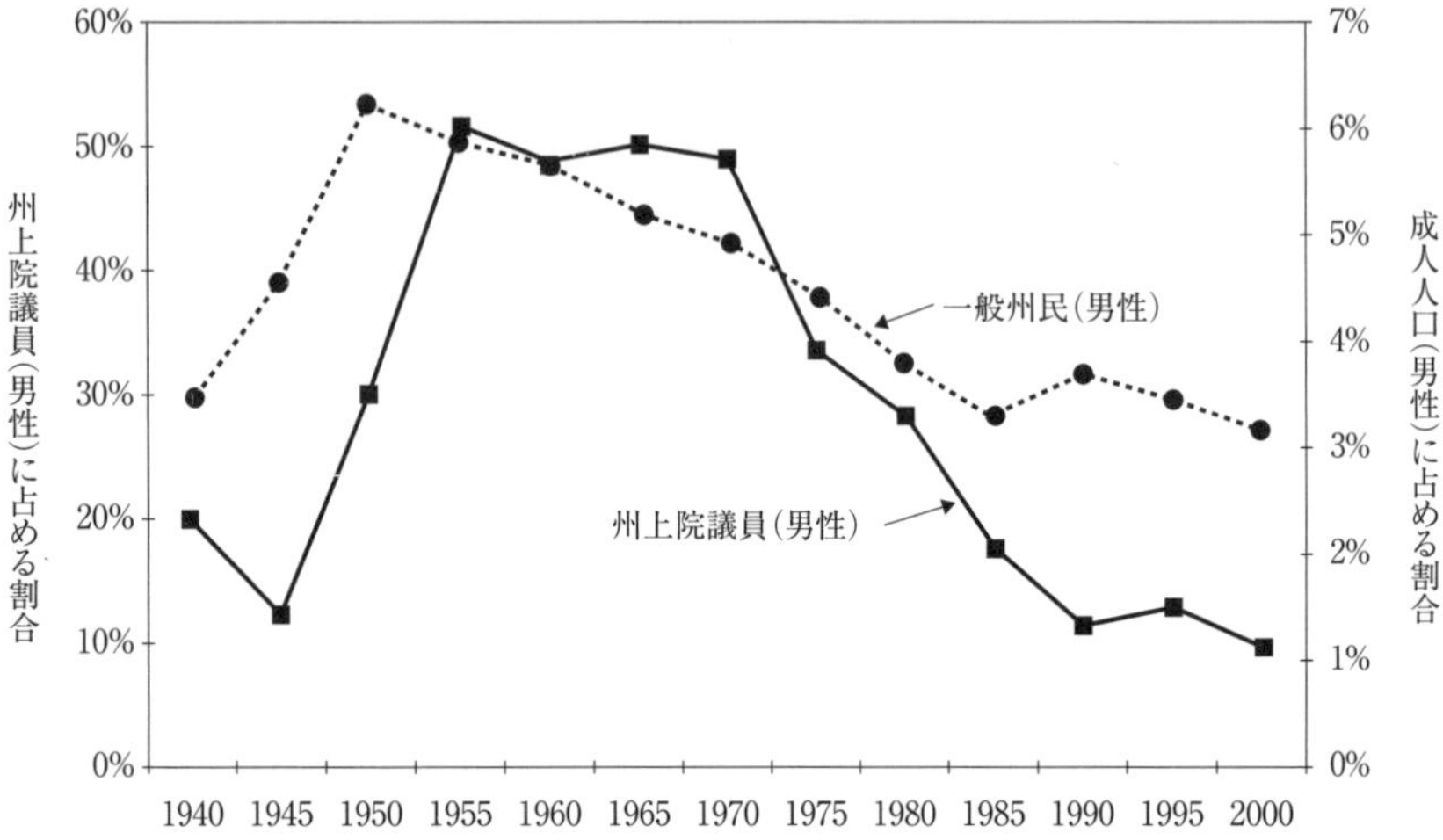

出典）*Public Officials of Massachusetts*, 1940-2000; Civic Engagement Project のデータ

図5・7　コロンブス騎士団におけるマサチューセッツ州の一般市民と州上院議員

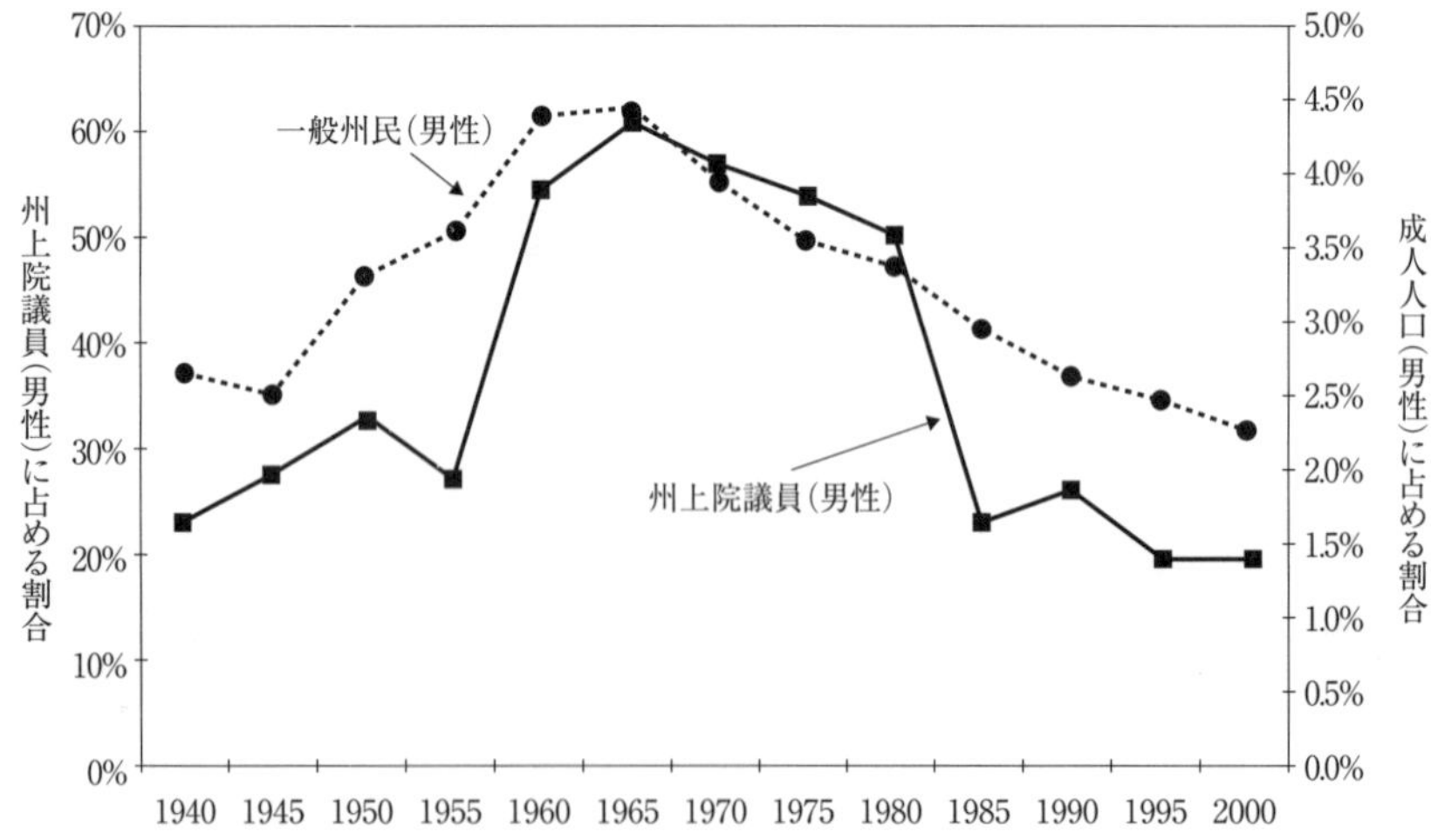

出典）*Public Officials of Massachusetts*, 1940-2000; Civic Engagement Project のデータ

図5・8　マサチューセッツ州上院議員の市民的組織への所属、1940-2000年

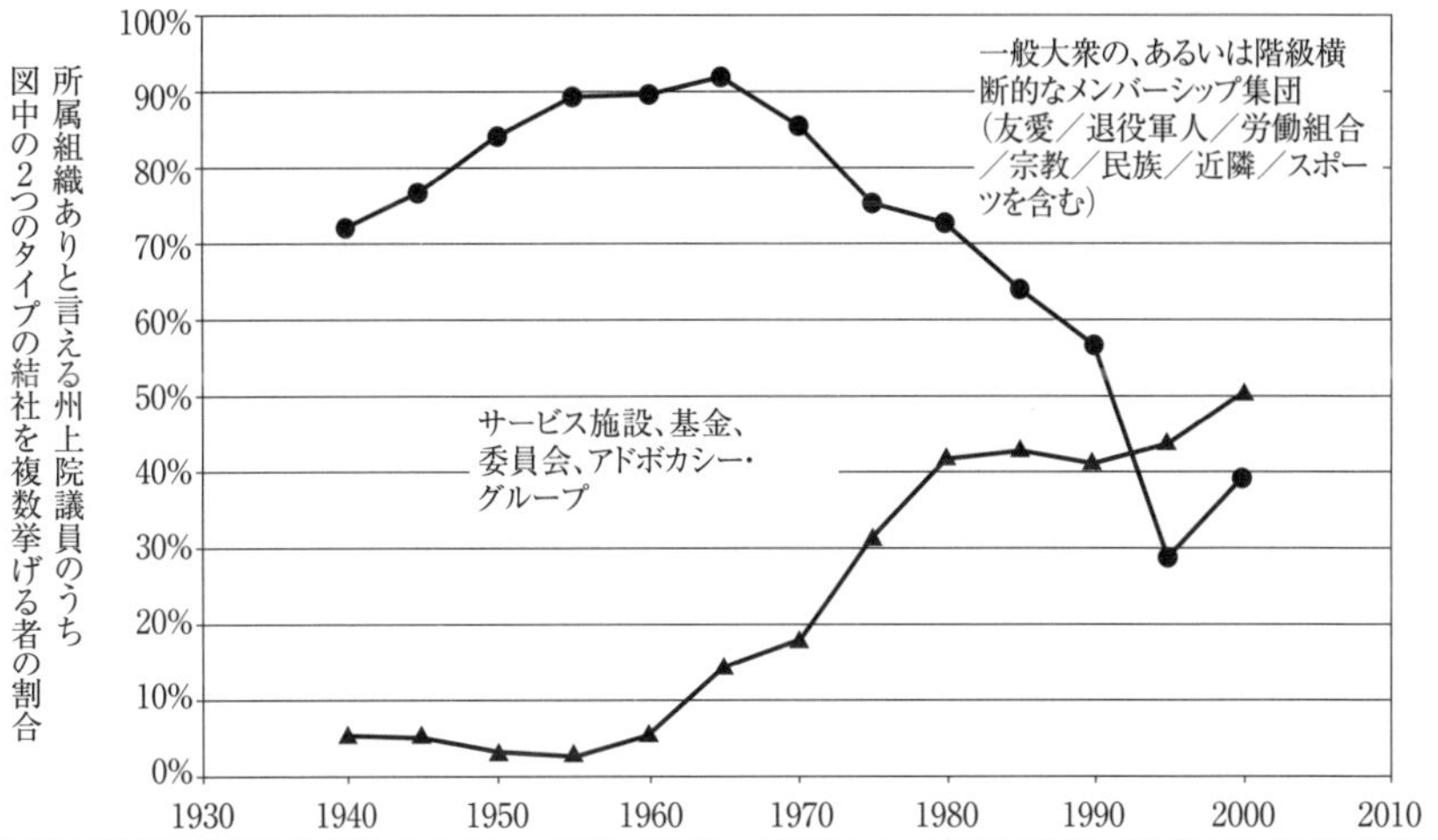

出典）*Public Officials of Massachusetts*, 1940-2000.

属をいかにも議員然として公言するのである。相当に特権的で高学歴のマサチューセッツ州上院議員にとって、かつて市民参加は、普通のアメリカ人が参加したのと同じ種類の階級横断的な自発的結社の一員であることを意味した。しかしながら今では、彼らの市民的所属は——そして疑いなく、合衆国の多くの他のエリートの場合も同様に——、専門的に運営された組織、結社のマネージメントへの参加を必然的に伴うものである。

定義し直された女性の市民的リーダーシップ

男性にとって市民的変化は重要であったが、女性の市民的リーダーシップは、我々の時代に男性と同程度、あるいはそれ以上に変化した。かつてアメリカの市民生活は、生活の大部分を主婦として過ごした教養ある妻、母親の直接活動主義によって助長された。高い教育を受けた女性は、数の上では合衆国の女性のほんの一握りにすぎなかったが、歴史的には驚くほど大きな、また広範囲にわたる影響力を発揮してきた。というのは、合衆国は、女子児童の学校教育と女性の高等教育におけるパイオニア的な国であったからだ。一八八〇年までに、四万人のアメリカ人女性が、合衆国のあらゆる種類の高等教育機関の学生の三分の一を占めた。また、その割合は、二〇世紀前半のピーク時である一九二〇年にはほぼ二分の一へと増えた。この時、高等教育機関に入学した女性の数は、およそ二八万三千人を数えた[16]。一八〇〇年代後半から一九〇〇年代前半にかけては、高等教育を受けた多くの女性は、早く結婚し、雇用労働力の外にとどまった。他の女性たちは、小・中学校でしばらく教え、その後地元で結婚すると同時に教職を辞した（自発的に辞めたが、学校制度が既婚女性を雇用しなかったか、どちらか）。地元やいろいろな場所でつながりを作る能力があれば――また、子どもが大きくなり、少し暇ができれば――、元教師や立派な教育を受けた他の女性たちは、全米のコミュニティにおける力強い市民的存在であった。

もちろん近頃は、大学教育を受けた女性は増えている[17]。一九九〇年までに、女性は男性に比べて一四パーセント近くも多く学位を取得していた。そして今では、多くの女子大卒が、大学院で学位を取るために進学し、専門職、管理職のキャリアを追い求める[18]。高等教育を受けた現代の女性は、新しい機会や束縛に直面する。賃労働と家族の責任はもはや別個の領域ではなく、職業構造においてはどのレベルをとっても性による差別はなくなっている。今日、たとえ子どもがいる既婚女性であっても、雇用される可能性は高い。少なくともパートタイムではそうだ。一九六〇年、彼女らの二八パーセントが就職していたが、一九九六年までに、その割合は六九パーセントまで高まった[19]。

今日の教育を受けた有職女性は確かに、市民生活からドロップアウトしなかった。それどころか、パートタイムの女性は、専業主婦よりも集団の会員になったり、ボランティア活動に励む傾向が高い。また、正規雇用の女性は、しばしば仕事を通じて市民活動に引き入れられる[20]。にもかかわらず、女性にとっての新たな機会と責任は、社会の至る所で市民的、社会的な犠牲を強いてきた。二五歳から五四歳のアメリカ人のボランティア活動、自発的組織への参加、インフォーマルな社会活動への参加に見られる長期的な傾向についての最近の研究は、女性の労働力への参入がこれら三分野における参加の低下傾向にさほどではないにせよ要因の一つとして働いていることを示している。[21] すべてのタイプの市民的関与があたかも同種類であるかのように、団体加入数を単に数え上げるのは適切ではない。特に高等教育を受けたアメリカ人の女性は、今や新しい種類の活動に関与している。団体会員のタイプに関する一般社会調査（GSS）データは、一九七四年から九四年の間に大学教育を受けた女性は、専門職団体に加入する傾向が高く、他方で学校関連の奉仕団体や教会関連団体、それに友愛団体、退役軍人団体の婦人補助会にはあまり加入しないことを示している。

一つの妥当な推測は、高等教育とキャリア雇用における女性の増大によって、女性が伝統的に活動的であった階級横断的で幅広の大きな結社、まさにこのタイプの結社がダメージを受け、かつて定期的に顔を合わせ、またボランティアや選挙で選ばれた指導者に頼った父母と教師の会のような組織の運気を特に損ねたということだ。教育程度が高い有職女性は、男性と同じように今や専門職組織に入会し、全国的なアドボカシー・グループへ寄付の小切手を送る。コミュニティにおいて、あるいは職場を通して活動的な女性は、社交をコミュニティ奉仕と融合させる伝統的なスタイルのクラブに顔を出すよりは、――たとえば、寄付金募集運動の指揮――に熱心に、また気まぐれに関わり合うかもしれない。同様に、「援助プロ」として、あるいは非営利組織で雇われる女性は、喫緊の社会問題に取り組むためにキャンペーン、あるいは提携《コアリション》に参加するかもしれない。ウスノウが指摘しているように、非営利の社会事業施設、争点志向のアドボカシー・グループ、ボランティア組織は、特定の問題、あるいは難題に焦点を絞る市民キャンペーンとしばしば一緒に仕事をする。[22] もちろん、男も女も参加するが、高学歴の女性は、特に地元ボランティアとして、あるいは社会福祉事業スタッフとしてこうした努力を支持するようである。彼女らの努力は、新しい市民社会アメリカにとってきわめて重要であるが、かつて繁栄した階級横断的な連合体から彼女らが背を向けることは、対話式のメンバーシップを基礎とした結社の力と魅力を確実に弱めた。[23]

政治的機会と結社の変化

社会的な現実が大きく変化する中、一九六〇年代半ば以降、新たな政治的挑戦や機会によってアメリカ人がその市民的エネルギーにふたたび水路を開くことが助長された。大変動と改革の時代に、突如としてワシントンDCは、活動の大半がうごめく要所の観を呈し始め、組織リーダーと政治家は、革新的、相互強化的な手法で全国的なパワーを獲得しようと争い始めた。

たとえば、深南部での草の根闘争を終えたばかりの公民権弁護士マリアン・ライト・エーデルマンは、ミシシッピーのヘッドスタート計画に賛成の請願活動をするために、六〇年代後半にワシントンDCにやってきた。[24]彼女は、子どもの利益のために議論すること、そのことが法律制定に影響を与え、黒人を含む貧困層を支持する大衆と議会の同情に影響を与えるために最善の方法かもしれないことをすぐに悟った。一九六八年から七三年の間、エーデルマンは、主な財団から資金提供を得、新しいアドボカシー・リサーチ団体の児童擁護基金（CDF）を創設した。有能なスタッフ、個人支援者の小規模な全国的規模のネットワーク、社会事業施設・財団との結びつき、また全国のメディアとの見事な関係を基に、同基金は、連邦政府の反貧困プログラムを強く支持し続けている。CDFの話は、活動家——大衆基盤の社会運動における常識からはずれてキャリアを始めた活動家を含む——にとってのワシントンの魅力を示唆している。

新しいレバーを引く

多くの保守派が信じているのとは逆に、一九六〇年代以降の合衆国政府は、課税人、財政支出人としてさほど大きくなったわけではなかった[25]。市民への新たな社会保険も、一九六五年のメディケア（老人医療保険制度）、メディケード（医療扶助制度）どまりであった。また、連邦政府支出の対州・地方政府支出の比率も驚くほど一定である。しかし、全国レベルの公的事業、特に連邦命令によって強制されうる、あるいは補助金によって奨励されうる類の事業の範囲は拡大し、一定地域や州が新たな公益事業を行うのを――しばしば、専門的に運営される地元の非営利事業体との契約を通じて――促進した[26]。社会運動は、連邦政府がそれまでの誤りを正し、公的関心を広範に引く喫緊の問題――たとえば、環境保護主義、消費者の権利、よき統治の追求――に取り組むことを要求した。大統領、裁判所、議会は、少なくとも多少はこうした要求に応えた。長い六〇年代の激動が、その原動力であり、「改革の時代」が到来したのだ[27]。

連邦政府が、改革への要求に――規制、連邦命令、裁判所命令、あるいは補助金の法制化を通じて――取り組むにつれて、公共政策に影響を及ぼそうとするアドボケートが、新たな制度的レバーを使うことが可能になった。裁判所は、新しい種類の事件を取り上げ、連邦諸機関の数も大幅に増えた。議会委員会と委員会スタッフは細分化し、さらに多くの議員の個人スタッフが雇用された[28]。補佐組織およびその他を含めた連邦議会スタッフ総数は、一九六〇年には六二五五名、一九七〇年には一万七三九名、そして一九九〇年にはおよそ二万人を数えるまでに膨れ上がった[29]。

このような現象が意味することは、議員に接触を図る人の数が増えたこと、また議員に影響を与える制度上のすき間が増えたことである。権利派弁護士は、法廷で躍進した。公益ロビイストは、連邦政府幹部を監視できた。

アドボカシー・グループ支持のマスコミは、世論を作り出すこともできた。すべての争点のあらゆる側面に速対応できる専門スタッフを、まさにワシントンDCに常駐させておきたいというインセンティブが高まった。「ワシントンのロビー活動はまさに日々の行動だ」とベリーは説明している。「というのは、影響力は、現場での間断のない仕事によって保持できる。とにかく、ワシントンにいること、起こっていることを監視すること。重要なのはこのことだ[30]」というわけだ。

スタッフが多いリサーチ・ロビー組織――すでに議論した増殖中の公的業務・社会福祉団体――が、新たな参入機会をうかがい、かつて連邦政府と州・地元住民間の重要なパイプ役を担っていた、より面倒な、多くの人に基盤を持つ自発的連合体から活動の大部分を奪い取った[31]。過去には、草の根組織会員の意見を最初に慎重に判断し、一定地域や州の役人、政治家に影響を与えることを通して、ワシントンDCにおける戦果を上げようとするのが常道であった。だが今では、市民活動家は全国のメディアに働きかけ、DCのスタッフ、諸機関と掛け合う方がはるかに意味あることになった。このことは、規制をめぐる諸問題が争点となっている領域で特に言えた――徐々にこの問題は、環境保護、公民権、消費者、あるいは職業保護といった領域で目立ってきた。ウォーカーは、次のように結論している。「キング牧師が、『ワシントン大行進』を率い、多数の市民が公民権運動に参加した一九六三年頃以降」、「利益団体によるワシントン行進も目にできるようになった[32]」。活動家は、より積極的に連邦政府を彼らの目標に引きつなごうと、活動ある場に出かけて行った。

七〇年代後半、八〇年代を通じて、アドボカシー・グループの周期は自己強化的になった。グループは対抗的に結成されただけでなく、グループがさらにより多くのグループを生んだ。争点領域ごとに市民起業家は補助金を求めたり、特定の専門知識を集めようと専門家グループを作り上げた。たとえば、新しい弁護グループ、政策調査シンクタンクが、既存の組織のパートナーとして立ち上げられたり、あるいは争点領域、イデオロギー的態度で定義されたクラスターに加えられた[33]。連邦税法は、立法ロビー活動に直接に関わる団体に種々の利益と罰則を設けることによって、その増殖に一役買った[34]。また、一九七四年の重要な最高裁判決が、政治行動委員会（PAC）による選挙寄付金の流れを促した。それを受けるような形で、多数のアドボカシー部門が組織を設立した[35]。それ以降、利益団体の金は選挙運動にどっと流れ込み、主要な浮動的な州、あるいは選挙区で特定候補者を支援することを慎重に目的にしたテレビの「争点広告」の資金調達に決定的に重要な役割をしばしば果たす。

選挙政治におけるアドボケート

事実、アドボカシー・グループの台頭は、合衆国政府だけでなく政党と選挙における変化と同時に起こっている。会社も市民も、アドボカシー・グループを使って政党の外で、また選挙と選挙の間に政府に影響を及ぼすので、現代の集団の爆発が、民主・共和両党への有権者の忠誠心の衰弱ときびすを合わせて進行していることは驚くような話ではない。だが、我々は、これら二つの現象を零和的なトレードオフ関係で考えるべきではない。というのも、アドボカシー・グループと政党政治家はさらに、選挙政治の変質したお決まりの出し物で一緒になって策を巡らすからだ[36]。

つい一九五〇年代まで合衆国の政党は――どこかしことというわけではないが、多くの場所で――、政党幹部が指名を仲介したり、地元に根を持つメンバーシップ結社と協力したり、時には有権者を直接動員する地元や州レベルの組織のネットワークであった[37]。その後、六〇年代の人口構成の変化、選挙区議員定数の是正をめぐる争い、社会の大変動が、古いタイプの政党組織を壊してしまった。党則の変更により、指名選挙もそれまでの党内の密室人事よりも、活動家や候補者を中心に行われるのが好まれるようになった。こうした「改革」は、草の根参加を増進するとされているが、実際には選挙の寡頭支配的なやり方が助長されてきたのである。合衆国の選挙運動は、政党組織によってしっかりと切り盛りされる時代ではなくなり、今やメディア・コンサルタント、世論調査者、ダイレクトメールのプロや、（とりわけ）基金募集者が運営するに至っている。選挙運動は、有料テレビ広告に大きく依存しており、その結果、投票率が低下していても出費だけは増える一方である。立候補者はプロのアドバイザーを使い、投票に行き、説得に確実に応じてくれそうな人々にターゲットを狭く絞るのを手伝ってもらい、収縮傾向にある選挙民の五一パーセントを獲得しようと争う。[38]

この刷新された選挙アリーナでアドボカシー・グループは、候補者を応援する見返りに選出公職者との面会を期待して、多くのものを提供できるのだ。投票率が低い党指名獲得争いでは、そこそこの郵送名簿支持者しかない団体でも変化をもたらすに十分な活動家（有給、無給の）を出動しうる可能性もある。選挙過程のあらゆる段階で、アドボカシー・グループ（会員のいるなしに関係なく）は、メディア、あるいはダイレクトメールの努力で役に立つ可能性がある裏書きを提供できる。また企業利益、あるいは公益目標《コーズ》を強く求める政治行動委員会（PAC）は、候補者の当選に必要な巨費の調達を手伝うことができる。

結社建設の新しいモデル

アメリカの自発的結社が、政治家や役人に影響を与えようとすることは、もちろん今始まったことではない。また、ワシントンに団体が事務所を置くのも、最近の現象にかぎらない。ただ、政府への影響力行使という願望をうんぬんしても、スタッフが運営するアドボカシー・グループが今日繁栄している理由を説明するには十分ではない。結社建設の新しい技術、モデルも重要なポイントで、この点では、自発的結社と政党に影響を及ぼす変化は同時に起こった。

政党のメッセージを広め、できるだけ多くの有資格選挙民を投票箱に向かわせるために、州や地元レベルのネットワークを動員した一九世紀における政党政治家と同じ様に、典型的なアメリカの結社建設者は、全国的な道徳的、政治的影響力を獲得する最善の方法が、定期的に集会をし、ある程度の代表制ガバナンスに従事する全国、州、地元レベルの集団をしっかり結びつけることであることを当然視している。[39] 多数のアメリカ人を代弁したい指導者は、自動更新の大量会員を入会させ、対話型グループのネットワークを構築することが、前進するための当然の作業であることに気づいた。

このモデルが、一九六〇年代以前の典型的なアメリカ市民社会で当然視されるようになったのには、それなりの理由があった。結成段階の後、結社の財政は、納入会費と会員や地域グループへのニューズレター・生活必需品の販売に常に大きく依存していた。支援者は、社会的ネットワークや直接的な接触を通じて、ひっきりなしに補充されなければならなかった。そして、自発的連合体が政府に強い影響力を与えたければ、多くの地区を横断して、立法者、市民、新聞に影響を及ぼす必要があった。少なくともこれらすべての理由で、全国的な野心を抱く典型的な市民的起業家は、すべての州で、また各州内のできるだけ多くのタウンや都市を横断して活動家や会員を集めようと、まめに動いた。婦人キリスト教禁酒同盟のフランシス・ウィラード――彼女は、一八七〇年代、八〇年代を通じて、五千人以上の人口の全米の都市を少なくとも一度は訪れ、だからいつも汽車の人であり、生まれ故郷のイリノイ州エバンストンにはほとんどいなかった――のように指導者は、全国を旅し、対面での集会を召集し、会員募集と在籍会員の維持の仕事ができる中間指導者を集め、「交流せよ。しからずんば死を」と激励した。この一文は、典型的なアメリカの結社の設立者にとってのスローガンであった。

今日、全国的に野心的な市民的起業家は、まったく違ったやり方で活動している。[40] エーデルマンは、子どもや貧困者のニーズのためのロビー活動を展開するために、新しくアドボカシー調査グループを設立する名案を思い浮かべ、その資金を民間財団に求め、研究員、ロビイストの専門スタッフを新たに採用した。一九七〇年代初め、ジョン・ガードナーは、活動の力点を政治改革に置く全米規模の市民ロビーとして、コモン・コーズを設立した。彼は、設立当初の寄付を数人の富裕な友人からかき集め、全国的なマスコミ記者と接触し、多くの会員にわずかの寄付金を求めるべく、郵送名簿を苦労して手に入れた。[41] これらの例が示唆しているのは、市民的影響力にとっての新たなルートが、二〇世紀後半のアメリカで開いたということだけではなく、新しい技術や資源の利用可能性をも示している。パトロン助成金やダイレクトメールの技術、マスメディアを通じてのイメージやメッセージの伝達能力――これらのすべてが、組織の建設・維持の実態を変えてしまった。

金への随従

結社建設にとって金は重要であり、また近年では会費とは別に、新たなキャッシュ・フローを運用できるようになった。一九六〇年代後半から目立ち出したが、免税措置を受けた民間財団が公共政策の討議に影響を及ぼしたり、イデオロギー的、社会的変化を促そうとするアドボカシー・グループ、政策研究シンクタンク、その他の種類の諸団体にどしどしと資金を出すようになった。[42] さらに、ずっと狭く性格づけを明確に行った一連の財団や助成金――「かつては組織化されない、あるいは政治的に排除された集団の利益を組織化、代表しようとする」集合的試みを支援する、社会学者J・クレイグ・ジェンキンスが言う「社会運動フィランソロピー」に熱心な財団や助成金――も重要となっている。[43] 合衆国の税ルールは、財団の発展を促し、また多くの富裕者がナショナルな問題にさらに大きな影響を及ぼせるような方策を求めている。「その結果」、社会時評家のニコラス・レーマンが観察するように、「財団は、我が国の活動の中で、ずっと強大なプレーヤーになってきた」。[44]

なるほど、財団寄付金に占める社会変革を主張する運動団体への直接手渡し分の比率は、わずかにすぎないが(ジェンキンスの厳密な定義によると、一九九〇年時点でちょうど一パーセントを超える程度)、財団が左右できる資金量がぐんと増大すれば、その一雫でさえ、特に団体が主要資金源として前ほど会費を当てにできなくなった時代にあっては、多くの公益組織に大きな影響を及ぼす[45]。フォード財団を筆頭に、リベラルな財団の助成金が、一九五〇年代に始まった公民権団体や公益アドボカシー・グループに流れた[46]。七〇年代以降は、保守的な財団――リンド&ハリー・ブラッドリー財団、ジョン・M・オーリン財団など――も加わり、高度に意識的なやり方で世論を形成したり、リベラルな助成金寄付団体の影響力に対抗し始めた。自称保守の財団は、リベラル派の財団ほど助成金を捻出する財布の中身は大きくないが、最近の研究によると、保守主義者は、経済・社会政策をめぐる公共的討議の語彙を変化させるのに非常に奏功しているように思われる[47]。

左右のスペクトラムを越えて財団助成金は、専門スタッフを擁するアドボカシー・グループの発展を促す結果となった[48]。これは、財団の助成金担当者が、専門的に運営される団体を、その専門的知識や安定性に鑑みて優遇する場合にしばしば意図的に生まれる。しかし、財団から資金を確保できる可能性もあり、インフォーマルな団体、あるいはメンバーシップ団体が、その気になって申請書類を作成したり、資金を管理する専門家の能力を高めようと奮起し出せば、意識しまいが同じ様なことが生じる可能性がある。さらに重要なのは、市民生活にパイプを持つ多くの財団自体が、社会運動に対する専門化した影響力を超えて、高度なプロ集団と化し、また人々が行う市民的努力を助成、管理したがるキャリア重視の男女の働き口にもなってきたことだ。

一九八〇年代にジャック・ウォーカーらは、ワシントンに本部を置く数百もの組織を調査した。調査対象となった組織は、経済団体会員からなる業界団体から専門職組織、非営利団体、多くが一人ひとり熱心な支援者である市民アドボカシー・グループに及んだ。ウォーカーが言う「パトロン助成金」――富裕な寄付者、財団、企業、政府諸機関、既存組織の財政支援――は、どのタイプの組織の設立においても非常に際立っていた。制度によるサポートが、市民団体にとっては特に重要であることがわかった。一九世紀以降、団体設立時期にかかわらず、同研究が検討した市民組織の八九パーセントにおいて、団体結成に何らかの財政的支援が役立った。六〇年代以前は、個人、あるいは別の団体からの助成金が支援の源泉の典型であった。それ以降になると、市民団体は、財団や企業、政府諸機関の設立助成金に著しく依存するようになった[49]。また、アドボカシー・グループの場合、創設時のみならずその後の財団や他のパトロンの財政的支援を受けている。さらに、このことは、「果断な」アピール――支持基盤の意見を政治、政策形成の場で代表するという約束――を実践する今日の市民団体に特に当てはまる。ウォーカーらの研究では、市民団体は、「財政支援の点で、会員よりも外部のパトロンにややもすれば大きく頼りがちである。……平均して、市民団体の約四〇パーセント諸制度の代表の会員がものすごく多い営利セクターの集団が受け取っている平均の四倍――が、パトロンによる支援である[50]」。

財団助成金、あるいは政府資金への継続的な依存への別の方策として、今日のアドボカシー・グループは、活動を始めるためにさまざまなパトロン支援を利用し、その後、個々人からの継続した支援を構築するために、マスコミ広告ばかりかコンピュータによるダイレクトメール勧誘に目を向けることも可能だ。元はと言えば、「新右翼」の団体が使い出した手法であるが、ダイレクトメールは一九七〇年代、八〇年代に普及した。二、三の具体名を挙げれば、この技術は、コモン・コーズや大規模な環境保護団体、コンコード連盟、飲酒運転防止母の会が巧みに有益に使ってきた[51]。市民的起業家がダイレクトメール勧誘を始めるには、気前のよい当初補助金が必要だ。というのも、適当な名簿リストを入手し、膨大な郵便を送る必要があるからだ。たとえば、「[ジョン・]ガードナーは、多額の資金を必要とする新組織を立ち上げようと決めた一九七〇年三月下旬、大量の郵送費と新聞広告料で最低三〇万ドル必要なことを知っていた[52]」。大量の郵送は、常に長い時間をかけてリストをさらに優れたものにし、また活用しなければならないので、スタッフの専門的な意見も等しく必要とされる[53]。目標《コーズ》を語る案内が届いても、実際に読むのはごく一握りの人間だ。また、「入会」申込書が同封されている、いないは別として、寄付を送ってくれる人となるとさらに少ない[54]。

組織を欠いたコミュニケーション

最後の要因であるが、現代の結社は、全国のメディア会社に簡単に接近できるので、リーダーと会員の間で繰り返される接触なしにやっていける。名士と呼んでもいいテレビ、ニュース記者の多くは、大学を出るとすぐに仕事に就き、主な大都市中心地から外へ飛び出て仕事をする[55]。ボストン、ニューヨーク、ロサンゼルス、ワシントンといった社会的、政治的評論活動の中心地では、ニュース解説者、政治家、アドボカシー・グループの代弁者がいつ終わるともしれないトークショーに登場する。また、活字メディアの記者は、政治家ばかりかアドボケートといつも電話中だ[56]。全国のメディアとしては、劇的に対立する代弁者連中を種々組み合わせて、討論を企画したいらしい。またアドボカシー・グループは、自らの目標《コーズ》と成果を飾り立てておく必要がある。目標《コーズ》が全国のメディアでドラマティックに表現されることで、アドボケートは正当性を高め、パトロンやダイレクトメール支持者から豊富な寄付をもらい続けることができるのである。

要するに、市民的有効性モデル自体が、一九六〇年代以降大打撃を受けてきたのである。もはや市民起業家は、巨大な連合体や対話式の草の根会員を勧誘しようとは考えない。新しい目標《コーズ》（あるいは戦術）が出現する場合、活動家は全国本部を設置し、中央から全国プロジェクトと同様に組織創設を管理しようと考える。現代の組織創設の手法では、市民団体が――ちょうど業界・専門職団体のように――連邦政府や全国のメディアの周辺に効率よく管理された本部を設け、そこに精力を集中させることがお薦めだ。大勢のアメリカ人の意見を代弁しようと意気込む団体でも、どのような意味でも会員はまったく不要なのだ。

ところで、たとえ大量の支持者がメールで勧誘されるとしても、集会を開く必要はないのか。マネージメントの観点からすれば、会員団体のような対面での相互作用は、まったく非効率なのかもしれない。かつてのメンバーシップ連合体においては、毎年実施される指導者を選ぶ選挙と多少の代表制を伴うガバナンスは、会費や対話式の集会と密接に関係していた。だが、現代のアドボカシー組織のプロの幹部にとっては、ダイレクトメール支持者の方が、大会に出席する会員よりも魅力的でもあるのだ。というのも、ケネス・ゴドウィンとロバート・キャメロン・ミッチェルが説明しているように、ダイレクトメール支持者は、「よけいな口出しをせずに、金を出し」、「幹部選出や政策討議に参加しない」からだ。個人のラインでつながっているので、「ダイレクトメール会員は、組織についての情報は本部から送られてくる資料に頼り、結果として操作しやすいのかもしれない[57]」。連中は、仲間・市民としてではなく、政策選好を持つ消費者とも見られているようだ。本部のプロ幹部は、支持者のとりとめのない「選好」にときどき——募金依頼や投票により——顔をつなぐ一方で、日夜変転する立法やマスメディアの世界で、自由に議題を設定し、柔軟に戦術的な展開を行うことができるようになるのである。

トップの変化

その結果現れたのが、二〇世紀後半の市民世界における最も重大な変化、すなわち大量の高学歴の上層中流階級の増大かもしれない。その中でも目立つのが、実業家、経営者に加えて、専門スキルやノウハウを磨いた「エキスパート」である。マイケル・シャドソンの次の指摘に耳を傾けよう。「第二次世界大戦後」、「高等教育が急速に拡大した。大卒、大学院卒の比率は、一九一一—二〇年生まれで一三・五パーセント、次の一〇年間に生まれた集団で一八・八パーセントである。だが、一九三一—五〇年生まれ（一九五〇年代—七〇年代半ばに成人）となると、「二六―二七パーセントに伸びた」[58]。高等教育の拡大につれ、社会学者のスティーブン・ブリントが、「かなり複雑な一群の知識の応用から中位の所得を少なくとも稼ぐ人々」と定義した「専門職」が急増した。ブリントによれば、「第二次世界大戦以前の合衆国では、全従業員に占める大学教育を享受した者の比率は、わずか一パーセントにすぎず、彼らは国勢調査では『専門職、技能職、類似の』労働者に分類された。今日では、それに相当する人口グループは、一二倍となった」[59]。

企業主、管理職とその家族とともに、専門職の家族は、今やアメリカの階級構造の上位四分の一ほどを占める。一九七〇年代以来、最高の学歴を誇るこの種のアメリカ人の所得は、教育程度が低い給料・賃金従業者が収入の低下、横ばいで苦しんでいるのを尻目に増加している[60]。アメリカの管理職・専門職家族（しばしば世帯主は、キャリアの夫婦のどちらか）は、これまでになく数が多いだけではない。彼らは相当に富裕な特権階級の一部を占めているのだ。さらにデイビッド・ブルックスの主張によれば、最近では、かつて実業家エリートと不仲であった知識人エリートとの間に、一種の文化的和解が生まれており、もうけ主義と私的自己表現、社会的寛容、さらには個人主義的な文化的急進主義の強調の結合が進んでいる[61]。たぶん、文化的な和解がどのようなものであっても、その最も重要な帰結は、どちらもしゃれた――そして、金がかかる――「ライフスタイル」を強調しているところだ。だが、「ごつい」伝統的な価値観への静かな軽蔑は言うまでもなく、政治とコミュニティ生活に対するエキスパート重視の、管理運営的なスタンスもまた、あらゆる種類の現代のアメリカのエリートたちに広く共有されているかもしれない。

コミュニティ受託者から専門化したエキスパートへ

アメリカの専門職従事者とビジネス・エリートは、市民的責任を新しい主に相補的なやり方で見ている。合衆国の専門職従事者、実業家が国民のほんの一部であり、地理的にも散らばっていた社会階層であった時代には、彼らは自らをブリントの言う「コミュニティ受託者」と考えていた。[62]かつては、弁護士、医者、聖職者、教師は、幾千もの町や市において、なけなしの金しかない教育水準も低い仲間の市民とともに、あるいは彼らのために汗を流し、幅広い階層を会員とする地元に根差す自発的連合体に参加すること――結局は指導する立場に立つが――を当然のことだと思っていた。同じことはビジネス・エリートにも言えた。彼らの大半は、地元、州、一定地域と強い経済的・個人的な絆を保持した。

地元、州、広い地域レベルの活動の基礎《ルーツ》は、ナショナルな関与と忠誠心を犠牲にしてはこなかった。というのは、地元のメンバーシップ結社の大部分は、地元を越える代表制で統治された連合体の支部であったからだ。だが、名士たちは、多くの他の市民との地元での関与を通して市民としてのキャリアを開始し、努力の結果重要なポストに就かなければならなかった。

これとは対照に、現代のアメリカでは、ビジネス・リーダーのみならず専門職従事者もあまり地元に根づいた生活をしていない。よくできる高校生は、一流の大学に合格し、二度と帰りそうもない生まれ故郷からしばしば遠く離れて生活する。[63]何年もの教育やキャリアを積み重ねた後、専門職、管理職は同じような仲間の間で暮らし、働く。場所は、人で混雑する大都市のど真ん中か、その近郊だ。彼らは、仕事の打ち合わせや会議と世界中を飛び回り、豪華な保養地、異国情緒あふれた土地での休暇へと「逃げ出す」ため、また飛行機に飛び乗る。「コミュニティ」は、今日アメリカのエリートによって大いに喧伝される。だが、そのやり方は、多少ロマンチックでもあり、また徹底して現実離れしている（「社会資本」は、今はやりの抽象化と脱包埋《ディスエンベディッドネズ》を巧みにとらえている）。無理もないことだが、現代の富裕層が、ご立派な目標《コーズ》のためにあちこちと献金して歩く成功した起業家といった自己像を描きがちなのとまったく同様に、現代の専門職従事者は、複雑な技術的、あるいは社会的な問題に取り組もうと、他の専門職の連中と一緒に活動することで、ナショナル、ローカルな福利に最大に貢献できる通だと自画自賛する有様である。

さまざまな種類の専門職のうちで、おそらく最も市民としての自覚が強い職種は、労働人口の約八パーセントにあたる約一八〇〇万人の「非営利組織の有給職でコミュニティに奉仕する福祉事業ワーカー・技術職・スタッフ」[64]である。非営利専門職従事者は、自らの仕事――その大半は政府や富裕者からの非課税寄付が財源――をコミュニティ責任のまさに化身と見なしがちだ。ウスノウの説明では、「非営利専門職」は、今日の複雑な社会問題は、「自由に使えるリソースを豊富に持ち、フルタイムの努力に身を挺する特別の技能を持つ人々によって対処されなければならない」[65]と信じている。これらの同じ非営利専門職の人々が、現代のアメリカにおける多くの小規模な参加型団体の創始者、主催者を務める組織を運営している。また彼らが、その都度のコミュニティ事業に招集されたボランティアの活動を調整するというわけだ。

主たる雇用の場が営利、非営利を問わず、専門職従事者は、自らが所属するメンバーシップ結社、会合を持っている。パットナムは、あらゆる種類のメンバーシップ結社が、一九五〇年代、六〇年代以降に相前後して、衰退してきたと主張している[66]。しかし、実際には、特権的な専門職組織が会員数を減らしたといっても、その度合いは、中位のブルーカラー階層の市民を含むメンバーシップ集団と比べれば全然大したことはない。確かに一部の頂上専門職組織は、――米国医師会所属の医師、米国建築家協会所属の建築家の所属割合が低下したように――近年「シェア」を失った。だが、図5・9に図示されているように、パットナム自身の詳細なデータの示すところでは、第二次世界大戦後のピーク時と一九七七年時点での団体の会員数の径間を測ると、エリート専門職七団体の会員率の低下分は、階級横断的で支部基盤の二一のメンバーシップ連合体に比べ半分以下であり、五つの主要なブルーカラー労組の組織率の低下率の半分以下でもあった。

図5・9　エリートの専門職団体よりも会員減を経験する階級横断的な支部団体およびブルーカラー労働組合

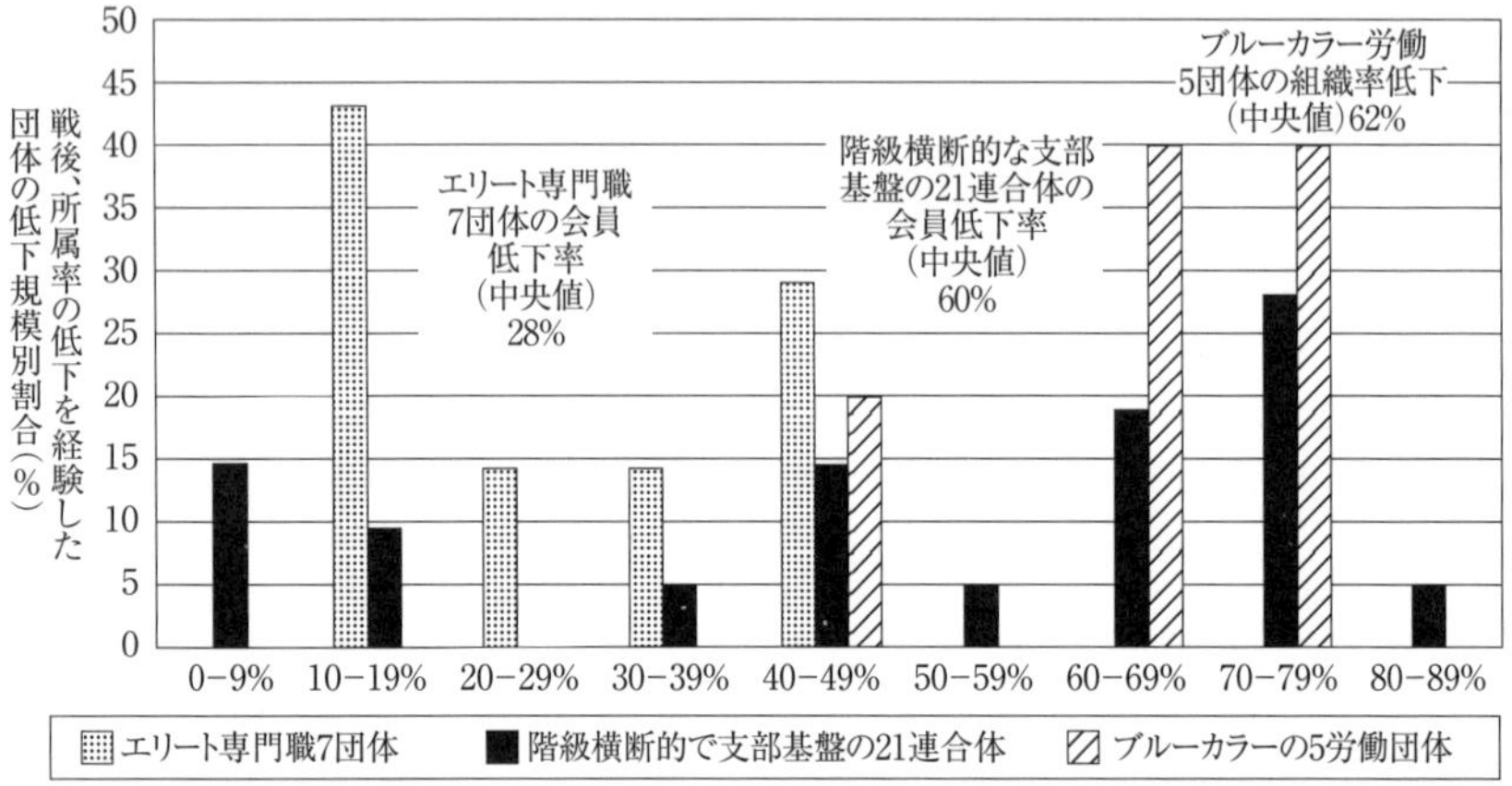

出典）労働組合については、Robert D. Putnam, *Bowling Alone: The Collapse and Revival of American Community*,（New York: Simon and Schuster, 2000), p.82（『孤独なボウリング』92−3頁、大規模な階級横断的結社については、ibid., pp.438-39（同前、548−46頁）。またエリート専門職団体に関する追加データは、パットナム教授から提供されたもの。

図5・10　専門職団体に属する大学教育を受けたアメリカ人と大学教育を受けていない労働組合加入者の間に広がりつつあるギャップ

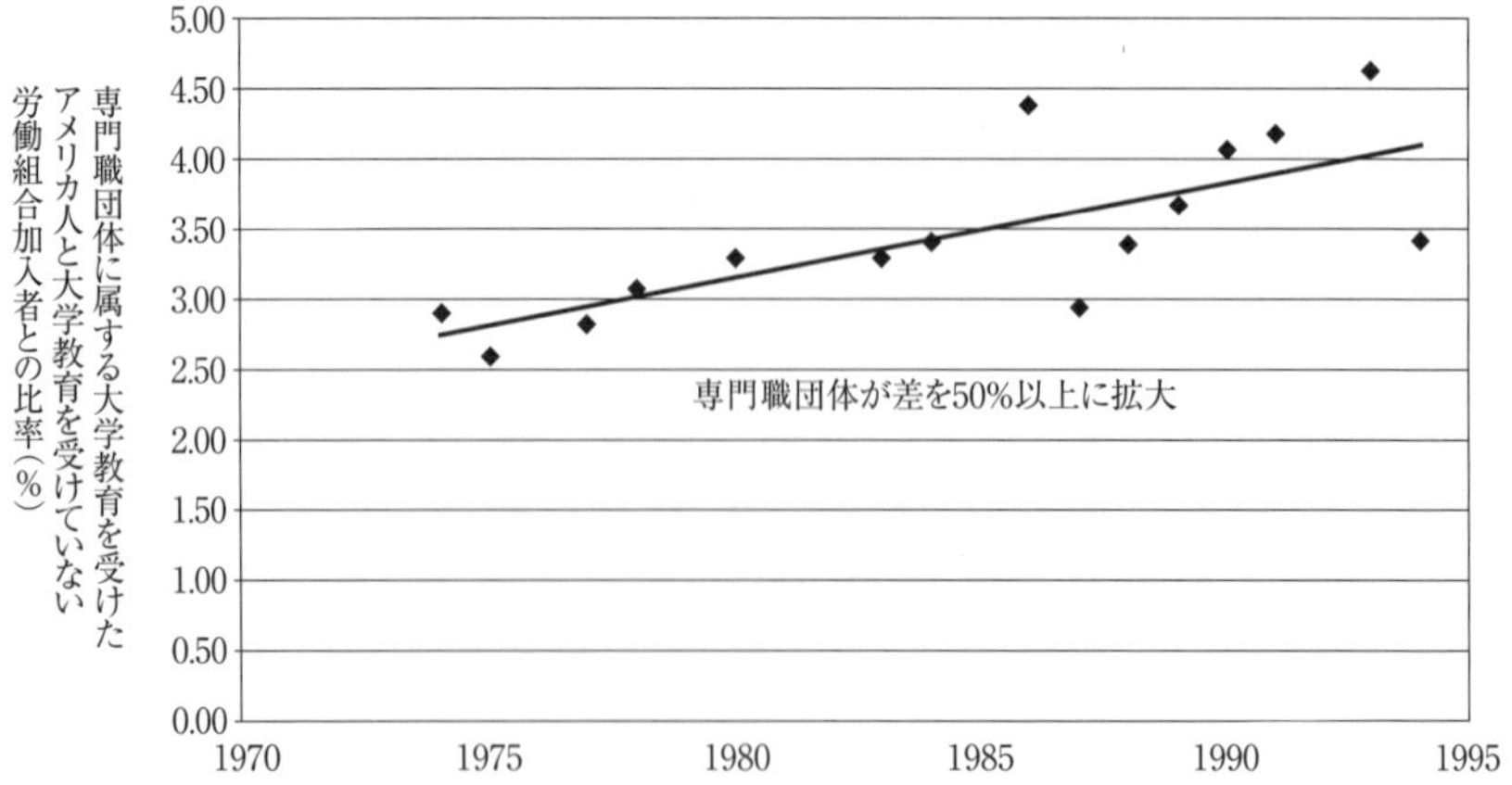

出典）General Social Survey, 1974-94.

同じようなパターンは、図5・10に示された全国標本の個人データにも見られる。一般社会調査（GSS）によれば、一九七四―九四年の二〇年間で専門職組織に一つ、あるいはそれ以上所属しているという大学教育を享受したアメリカ人と、労働組合に所属しているという大学教育を受けていないアメリカ人との間のギャップは、五〇パーセント以上に広がった。この数字は、長年のエリート専門職（たとえば、弁護士、医師、エンジニア）だけでなく、他の自称専門職組織の近年の急成長を考察する必要があることを明らかに示す、驚くべき増加ぶりである。実業家に加え、高等教育を受けた自称「プロフェッショナル」も、会費を支払い、リーダーを選び、そこでは社交性と事業的関心が強く結びついた大会に定期的に参加する可能性が最も高い市民である。特権層の間で長年に及ぶ組織形態がこのように続いていることは、もちろん皮肉なことだ。というのは、まさに同じ種類の人間が、より新しい種類の市民団体――会員ゼロの団体、あるいは郵送名簿支持者だけの組織――に異常に接近できるからだ。

結社の革新《イノベーション》とニュー・エリート

大きな状況にふたたび焦点を当てると、アメリカの新しい市民生活――依然活気のある実業家・専門職協会だけでなくアドボカシー・グループや非営利組織を中心とした――は、階級構造の変化と重要な関係がある。合衆国の管理者、実業家、多くのさまざまな専門職従事者は、ワシントンDCと多くの州都に自身のアドボカシー・グループを従えている。確かにこの中には、その生計が典型的には政府資金や税政策によって異なる非営利専門職も含まれている。その上、スタッフが運営するアドボカシー・奉仕団体――市民団体から業界団体――の増殖が、弁護士、研究者、援助専門職、種々のホワイトカラーや活動家に新たなキャリアの門戸を開いている。だが、職業上の結びつきと立身出世主義は、仕事上の唯一の相乗効果どころの話ではない。より根本的な仕方で、高等教育を受けた特権層とスタッフが運営する市民団体は、相互にアピールし合うのだ。

高度な教育を受けた裕福なエリートは、まさにスタッフが運営する市民団体が求めているタイプの支援基盤なのだ。これらの男女は、大口の小切手をとりあえず送ってくれそうな人種であるだけではない。彼らは時間より金を使う方を好み、そうすることで喜んでプロのアドボケートや機構管理者が計画を方針どおり進めさせる。その上、高度な教育を受けた人々は、公共政策の問題を見抜いている。特権的なアメリカ人は、申し分のない聴衆であり、プロのアドボケートや機構管理者が何を達成するのか――また、彼らが仕事をする上で必要なものを正しく認識できる。

同時に、目標《コーズ》重視のアドボカシー・グループや専門的に運営される機構は、裕福で高度な教育を受けたアメリカ人に対して、彼らの価値や利害を公共生活に代表させるために実際はエキスパートを雇う機会の豊富なメニューを提供する。高度に訓練され、経済的に豊かなエリートが、アドボカシー・グループにちょっと小切手を送り、サービス供給者に寄付をし、好みの慈善事業の役員を務めることができるとすれば、どうして伝統的なメンバーシップ連合体において地元、州、全国レベルと指導者の道を駆け上がるのにわざわざ何年も費やす必要があろうか。特権的な専門家は、やりたければ慈善団体、あるいは社会奉仕施設のスタッフが運営する事業に、ときどき少々の時間くらいであればボランティアに割けるのだ。スタッフが運営するアドボカシー・グループは――寄付やお好みの公共政策を追求する非営利組織に加えて――、今日の非常に特権的で自信に満ちたアメリカ人の野心に多くの点でぴったりである。多忙なキャリアの男女、アメリカの専門職従事者や管理者は、ずらりと並んだアドボカシー・グループや専門化した市民組織が提供する多様性《バラエティ》と柔軟性を高く評価する、好みのうるさい個人主義者である。立派な教育を受けた裕福な人々は、新しい市民的アメリカの主要な構成部分として――アドボカシー・グループや市民団体が、その支援や注目度から利益を得ているのとちょうど同じだけ――、専門的に運営される団体からも利益を得ている。

改造された市民生活

市民生活は、二〇世紀後半のアメリカにおいて、突如として、また根本的に再編成された。一九七〇年代から九〇年代の間に、より古い自発的なメンバーシップ連合体は急速に衰退し、他方、新しい社会運動や専門的に運営される市民組織が、大挙して登場し、全国の市民生活の目標や様式を定義し直した。

最も重要な変化は、徐々に起こったのではない。また、下から単に沸き上がったものでもない。政府は、市民活動家に新しい機会と障壁を与えた。社会的理想は変化した。また資金調達の新しい技術や源泉が、市民組織者に新たな機会やインセンティブを生み出した。突如として、仲間の市民を動員して会費を支払わせる、定期的に集まる対話式の結社は、野心的なエリートにとってもはや意味を失った。彼らは代わりに、政府や全国のメディアを直接利用できる専門的に運営される組織を運営できた。新たな挑戦、リソース、理想に反応し——歴史の古いメンバーシップ結社の柔軟性の欠如や偏見から脱却しようと決め——、特権的で高度な教育を受けた市民が、率先して結社の世界を作り変えた。主要なアメリカ人が、階級横断的なメンバーシップ連合体から抜け出し、市民的エネルギーを専門的アドボカシー活動、民間財団からの支援獲得、機構の理事職に向け直した。

その結果が、変貌した市民社会——いまだに組織者の国であるが、結社好き《ジョイナー》の国からはほど遠い——であった。なぜならば、市民リーダーは、もはや大量の仲間・市民を進行中の会員活動へと動員することに献身的に取り組まなかったからである。

第6章

我々は何を失ったのか

What We Have Lost

現代のアメリカが、もしメンバーシップ連合体から専門的に運営される団体への大きな市民的再編成を経験しているとすれば、それでいいではないか。一九六〇年代以来のアメリカの市民生活の再修正は、結局は成功したと考える分析家は、一人や二人ではない。[1] 楽観派の主張によれば、我が民主主義は、社会的諸権利のため、また公益の新たな理解のために闘う社会運動やアドボカシー・グループによって拡大してきたことになる。アメリカ人は、コミュニティも再発明し、——全国的舞台で重要な価値を代弁するプロのアドボケートを支持し、その一方で、柔軟性に富んだ小集団に加入し、臨時の慈善活動に取り組んでいる。おそらく、アメリカ合衆国は、半世紀前ほどの結社好き《ジョイナー》の国ではないが、アメリカ人は今でも依然としてあらゆる種類の市民的な事業を組織化し、また近年は、社会的包摂、公開討論の先例のないフロンティアを渡った。

これらの点の多くは、現代の市民社会はひどい状態にあると明言する悲観的な予言者への納得のいく返答のように思われる。[2] アメリカ人は、私生活、職場、資力のある地区でお互いに理解し合う新たなやり方を手に入れている。また、彼らは、特定の共有された課題を達成するための創造的な新しいやり方を考え出している。多くの種類の非営利組織は、新たな見方、先例のないノウハウを、非常に大事な社会奉仕や文化的経験の提供ばかりか、我々の公共政策の討論にも注入してきた。大半の市民的結社が、黒人、中傷を受けるゲイ、周辺化された女性を排除していた時代に戻りたいと思う人間がどれくらいいるだろうか。

だが、合衆国の民主主義の現状を直視し、また権力、社会的な力といった問題を考えるならば、楽観派の議論は、最近再編成された市民生活の欠点を見落としている。古い市民的アメリカのあまりにも多くの貴重な側面は、おおむねプロの受託者や会員ゼロ組織によって運営される新しい公的な世界においては再生産も再発見もされていない。楽観派は大胆に言うことはめったにないが、彼らが言いたいことは、合衆国に必要なのは——すなわち、たぶんアメリカ民主主義に必要なのは——、一九六〇年代、七〇年代スタイルの「運動直接活動主義《アクティビズム》」の復活なのだ。だが、そんな時代は決して戻ってはこないであろう。また楽観派は、この「時代」の直後に獲得したものだけでなく、失ったものも認識しそこなっている。彼らは、六〇年代以来、社会的権利や市民アドボカシー活動における前進に当然満足したが、より多くの声《ヴォイス》は民主的能力の増進と同じものではない、ということに気づかずにいた。さらに重要なのは、楽観派は、いくつかの種類の社会的平等を手に入れることが、階級を越えた友情と我が民主主義に等しく重要な包括的市民動員の衰退を伴いかねない事実を見ようとしない——事実、大半の連中は想像しようともしない。

アメリカにおける新しい市民世界の内部で提起された声《ヴォイス》の多重性にもかかわらず、新たに出現した世界は、著しく寡頭的なのだ。この点は、自発的結社——アレクシス・ド・トクヴィルが、民主主義の活力の中心に位置づけたこれらの「結合」——の世界でも言えるし、さらには結社生活に徹底して絡んでいる国家レベルの政治、公共政策形成の領域ではいっそう妥当する。今日、市民の赤字に対処するために何がなされるべきか。この議論に取り組むためには、その前に二〇世紀後半の市民的分岐点から得られたものだけではなく、失われたものとも向き合う必要がある。

トップダウンの市民世界

アメリカの今日の市民の健全性を議論しているほとんどの分析者は、一九六〇年代が市民生活における地域第一主義《ローカリズム》と全国第一主義《ナショナリズム》の分水嶺となったと思っている。ロバート・パットナムのような悲観派は、中央集権化された事業によって想定される地元の対面的グループの衰退を非難する。他方、楽観派は、全国的な運動、アドボカシー活動を称賛する。「動員にとって地元コミュニティは、もはや不可欠な存在ではない」と楽観派のデブラ・ミンコフは興奮気味に述べている。彼女は、現代のアドボカシー・グループが社会紛争に参加し、全国レベルに焦点化した「アイデンティティ・グループ」が、今や「居住地に根ざす偏狭《パロキャル》な境界線を乗り越える」[3]ことを喜んでいる。

しかし、全国的なプロジェクトやアイデンティティがつい最近になって出現したと考えるのは、過去のアメリカ市民社会をひどく誤解することでもある。すでに見てきたように、巨大な自発的連合体は、一八〇〇年代前半に活動し出し、アメリカの組織者や入会者を場所を越えてしっかり結びつけ、広範に共有された価値やアイデンティティを主張した。道徳的影響力や政治権力を追求することは、アメリカの市民生活では常に法則であり、例外ではない。また、対立や競争も、いつの時代においてもアメリカ民主主義の母乳であった。政府にロビー活動をし、広範に共有されたアイデンティティを代弁する全国的な結社は、二〇世紀後半のアメリカにおける初めての発明品ではないのだ。それらは、常に存在してきたのだ。最近の重要な変化は、多くの楽観派が思っているほど魅力的なものではないのである。一九六〇年代から九〇年代のアドボカシーの爆発において、市民組織者、パトロンは、民衆のための、あるいは草の根の基盤を欠く、空前の数の全国的に活動的な団体を設立したのだ。

リーチが限られた結社

今日のアドボカシー・グループは、スタッフを多数抱え、ロビー活動、リサーチ、メディア・プロジェクトに焦点を絞っている。だから、一般庶民を代弁していると言い張ったところで、運営実態は上からのものだ。大勢の支持者を集めようと直接依頼や郵便物を利用するアドボカシー・グループでさえも、上層中流階級の支持基盤の方に引き寄せられがちである。恰好の例は、「公益」アドボカシー組織の典型とされるコモン・コーズの場合だ。コモン・コーズの立場は、リベラル、民主党寄りであるが、穏健な共和党員も引きつけている。特権階層は民主・共和といった党派に関係なく目につく。一九八二年のある調査によれば、コモン・コーズ支持者のなんと四二・六パーセントが、大学院、あるいは専門教育修了の学位を有していた。また、一四・五パーセントが大卒か、学位のない専門教育を受けた者であった。さらに、一八・七パーセントが大学の学位を有していた。また同調査では、コモン・コーズの中位会員の世帯収入は、当時の全国的な中央値を八五パーセントも上回っていた。[4] コモン・コーズは、何十万というこの種のかなり特権的で高い教養の支持者がいるおかげでなんとかうまくやってこれた。同団体は、もっと多くの会員に何度も、より立ち入って接触を試みる必要は実際にはほとんどないのだ。

ここには、一種の皮肉が読み取れる。現代の早い時期に市民的起業家は、新人会員募集の手段としてマスメディアと郵送名簿を利用することによって、伝統的な結社から排除されてきた膨大な数の人々に手を差しのばし、このことで目標《コーズ》や集団への潜在的な会員補充の世界を拡大して、お偉方からパワーをシフトすると論じた。けれども、コモン・コーズ以外にも、こうした希望的な観測を疑ってみる証拠がある。ケネス・ゴドウィンとロンド・キャメロン・ミッチェルは、一九八四年に、環境保護運動に社会的ネットワークを通して入っていった人と、ダイレクトメールによって入っていった人を比較した。[5] 全体として、環境運動にコミットしている人は、白人中流階級に大きく偏っている。だが、ずらりと並ぶ環境運動組織には、支部基盤のものもあれば、中央集権化され、ダイレクトメール頼みのものもある。ゴドウィンとミッチェルは、ダイレクトメール会員には、女性、短期居住者、独身、高齢者が多い可能性があるとの仮説を立てた。二人は、郵送名簿による加入が市民参加を拡大しうる可能性を検討しようと企てた。

だが、ゴッドウィンとミッチェルの結果が示唆しているのは、これとは反対のことである。性別による差はまったく見出せず、唯一有意な差は年齢で示されたが、その方向性は予想とは反対であった。学生は、ダイレクトメールよりは社会的ネットワークによって環境保護団体に関わる傾向が見られた。全体として、環境保護主義へのダイレクトメールによる新入会は、ゴドウィンとミッチェルの予想以上に定住型であることがわかった。このタイプの人は、住んでいるコミュニティのサイズが大きく、また長期間そこに居住している人間であった——さらに、非常に印象的な報告は、彼らは、社会的ネットワークによって環境団体に入った人々よりも所得が高い、ということであった。

会員ゼロのアドボカシー・グループ、あるいはいくつかの支部を持つアドボカシー・グループ、さらには郵送名簿組織、あるいは非営利組織であろうとも、最良の教育を受けた最富裕層は、階級横断的なメンバーシップ連合体を中心とした一九六〇年以前の市民世界でこのような社会階層が（数こそ少ないが）、特権的であった以上に、アメリカの構成を変更した市民世界で、以前にもまして特権的であるという結論は、否定しがたい。もちろん、より良い教育を受けた者、より裕福な者が、労働組合は別として、合衆国の組織のリーダーシップに常に過度に関わってきた。だが、一九六〇年代以前のメンバーシップ連合体には、特権階級と一緒にさほど特権的ではない人々も参加していた可能性が大きかった。そうした組織は、全国的な影響力を振るう一つのルートとして、膨大な会費会員をターゲットにしていたので、典型的な結社には広範な価値を奉じ、網羅的な支持基盤に語りかけようとするインセンティブが残っていた。今日ではそれとは対照的に、専門職組織のリーダーは、おそらく相当に見識がある、すでに公的生活に関与していそうな、明確にそれとわかる支援基盤だけにアピールする、特定の「大きな反響を呼びそうな」問題を同定するために、「ニッチ戦略」を展開しようとする強いインセンティブを持つ。

リーダーの地位へのインセンティブもまた、典型的なメンバーシップ連合体では非常に異なっていた──そしてこれは、現代アメリカの市民的世界との重要な対比である。大規模なメンバーシップ連合体では、地方支部に加えて、広い地域、あるいは州レベルに支部が広く行き渡っており、人々を入会させようとする中間的指導者や会員が大勢いた。地元の、そして地元を越えた何十万という指導者が、毎年選出され、任命される必要があった。最良の教育を受けた最も裕福な人々を含め、巨大なメンバーシップ組織の階段を上っていく男女は一人残らず、そのプロセスで金や将来性に乏しい、あるいは並の市民と交流しなければならなかった。典型的なメンバーシップ連合体は、地元の問題と地元を越えた問題との間を階級、場所を横断する対面通行の橋を作り出した。今や、中央に集権化され、スタッフが運営するアドボカシー・グループが支配するアメリカの市民世界では、こうした橋は腐食している。

「ともにする」ことに代わって「ためにする」こと

私がこれまで主張してきた点は、現代の市民的傾向について楽観的な人々の多くによって認められよう。けれども彼らは、今日の対人的サポートグループ、コミュニティのボランティア事業、「草の根」運動を見てみろと言うであろう。エヴァレット・カール・ラッドやロバート・ウスノウといった楽観的な分析者は、こうした事業の中に現代の市民生活の真の組織体が見出されると論じているのである。[6] だが、私の見方では、親密なサポートグループも散発的なボランティア活動も、倒壊した市民的な橋を再建すると結論するには差し支えがある、ということだ。

ウスノウが認めるように、大半の小集団――「一二段階」回復グループや討議グループも含む――は、個人的な問題に極度に焦点を合わせている。小集団は、柔軟で親密で、典型的には内へと焦点化し、州、地元、あるいは全国レベルの政策形成は言うに及ばず、個人をより大きなコミュニティ問題との関わりにも巻き込みはしない。[7] 一方で、ボランティア活動は、しばしば専門的に調整される散発的、あるいは一回きりの営みだ。[8] それは、確かに立派な努力ではあるが、人々を共有された集団の継続中の会員としての仲間・市民と「ともにする」ことよりも、他の人の「ためにする」――教会の無料食堂で貧窮者に食べ物を提供したり、放課後教室で子どもを教えたり、博物館の展示会場の見物客を案内したり――ことへと参加させる。その場その場での慈善活動も重要かもしれないが、メンバーシップ連合体が果たした中心的な市民性機能の代わりにはなれない。ボランティアは、結社の会員ほどには互酬的な絆を築かない。彼らは、普通は責任ある指導的地位に選挙で選ばれはしない。また、彼らは、かつて数百万という会員が感じたこと、兄弟愛／姉妹愛、アメリカ市民としての仲間意識を経験しそうにない。また、友情が、市民キャンペーン、あるいはボランティア活動を運営する社会奉仕施設のスタッフ、あるいは理事によって実践されることもない。

地域グループや草の根抗議活動は、何人かの分析者が示唆するほど夥しい数ではおそらくない（4章を見よ）。だが、その数はどうであれ、このような活動は偏狭にすぎることがある――「ニンビー（NIMBY）」型環境抗議活動が、しばしばそうであることが明らかになっている。さらに重要なことは、ばらばらになった地方のパーツをいくら集めても、相互接続した全体と同じものにはならない、ということだ。ラッドが、増殖中の地区PTOが全国PTA支部と同じくらい優れていると論じるとき、彼は、州、全国レベルのPTAリーダーが、地元学校のサポートグループを州、全国レベルの立法キャンペーンに結合する上で伝統的に果たした役割を軽視している。またラッドは、州、全国PTAの大会が、さまざまな地元コミュニティやまったく異なった社会的背景を持つ親や教師の間で促進した、多くの架橋的なつながりを軽視している。[9] 典型的な自発的連合体においてすみずみまで活動する、選出された代表や指導者とは違って、純粋な地元の小集団や抗議運動は、問題と解決がいかに関連し合っているかを勉強しないかもしれない。また、地元活動家は、最も特権的な階級の居住地区を代弁しないかぎり、リアルな変化をもたらす――すなわち、市・州・地方政府に企業の行動を変えるために行動を起こすように説得する――に十分な梃子力を持ちそうにない。

偏狭さ《パロキアリズム》と梃子力の欠如が、唯一の問題なのではない。現代の「地元組織」や「草の根」事業の多くは、自然発生的で、完全なボトムアップ式だともてはやされはするが、中身は見かけとはまったく異なっている。それらは、有力なツテに恵まれたリーダーによって活気づけられ、納税義務を免除されている民間財団からの外部資金をしばしば受けている――あるいは、すぐに獲得する。別に、これがいけないわけではない。だが、完全に民主的な仕組みだと考えるべきではないということだ。外部資金を受け取っている運動、団体は、詳細な規正指針を満たしながら、リソースの申請・再申請をしなければならない。したがって、プロが、重要な非選出のリーダーにしばしばなる。というのは、団体が、彼らの専門的知識と外部助成者とのツテに依存しているからである。

財団の役割

J・クレイグ・ジェンキンスとアビゲイル・ハルクリは、一九五〇年代から現在までの、民間財団による「社会運動」助成金に関して綿密な実証調査を行った。草の根抗議が生み出した運動を含め、多くの社会運動がこうした助成金の恩恵を受けていた。その結果が、民主化と脱動員化の両方であった。財団の支援によって、線香花火のように短命に終わったかもしれない目標《コーズ》が制度化され、公共政策形成に影響を及ぼす運動の力が高まった。

しかし、財団の助成金は、専門家が運営する団体を好み――また中流階級の支持基盤が好む環境保護主義や世界平和といった目標《コーズ》に時間をかけて少しずつ関心を持つようになった。一九七〇年代以来、貧困者、労働者階級のニーズや価値の実現を重視する団体は、絶対額ではより多額の金をもらったが、同じく社会運動助成金の形成では相対的に後退してしまった。

さらに厄介なことには、財団資金が社会運動組織にも開かれたことによって、支持基盤を幅広く組織する必要がなくなってしまったのである。民間財団による「社会運動フィランソロピーは、運動に必要な技術的リソースを提供し、運動の利益を確保、実現する上で死活的に重要な新しい組織を作り出した。だが同時に、それによって、運動のリーダーが金、時間がかかる草の根の組織化に従事しなければならないというプレッシャーを低減してしまい、結果として、これらの運動の強い影響力は、潜在的に弱体化してしまった[10]」とジェンキンスとハルクリは結論づけている。

全体的に考えれば、民間財団が配分する助成金は、実は免税制度で浮いた金なのだ。我々アメリカ人は、全国組織だけでなく「草の根」団体が大きく依存する膨大な金をコントロールしている制度を誰が選択しているのか――あるいは、とにかく誰に説明責任があるのか――を疑うべきではなかろうか。一九六〇年代、七〇年代には、リベラルな財団が、社会運動やアドボカシー活動に対する資金提供のパイオニアであった。今では、保守系財団もこの事業にどっぷり浸かっている。私の疑問は、イデオロギー・スペクトラムのあらゆる部分に言えるのだ。

実際には、全国的な市民アドボカシーばかりか、相当量の「地元」ボランティア活動も、地域を横断する機構や資金の流れに――ちょうど合衆国の結社活動が、常に地域を横断した組織、資金の流れによって支えられてきたように――強く結びついている。違いは、今日の地域を越えた機構は、説明責任を負わないし、リーダーは選挙で選ばれない点にある。プロのエキスパート、管理者として財団関係者は、彼らが監督する団体内部からその仕事ぶりによって、現在の地位に就くことはまれだ。また、彼らが配る金も、会員の会費ではなく、寄付に伴う所得税の減税、すなわち国民の監視、さらには論点への十分な理解さえ伴っていない、いわば全国民からの間接的な補助金を受け取る富裕階級のドナーから出ているのだ。財団は、現代アメリカの市民社会、政治、公共的討議を形成するのに重要な役割を果たしているが、その活動は、大半のアメリカ人の頭越しに、また彼らに見えない所で起こっているのである。

公共的議論の広がり、公共政策の改善は、二〇世紀半ば以降、合衆国の市民社会で重大な役割をいっそう果たすようになった財団の介入が原因で起こったことは確かだ。しかし、民主的な説明責任は——助成金の受領側と寄贈側の関係でも、あるいは政体全体のレベルでも——、非常に少ない。上流階級の影が大きくなるにつれ、合衆国の行く手により多くの同じ影がぼんやり現れ出、富裕層は、彼らのお気に入りの機構やシンクタンク、アドボカシー・グループ、(たまには)「草の根」運動に助成金を寄付するための免税措置を受ける財団を発足させようと決意する。巨額の寄付をする富裕者個人、あるいは一族の社会福祉に献身する態度を称賛できるとしても、同時にその寛大さが民主的応答性の低下を招いたことに我々は気づいている——というのは、国庫は、いっそう上意下達型の市民基金に補助金を交付するため、結果として非営利・自発的努力が増加してはいても、幅広い民衆の支持を集めずにすむからだ。

失われた民主主義

今日、合衆国の政体は、世界で最も多元主義的であるが、大衆を代弁していると主張する組織は、直接の個人的接触、相互作用的環境への関与を通して多くの普通の市民を動員しようとするインセンティブ、能力を欠いている。そして地元の自発的活動と全国的影響力を求めるプロのアドボケート、補助金形成者との間に大きなギャップが開いてきた。この種の類似した変化が、選挙、結社に関わる生活でも広がり、アメリカにおける公的論議は重大な仕方というよりはむしろ皮相な仕方で分極化するようになった。さらに公共政策の形成は、社会的不平等が拡大している時代だというのに、庶民の手を離れ、社会階層の上部に傾いてきた。

非個人的アピールとターゲットを絞ったアクティベーションのマイナス面

専門的に運営されるトップダウン式の市民による努力は、大半の市民の公共生活への動員を限定すると同時に、社会的アイデンティティの断片化や公的討論での些末な分裂を助長する。なぜ、いかにして、を理解するには、大方のアドボカシー・グループや野心満々の（あるいはすでに選挙で選ばれた）政治家が、影響力を築くために現在使っている手法がより広い政体に与えるインパクトを考察する必要がある。

政治学者のスティーブン・シアーは、洞察力に富んだ書物『招待客のみ』（*By Invitation Only*, 2000）を書いた。そこには、社会的ネットワークによる選挙・利益集団動員の相当に広範かつ包括的なスタイルが、彼の言う「ターゲットを絞ったアクティベーション」――メッセージは、狭い範囲に限定された人口統計上の人々のカテゴリーを対象とする――へと変化したことが書かれている。シアーは、主に選挙政治における変化を扱っているが、同様の変化が利益集団活動の中にも観察できる、と報告している。彼は、「一昔前の動員スタイルは包括的であった」と述べ、「その理由は、そうしたスタイルには、単純な……メッセージ、社会的ネットワーク（を通じた）……個人的接触によるコミュニケーション、そして市民に、その……メッセージを吸収できる十分な時間があったからだ」[11]と続ける。対照的に、「アクティベーション」は、非個人的な仕方で狭い範囲に限定された人口の一部にメッセージが届くように範囲を絞って作られる。

世論アナリストのローレンス・ジェイコブスとロバート・シャピロは、この新しい手法を「精巧に作られた《クラフティッド》・トーク《トーク》」だと言う。このトークは、頻繁に実施される世論調査の「世論」に反応しているように見えるが、実はエリートが特定のカテゴリーの人々を望む方向に押し出すことを目的としたメッセージを仕立て上げるために、感情・言葉・フレーズに関するデータを利用することで、所定の政策目標を追求するのを可能にする。[12] 変化の原動力を、地元の一次ネットワークの減少に求める「社会資本」論とは対照的に、シアーやジェイコブスとシャピロが提示した種類の議論は、特定の政策目標を推進したいと考える野心的な政治家、市民活動家、選出公職者が立ち向かう動員への機会と挑戦に我々の注意を集中させる。

早い時期には、野心的な政治家や結社のリーダーは、放送で訴え、多くの組織された媒介者を通じて、滝のように横溢する動員を鼓舞しようとした。なぜなら、彼らは、誰が投票の懇願に応じ、あるいは結社加入、会費納入、集会参加の呼びかけに応じてくれるかに確信を持てなかったからだ。この動員スタイルの副産物の一つが、特定の問題関心が強い動機とならない人々を含む、ますます多くの人々を巻き込むことであった。エリートがそのつもりであろうがなかろうが、あるいは自分たちのやっていることをいつも知っていようがいまいが、パワーと社交性は融合し、その結果、膨大な有権者と多様な職種の多くの市民が、コミュニティ、州、地元、全国レベルの問題に参加することを促された。

政党政治の領域では、かなり包括的なこの動員スタイルは一九世紀に支配的であったが、反政党を掲げる「改革」が、革新主義時代にさまざまな州で繰り返し起こったときに、衰退し始めた。選挙に関係しない結社建設の分野では、包括的な会員動員スタイルはずっと長く続いた。だが、一九六〇年代以来、わずかこの数十年間に、ターゲットを絞ったトップダウン式のアクティベーションへの新たなアプローチが、選挙だけでなく結社に関係する生活でも勝利を収めた。すでに見てきたように、七〇年代以来、多くの組織はメディアを使ったアピールだけを使い、また別の組織は、注意深く範囲を限定した聴衆の関心事にアピールするように制作されたメッセージを、Eメールを通じて潜在的なドナーとやり取りする。

最近の市民による再編成はこのように、プロが運営する組織・選挙活動の相互強化的な――また、有害な――結合を生み出した。シアーが説明するように、「アクティベーションは、政党の衰退、組織された利益の増殖、コミュニケーション・キャンペーン技術の新たな効能を特徴とする政治環境に対するある種合理的な反応として生まれた」[13]。市民リーダーは、特定の主張にあらかじめ反応することを見込んだ対象として、確認され（専門家の研究によって）、慎重に範囲を限定した人口部分を選択的にターゲットにする。多くのアメリカ人は、特定の主張に寄付や票を投じそうでない集団の一部と見なされれば無視されかねない。

アメリカにおける新しいプロのコンサルタントやアドボカシー・エリートは、しばしば草の根動員に関与していると言い張るが、エキスパートが主導する非個人的な選択的アクティベーションの政治が現代にもたらす全体的な結果は、人々の参加動員をひどく阻害してしまう可能性がある。普通の人々は、知り合いから参加の依頼がなければ、投票に行ったり、結社に入ったり、集会に出たりすることはあまりない。政治学者のスティーブン・ローゼンストーンとジョン・マーク・ハンセンが集めたデータによれば、エリートによる動員の働きかけが減ったことが、一九六〇年代―八〇年代の合衆国における政治参加の低下の大きな原因の一つであった[14]。また、別の二人の政治学者アラン・ガーバーとドナルド・グリーンは、草《ノン・パーティザン》の根の「投票動員（GOTV）」運動での個人接触と非個人的なダイレクトメール郵送、電話作戦の効果を検証する目的の賢明にデザインされた「実地実験」を行った。その結果、個人接触の方がはるかに効果的だということがわかった。「有権者の一定部分は、対面接触によって投票を促されなければ投票しそうにない」。残念なのは、「投票者動員が非個人的になるにつれ、この種の励ましを受ける人々は減少し」、また、結社に従事した生活一般も、結社による動員、あるいは投票者動員のより古い形態を復活するのを難しくするかもしれない方法で変化した。ガーバーとグリーンが言うように、「問題は、市民的・政治的組織の長期的な衰退が、我々の社会が、対面的な遊説を大規模に行う下部組織をもはや有さない地点に達したかどうかなのだ」[15]。

選挙運動や利益集団の工作で使われる新しいテクニックが人々の参加動員を殺ぐこともあるように、それが瑣末なほどに分極化することもある。私はこの議論を行うのに慎重かつ明瞭でありたい。コミュニタリアンがしばしば主張するところによれば、アメリカの公共生活は、より「礼儀正しく」、「礼節をわきまえ」、無菌的に「無党派」である必要がある。だが、これは、私には死ぬほど退屈だ。というのも、普通の人々は、重大な事柄が問題になっていると考えるときにだけ、公共生活に関わるからだ。教養あるエリートでもそうであるように、情念は集団生活や政治において何が正しいか間違いかを理解することと同じくらい重要である。議論の余地があろうが、対立、激烈な議論、接戦の競争は、民主的な市民社会にとっても、選挙民主主義にとってもよいことである。他方、瑣末な問題について騒ぎ立てることは市民を興ざめさせる。それは、教養のある賢明な市民だって同じことだ。また、公開討論で進められる議論が、狭隘な価値観やアイデンティティを必要以上に引き合いに出せば、その手の議論は、多数決民主主義を育んできた幅広く共有されたアイデンティティや価値を容易に蝕んでしまうこともある。残念なことだが、過半数の目標をめぐる重大な競争に比べて、瑣末な分極化を助長する合衆国のアドボカシー政治には多くの要因が作用している[16]。

プロのアドボケートは、彼らの主張に人目を引かせることが必要であり、メディア会社は反対勢力を探す。かなり狭い問題、あるいは支持基盤に焦点を絞る何千というアドボカシー・グループがひしめく市民世界では、すべてのグループが、大声でわめくインセンティブを持ち、——狭く限定された関心事を前面に押し出す。提携《コアリション》構築に対するインセンティブはあまり大きくはない。十分に調整され、その上、大胆で幅広い立場を理解しようとするインセンティブはまったく欠落しているのかもしれない。相当数のメーリングリスト会員を擁する組織でさえ、劇的な出来事や論争を好むインセンティブを有する、という研究結果もある。社会的ネットワークを通じて入会した会員に比べて郵送名簿会員は、気まぐれであると同時に、刺激的な政策選好によって動機づけられる傾向がある。[17] 彼らは、彼らの強い、すでに考えを決めた政策選好を明確に代弁するアドボカシー・グループだけに小切手を送り続けるであろう。このように、アドボカシー・グループのスタッフは、狭い争点を開拓し、劇的で分極化した立場を——理想的には、そうした立場が切迫した脅威への反応である、その脅威を特定して——取りたがる。一般市民は、多くの争点について根っから明確な態度など持っていない可能性は高いし、——また、基本的な関心や価値観は共有していても——論争を求めるメディアと共利共生のアドボカシー・グループの世界は、政治的スペクトラムの中間的立場も、あるいは妥協の可能性を探し求めそうでもない。その結果、絶叫と膠着状態が容易に起こり、また大問題がほったらかしにされるのである。

上に偏った公共政策形成

現代アメリカの市民世界は、上層部が多すぎ、「ともにすること」よりも「ためにすること」を助長すれば、また、そうした世界が民衆の動員を制約し、政治における瑣末な分極化を助長するとすれば、それはさらに、全国的な政治と公共政策形成を特権階級の価値観や利害へと偏らせる。興味深いことに、この主張の最良の証拠の一部は、市民アドボカシー・グループによって駆り立てられる「新しいリベラリズム」の熱狂的支持者であるジェフリー・ベリーによるものだ。ベリーは、立法的課題と公的問題に関するメディアによる報道へのインパクトを市民アドボカシー・グループと伝統的な職業を基盤とした利益集団とで比較するために、注意深い実証的研究を考え出した。ベリーと彼の研究者仲間は、一九六三年、七九年、九一年の議会会期に焦点を当て、「議会公聴会のテーマであり、また最低でも新聞で報道されたことがある」[18] 二〇五の政策争点を探し出した。このリサーチ・デザインによりベリーは、社会調査ではめったに目にできない作業――公益アドボカシー・グループがまだまだ珍しく、また大して目にも止まらなかった一九六〇年代前半から、数が増え、重要な存在となった七〇年代、八〇年代を通じての変化の軌跡をたどること――を成し遂げることが可能となった。ベリーらは、いかなる種類の集団が、毎年議会で発言機会を得、それを通じて公的課題の形成を促したかを調べただけではなく、議会の各会期末までさまざまな種類の利益集団が支持した法案を突き止めた。この段階を追加することで、アドボケートが公聴会で発言機会を得たことに加えて、立法成果を実現できたかどうかに関するデータも収集できた。

ベリーの研究は、二〇世紀後半の市民世界の変貌が、教育程度も豊かさも劣る普通の市民の大半を代表する組織の影響力を殺ぐ一方で、増加中の上層中流階級の組織化された強い影響力を高めたことを示唆している（アメリカ人の四分の三が、学士号を持っていないことは覚えておく必要がある）。より幅広い市民の声《ヴォイス》を支持する側面においては、中流階級の関心を代弁する集団の数がビジネス組織に比べて増えた点が指摘されよう。市民アドボカシー・グループは、ロビー村でもあるワシントン全体で増えただけでなく、議会公聴会での証言およびメディアへのアクセスで測った場合にも、着実に極端なほどにＤＣに入り込んだ。一九六三年から七九年、そして九一年までにこのようになったので、連邦下院議会は、市民組織によって押しつけられた「脱物質主義的」争点――ベリーの定義では、自らのために口ビー活動をする集団の職業的私利に直接結びつかない価値観や生活様式への関心、権利、あるいは社会福祉の問題に絡む争点――に倍旧の注意を払った。

このことは民主主義の真の勝利であった、とベリーは説得力を持って主張している。以前と比べて高い割合のアメリカ人（それでも少数派に変わりないが）が、高い教育を受け、豊かになるにつれ、多くの人々が脱物質主義的な問題に関心を持つようになった。この動きに市民アドボカシー・グループが応えた。市民団体は、資金調達とメディア関係のつぼを心得ており、また真の公共的な価値や関心を代弁しようとし、伝統的に支配的なビジネス・経済ロビーと直接対決し、しばしば打倒するパワーを獲得した。ベリーは、次のように書いている。「市民団体」とそれが代表する市民「に対して」、「政府は、一般民衆や企業の稼ぎの増加を助ける以上のことをすべきだ。彼らにとって政府は、平等を押し広げ、権利を拡大し、環境を保護し、伝統的な核家族をサポートし、企業の社会的責任を強化するために企業を監督する最重要な責任ある存在なのだ[19]」。

だが、もし市民アドボカシー・グループが、広く重んじられる脱物質主義的関心を前面に押し出すことによって、アメリカ民主主義を拡大してきたのだとすれば、こうしたグループはまた、「彼らを支持する中流階級の連中にアピールする問題に集中して取り組んできたのである[20]」。ベリーが認めるように、強い影響力を持つ市民ロビーが売り込む脱物質主義的な政治の台頭は、公共的討議や連邦議会の立法施策を、普通の働くアメリカ人のニーズや関心から遠ざけ、他の種類の国内的関心事を「押しのける」のに手を貸してきたと言える。議会が取り上げた「経済的平等に関する問題」を厳格に評定し、ベリーは、議会に提出された全国内問題への割合を計算した結果、これらの問題は、一九六三─九一年にごくわずかに後退しただけであることが示された。だが、立法施策の内容と運命は、「経済的不平等を懸念する人々にとっては……暗い絵図[21]」を描く形で変化した。

ベリーの説明によれば、新しいアドボカシー政治が一九六三年から七九年の間に急増するにつれ、議会に上程された経済的な立法施策は、「ブルーカラー労働者に影響がある賃金、職業訓練といった問題からどんどん離れていき、……福祉や年金改革といった問題──貧しい人々と中流階級に焦点を当てた問題──に向かっていった[22]」。さらに際立つのは、実際に法律となった法案である。「議会中に取り上げられることもきわめて重要であるが、最終的に議会を通過した法案こそが、実際の変化を最も正確に検証できる材料だ」とベリーは指摘する。「一九六三年には、経済的不平等の縮小を意図した法案は、一〇件中六つが成立した。その後の数字は、七九年で七件中四件、九一年で七件中二件であった」[23]。

ベリーの研究は、中流階級の関心事を前に出す「市民団体の高まるパワー」を立証しているだけではない。彼の研究はまた、「連邦議会は、経済的不平等の縮小を求める法律をしだいに考えなくなり、この種の法律が取り上げられるときでも、賃上げや職業技能の向上を意識した法案をあまり考えなくなってきたこと、また議題に上げられる経済的不平等関連のこれらの全法案中、実際に法律として成立したものの割合も低下してきた[24]」ことを示している。労働組合の衰退と、右派の側での社会的直接活動主義も含めた別の力が働いてきたことも確かだ。さらにベリーと彼の研究者仲間は、より広い政治的文脈の検討に踏み込み、大半が「リベラル」な市民アドボカシー・グループが、経済的平等、労働者階級の福祉の改善・向上を目指す団体と徐々に連携する傾向を強めてきたかどうかを確かめようとした。連合はワシントンで一つの強大なパワー——立法工作——になりうるので、この問いの答えは、おそらく現代のリベラル政治にとって非常に重要なものである。

だが、答えは否であった。ベリーのデータによれば、ライフスタイル問題に焦点を当てるアドボカシー・グループと社会的平等を目指す組織との連合は、現在（市民団体が、物質的公正と社会正義の追求に対して実際に影響力を増大することもあり得る時代）よりも一九六三年（市民アドボカシー・グループの数も影響力も少なかった時代）の方が、より普通に見られた[25]。要するに、労働組合、宗教を基盤とする組織を含む社会正義を重視する市民組織は、今日のアドボカシー政治からクラウディング・アウトされているばかりか、大富豪だけでなく上層中流階級の価値観、ニーズを重視する市民団体にますます好き勝手にやられているのである。

包括的な社会的支給に対する支持の低下

包括的で惜しみない公的な社会的支給の可能性は、メンバーシップからアドボカシーへの大きな市民的移行と、それに伴って起こったネットワーク基盤の動員からターゲットを絞ったトークへの変化によって大きくしぼんでしまった。包括的な社会的支給の機会が失われたことは、公共的な価値、世論における集合的変化への反応であるだけではない。確かに、現代のアメリカ人の多くは、脱物質主義的なライフスタイルの問題を気にしているが、大多数のアメリカ人は、社会的保護や国民全員にとっての機会の増進をいまだに望んでおり――また、そこに中心的関心がある――のもまた事実である。合衆国の社会政策の形成史上、最も人気があり有効なプログラムの多くは、広く共有された道徳的価値観を表明していると同時に、多くのアメリカ人により大きな安全と機会を生み出すものであった。[26]公立学校、退役軍人・家族向けプログラム、農場プログラム、社会保障制度やメディケア（老人医療保険制度）などが、その例である。だが今日、市民的起業家は多数者の関心事に理解を示さなくなり、特定の問題やアイデンティティに基づく支持基盤を組織化、代弁するようになってきた。同時に政治家は、投票場から足が遠ざかりつつある選挙民の狭い一部分に的を絞ったメディア・キャンペーンを打つための多額の資金を利益圧力団体から調達することによって、しばしば選挙に勝利し、重要な役職に就く。自発的連合体が衰え、普通の家族や彼らの関心につながりを持つ自発的結社はほとんど見かけなくなった。そして、大資金提供者には許容できる、範囲を絞って品詞的に分析された争点を追求する政治家やアドボカシー・グループがひしめく公共領域は、広く共有された関心への政府の行動にはあまり物わかりがよろしくない。教育程度が高い人々や経済的な特権階級の利害と価値観は、この変貌したアメリカ市民社会においてはずっと大きな注目を集めるのだ。

もし、一九四四年のGIビル（復員兵援護法）が、第一次クリントン政権が提案した医療保険改革案に関する一九九三―九四年の審議を支配した政体とよく似た状況において、審議、立法化されておれば、どうなっていたか想像してもらいたい。この対比は、絵空事とは言えない。というのも、大多数のアメリカ人が支持した目標は、二つの時代における最も重要な論議の対象であったからだ。第二次世界大戦に従軍した何百万もの復員兵への援助と機会をいかに提供するかは、一九四〇年代に最も重要な――明らかに広く一般に受け入れられた――目標であった。そして九〇年代初めには、国民全員に医療保険の受給権をたとえ少額でも、いかに保障するか――近代的な世論調査が半世紀前にスタートして以来、常に過半数を超える支持を得てきた目標――は、最重要課題であった。

その上、話は一九四〇年代にさかのぼるが、当時好き勝手にさせておけば、立法上の膠着状態に直結、あるいはそこまで行かずとも、GIビルが実現した水準を著しく下回る復員兵手当しか作れなかった可能性もあるエリート主体――大学長、リベラルな知識人、保守的な連邦議会議員――がいた[27]。大学長やリベラル派ニューディーラーは当初、GIビルのお役所的に複雑で、公的支出にけちくさく、異常に制約のあるバージョン――慎重に選別された少数の復員兵のみ、一年以上学費全額免除で大学に行ける、という内容――を支持した。第二次世界大戦後の復員兵の立法施策についてのエリートの考えは、九〇年代のエリートの医療保険制度改革プランとさして違うものではなかった。〈GIビル〉が、現代のアドボカシーの世界でざっと作り上げられるとすれば、惜しみない経済的給付、家族手当が数多のアメリカ人に拡大されることなどなかっただろうし、また、カレッジ、総合大学、職業学校の門戸が、何百万という労働者階級の復員兵に開かれることもありえない話であろう。

だが、一九四〇年代の実際の市民の暮らしでは、経営者や専門職が、公共的討議、あるいは立法施策の支配権を保持しなかった。代わりに、大規模な自発的メンバーシップの連合体である米国在郷軍人会が、復員兵全員に対して家族・雇用手当、事業融資、住宅融資と並んで、高校卒業後四年を限度に高等教育を受ける機会を保障する法案に手を貸し、草案を書いた。米国在郷軍人会は、決してリベラルでも福祉国家を支持する組織でもなかった！　事実、多くのリベラル派は、一九四〇年代の在郷軍人会をまったくの反動と考えていた（彼らのイデオロギー的後裔は、今でもそう考えてよいようだ）。だが、そうしたことは、どうでもよい。当の在郷軍人会は、大量会員を基盤にした組織で、第二次世界大戦に従軍した復員兵をふたたび会員として迎え入れようと望んでおり、民衆を包摂すること、素早く対応することにインセンティブを持っていた。また、同団体は、代表制を伴うロッジ体系で組織された全国規模の連合体であったために、連邦議会に対してロビー活動を行い、自分たちを代表する議員に圧力をかけるために、地元や州レベルの組織を動員する潜在的なパワーも持っていた。在郷軍人会の全国指導部が指名した委員会が、合衆国史上最も寛大な社会立法の一つを起草した。また、何千という在郷軍人会の支部や何ダースもの州組織が、保守派議員もこの新しい立法施策に確実に賛成票を投じさせるために大規模な公共教育とロビー運動を開始した。

半世紀後、一九九〇年代の医療保険問題は、財団がサポートするアドボカシー・グループ、郵送名簿組織、激しくやり合うシンクタンク、世論調査員、巨費を投じたメディア・キャンペーンが支配する、変貌した市民世界の中で演じられた[28]。上層部が多すぎるアドボカシー・グループは、良識的な改革プランに対して大量の支持を動員しなかった――いや、実のところできなかった。クリントン大統領の医療保険改革立法は、自薦のエキスパートがひしめく秘密主義の五百人委員会が行った。出来上がった一三四二頁の法案は、ほとんどの者が理解できない分厚い代物で、まして世論による支持を動員するために使われることはなかった。何百ものビジネス・専門職団体が、クリントン政権の複雑な政策計画に影響を与えた――結局は、新たな医療保険立法の制定を一切阻止するために、不意に議会ロビー活動を感情的で、慎重にターゲットを絞ったメディア・キャンペーンと結合して使うにとどまった。アメリカ人、特にあまり裕福ではない家族は、国民皆保険化を望んでいたが、実現しなかった。また、雇用者支給保険に入っている市民は、経費削減を主張する連中が牛耳る民間保険市場に放置され、自力でなんとかやっていくほかなかった。

一九九〇年代前半以来、国政レベルの政治家は、国民皆保険のために仕事を再開したいとは思わなかった。その大きな理由は、アドボカシー・グループが、巨額の費用がかかるメディア攻撃をいつでも始める準備ができており、またある種の天下分け目の立法（それは、数多くの別の方法の一つで起草されるかもしれない）への潜在的な大衆の支持を集めることが可能な運動や組織がまったく存在しなかったことである。もちろん、政治家や利益団体は、「医療保険改革」を口にし続けた。というのも、彼らが雇う世論調査員や選挙コンサルタントが、そう助言するからであった。彼らは、瑣末な、あるいは空しい手段——たとえば、保険料が安く、また自身保険補償がない親によって保険への申し込みをしばしばされない子供に保険を保険対象とすることについてだけしゃべる——を詳しく説明するために、劇的なフレーズを使う。舞台裏では、議会委員会は、高額補償の民間保険にすでに加入しているより特権的なアメリカ人が大いに満足してくれそうな政策措置に論議を集中する。主な未解決の問題——増加中の多数の無保険者やそれに近い者への補償の引き上げ——については、これまでに毎年約百万人ものアメリカ人が無保険者になっているというのに空々しいレトリックだけが飛び交い、何の手立ても講じられないままなのだ。この問題はだんだんひどくなっている。だが、我がトップダウン型政治は、巧みに作られた、ターゲットを絞った決め文句のトークの泥沼に陥っており、今述べたような幅広い、民主的な関心に取り組まないことであろう。

公の仕事に対する信頼の低下

二〇〇一年夏遅くの〈9・11〉同時テロ後に、潮流は突然逆転することになるが、それ以前には、政府——そして主要な他の諸制度——への国民の不信は、研究者や評論家が非常に関心を払った話題であった。彼らは、繰り返し行う調査で、次のような質問項目を使った。「あなたが米国政府は正しいことをすると信じるのは、いつもか、大半の場合か、ときどきか」、あるいは全然か。一九六〇年代初めには、国民の約七五パーセントが米国政府を「いつも」か「大半の場合」信頼していたが、九〇年代には、政府を信頼すると答えた人の割合は、五人に一人から三人に一人程度に減った。[29] 分析者は、信頼のこの打ち続く低下を、大衆の非合理性の反映、社会崩壊の副産物であるかのように論じた。だが、アメリカ人は、全国政府への心底からの失望感をこうした形で表したのかもしれない。信頼の低下は、人種暴動や連邦政府の社会プログラムについて、人種を二分する党派的議論の結果として生じただけではなく、ベトナム戦争が引き金となった大変動やウォーターゲート事件、七〇年代に大半の労働者家族を打ちのめした上に修正されずにいた経済潮流ときびすを合わせるものであった。さらに重要なことは、公的信頼の急激な低下は、トップダウン型の選挙・組織政治の出現に伴い、また相前後してワシントンDCでエリートによるロビー活動が爆発的に成長したことに伴って起こったのである。

調査回答者は、エリートとそれ以外の全員の間にギャップが広がりつつあることをはっきりと認識していた。政治学者のゲイリー・オレンによれば、一九六〇年代半ばから九〇年代半ばの三〇年間に、「政府は自己利益のみを追求する少数の利害関係者に支配されている」と感じているアメリカ人の数は、七六パーセントへと倍増した。また、「役人は一般市民の意向など気にかけていない」と思っている人は、三六パーセントから六六パーセントに増えた。[30] さらに、一九九五年の調査では、一〇人中六人以上が、政府を信じない理由として、特殊利益が権力を持ちすぎていることが理由だと答えた。[31] 上層部が多すぎる市民組織、公共的討議における分裂とこれ見よがしの対立、そして上層階級に手厚い政治を行えば、六〇年代から九〇年代にかけての世論調査にこうした回答をするのもあたり前である。いつものように公の仕事は、二〇世紀末——国内は平和で、経済は好調。政治はもっぱら失望の対象であり、大半の組織化された市民活動が普通の市民とは別にプロの策略によって行われる、といった時代——、大部分のアメリカ人にとっては大して魅力的ではなかったのだ。

二〇〇一年の〈9・11〉以後の市民性復興か

アメリカ人の市民的態度は、少なくとも二〇〇一年九月一一日の暴力的なテロ攻撃の直後に一変した。テレビが、世界貿易センターとペンタゴンに航空機が突っ込むテロ攻撃の惨状を映し出した。それを見たアメリカ人の間に愛国心や社会的連帯感が急速に高まり、また積極的な政府への希望が再燃した。大惨事後一ヶ月も経たない内に、アメリカ人の五人のうち四人以上が、家や服、車を星条旗で飾り立てた[32]。そして、七〇パーセントほどの人が、〈9・11〉の出来事に応じて慈善寄付をしたと報告した[33]。社会的連帯感の噴出は、それまで不信が支配していた民族的、人種的境界線を越えもした[34]。アメリカ人は突如として連邦政府への信頼を表明した。二〇〇一年一一月までに、「アメリカ人のほぼ三人に二人が、連邦政府は、『ほとんどいつも』あるいは『だいたいいつも』正しいことをしていると信じていると表明した。……この数字は、二〇〇〇年四月の……同種の数字の二倍を超えた[35]」。政治アナリストのスタンリー・B・グリーンバーグが報じたように、国民が〈9・11〉以後の社会的連帯のあり方を理解し、彼らのプライオリティを変えるにつれ、新たに「私ではなく、我々を」が強調された。フォーカス・グループへの一人の参加者の言葉を借りれば、「我々には癒しが必要で、我々はお互いを必要としています。……我が国家に役立つことに関心を向けよ[36]」。

合衆国のより以前の戦争の勃発のように、〈9・11〉は、市民性再興への巨大な可能性を生み出した。集団的な考え方は変化し、またアメリカ人は、協力し、援助の手を差し伸べ、またボランティアに熱心になった。だが、何のためのボランティアなのか。新しい態度は、新しい活動をもたらすのであろうか。国民的連帯への希望は、現実へと翻訳されるのだろうか。また、ポスト〈9・11〉の努力は、結局どれほど継続可能なものとなるのであろうか。厄介な徴候がすぐに現れた。

慈善活動の不均衡は、その一つであった。合衆国の慈善団体は今やかなりプロ化し、またメディアによる報道に依存しているので、テロ攻撃による甚大な人間破壊への津波のような民衆一般の反応は、豊富の中の不足という状況を生んだ。貧しい人々、それ以外の弱く傷つきやすい人々に恒常的に支援を提供してきた慈善団体が、寄付金不足に気づくのに大して時間がかからなかった。そうした状況の中で、〈9・11〉の直接犠牲者救済を掲げた慈善団体には、約二〇億ドルもの寄付金がどっと寄せられた。[37] 二〇〇一年の感謝祭の頃にニューヨーク・タイムズ紙は、「〈9・11〉関連団体に対してどっと寄せられる善意は、食糧銀行にとってはどうでもよいことだ」と書いた。[38] そして、二〇〇一年のクリスマスが近づいた頃、クロニクル・オブ・フィランソロピー紙は、慈善団体を「クリスマス休暇に期待できる慈善金の総額を押し下げている」と評した。ある程度、景気後退も関係したが、「〈9・11〉犠牲者への支援の洪水に、献金者の一部は金を使い果たした気になり、復興活動に関係しない慈善団体には余分の小切手をあまり送らなくなった[39]」からでもある。

合衆国の過去の戦争では、全米各地のコミュニティに何らかの組織を持つ自発的連合体が、自らの財源や組織の下部構造を建設したり、自分たちのコミュニティを越えたより幅広い社会的ニーズに取り組み、平時への蓄えを築くためにも戦時下の寄付金の一部を使った。また必要とあれば、連合体は、資源をさまざまな現場に投入できた。だが、今日では、多くの慈善団体は、組織上自立的であり、奉仕先もおそらく一点に集中している。あるいは全国組織は全国のメディアを通じて、非常に特定した目的のために金を使う約束をする。二〇〇一年の危機によって、全米各地のアメリカ人は、ニューヨークやワシントンの〈9・11〉テロの被害者に直接献金しようとした。米国赤十字——専門家が運営する全国的な官僚的組織であるだけでなく、いまだにメンバーシップ連合体でもある——は、そのリバティ基金を受け皿に集めた五〇万ドルを超える寄付金の一部を、一般的な福祉手当や組織建設に使おうとしたが、民衆一般から沸き上がった不満やメディア・キャンペーンによってその方針を変更せざるをえなくなり、寄付金全額を、〈9・11〉の犠牲者に当てる、と約束せざるをえなくなった。[40] より一般的には、〈9・11〉危機に焦点を合わせた全米とニューヨークを基盤とした慈善団体は、当面の犠牲者に充てられる金を、およそ有効に使えないほどの莫大な金を結局は集めることになった。[41]

繁茂しているメンバーシップ連合体がないことはまた、ちょっと献金をするといったこと以外に個人的に関わりたいと思うアメリカ人にとっては、切実な問題であった。〈9・11〉以降、人々が、進行中の公共プロジェクトに市民として欲求を注ぐ機会はほとんどなかった。民主主義にあっては、戦争の勃発はいつの時代においても、市民としても好都合なタイミングである。合衆国の歴史でかつては、主な戦争は、政府が画策した公的活動の即座の拡大を促し、増税、団結した犠牲の呼び掛け、活発な大衆動員がそれに伴った――特権的な市民が率先してやった。いくつかの点において、〈9・11〉への反応は、ジョージ・W・ブッシュ政権が、国民的団結を声を上げて求め、軍事紛争のために軍隊を動員し、戦争および本土防衛のために新たな連邦支出を提案したように、お決まりのコースをたどった。だが、ブッシュ大統領は、金持ちに財政的犠牲を求めるのを避けた。代わりに彼は、連邦政府の能力を長期的には大きく殺ぐことになる、上に手厚い減税の促進を支持した。国家が、不平等主義の〈金ぴか時代〉からまさに出現していた第一次世界大戦期間中でさえも、最富裕層のアメリカ人を対象に税金を引き上げることはあっても、下げることはなかった、のにである。[42]

国内にいるアメリカ人へのブッシュ大統領のメッセージ全体はというと、民間人は「平常に戻る」ように――そして、とりわけ、落ち込む経済の復興に役立つようにショッピング・モールに行くように――強く求めた。私的な消費に金を使うことが、愛国的義務の最高の表現としてもてはやされた。〈9・11〉直後の数ヶ月間は、全国メディアに最もよく登場し、支持された大統領のアピールは、全米旅行業協会の広告に〈主役〉として登場する形で表現された。星条旗が波のように振られるこの広告は、「国民が『我々に何ができるか』と聞いているのだ」というシーンから始まる。大統領はそれに答えて、曰く。旅行をし、もっと休暇を取ることで、国民の「勇気」を示せ、と。合衆国大統領が、自分のイメージを民間企業をスポンサーとする広告で使わせたのは、これが初めてのことであった[43]。結局は、国民の三人に二人がこの広告を見たらしい。この数字は、慈善団体への献金とか、地元の本土防衛事業のために慈善活動すべきだ、といった大統領のときおりなされる提言を耳にした人の数をはるかに上回るものであった[44]。

国家指導者が行った選択を超えて、〈9・11〉後のアメリカの「新しい戦争」はまた、市民による影響力を制約する可能性があるやり方において、以前の紛争とは違っていた[45]。軍事行動は、正規軍と州兵隊に支援された、少数の高度に専門化した職業軍隊によって実行された。炭疽菌攻撃が国内の治安問題を呼び起こし、公衆衛生安全機構に今までよりはるかに多くのマンパワーの必要性が力説された後でさえも、連邦政府の指導者たちは、多数の新たなボランティア従事者の価値がわからないままにいた。過去の戦争では、連邦諸機関は、食糧保存、あるいは自由公債募金運動といった分野で明らかに有用な自発的な貢献を組織化するのに、巨大な全国的規模のメンバーシップ連合体を当てにできた。しかし、変貌した市民世界で実行された、この新たな対テロ戦争では、プロ主義がより信用できるように思われた――また、訓練を受けていない大量のボランティアをどのようにしてかき集め、どのように彼らを管理し、有効活用するのかは明らかでなかった。ブッシュ政権の米国土安全保障省のトム・リッジ長官は、「国境を監視するのにボランティア従事者を送ってはだめだ」と説明した。「本当にプロに関わってもらいたい所には、一定レベルの法の執行が存在しているのだ[46]」。

これらすべてを前提とすれば、二〇〇一年の〈9・11〉後数ヶ月経って行った世論調査が、変わる市民的態度と大部分は変わらない行動の間の分岐状態を実証していることは、驚くべきことではない。〈9・11〉以後、ア

図6・1　2001年〈9.11〉以後——行動よりも変化した市民的態度

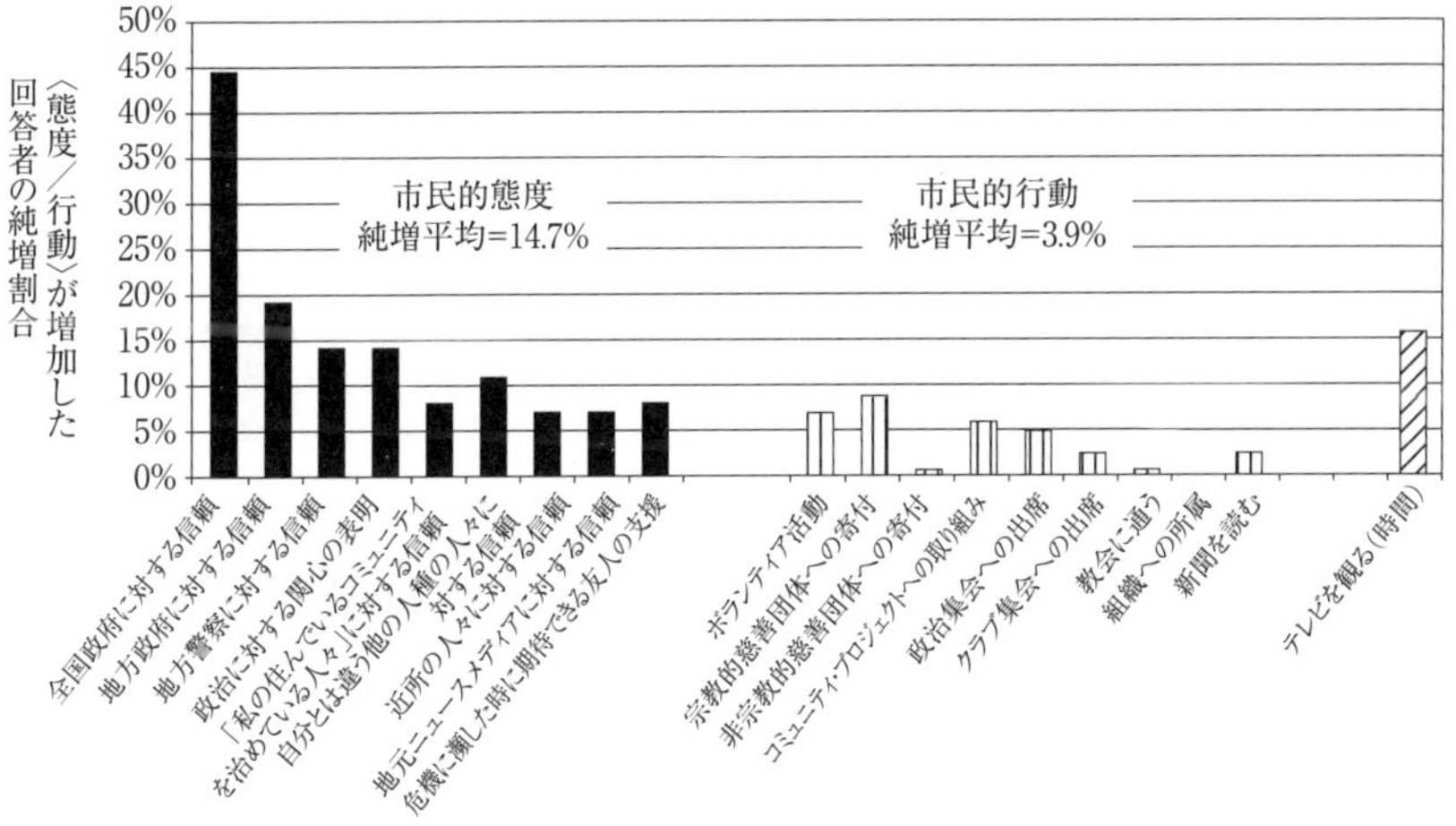

出典）Robert D. Putnam, “Bowling Together,” *American Prospect* 13, no.3（2002）: 22.

メリカ人は宗教がより重要になったと世論調査員に告げたが、すでに宗教的か、あるいは教会員として活動している教会出席者だけが、より頻繁に祈ったり、礼拝に出席し出したのだ。宗教的な活動・組織と既成の関係がないアメリカ人の行動は、変わらなかった。[47] 同様に、一般的なアメリカ人は、社会的、政治的信頼をより多く表明し、以前より慈善的な感情を支持した。しかし、図6・1が示唆しているように、組織の会員、あるいはボランティアとしてより多くのことを実際には、し始めなかった。専門的に運営される機構が、時間ではなく金を求めていたとき、また中央の政府指導者が、公的活動よりも消費主義を推奨していたときに彼らはいったいどうすればよいというのだ。

それゆえに、二〇〇一年九月一一日の身の毛もよだつ出来事は、アメリカ国民の市民生活、公共生活の性格を著しくはおそらく変えないであろう。国家エリートは、相変わらず政府の拡大、大衆関与の動員に乗り気ではなく、またブッシュ大統領の国家奉仕計画の控え目な拡大は、つい二〇〇二年中頃までアメリカ市民にほとんど影響を与えなかった。[48] 二〇世紀後半のきわめて大きな再編成は、全国的な活動と地元での活動を架橋するのを依然難しくしており、多数の市民を、組織化された進行中の市民的な努力に参加させることを妨げている。民衆の参加を高める可能性はなくなりはしないだろう――というのは、愛国心、国民共同体の意識をさらに強める心を奪う出来事が、市民的活力、市民性再興への助けとなるからだ。けれども、本書が論じてきたように、集団的な自発性だけでは十分ではない。制度や組織が、人々が参加する機会を提供しなければならない。もし市民性再興の約束が実現されうるとすれば、連邦の役人を含む国家指導者が、アメリカ市民を組織化し、巻き込むために現場へ出かけなければならない。

合衆国史を通じて、繰り返し戦時の危機が市民性再興の時代の引き金となってきた。しかし、軍隊の衝突それ自体は、――民衆に根差す組織を重要な公共的課題を引き受けるために引きつける、あるいは設立する機会をつかもうとするリーダーは別として――それ自体でも、また一人でにも市民性再興をもたらすものではなかった。二一世紀初めの時点で合衆国には、共有された国民的事業に市民を動員でき、またその気がある組織や指導者はあまりにも少ない。二〇〇一年の〈9・11〉は、公共的事業の拡大への幅広い切望に火をつけたが、市民性再興の機会は、アメリカの制度と指導者がアメリカ国民と話をする前に、いともたやすく消散することもあるのだ。

第7章

アメリカ市民社会の再構築に向けて

Reinventing American Civic Democracy

我々の時代の市民世界の大変貌は、アメリカ民主主義を衰退させ、その結果、我々の社会・政治生活の基本構造に大きな穴がぽっくりと開くこととなった。過去の市民社会を、そのまま再興することなどはもちろんできない。また、そうすべきでもないであろう。二〇世紀後半の権利革命の以前には、あまりにも多くの人々が周辺化され、力を奪われていた。また、市民アドボカシー・グループが近年増殖する以前には、あまりにも多くの重要な価値が公共的討議の議題から排除されていた。にもかかわらず、我々が失った典型的なアメリカ市民社会の重大な側面――共有された民主的価値、階級の区分線を越えたある程度の友情、大多数の人が一握りのエリートと一緒になって組織化された努力に参加する機会を含む――は、再発明される必要がある。

我々の民主主義を強化するためには、我が国民は、「結合《コンビネーション》」という卓越した民主的アートの実践者として改めて身を律し、市民生活を改革する必要がある。だが、どのような種類の改革に着手すればよいのか。昨今はやりの提言は、政府の縮小、地元レベルでの市民エネルギーの結集、公的な社会奉仕の宗教会衆への移譲を要求している。本書で詳述した歴史的視点から考えれば、この種の提言がなぜ益よりも害となるのか、その理由を理解するのは簡単であろう。そうした理解を基にして、全国レベルにおける改革を考察する作業に移ることができるのだ。こうした改革には、市民の斬新な組織化戦略、さらには全国メディア、選挙、政府が、アメリカ市民社会において再興された民主的な活力をサポートするために取り組むべき方策が含まれているのである。

有害な対策

評論家、研究者の誰しもが、アメリカの市民社会を修復する処方箋を持っているようにときどき思える。今日、最も喧しく目立つ改革グループは、よりローカルなコミュニティと親密な社会参加を助長することによって、アメリカ民主主義の根っ子を強化しようと奮闘するさまざまな種類のコミュニタリアン——同系とも言える「社会資本」論者とともに——である。この論法通りにいけば、ご近所が社会的活動に参加し、より多くのコミュニティ・プロジェクトに参加すれば、民主的効力が高められることになる。政府そのものを鼻から信じない一部右派コミュニタリアンは、さらに先を行き、大幅減税を主張し、また、「信仰共同体」の方が俗世の官僚よりも、貧困に苦しむ肉体（と魂）に手を差し伸べることができるとの理由で、多くの公的な社会奉仕の管理を宗教会衆に手渡してしまえと意気込んでいるのだ。[1] だが、アメリカの市民生活の歴史が教え、示唆していることは、この手のはやりの対策が、治療すべき病気を悪化させる危険をはらんでいることである。

ローカルな社交性の限界

中道のロバート・パットナム、ウィリアム・ガルストン、ジーン・ベスキー・エルシュテインから保守派のドン・エバリー、ウィリアム・シャンブラまで、今日の市民的積極参加をめぐる議論の最も雄弁な評論家は、合衆国の市民生活における病状の診断と治療法に関して驚くほどに非政治的、ローカルな考えに収斂してきた。[2] 実におもしろみのある皮肉だ。めざましい有力者——男も女も、有力な機構を率い、飛行機で各地を飛び回り、全国的な会議で講演し、国の改革への声明作りにコンピュータと対峙している専門家諸氏——がここにいるのだ。さらに彼らは、アメリカの民主的活力をあたかも主としてローカルなもので、紛争や政治権力への野心にはほとんど無頓着に、過去の市民社会を描き出し、現在を診断するのである。

すでに知ったように、この絵図は、過去の実態とほとんどかけ離れたものである。典型的なアメリカの自発的集団は、大いに発展途上にあった国の市民によって、市民のために結成されたのだ。これらの結社は、広く共有されたアイデンティティ、価値観を表現し、互いの騒々しい争いに関わり、地元の人々を州、広い地域、全国レベルの権力中心に結びつけた。自発的連合体はまた、政府に影響を与えようとし、多くの場合、政府を相手に緊密に仕事をした。しかしながら、アメリカ人に、政治とは関係しないローカルな努力の方を向くように強く勧奨している今日の市民的コミュニタリアニズムは、このことを決して知ろうとしなかった。

「能動主義者の政府」と政治的運動が答えではない、と市民の再生に関する全米委員会は表明する。というのも、市民性再興への真のエネルギーは、「アメリカの街、町、地元コミュニティの中で[3]」起こっているからだ。『孤独なボウリング』の結論において、パットナムも同じような内容の「『社会資本』論者の課題に向けて[4]」を書いている。職場を家族とコミュニティにとって「やさしく」しなければならない——なるほど、立派な目標だ。だが、パットナムのいう目標とやらは、企業主のほんの呼び掛けで達成できると読める。民主主義は、理論的にはローカルなものである。だから、選挙や政府は、「できる限り地方分権を進め、意思決定を小さな、地域の管轄に移す」ようにすべきだ。学校は、若者にもっと公民教育を提供すべきだ。またコミュニティは、「友人や隣人とふたたびつながろうと決意」するように設計されるべきだ。パットナムの見方では、アメリカ人は、「集団でのダンスや歌の集い、大衆劇団からラップ・フェスティバル」までの精神的コミュニティや文化的活動にもっと積極的に参加する必要がある。とりわけ、我々は、「今日よりも通勤時間を減らして近隣とのつながりにより多くの時間が費やせるように」すべきなのだ。

こうした処方箋は、きつい仕事、時間と金にせっぱ詰まった家族生活の半狂乱化する世界から逃れられない我々全員の心に、暖かい得も言われぬ心地よい感覚を呼び覚ます。だが、合衆国の民主主義の再興の戦略としては、地元の社会生活への度がすぎた肩入れ――経済的不平等、権力格差、政治的動員の問題を無視する対策――は、どう考えても理にかなったものではない。人々が、ピクニックや歌の集いの回数を増やすのに意を用いることで、投票参加率や組織化された公的活動が、急に改善するとは思えない。経営者や専門職従事者が、ご近所とより頻繁におしゃべりすることで、アメリカのエリートは、上への手厚い減税や、これ見よがしの贅沢な個人的消費にストップをかけられるだろうか――さらには、より民主的に応答的な方法で、行動し始めるであろうか。地域第一主義《ローカリズム》が広く行き渡れば、普通のアメリカ市民が重大な事柄に影響を及ぼすことが可能となろうか。

我々は、金持ち、上層中流階級とそれ以外の人々の間にギャップが開きつつある国――特権階級が、要塞都市、ポテムキン村休暇スポット、特権地域にある、あるいは彼らの子弟向けの学校、ばか高いボックス席からのスポーツ観戦に引き籠もるような国――に住んでいるのだ。アメリカの市民生活は、メンバーシップ動員からアドボカシーとマネージメントへ、また共有された価値観や目標から専門化した利害の追求へと変化したのだ。高等教育を受けた者と裕福な人々が、あらゆる種類の別立ての特権的な編成《アレンジメント》の内で快適で安全な家での生活を重視している時代に、金と、上層部が多すぎるイニシアティブが組織化された政治や結社生活で重要性を高める時期に、我がナショナルな民主主義は、いかなる、あるいはあらゆる種類のローカルな社交とご近所らしい慈善の手あたり次第の増加を通して、いかにして再興できるというのであろうか。地元コミュニティと「社会資本」論を最も真剣に受け止めそうな人々――それらで得をし、自己満足を感じる人々――が、ただの古い資本主義のかつてなく政府が軽視されたバージョンの中で私事化をいっそう進めたやり方ですでに活躍中である連中と同じ輩ではないかと恐れている。[5] 地元コミュニティを、またより一般的には社会生活を改善したところで、一致団結したナショナルな関与がなければ、問題に取り組むのに十分な民主的な梃子力は出てこないであろう。

たとえば、メイン州はことのほか市民的な地方であるようだ。パットナムの州別社会資本指数では最高位に近い[6]。だが、それは別に驚くようなことではない。メイン州は、強い市民的伝統、進歩的な公正選挙法、かなり高い投票率を誇っている。同州の自慢は、著しく近隣関係の良好なタウン、活発な非営利・市民団体、個人がアクセスしやすい選出公職者、公共ラジオ・テレビ局に、誰もがうらやむ市民ジャーナリズムのバンガー・デイリー・ニュース紙、メイン州のあちこちのコミュニティ事業に惜しみなく、また賢明な方法で寄付をする地元の富裕階級（とりわけ、小説家スティーブン・キングや妻タビサ）である。コミュニタリアンや「社会資本」論者が勧める立派なことが一つ残らずに、すでにメイン州では起こっているのだ[7]。だが、メイン州民は、広い全国コミュニティの一部と、本物の政治的影響力を持った民主的な政治になる必要はないのであろうか。答えは逆で、必要があるのだ。一九九〇年代の一〇年間に、メイン州の家族の五分の四が、実質的な所得の着実な悪化を経験した[8]。さらに重要なのは、健康保険の蝕ばみが容赦なく進み、メイン州の貧しい人々だけでなく、実業家や中流階級までもが全国規模で展開する有力保険会社の料金設定にますます苦しめられているのである[9]。言い換えれば、地元の市民的な活力にもかかわらず、メイン州の多くのコミュニティや人々は、合衆国の積極的な民主的政府の衰退によってひどく傷つけられてきたのである。

ほぼ類似した事態が、全米各地で起こっている。最近のピュー財団の研究によれば、アメリカ人の七七パーセントが、「自分が住むコミュニティとつながりを実感しており、生活の質について文句はないか、良好だという」[10]。詳細な結果は、「アメリカ人は家庭や職場で孤立している、という広く行き渡っている神話」が間違いであることを示している。同調査は、「人々は、居住地のコミュニティに深いつながりの感覚を持ち、ボランティアに従事する人々の数は、記録的で、問題解決のために街を助け、将来に楽観的なこと」[11]を証明している。だが、「それでもアメリカ人にはまだ心配事が多くある」と研究を主導した、市民変化推進ピュー・パートナーシップの専務取締役スザンヌ・W・モースは結論した。不安材料の順位づけを求められた被験者にとって、「全米のコミュニティが直面している……最優先問題」は、「生活賃金を充足させる仕事がないこと」および「手頃な健康保険が利用できること」であることが判明した。[12] これらはもちろん、能動的な民主的政府が取り組む必要がある、多くの人々に共通した問題だ。それらは、ばらばらの地元活動や、良好な近所づき合い、あるいは教会の会衆や非営利組織が組織するときどきのボランティア活動によって解決するものではない。ピュー財団の調査結果は、現在の市民的積極参加の論議において多くの評論家が問題を誤診していることを示唆している。

市民社会にとっての信仰に基づくサービスの危険性

益よりは害をもたらしうるもう一つのはやりの改善策は、信仰に基づく社会奉仕の連邦政府補助金である。民主党アル・ゴアと共和党ジョージ・W・ブッシュは、二〇〇〇年の大統領選挙では意見の対立ばかりが目立ったが、彼らは、「信仰に基づくコミュニティ」が、貧しい人々、麻薬使用者、十代の母親、囚人家族といった問題を抱える人々に社会奉仕を行うために公的資金にどんどん申請すべきだ、と考える点で意見を同じくしていた。ブッシュ大統領は、就任早々、「思いやりのある保守主義」のビジョンを推し進めようと、信仰に基づくコミュニティ・イニシアティブ推進室をホワイトハウスに新設した。「アメリカにおける社会的ニーズを見るとき」、「我が政権は、信仰に基づくプログラムと地域グループにまず目を向けるであろう。それらの力は、さまざまな人生を救済し、変えてきたことは証明ずみである」[13]と大統領は宣言した。大統領は後に詳しく語ったように、「連邦政府の政策は、達成実績よりもプロセスをしばしば重視する、そびえ立つ、よそよそしい官僚組織が犯した失敗した解決策を受け入れるべきではない。……成功した政府による事業計画は、コミュニティに奉仕する、信仰に基づく組織と効果的に協力してうまくいく、という全米で増えている合意に耳を傾ける必要があろう」[14]。

ある意味では、ここには、新しいことは何も提言されていない。救世軍やルター派社会奉仕からユダヤ家族奉仕、カトリック慈善活動まで、宗教関連の組織は、公的資金による社会奉仕を全米で運営するのに、非宗教的な非営利組織と一緒に主要な役割を長い間担ってきた。しかしながら、現在の信仰に基づいた改革は、公的資金による事業計画をかなり断片化、分権化させる方向に向かうであろう。その結果、地元の何万もの宗教団体が公的助成金を求めて争い、公共機関、非宗教的非営利団体に適用されるのと同じ非差別的な雇用基準、安全、効率、財政的廉直性を満たすべく従来宗教関連組織にも要求してきた連邦・州の法規制の多くを無視、あるいは緩和することが助長されよう。信仰に基づく手続きが、何千もの宗教会衆がサポートする事業計画を公的失業手当にひょっとすると加わる可能性もある――あるいは少なくとも、会衆による慈善団体のために税金を利用できるかもしれない「手続き」に対する聖職者の期待を高めている。

リベラル派は、提案された信仰に基づく改革を、憲法、法律を根拠にして論難してきた[15]。また、社会アナリストは、信仰に基づく社会計画の方が政府・非宗教の事業計画よりも、貧困者、障害者、問題を多く抱えた人々に手を差し伸べ、援助する点で有効だとする主張が経験的には実証されてはおらず、確たるものではないと指摘している。これらの批判は適切かもしれないが、私にはこの種の批判は、信仰に基づく提案の最大の危険性――すなわち、メンバーシップに基づく結社生活をさらに侵蝕しかねない危険性――を見過ごしているように思える。ブッシュが政権を取り、前民主党政権以上に信仰に基づく社会的支給を推進したいとの意図を言明した後、ニューヨーク・タイムズ紙は、ある論説において、州や一定地域が、「宗教的慈善団体に政府資金に申し込みを奨励する前例にない努力」をしていると説明した。結局、州や一定地域は、社会福祉事業に出す資金が恒常的に不足しており、多額の財源を約束してくれるものであれば何にでも便乗しようとしている。その結果、国中の関係組織が大会を招集し、「聖職者会員と州の社会福祉事業局との間での新たな連携」が奨励されたのであった。バージニア州におけるある典型的な州後援のセミナーの席上で、責任者が教会に留保できる余剰財源はないと説明したにもかかわらず、「会場を埋め尽くした牧師、申請書類作成者はメモを走らせていた」。だが、彼らは今や、「同じ有限の資金をめぐって他のコミュニティ協会と競争し合う」ことだってある。「……この会議で多くの人々は、献金皿を回すよりも多額の金を集めることが可能となるので、やれることは何でもする用意があると発言した。大半は、すでに事業計画を開始しており、事業の専門化と拡大を目論んでいた」[16]。

「信仰に基づく」社会的支給の体制の下では、貧しい人々や弱い人々に対する社会プログラムに政府が公金を出し渋るのも無理はなかろう。貧しく問題の多い人々を支援する追加的資源がないとすれば、宗教会衆の指導者は財政的に行き詰まった社会奉仕を施すために、大した額でない補助金をめぐり公共機関や既成の非宗教的／宗教的な非営利組織との競争が奨励されよう[17]。このありえそうなシナリオが市民性にもたらす一つの欠陥は、政府が、社会奉仕を薄給のスタッフやボランティアが財源が減ってもより多くの事をやると約束する宗教会衆に外注するので、そのことによって、組織化された官公労組公務員が解雇されかねないことだ。公務員の労働組合が、米国労働総同盟産別会議（AFL＝CIO）において近年唯一伸張している組合でもあるので、信仰に基づく社会奉仕が生み出す可能性があるこの副作用は、共和党支持者を喜ばせ、民主党支持者の多くを不安にさせる。だが、党派的な理由とは無関係に、我が市民生活の活力を懸念するすべてのアメリカ人は、宗教的に実施される社会奉仕が、今のところまだメンバーシップ、友情、任意的会費に大きく依存しているアメリカ市民社会の一つの主要部門において、専門的なマネージメントと「市民的起業家精神」を増大させる可能性があるのではなかろうかと心配すべきである。

これまでは、合衆国の一般的なボランティア主義と同じようにアメリカの宗教は、一方で公式の支援金、金銭的な後援を制約しつつ、競争的な組織を促進し、集団に公的アリーナへのアクセスを提供するガバナンスの組織網《マトリックス》の中で繁栄した。労働組合を結成したり、意見を公然と言う権利はいかに漠然とした形であれ、合衆国憲法と権利章典によって確立された。連邦主義と代表制民主主義が、非宗教、宗教を問わず自発的結社に多数のアクセス点を作り出した。これらの公的なファシリテーションの形態によって、百花繚乱とも言える自発的集団、運動が育まれ、それぞれは、世論による支持を求めて競争しなければならなかった。確かにときおりだが、政府関係者が、退役軍人団体や農業団体のような自発的結社を活性化した。さらに重要なのは、連邦、州当局は、しっかり定着した結社と協力してキャンペーンを展開したり、法律を実行した。それにもかかわらず、継続中の公的資金が典型的な自発的メンバーシップ結社に開かれていることはめったになかった。他のタイプのメンバーシップ集団の指導者と同様に、アメリカの宗教指導者は、会費納入会員——彼らが望めば、時間と献金をどこか他で使うことができる——に頼る必要があった。もし結社リーダーや聖職者が入れ込んでいるプロジェクトを始めたり、あるいは専門スタッフを維持したければ、会費納入会員から、それなりの継続中のサポートを受けて初めて可能となった。

自由な、競争的な環境において動員される、自発的な平信徒の支持に聖職者が依存することは、アメリカの宗教にとっては、良い結果を生むのに非常に都合がよかった。近代にあっては、世界中どこでも、政府が金銭的に後援する教会は、勢いと世論による支持を失ってしまった。けれども、アメリカの宗教は、依然活力に満ちており、——また、常に活発で、新しい宗教運動が周期的に台頭し、より古い、より慣例化、官僚制化した宗派に異議を唱え、出し抜いてしまう[18]。もし、合衆国の全国、州、地方政府が今、聖職者とそのスタッフが運営する専門的なプロジェクトに補助金を出し、社会奉仕計画を地元会衆に押し付け始めれば、アメリカの宗教の活力は容易に脅かされかねない。皮肉にも、すでに聖職者が民間財団からの助成金獲得に奔走している教会の貧しい会衆が、最大の被害を受けかねない。[19] 会衆を導くよりも組織の先頭に立つ宗教指導者は、アメリカの市民社会を害する恐れがある。聖職者は、彼らの会衆を重視しなくなるだろう——そして、組織宗教は、メンバーシップよりもマネージメントへと、現代の市民社会の他の領域ですでに踏み越えてしまった道とほぼ同じ道を進むことになろう。

要するに、地元レベルでの市民性再興に集中する努力だけでなく、信仰に基づく「改革」も、ひょっとするとアメリカの草の根民主主義に役立つよりも実際にはダメージを与えることだってあるということだ。その最終的な結果は、特権階級の間における社交性や連帯の増大、メンバーシップよりもマネージメント、たまたま特権階級の慈善屋さんの目に止まった一部の貧しい人々へのわずかな慈善——残りの人々は、減額中の公的支援でかろうじて衝撃を緩和することができる厳しい経済の中に放置される——だけのようだ。地域第一主義者《ローカリスト》、「社会資本」論者、信仰に基づく改革論者は、いくつかの基本的な点を理解しないできた。民主主義は、社交性や信頼以上についてのものであり、また、それはきっと、特権階級と他の市民の間の慈善的なつながりよりはるかに多くのものを要求するものである。有効な民主主義は、強力な代議政府と、多数者による多数者のための集合的パワーを提供する力強い包摂的な結社を必要とするのだ。

最近の市民としてのロスを補正し、アメリカ民主主義を再興するためには、我々は、地元コミュニティだけではなく全国的な連帯を育成する方法を見い出さなければならない。そして、力強い制度と全国的に野心的な活動家を目標に定めた、ピリッとした全国レベルの改革を必要としているのである。合衆国の市民的傾向を研究してきた者で、私ほど、今ここでの市民性再興を生み出す魔法の杖を持っていない者もいない。それを承知していただいた上で、いくぶん大胆かつ、憶測の感さえする助言——その大半は、今はやりの市民改革と性に合わない——をさせてほしい。

草の根民主主義の新しいモデル

第4章、第5章で知ったように、市民世界の変貌は二〇世紀後半のアメリカで急激に起こった。この変貌は、より古いメンバーシップ連合体を出し抜き、新しい社会運動を開始し、結局、恵まれない人々にとっての権利を主張する専門的アドボカシー活動の新モデルと公益の斬新な解釈をざっと作り上げることになった若い活動家によって推進された。社会的、政治的、技術的な要因が一つになって、一九七〇年代から九〇年の市民世界の変貌が促進されたが、専門職組織の建設の重要性についての新しいアイデアもまた決定的に重要であった。より初期の変化の欠点が浮上しつつもあり、アメリカの草の根民主主義を増進するのに必要なものを新たに理解しておく余地は残っている。我々の過度に専門化した、エリート主義的な現代の市民生活の持つ民主主義の赤字を理解しているリーダーは、アメリカの古い市民性と新しい市民性の最良の要素を融合させ、組織建設の新モデルを考案することが可能である。

革新《イノベーション》は、真空の中を進む必要はない。というのは、期待してもよい再発明がすでに進行中だからだ。大ざっぱな感じでは、専門的なマネージメントやアドボカシーが大衆＝動員型政治やメンバーシップ基盤の結社活動の株を奪ったのは、一九六〇年代以降のことである。だが、社会運動における組織者は、市民的な組織化の古典的スタイルと革新的なそれとを多かれ少なかれ意識的に結びつけてきた——資金調達とロビー活動において最新のコミュニケーション戦術を活用し、またそれと同時に多くのアメリカ人を組織のネットワークや、組織化され、共有された活動に巻き込んだ。これらと同じ運動や組織の多くは、さらに会員やその友人、近所の人々を政治的キャンペーンに巻き込むために、社会的接触を利用することの効用を再発見した。最近の政治学のリサーチは、有権者を投票日に投票所に行かせるには、非個人的なテレビ広告はもちろん、何度も郵便物を送りつけたり、また名前も告げずに電話で投票依頼するよりも、親密な個人的接触の方が有効なことを明らかにしている。[20]組織への参加の強化はこのように、市民性の再興ばかりでなく政治の再興にとっても手がかりであるかもしれない。一九九〇年代を通じて、いくつかの非仮想の現実－社会の組織や運動が、この真理を独力で発見し、実践した。

労働組合主義者、環境保護主義者、保守派キリスト教徒

たとえば、国内最大の労働組合、米国労働総同盟産別会議（AFL＝CIO）が一九九五年にジョン・スウィーニーを委員長に選出して以来、その活動はふたたび活発となり、スタッフが運営するロビー活動が、職場や選挙運動中に草の根の組織化と結びつけられるようになった。AFL＝CIOは、全国本部の代表委員の一部（全員ではないが）と一緒になって、新しい職場の組織化や、これまで組合官僚主義によって周辺化されてきた少数民族や女性の労働者を活性化することに打ち込む、慣例にとらわれない活動家を歓迎し、育成している。これらの新しい新入りオルグの補充は、ブルーカラーと専門職の職場からもあれば、大学キャンパスやその他の社会運動、あるいは神学校からもある。AFL＝CIOのトレーニング活動には、「ユニオンサマー」や「セミナーサマー」のような革新的な活動が含まれている。[21]

AFL＝CIOの組織化への取り組みは、公務員、サービス業従事者、専門職従事者といった新たなグループを取り込むこと――そして、ロサンゼルスのような一部の都市をラティーノ移民労働者を先頭にした「新労働組合主義」の培養基に変身させることによって成功した。[22]五〇年代以来の労働組合員の減少傾向を増勢に転じさせることは、組合加入のブルーカラー従業員のより古い孤立した包領《エンクレイブ》を襲う合衆国経済で進行中の変化に加えて、しばしば不利な規制的環境を考えれば、相変わらず苦しい闘いである。にもかかわらず、職場の組織化を再興す

るにつれ新AFL＝CIOは、教会や地域グループと連合を構築するようになり、また選挙への立候補者や立法府の政策立案に対する強い影響力を拡大するために、ネットワークに基づく戦略と最新のメディア戦略を融合するようになった[23]。AFL＝CIOは、慎重に作られたテレビ広告費の支出の一部に組合費を使うことによって――保守が断言めいて批判しているが――だけでなく、投票者の教育と動員を職場・コミュニティを基盤とした有権者教育・動員キャンペーンを考案し、これらのネットワーク基盤の努力を支援するためにインターネットを革新的に利用することによって、選挙運動における手強いプレーヤーとなった。

AFL＝CIOだけが、多数のノンエリートのアメリカ人に影響を与えようとする、革新的な結社、政治の実践の場ではない。他にも同じく注目すべきやり方で、近頃の環境運動や現代のアメリカのキリスト教保守主義は、アドボカシー戦略を会員の新規補充や公共目的に向けての民主的リーダーシップの訓練に結びつけている。刷新された現代の合衆国の労働組合運動と同じように、これらの他の運動もすべて、活力ある草の根民主主義の根本的な構成要素を共有している。各運動は、それぞれの方法で何らかの道徳的な世界観にアピールし、広く共有された社会的アイデンティティを主張する。それぞれの運動は、ローカルな根をずっと広い勢力圏と結びつける。また、それぞれは、社会的な仲間意識を公的な影響力と総合する。

第4章で知ったように、一九七〇年代以降発足した新しい環境保護団体は、スタッフ組織、あるいは郵送名簿の支持基盤を持つ専門的に運営された組織である。今でも、現代の環境保護運動には全体として、シンクタンク、アドボカシー・グループから特定のコミュニティ、職場支部を基盤としたメンバーシップ連合体まで、一部競合することもあるが、たいていは協力し合うさまざまな団体が含まれている[24]。こうした組織のどれにも属さない多くのアメリカ人も、同じように環境問題に通じており、環境保護組織の活動に共感している。

環境保護主義運動は、一つの大きな、全米に広がる支部を基盤としたメンバーシップ連合体に組織化はされてはいないものの、ある意味では運動全体を構成するすべての組織・支持基盤間の相互作用が、草の根結社主義《アソシエーショニズム》の典型的形態とよく似た、ナショナル、ローカルな、また政治的、社会的な事業をうまく組み合わせてもおり、そういう意味では、典型的形態の結社主義《アソシエーショニズム》と同じ機能を有している。環境保護運動には、調査研究をしたり、公的な議論を行ったり、連邦議会や州議会、公共機関にロビー活動を行うことを専門にするリーダーや専門家がいる。また、特定プロジェクト（たとえば、環境保護用地の検査、国立公園の道の清掃など）を続行したり、あるいはレクリエーション活動（サイクリング、ハイキング、バード・ウォッチング等）のために集まるだけの草の根グループもそこには含まれている。本質的にまったく異質な環境保護主義者の活動が、ときおり相互に連絡もなく進む。しかしときどき、たとえば週末にバード・ウォッチングの旅に集まる、レクリエーションを楽しむ環境保護主義団体もまた、州、地元、全国レベルの政策をめぐる討論に興味を持つ。さらに重要なことは、シエラクラブのような一部の環境保護団体は、公共政策をめぐるキャンペーンを支持するのみならず、公共政策に影響を与えうる代表制ガバナンス体系を支える支部網を意識的に維持している。

現代のアメリカの新右翼保守主義は、メンバーシップに基づく活動を、経費のかかる、エキスパートの全国的アドボカシー活動と融合するのにさらに成功してきた。パットナムが論じているように、右派の政治活動家は、メンバーシップを基盤とした制度に基づく前からあったネットワーク——すなわち、宗教会衆と、聖職者・教会員の間における教徒間の絆——と接続できた[25]。だが、右派側におけるより幅広い市民的積極参加は、部厚い宗教的な社会資本だけによって自動的に生み出されたのではなかった。福音主義者は最近数十年で増加したが、保守的な政治的意見を抱くアメリカ人の数にさほどの変化はない。七〇年代半ば以前には、宗教的保守主義者は、政治には比較的おとなしい集団と考えられていた。その後、彼らが市民的、政治的な積極参加を活発にした理由は、単に教会の草の根ネットワークの存在が原因と考えられる以上に、リーダーシップの戦略とキリスト教右派組織の結成それ自体に直接に起因している。たとえば、中絶反対の活動家は、おそらく福音派教会やカトリック教会を利用して成功するだろうが、それらによって直接に支配されない、争点に焦点を合わせるが、地元に根差す組織を作るために最高裁判決や法律の制定からの脅威をドラマティックに表現してきた[26]。

一九七〇年代前半の元来の新右翼の集団は、専門的に運営されるアドボカシー工作であり、実際によくターゲットを絞った潜在的な支持層から金を集めたり、彼らの意見に影響を与えるためにダイレクトメール戦術を開発した。だが、こうした戦術もやがて効かなくなった。さらに、保守的なレーガン政権という彼らにとってはまことに好都合な八〇年代においてでさえも、いわゆるキリスト教右派は新たに大飛躍したわけでもなかった。組織的な活動の展開のみならず莫大な金が、一九八八年の共和党大統領指名を争うキリスト教右派候補パット・ロバートソンの選挙運動に注ぎ込まれた。だが、選挙運動は失敗に終わった。しかしながら、その後ロバートソンは、ラルフ・リードが始めた新しい動員アプローチにお墨付きを与えた。古い陳情書や郵送名簿から作成した名簿リストは、多額の献金の郵送依頼のためだけではなく、連邦化した組織のキリスト教連合——全国レベルのみならず、地元コミュニティ、すべての下院議員選挙区、各州における集団動員とリーダーシップ訓練に打ち込んだ——を結成するためにも有効に利用された。キリスト教右派の活動家が集められ、メッセージは教会を通じて広められた。けれども、聖職者は、若干無視された——その様は、一九世紀の婦人キリスト教禁酒同盟の場合と瓜二つであった。さらに重要なことは、キリスト教右派参加者には、州レベルの共和党や地元の下院議員選挙運動に潜り込むために、集団のリソース、リーダーシップの影響力を伸ばす機会が与えられた。連邦化した組織建設が進むにつれ保守系財団は、助成金を使って右派諸団体を人口に膾炙させるために新しいアイデアを築き上げた。また、エキスパートが運営するシンクタンクやアドボカシー・グループが、ワシントンDCでせっせと働いた。環境保護運動では同程度であるが、州や一定地域では一致団結した、組織化された努力をもって、新しい保守は、トップダウン型の政策アドボカシー活動をアップデートされた会員の組織者と融合した。

結社作りの新旧アプローチを巧みに融合した現代の運動が、公然と政治的に野心的であったことには注目されたい。権力への道を探す戦略第一主義のリーダーは、もっと簡単な方法をみつけられず、そこで彼らは、市民的有徳《グッドネス》からだけではなく、政治的な理由から——事実、それと認めた政治的な脅威に反応して——、民衆による積極的参加に頼った。民衆重視の戦略が、いつも第一希望というわけではなかった。インサイド・ロビーからの上がりがここ数十年の間に減ってきた結果やっと、AFL＝CIOは新しい職場キャンペーン、コミュニティ・アウトリーチ活動、選挙期間中のメディア政治とネットワークによる連絡を結びつけようとした。キリスト教右派の政治家たちは、ダイレクトメールの努力から得られる票数を減らし、また大統領選挙運動が失敗してようやく、地元や州レベルの組織化に資金を投入した——この戦法自体、連邦議会に共和党の影響力を築く必要性と機会によって奨励された。

産業地域事業団

米国労働総同盟産別会議（AFL＝CIO）や環境保護主義者、キリスト教右派ほど全国的には目立たないが、市民的アリーナにおいて革新的で実効的であることがわかった別の運動がある。それは、産業地域事業団（IAF）が運営する、相互に連結した広い地域の組織化努力からなる運動である。その最も有名な代弁者のアーネスト・コーテスによれば、IAFは、「主に貧困・低所得のコミュニティに幅広い基盤を持つ、多民族主義的で異宗派間的な組織の全国的ネットワークのセンター」である。「IAF組織の中心的役割は、普通の市民や納税者が、彼らのコミュニティにおいて権力と政治の関係を再編成しうる能力と自信を築くことである」[27]。IAF組織は、全米のさまざまな広い地域に存在しており、その中には大ボストン広域都市圏の新しい組織である大ボストン・

インターフェイス団体も含まれている。この組織は、都心部と郊外との関係を構築し、カトリックとプロテスタントの教会、ユダヤ教徒団、他の宗派の会衆、また労働者団体から熱心な参加者を得ている。

おそらく最もよく知られたＩＡＦのネットワークは、テキサスや他の米南西部の都市に見られる相互関係にある組織からなるものだ。[28] これらのコミュニティ組織は、進んで会費を払い、人々をコミュニティの組織づくりに参加させる教会会衆からかなりの支持を受けている。ＩＡＦ組織者は、コミュニティ・リーダーの訓練の支援をし、次にはコミュニティ・リーダーが政府諸機関、あるいは有力な民間団体に要求すべき重要な公的問題を即座に確認する次なるリーダーと参加者からなる四方八方に広がるネットワークを形成する。ＩＡＦの組織化は、地元に根差すと同時に連邦化もしている。組織化には、共有の道徳的関心を表現するために、聖書や他の宗教的な話が使われる。また、組織化は、組織者の専門的訓練を個人対個人の接触を通した「関係型組織化《リレーショナル・オーガナイジング》」への長期にわたる関与と結合している。結果は、強い印象を与えるものであった。というのは、ＩＡＦの市や地元レベルの組織は、学校改革、住宅街改善、生活賃金・手当を保障する地位に結びつく職業訓練プログラムの確立といった問題にうまく取り組んできたからだ。

今日の合衆国における大半の他の「民衆動員」型の運動とは違って、ＩＡＦ組織は、政党が関与しない《ノン・パーティザン》政治的立場を保持しており、その結果、共和・民主両党の政治家や役人に要求を遠慮なく突きつけることができる。さらに重要なことは、ＩＡＦ組織は、組織の有名な「スター」を特別扱いしないためにも、メディアによる教宣活動はめったにしない。代わりに、ＩＡＦ組織は、地元運動を、民族・人種の区分線を越えて共有された関心を表現するために注意深く選ばれた問題についての大都市圏、州、あるいは広い地域レベルのキャンペーンにときおり結びつけ、民衆リーダーや集団能力を静かに育てる。テキサス州での努力を注意深く研究した社会学者マーク・ウォレンは、次のような結論を得ている。「ＩＡＦは、民主的政治へのダイナミックな形の介入を生み出すため、権威と参加を結びつける。……基礎知識を十分教え込まれた多くの地域グループは、それらが活動する現場では、脆弱で孤立したままだ。他方、アドボカシー・グループの大半は、上層部が多すぎ、組織的基盤を欠いたままワシントンでロビー活動をしている。IAFは、両サイドのバランスを取る方法を見つけ出し、より高いレベルにおけるパワーを活用する一方で、地元の組織化にこだわり、その作業に集中して取り組んでいる[29]」。

市民性革新《イノベーション》へのさらなる可能性

現代の活動家は、アメリカの長い市民の歴史からだけでなく、民衆による草の根動員のすでに存在しているモデルを真剣に受け止め、新しい組織を発足させたり、既存の組織を再修正したり、あるいは社会的、政治的変化を推進する多集団《マルチグループ》運動に参加するにつれ、彼らに開かれたさまざまな戦略を持ち出した。

市民的活動家（および彼らの活動のスタートの手助けをする後援者《パトロン》）は、支部ネットワークの構築、代表者集会の何度にもわたる開催、さらには会員——あるいは友好団体——からの会費を通じた継続中のリソース調達を吟味できる。だが、六〇年代以降、アメリカの「市民的起業家」は、こうしたルートを進むことはほとんどなくなった。というのは、メディア担当者、ロビイスト、コンピュータ処理の郵送名簿を備えた本部を設置する方がずっと楽なように思えるからだ。だが、IAFの経験が示すように、より長く話す、より大きな献身を求めることで、見返りが増えるかもしれない。持続的な下部構造の構築は——もし、それが地元だけでなく、地元を越えるようなものであれば——、ワシントンDCに集中した集権化された努力、あるいは全国のメディアで注目を引くつかの間のプレーよりも大きな影響を生むのを可能とする。リーダーや会員を、場所、あるいは制度を越えて相互に結びつけるには時間がかかるが、これこそが、多数の人間を運動に引き込む唯一の方法であり、単一争点型闘争・選挙を超えて、変化をもたらす持続的な梃子力を生み出す最善の方法である。

興味深いことに、ワシントンを基盤に活動するアドボカシー・グループの一部が、連邦化した支部の設立に以前よりも関心を持ち始めている。米国退職者協会（ＡＡＲＰ）は近年になって、新しい州、地方支部を増勢するために専従の組織者を雇っている。また、専門的に運営される児童擁護基金のリーダーの息子、ジョウナ・エーデルマンは、子どもたちのためにという連合体において、困難な経験を積む支部のネットワークを増強しようと今のところ動いている。[30] こうしたアプローチに顕著な特徴は、リーダーシップの訓練と外に向けて放射状に広がる接触ネットワークを通じた、安定的な会員集めである。今度は、他の会員を組織・徴集しているリーダーはその上、自らが会員を代表する団体で重要な統治の役割を担わなければならない。

特定の一定地域に基づく昔風の代表制を伴う連合体は、一つのモデルではあるが、唯一のモデルというわけではない。合衆国の将来の自発的連合体は、職場の単位、あるいは宗教会衆、あるいは他の非地理に規定された環境の間でつながりを織り上げるかもしれない。大事なのは、リーダーシップの訓練、場所を越えたネットワークの構築、そして代表制による意思決定の透明な手続きである。結社の設立資金を出すパトロンは、大量郵送に金を出したり、あるいは専門的に運営される事務所の維持のために補助金を配るよりはむしろ、リーダーシップの訓練やメンバーシップに基づく組織化の支援にリソースを向けることを検討すべきだ。また、市民的活動家は、現在の支持基盤やテクノロジーに合わせた新方針に沿って全国各地を歩き、メンバーシップの組織化を再発明する方途を探そうと、想像力を働かすべきだ。

専門的に運営されるアドボカシー・グループや研究機関はまた、メンバーシップ結社と持続的な提携を築けるようになる。すべての市民組織が、れっきとしたメンバーシップ・ネットワークになる必要はない。この点は、組織の新しい、古いは関係ない。アドボカシー・グループ、研究機関、その他の会員ゼロといった種類の市民組織は、メンバーシップ集団・団体と連携しながら、同時に専門的任務に最善を尽くし続けることができる。史上最も成功した社会運動や立法運動の多くは、この種の計画された相乗効果によって勢いづけられた。だから、ワシントンDCを基盤に活動するアドボカシー・グループが、現代の同盟相手として異質な（類似したもの以外の）パートナーを探し出せないわけがない。「ベルトウェイ内部《ワシントン》」は、アドボカシー活動家にとっては――特に最強の既得権益が好まない目標《コーズ》に関心を持つ活動家にとっては――流行遅れのフレーズとなるはずだ。もちろん、民主的変革を望む人々は、DCを基盤として活動する集団のために、またそうした集団とともに活動を続けるべきではある。だが、市民アドボカシー・グループは、広範囲にわたる、相互に影響し合うメンバーシップを有する組織と協力する――そして刺激を与え、そこから学ぶ――方法をいつも探しているべきだ。

宗教組織と会衆が、我々の時代における最も有力な民主的運動――右派のキリスト教連合から中道左派でのIAFの都市、広い地域レベルの異宗派同盟まで――の一部の中核的担い手となってきた。教会は、人々が職業の区分線を越えて集まるのにふさわしい場所、家庭生活や、継続中のメンバーシップ活動が交差する場所、人々が価値観や道徳的判断を口にするに相応しい部門の一つである。だが、教会だけが、変革を志向する組織間同盟に関与する唯一のメンバーシップ基盤の組織である理由は必ずしもない。多くの他の可能性が、専門家主義《プロフェッショナリズム》を友情、あるいは継続中の日常活動をベースとした団体と融合する大切さをよく理解しているリーダーによる創意に富んだ同盟構築を待ち受けている。

メディアと民主性再興

アメリカの草の根民主主義の再発明は、市民的結社を設立、維持するアメリカ国民の側の新しい戦略で始めなければならない。だが、ナショナルな制度も重要である。というのは、それらが、市民的組織者や社会運動に機会とインセンティブを与える影響力と権力のルールを作り出すからである。手短に、選挙政治と政府の影響を考えてみるが、その前にまず全国のメディアについてコメントしておきたい。

社会的コミュニケーションは、健全な市民社会には重大なので、主要な新聞やオピニオン誌の仕事やテレビ・プロデューサーの選択は、恵まれた、また恵まれない市民的、政治的活動の種類にかなりの影響を及ぼす。そうするつもりが必ずしもなくても、全国のメディア会社は、代表性が疑われるリーダーシップを奨励し、組織的な団体活動をあざけり、代表制政治を無視、あるいは貶す情報を表現し、収集する戦略を取ってきた。近年、メディアの専門家は、自分たちの市民へのインパクトや責任を前よりも意識するようになってきた。主要な会社は、「市民ジャーナリズム」運動に加わってきた。この運動は、多くの市民の関心を見つけ出し、そうした問題をそれなりにカバーするために、実際には綿密な世論調査やフォーカスグループ手法の利用を奨励している[31]。これはそれなりに役立つかもしれないが、逆にエリート主義を助長し、結社の努力を台無しにする慣習をそのままにしておく。

公共生活のすべての領域において、「世論」測定の戦略として世論調査技法が、民衆に基盤を置く組織、公選職の指導者に意見を聴するという形に取って代わった。どうも、我々は、この事実を慶賀すべしということらしい。というのも、測定の包括性と代表性が高まったのは確かだからだ。おそらく、そうなのであろう。しかし、世論調査だけを利用するのでは、「世論」と民主的能力の全体的な分岐がますます促進される。世論調査は、その筋の専門家が質問内容を考案し、被験者に質問し、被験者が文脈から切り離された回答を行うトップダウン的手続きなのだ。さらに世論調査は、人間の集合が——さしあたり——何を考えているかは語ってくれるが、組織的集団が何ができ、あるいは何をしようとしているのかについての情報はほとんど提供してくれはしない。

テレビ以上に世論調査はなくならないであろうが、過度に使う必要もない。たとえば、だらだら引き延ばされた二〇〇〇年の大統領選挙の間中、全国のメディア会社は、予備選挙、民主・共和両党の全国大会と、何ヶ月にもわたり——実はこの間、大半のアメリカ人は大統領選に大して注意を払っていなかった——、全国調査がすくい上げる世論のちょっとした揺れに一喜一憂した。ブッシュがリードし、ゴアが続く形になったのはなぜか。世論調査に選挙運動が反応してどうしたか。こんなことについて無数の記事が書かれ、そうした話題がテレビ、ラジオで流された。これは、単に資源や注意の浪費のみならず、機会の喪失でもあった。大統領選挙のこの時期、マスコミはなぜ大衆に根を置く運動、組織が行った行動に注意を集中しなかったのか。そこの会員が、問題をいかにフレーム化し、いかに考えていたのか。秋の大統領選挙の準備のために彼らは何をしていたのか。

ときおりメディアが、この種の問題を報道することはあるが、たいていの場合、非難めいた論調でだ。政治に能動的な集団は、「特殊利益」と描かれる——AFL＝CIO、あるいはキリスト教連合のように数百万の支持者を擁していても、である。連邦議会の活動の場合も同様だが、組織や運動内部の政治的議論は、性格の不一致、あるいはがっかりさせる内輪もめとして詳しく報じられる。リーダーシップ、あるいはイシュー・ポジションに関する民主的決定についての有用な情報に富んだ、あるいは敬意を表した報道をめったに目にすることはない。全国のメディアは、エキスパートのアドボケートを持ち上げるために多大な時間とエネルギーを割き、その結果、彼らを有名にし、発言の機会も与えてきた。しかし、二、三のスター政治家は別として、選挙で選ばれた組織代表の指導者が番組に登場することはめったにない。たとえば、マクニール＝レーラー・ニュースアワーは、多数のプロのアドボケートと評論家を抱えている——さらに最近では、他のメディア関係者をコメントする同業者やメディア・エキスパートが増えつつある。だが、この大いに市民的でもあるニュース番組でも、テレビの視聴者は、急成長中の福音派指導者は言うまでもなく、主要組合や市民組織の選挙で選ばれたリーダーの顔などほとんど見たことがない。他人を組織、あるいは代表する市民リーダーは、アメリカ人の国民生活にほとんど登場しないのだ。

だが、メディアがこうである必然性はまったくない。メディアは、現在する「事実」を単に描いているだけではない。現在の仕事ぶりは、物事を非民主的な方向に押し出す手助けをしている。これらの悪弊は修正しうる。ニュース報道をより完全なものとし、民主的実践への意図的ではない軽蔑を避けるために、メディア関係者は、新たな方向を持った一連の小さな策を講じることは可能であろう。一つは、主要な公共イシューに意見をもらうために、組織の選挙で選ばれた代表者に定期的に働きかけることはできる。テレビと新聞は両方とも、政治および公共政策イシューへの主席コメンテーターとして、会員ゼロのシンクタンクやアドボカシー・グループ、あるいは学界からの「エキスパート」への依存を軽減できる。代わりに、多くの他人を正当に代弁できるリーダー――理想的には代表制によって選ばれた人物――を探すのだ。テレビに出る「ニュースキャスターの類」はより少なく、「もの言う代表者」をもっと多く、をモットーにすべきだ。この勧めは、アカデミックな話し手としての私の私的利益とぶつかる。だが、そうあるべきなのだ。民主主義においては、テレビや出版メディアにおいて知名度で選ばれる人々には、仲間の市民を組織・指導・代表してきた人々を目立つような形で含むべきなのだ。

メディア会社はまた、代表制による意思決定プロセスを、より有用な情報に富み、敬意を持って描くこともできよう。これは、民主・共和両党の綱領についての討議、組織の代表の選挙から、強調されるべき問題と戦略は何かをめぐる組織内の議論にまで当てはまらないものはない。新聞、テレビの記者は、政体全体内における中枢的決定はもちろん、組織、機構内の決定をめぐる活発な政治的議論・競争・動員の意味と重要性についてより理解を促すことによって、アメリカ民主主義に大いに貢献しうる可能性を持ちうるのだ。これらをマネージメント規律の崩壊と単に描いてはならない。どの団体が関心を持っており、そうした団体がなぜ、またいかにして競争に勝ったり、妥協案を成立させるために他人を参加させているかを我々に語れ。これこそ、民主主義の目標とするところだ。

おそらく、私の最も論争的な提案は、テレビと新聞は、世論調査や人為的に集めたフォーカス・グループだけに過度に依存してはならない、ということだ。もちろん、メディア諸機関は、世論の動向全体を見極めるために綿密な世論調査を引き続き利用するだろうが、記者は、自然と発生する団体、組織、結社の動勢を同時に追跡できるかもしれない。定期的に交流するアメリカ人（単なるフォーカス・グループで一回だけ顔を合わせる人々ではない！）が、あるイシューについていかに頭を悩まし、それに反対し、一組のあるイシュー・ポジションから別のそれへと発展的に移行するのか。人々は、自分の価値観と、政治家や他の制度エリートが提示する選択との間にズレを認めるとき、何を考え、何をするのか。組織リーダーには、なされるかもしれないことについて憶測するように頼まれることさえありうる。だが、これは、メディアに登場する評論家が、現在や将来に起こることについてコメントを依頼されるが、その手のいつ終わるともしれない当てづっぽうよりも有用な情報に富んでいよう。全国のメディア会社の巨大な伝達力を考えると、メンバーシップに基づく団体や運動の注目度をさらにアップし、また代表制を通じて選ばれたリーダーシップと誠実な政治的討議にもっと敬意をもって報道すれば、ひょっとすると合衆国における民主性再興の促進に大いに役立つかもしれない。

ナショナルな政治の改革

最後に、政府と政治における改革の必要性にふれよう。政治と選挙政治における変化について話すことで、市民世界の変貌を扱った本書を終えることは、順序が逆のように思えるかもしれない。だが、この歴史の旅は、結社の活動にとって、代議政府と政治が、モデルおよび機会構造として役に立つことを教えてくれた。アメリカ人は、代議政府のルーチンをまねた自発的結社をまず構築することで、市民的な人間となり――次に自発的連合体が、政府に影響を及ぼしたり、政府と協力しようとした。偶然にではなく、メンバーシップからマネージメントへの近年の変化は、ワシントンDCにおける規制政治への転換と同時に起こった。そして、最近の市民的変化は、専門的に運営され、またテレビ中心の選挙運動への移行ときびすを合わせて展開した。集権化され、専門的に運営される制度やアドボカシー・グループが、政府、メディアへの接近で優遇されるかぎり、またアドボカシー・グループや世論調査員が、他の種類のアクターよりも、役職を追い求める政治家に提供できるものが多くないかぎり、アメリカの草の根民主主義は大して包摂的にはならないであろう——また、地元の自発的活動も、権力の全国的中枢から切り離されたままとなろう。

　それゆえに、市民性再興を達成するためには、我々はまた政治と政府の仕組みを修正しなければならない。だが、今日褒めそやされている「政治改革」手法は、我々が必要としているものではないかもしれない。選挙政治から巨額の金を締め出すことが市民的改革の「切り札」だ、という考えを支持するリベラルな改革論者があまりにも多すぎる。今や、選挙とは、有権者の動員以上に資金集めのことだ、というわけだ。候補者、政府関係者は、金持ちと資金募集者の話になると多くの時間を割きたがる。そして、金を出す特殊利益の一団が、連邦議会のあらゆる立法をめぐる戦争に群がる。だから、コモン・コーズや他の「良き政府」グループが、政治における金について拘泥する理由はわかりやすい。だが、問題は、良き政府改革戦略が、富裕層の政治的利点を減らすのに実際には成功しそうもないのに、残された組織化され、民衆に根差した政治的動員がたやすく脅かされる可能性があるということだ。[32]巨額の選挙資金を制限するという名の下に、いくつかの現在の「良き政府」改革は、選挙期間中に労働組合、民衆グループが問題提起する能力を制約することになろう。また中には、新しい有権者を動員する政党の努力を大きく弱体化してしまいそうなものもある。

　アメリカにおける政治改革の長い伝統は、一九〇〇年頃の中立主義者《マグワンプ》やエリート主義的な革新主義者にまでさかのぼる。彼ら改革者は、腐敗を促進させている元凶として一九世紀の政党マシーンを嫌った。だから彼らは、感情的でない訓育的な政治スタイルを強調する対策――また理想的には、平等な発言権を全市民に付与する方策――を求めて活動した[33]。だが、中立主義者《マグワンプ》が嫌った対立競争が激しく、よく組織化された政党機構はまた、有権者を組織し、鼓舞し、投票日に投票所に連れ出すのに長けていた。合衆国の投票参加率――有資格有権者中の――は、政党マシーン隆盛期を超したことはこれまで一度もない[34]。

合衆国は今や一世紀以上にわたり、私が言う「新中立主義者《ネオ・マグワンプ》」改革――あらゆる種類の集団動員に優先して、分別のある個人の品格を高めることによって民主主義に新しい活力を与えることを約束する――を経験してきた。だが、結果は満足いくものではない。近年アメリカ人は勢いを新たにして、政治の世界から金を締め出そうとする法律を性懲りもなく制定しているが、結局、新「改革」は、毎度すぐに抜け穴が見つけられてしまう始末だ。近年、市民組織・協会の「党派的」活動への参加を阻止することを狙った税法も可決した。だが実際には、こうした法律は、直接的な民衆の政治動員を煙たがる一方で、専門的に運営される集団、特に「リサーチ」と「教育」ロビー活動に取り組んでいると威張る団体の増殖を助長しているだけだ[35]。意図的かそうでないかは別にして、二〇世紀後半の新中立主義《ネオ・マグワンプ》改革は、政治における――そしておそらくは、他の結社の領域も同じように――真の民衆動員から我が政体を遠ざけてきた。もし、二一世紀のアメリカ国民が、あらゆる種類の集団が人々を政治に巻き込むのをいっそう難しくする法律を通すことで、新中立主義《ネオ・マグワンプ》改革の道を進み続ければ、そこには、金持ち、高等教育を受けた階層への偏りがいっそう高進した世界が目撃されることになろう[36]。そうではなくて、我々は、一般の人の広範に組織された集団を政治に夢中にさせることを目的とする改革を構想し、制定する必要がある。

二〇〇〇年の大統領選挙が、結果的に一連の下品な法律上、司法上の工作に終結した後、選挙の実施方法への関心が、無理もないことだが再燃した。さまざまなグループが改革案を出し、その中には、元大統領のジミー・

カーターとジェラルド・フォードが共同議長を務める全米連邦選挙改革委員会の案も含まれていた[37]。国民的論議のわき上がりは、確かに健全なことではあったが、議論の具体的中身となると、できるだけ多くの国民を政治に巻き込む方法についてのものよりはむしろ、投票終了後の票の数え方が過度に注視された。そもそも、国政選挙、しかも大接戦の選挙においてでさえ有資格選挙民の半数ほどしか投票しないのに、残念なことに最も注目された改革アイデアが、技術的・規制的な解決策であったのだ。最も期待が持てそうな同委員会の勧告の一つ、連邦選挙投票日を国民の祝日にすべきだという提言には誰も注目しなかった。

研究者たちが明らかにしてきたように、国政選挙は、市民的積極参加を促進する。というのも、この種の選挙は、民衆による関与を促し、国民的な連帯感を生み出すからだ[38]。我々はこの事実に注目すべきだし、ドラマや集団努力、集団としての溌剌さを国政投票日の一翼に組み込むために、やれることは何でもやらなければならない。興味深いことに、プエルトリコは属領を含めた合衆国の一つだが、同地の投票率は現在でも珍しく高い――大統領選挙年で平均八三パーセント、「中間選挙」年でも七〇パーセントを記録し、米本土の投票率を三五パーセントも上回っている。プエルトリコのこうした事情を調査したエコノミストのリチャード・フリーマンは、この高い投票率は個人的要因よりも、制度的な要因に関係している、と論じている。というのは、プエルトリコ人が米本土に渡ると、投票率も他のアメリカ人並にがくんと落ちるからだ。プエルトリコでは、中間選挙年の選挙は日曜日に実施される。また大統領選挙年の選挙は、祝日の火曜日に行われ、最高の投票率を記録するのだ。「投票コストを減らし、投票日を選挙デーにすることで」、プエルトリコは投票率を大きく伸ばしたとフリーマンは示唆する。「時間的制約を感じる市民は、火曜の祝日、もしくは日曜日に投票しやすいことを知り」、他の曜日に選挙が「あれば選挙に行かなかったような市民も、投票日を政党や政党活動を活気づける特別行事日にすることで、投票する気を起こしたのだ[39]」。実際、投票祭日にプエルトリコは、一九世紀アメリカの選挙の特徴であった娯楽、ドラマ、集団としての連帯の一部を再発明した。[40]

プエルトリコの火曜祝日のように、大統領選挙年毎の新しい〈大統領選挙日〉は、単なる「お休み」に終わってはならない——というのは、経験上、個人の有権者登録や投票への障害物を取り除くだけでは投票率の向上には不十分だからだ。マーシャル・ガーンツが説明しているように、我々に必要なのは、「その気になった投票者」であり、やる気の大半は、社会的な実際例や組織的動員から来るに違いない。[41] 二一世紀のアメリカ人は、選挙をおもしろく、抗しがたく魅力的なものとすることを目指すべきだ。祝日としての選挙日の注目度が増せば、それ自体でより多くの個々の市民の投票を促すことができるかもしれない。だが、祝日はその上、労働組合、公共機関、市民組織、あらゆる種類の他の結社による集団的関与の一つの機会でもあるべきだ。政治的に活動的な団体は、祝日の時間の一部を、投票所で投票を手助けする人や「投票動員（GOTV）」活動家の配置のために使うこともできよう。さらに、〈大統領選挙日〉を祭典にする別の方法があるかもしれない。たとえば、州がコンテストを宣言するというのはどうだろうか。投票率を一番アップさせた特定地区に、地元で選定した公的事業への特別助成金を付与する、というのはいかがだろうか。職場や組織においても、どの部署、どの支部が高投票率をマークするか見てみるためにコンテストをしてもよい。施設や組織は、人々に投票を促し、投票後にお疲れ様会を開くことだって可能だ。市民性の社会的側面を高めるものは何であれ、投票率を改善するであろう——そして、一つの重要な副次的効果は、関わり合いになる集団にとって、結社としての絆を強化することであればいい。

政治における結社を自由にする

選挙改革と同じく重要なのが、政治的組織化と結社による政治への関与を促進する対策である。新中立主義《ネオ・マグワンプ》の伝統に立つ「改革」は、政治を何か汚いもののようにしばしば扱い、高学歴エリートの理想を、政治の上位、あるいは外部から安全にそれとなく支えるものである。皮肉なことに、リベラルなアドボカシー政治は、一九六〇年代、七〇年代の民衆運動から生まれたのに、その大半が結果的には新中立主義者《ネオ・マグワンプ》の政治への民衆関与に軽蔑感を強めてしまった。専門的意見と「公共教育」をアドボカシー・リーダーは、しばしば好む――それももっともなことだ。なぜなら、これらのことは、彼らのプロとしての能力を反映しているからだ。その上、合衆国の税規則も、結社を専門的意見と教育的戦略に依存させる。だが、この政治スタイルに普通の人々を引きつける情熱、影響力、もしくは社会的な力の及ぶ範囲があるかははっきりしておらず、ましてや市民の大多数に真の政治的影響力を行使できるようにすることなどありえないことだ。

　現状ではアメリカの多くの結社は、政治に積極的に関与するには、複雑な、法的にもリスキーな工作を思い切り使わなければならない。選挙や租税に関するルールは、「党派」活動と「非党派」活動を区別し、またリベラルも保守も相手の参加動員を妨害しようと、これらの規則を利用（あるいは、新しい規則を主張）する。共和党保守派のニュート・ギングリッチは、下院議長のときに選挙で勝つために（最悪の事態！）保守の連中を訓練、動員することを目的とした政治教育作戦を指導したかどで調査を受け、譴責処分を受けた。この措置に、リベラルは拍手喝采し、内国税収入局がキリスト教連合による投票ガイドの大量配布を調査した（当該行為が、免税宗教団体による党派的政治への関与を防止する規則に違反したという理由で）ときも、同じようになって喜んだ。党派のスペクトラムのもう一方の端に陣取る右派は、ＡＦＬ＝ＣＩＯや米国教員連合の政治的支出に反対するため、絶えず世論を扇動している。彼らは、いわゆる給料保全法、すなわち組合の政治関連活動への支出はあらかじめ組合員に個人会費の一部の当該目的への支出に合意があって初めて可能だ、とする内容の法律制定を議会に求めているのだ。

　これらの措置は、どれもが等しく屁理屈である。すべてのアメリカ国民は民主主義者として、政治家が他のリーダーを訓練し、また投票基盤を動員することに従事するとき、幸せなはずだ——ギングリッチが、このことを非常に効果的に行ったことは、合衆国の公共生活への彼の不滅の寄与の一つであった。我々はまた、社会《シヴィル》組織、特にキリスト教連合やAFL＝CIOといった多数の会員が、組織のガバナンスにある程度の代表性を享受している集団が政治と関わるとき、それは大いに慶賀すべき事態だと思うはずだ。いかなる特定集団、あるいはそれが取るイシュー・ポジションを想像してもかまわないが、民衆に根差す連合体による政治的教育・動員は、リーダーシップの能力とアメリカにおける組織化された民主的影響力への可能性を高める。そして、組織的集団の活動はまた、個々の市民が、個人的に連絡を受け、政治的・市民的参加に積極的に招き入れられる可能性をずっと大きくする。

私の結論は、合衆国は、党派活動と非党派活動との間に防火壁を設けることを目的とした規則を廃止、もしくは修正すべきだということだ。この提言は、選挙運動資金に関する改革を促進することを妨げることを意味しない。事実、最良の改革は州レベルで実施されてきており、それにはゲームのルールの自発的遵守が伴い、ルールを遵守する候補者にはその見返り公的助成が利用できるのだ[42]。将来の選挙改革は、メイン州の公正選挙法を先例にすることが可能である。同法の下で立候補を表明した候補者は、広告用の資金集め・支出は制限を受けるが、団体が投票者に資料を配るために内部報やコミュニケーション装置を使うのは認められる。こうした団体内経費は、法定支出限度にとって不利に働かない——そして、この措置はもちろん、右派も中道も左派も同じようにメンバーシップを基盤とした選挙接触を強化する効果を持つ。

国レベルで改革者は、選挙改革と税優遇措置の双方に努力すべきである。後者は、資金のかなりの割合を会員の寄付から得、組織の意思決定に参加する権利を享受する双方向の会員を実際に擁する結社に最大の利益をもたらす。それでも、ある程度の税控除は、調査研究と教育をメインとする非営利団体、専門的に運営されアドボカシー・グループにももたらされる。だが、それ以上の控除が、リーダー選出を含む意思決定に参加できる権利を享受するメンバーシップ組織に与えられるのだ。こうした内容の規則が適正に設計されれば、古くさい支部基盤の結社だけが税控除の資格がありうる団体ではない。明日の結社も、メンバーシップの参加、寄付、協力を促すための新しい技術を活用する方法を見つけ出すだろう。我々の選挙規則と税制システムが、まさにこうしたことを助長しないはずがない。

メンバーシップ結社との提携におけるガバナンス

当選後の政治家が統治する仕方も、市民生活に多大な影響を持つ。選出公職者や政党リーダーは、うるさく要求する利益団体に包囲されているような感覚をしばしば抱き、また富裕な寄付者の歓心を得なければならないことに閉口する。政治リーダーは、彼らの環境の中に存在する諸集団の混合に影響を及ぼすかなりの能力と、彼らに影響を与えようと考えるアクターが行使する戦略を形成する幾ばくかの能力があることをすぐに忘れてしまう。政府関係者が公聴会を開いたり、あるいは集団を招集して、政策課題やオプションについて助言をするとき、当該政策領域ですでに実績を有するエキスパートやアドボケートを当然のように加える。だが、有権者が何を考えているのかを知りたいときには、彼らは、世論調査者――あるいは、非営利組織の専門スタッフ、ないしは専門的に運営されているアドボカシー・グループ――に往々にして頼る。政策の考案は、政策の販売から分岐するようになる。数多くの民衆支持者を擁する――しかし、ワシントンDCや州都にロビイストやエキスパートをほとんど常置していない――結社や運動は、議題設定、あるいは政策オプションの選択に際して大して重視されていないというメッセージを受け取る。

施設、運動、多くの会員を擁する結社に対して、議会公聴会や協議におけるもっと重要な役割を――象徴的な意味合いだけでなく、立法上の意思決定への大衆の理解と関与を確立するかもしれない仕方で――、議会スタッフがあてがう可能性もある。これは、連邦議会の党指導部が会期全体に議題をどのように段取りするかを決定しているときに起こるかもしれない。また、保健医療改革のような非常に重要な政策関心にどのように接近するかを決定しなければならないときに起こるかもしれない。私が考えていることは、組織リーダーにいつか公聴会に出向き、「政策問題」に「立場」を取るように単に頼む、といったこと以上のことである。組織のリーダーは、会員に質問し、州、あるいは広い地域の集会から、また地方支部の討議から、あるいはことによると会員とのネット上の討論を通じてさまざまな反応を収集することを求められるかもしれない。議会委員会・スタッフは、あらゆる種類の反応と、人々がそれらの反応に与える理由について聞き知ることを尊重することを明確にすることもありうる。より後の時点で、実際の法案の討議中に、政治家が、当該の政策オプションを支持する集団に意見を聞きに戻り、立法施策の説明やより幅広い大衆の支持を動員するのにその支援を依頼するかもしれない。

メンバーシップ基盤の結社を政策の議題設定や政策デザインの開発にもっと直接に参加させることは、より良い立法施策――市民のふだんの心配事をよくわかっており、うまく実施される可能性が高い――を生み出すかもしれない。たとえば、患者と医者に必要な種類の健康保険、あるいはアメリカ国民が真に好む「患者の権利章典」について話すのに役立つ見識を持っているのはエキスパートだけではない。民衆に根差す団体との協議が、もし一九九三―九四年の医療保険改革をめぐる全米を巻き込んだ議論の最中に起こっていたならば、改革法案が連邦議会で通過した可能性はより大きくなっていただけではなく、くだんの提案は、公式の立案過程を牛耳っていたアドボケートやエキスパートの設計した不可解なプランよりもたぶんずっとうまく設計され、より幅広い理解を得ていたと思われる。[43] この努力にメンバーシップ結社を参加させていたならば、結果は、――一九四四年のGIビル（復員兵援護法）のときがちょうどそうであったように――よくなったとしても、悪くなるようなことはなかったであろう。

より良い政策のみが、政府の政策審議にメンバーシップ・ネットワークを参加させることの唯一の効用ではないであろう。PTA、組合ホール、地元の環境クラブでの議論が、連邦議会（あるいは市議会、州議会）への報告書に盛り込まれるアイデアを組み立てるという噂が広まると、人々は議論への参加がよりやりがいがあるものだと気づくであろう。もし政府関係者が、民衆に根差す結社の知名度と影響力を上げれば——政策立案において、そうした結社を企業ロビー、世論調査者、エキスパートが支配するシンクタンク、アドボカシー・グループと少なくとも同列に扱えば——、その時、民衆による結社は、たぐり寄せ、参加させたいと願うまさにその種の人々にとってより有意な関連があるように思えるだろう。国民が幅広く関心を持つイシューについて権威的な政府決定が行われるときに、もしメンバーシップ結社が、明らかにその決定行為の一部であれば、結社はすぐに、潜在的な結社好き《ジョイナー》にとってより魅力的になるだろう。

アメリカの失われた民主主義の再興

アメリカ人は、民主的ガバナンスと多数の市民の関与を可能とする代表制システムを通じて自己統治する草の根結社の間のつながりを強化する方法を見出さなければならない。これが、私が論じてきたことである。本章でアウトラインを述べた特定の戦略は、実りの多いものであるのか、あるいはそうではないか。この点はよくわからない。十中八九、他の思想家や民衆による運動は、ずっとましなアイデアを思い浮かべることができよう。市民性再興のプロセスは、試行錯誤をもって前進しなければならない——そして、実験は、多ければ多いほどよい。しかしながら、私が概略をお話しした、我々の現在のジレンマへの処方箋には必ずしも全面的な自信があるわけではない。だが、そうだとしても私が提示した診断にはずっと確信を持っている。この自信は、過去のアメリカ市民社会についての人より豊富な理解と我々の時代の驚くべき市民的変化についての現実的な見方から来るものである。

一九世紀から二〇世紀中頃まで、アメリカ民主主義は、国家と社会の独特の組織網《マトリックス》の内部で繁栄した。アメリカ合衆国は、世界で初めて成人男子の民主主義と大規模な公共教育を確立した国であっただけではない。合衆国はまた、独特に均衡した市民生活を誇ってきた。そこでは、市場は拡大しはするが、市民社会を包摂はできず、また地方自治体の行政府が、連邦化された自発的結社の発展を意識的、間接的に促した。連邦化したメンバーシップ結社は、広大な国家の各地の人々をつなげ、アメリカの市民《シティズンシップ》に共有された意味と組織された権威を吹き込んだ。典型的なアメリカ市民社会においては、何百万の普通の男女がお互いに交流し、より特権的な階級とともに集団に参加し、コミュニティの、そしてナショナルな問題の双方において影響力を行使していた。最貧困層は無視されたが、多くの他の人々は集団に加入できた。全国的なエリートは、何百万もの普通のアメリカ人の価値観や利益に注意を払う必要があった。

ここ三分の一世紀においては、古きアメリカ市民社会は、その名前にふさわしい会員が参加していることはまれな、プロの支配するアドボカシー・グループや非営利組織の騒がしい群れによって迂回され、また脇に追いやられている。共有された市民性という理想や、民主的な梃子力といった可能性は、その過程の中で危うくなっていった。一九六〇年代以来、アメリカでは、数多くの良いことが起こった。新しい声《ヴォイス》を聞くことができ、また平等と自由の点で非常に貴重な進歩を目撃できた。しかし、国民の結社に従事する生活でのきわめて重要な絆はぼろぼろになってしまった。そして、もしアメリカが、仲間の民主的市民の国民共同体ではなく、むしろ管理者と操作された観客の国になるのを避けたいのであれば、これらの絆を修復する創造的な方法を見つけ出さなければならない。

我々が失った市民的世界へと戻ることなどはありえないが、我々アメリカ人は、一新された民主的未来にふさわしい新しい形態において、過去の我が市民社会の最良の部分を再創造する方法を探すことはできるし、またそうすべきである。この課題を達成するためには、単なる道徳的勧奨や地元善行主義を超える必要がある。また、我々は、会衆の友情や会員の寄付を通じてこれまで繁茂してきた我々の宗教組織にまでプロフェッショナル化の傾向や後援ベースの資金調達を拡大するのを確かに回避すべきである。地元を越えた結社を創設するための新戦略が考案されなければならない。また、我々は、多数の仲間・市民を組織する市民リーダーを激励し、彼らの足枷を取り除くために、ナショナルな制度を改革しなければならない。

最近改造され、拡大した我々の市民生活において、プロフェッショナルなマネージメントがメンバーシップに取って代わるにつれ、アメリカは重要な点で快方に向かった。しかし、我々は、失ってしまった良き事柄について――そして、現代の変貌がしばしばうかつにもたらした民主主義の減少と階級区分線を越える友情の喪失について――、はっきり理解しておく必要がある。我々は、我が国の豊かな市民の歴史から教訓とインスピレーションを得て、はるか昔、アレクシス・ド・トクヴィルに市民的、政治的な民主主義の活気あふれる実践に対するアメリカ人の並はずれた能力を強く印象づけた偉大な自発的結合《コンビネーション》のタイプを、我々自身の時代のためにふたたび作り上げる方法を見つけなければならないのである。

訳者あとがき

本書は、一九世紀初頭から現在までの二世紀に及ぶアメリカ合衆国における市民世界の来し方とその変貌を、〈メンバーシップからマネージメントへ〉の変化として読み解き、市民や市民団体が公共政策の問題に積極的に関わろうとする意識が、制度上の問題によって低下していく現象をアメリカの市民運動の中に探り、「民主主義」の現在を歴史社会学界の泰斗シーダ・スコッチポルが鮮やかに説き起こしたTheda Skocpol, *Diminished Democracy: From Membership to Management in American Civic Life* (Norman: University of Oklahoma Press, 2003) の全訳である。

著者のシーダ・スコッチポルは、一九四七年デトロイト市（ミシガン州）生まれの歴史社会学者で、ミシガン州立大学を卒業後、修士、博士とハーバード大学院に学び、一九七五年に博士号を取得後、ハーバード大学助教授、準教授、シカゴ大学準教授、教授を経て、一九八六年以降ハーバード大学の教授の職にある（一九九八年以降は、Victor S. Thomas Professor of Government and Sociology）。現在は、学部、大学院においてアメリカ政治、社会学、比較歴史社会学等を講じるかたわら、アメリカ政治研究センター所長（二〇〇〇―〇六年）、人文社会科学大学院長（二〇〇五―〇七年）、ラドクリフ高等研究所上席顧問（二〇〇〇―〇九年）として学内の要職にも携わり、また学会活動においてもアメリカ歴史社会科学会会長、アメリカ政治学会会長を歴任した。

スコッチポルの著書としては、*Vision and Method in Historical Sociology* (Cambridge: Cambridge University Press, 1984) が『歴史社会学の構想と戦略』（小田中直樹訳、木鐸社、一九九五年）として、また *Social Revolutions in the Modern World*

(Cambridge: Cambridge University Press, 1994) が『現代社会革命論――比較歴史社会学の理論と方法』(牟田和恵監訳、岩波書店、一九九七年) として訳出されており、一部の読者にとってはすでになじみの人物であろう。

スコッチポルは、博士論文を上梓した *State and Social Revolutions: A Comparative Analysis of France, Russia, and China* (Cambridge: Cambridge University Press, 1979) によって学界に鮮烈にデビューした。訳者も、同書出版直後の一九八〇年二月に、同氏の講演「ヨーロッパおよびラテンアメリカにおける国際関係と社会革命」(一九七九年秋―八〇年春にかけてのイェール大学西欧研究評議会・ラテンアメリカ研究評議会主催の連続シンポジウム〈西欧およびラテンアメリカにおける国家と社会――比較歴史構造分析〉の講演の一つ。他のゲスト・スピーカーとして、ペリー・アンダーソン (Perry Anderson)、イマヌエル・ウォーラーステイン (Immanuel Wallerstein)、ギジェルモ・オドンネル (Guillermo O'Donnell)、チャールズ・ティリー (Charles Tilly)、ラルフ・ミリバンド (Ralph Miliband) らが参加) を聞くチャンスに恵まれた。*State and Social Revolutions* に言及しながらの若きスコッチポルの講演は、躍動的かつダイナミックで圧倒的な内容を誇るものであった。フランス革命、ロシア革命、中国革命の原因、紛争構造、帰結を比較歴史社会学的手法によって鋭利に分析した同書は、一九七九年のライト・ミルズ賞、一九八〇年のアメリカ社会学会賞を受賞し、またイタリア語、韓国語、フランス語、スペイン語、ポルトガル語、ギリシャ語、トルコ語、中国語にも訳出されており、クロアチア語版の出版も予定されている。同書の学問的なインパクトの大きさが窺いしれよう。

ところで、『歴史社会学の構想と戦略』とほぼ同時期にピーター・エヴァンス (Peter Evans)、ディートリヒ・リュスマイヤー (Dietrich Rueschemeyer) と編した *Bringing the State Back In* (Cambridge: Cambridge University Press, 1985) は、「国家と社会構造に関する社会科学評議委員会」企画の初巻を飾るにふさわしく、国民国家の形成、資本主義経済発展への国家構造・行為のインパクト、集合行動、政党政治、公共政策形成に対する国家の自律的力能を重視する、いわゆる国家論的・制度論的アプローチを確たるものとした記念碑的アンソロジーとなっている。また、恩師バリントン・ムーア・ジュニア（Barrington Moore, Jr.）に献呈された編著 *Democracy, Revolution, and History* (Ithaca, NY: Cornell University Press, 1998) へと結晶化するスコッチポルの方法論は、自国、アメリカ合衆国の社会政策、福祉国家研究にも適用され、*Protecting Soldiers and Mothers: The Political Origins of Social Policy in the United States* (Cambridge, MA: Harvard University Press, 1992), *Social Policy in the United States: Future Possibilities in Historical Perspective* (Princeton, NJ: Princeton University Press, 1995), *State and Party in America's New Deal*, with Kenneth Finegold (Madison, WI: University of Wisconsin Press, 1995), *Boomerang: Clinton's Health Security Effort and the Turn against Government in U. S. Politics* (New York: W. W. Norton, 1996), *The Missing Middle: Working Families and the Future of American Social Policy* (New York: W. W. Norton, 2000) など数多くの業績を生み出した。

　さらには、リュスマイヤーとの編著 *States, Social Knowledge, and the Origins of Modern Social Policy* (New York and Princeton, NJ: Russell Sage Foundation and Princeton University Press, 1996) は、この分野と比較歴史社会学とが交差する学問的地平を知る上でも興味深い。また、民衆基盤の新たな革新的政治の可能性を問う、スタンリー・B・グリーンバーグ（Stanley B. Greenberg）との編著 *The New Majority: Toward a Popular Progressive Politics* (New Haven, CT: Yale University Press, 1997) は、スコッチポルの現実政治への立ち位置を示すと同時に、後の包括的な「結社」研究へと結実するハーバード大学「市民的積極参加に関するプロジェクト」の問題関心の所在が窺われ、これまた興味深い。同プロジェクトの研究成果は、その後、本訳書を含めて、共編著である *Civic Engagement in American Democracy*, co-edited with Morris P. Fiorina (Washington DC: Brookings Institution Press and Russell Sage Foundation, 2005)、共著の *What a Mighty Power We Can Be: African American Fraternal Groups and the Struggle for Racial Equality*, with Ariane Liazos and Marshall Ganz(Princeton, NJ: Princeton University Press, 2006) を生むことになる。スコッチポルのアメリカ研究にはこれらとは別に、*American Society and Politics: Institutional, Historical, and Theoretical Perspectives*, co-edited with John L. Campbell

(New York: McGraw-Hill, 1994)、*Inequality and American Demconacy: What We Know and What We Need to Learn*, co-edited with Lawrence R. Jacobs (New York: Russell Sage Foundation, 2005) などがある。本訳書との併読をお勧めしたい。

　さて、本書が扱うアメリカ合衆国の市民世界は一九六〇年代に大きく変貌した。公民権運動、女性運動、少数派権利運動、目標《コーズ》主張運動などの一連の運動が、人種や性差をめぐる言説・関係の編集方式を大きく変容させ、ナショナルな市民生活の目標や価値の順位付与を再定式化した。国家＝社会間に広範に広がる草の根市民的な組織網・連帯関係は弛緩し、自発的なメンバーシップ連合体は市民と連邦政府の狭間でより専門的に運営される機関となった。「市民」は「会員」となり、メンバーシップ結社はある種プロフェッショナル化され、あるいは、国家に影響力をもつ専門家（政治家）との間で実際的な活動が制限、管理されていく中で衰退していったのである。

　結社自由主義のこうした衰退を、現在流行の「社会資本」論者や一部コミュニタリアンは慨嘆・悲観し、他方リベラル派は称賛する（具体的な論者については、第1章を見られたい）。前者は、地域共同体、隣人間の対面的な社会的つながり、家族、友人間の交流の活性化を市民性の再興の切り札として重視する地域第一主義者《ローカリスト》である。これに対して後者は、居住空間・共同性に根ざす偏狭な地元コミュニティはもはや不要であり、専門的に運営される組織（新しい価値や公益を代弁・主張する専門家主導のアドボカシー・グループ、脱領域的・機能的に柔軟な組織性に立って市民的事業、慈善活動、社会奉仕、権利主張を行う小集団、ボランティア集団、アイデンティティ・グループ等）の〈運動直接活動主義〉の強化こそが重要だと主張する全国第一主義者《ナショナリスト》である。

　だが、スコッチポルは、両派とも、彼らが依拠するデータと方法論に問題があり、そのことが彼らのアメリカ市民社会についての歴史的誤認と、その非制度的な認識を誘発していると批判する。同氏によれば、民主主義の現在を知る上で重要なのは、アメリカにおける自発的結社が長期間にいかに変化し、そうした変化が合衆国の民主主義にいかなる影響を与えたかを、長いタイムスパン、幅広いパースペクティブの中で知ることである。両派が依拠する行動科学的なサーベイ・データ、意識調査データは、こうした課題を遂行するには「スナップショット」的にすぎるのだ。にもかかわらず、前者・悲観派は、それらを一九五〇年代以降に顕著となる団体加入と参加の停滞の論証に使い、他方、後者・リベラル派は、六〇年代以降の団体設立の増加の証明書として使う。「長期にわたる市民の歴史」は、いずれの場合にも脇役に追いやられる。確かに行動科学的データは、一般大衆の意識布置状況、選挙・政党の個人的選択を明らかにしはするが、異なる歴史的時期に多種多様なタイプの自発的結社が設立された経緯、結社を運営・指導した組織者が採用したモデルや戦略、それらに影響を与えた社会的・政治的制度の解明には役立たないのである。同時に生起する諸出来事の相互作用と、それらと制度との相互規定性を重視するスコッチポルの歴史的制度論にとっては、「長期にわたる市民の歴史」は物語の主人公でなければならないのである。

こうした問題意識からスコッチポルは、社会運動、選挙力学、宗教組織等を対象とした歴史家、社会科学者の膨大な文書、調査研究、研究書の類を渉猟し、また「市民的積極参加に関するプロジェクト」と共同してさまざまなタイプの自発的結社をアメリカ史全体にわたって発掘し、さらにはエリート階層の市民組織への所属変化に関するデータを収集し、画期を認めうる時代ごとに巨大メンバーシップ結社を小規模団体、別種の市民的組織等と関連づけてその発展過程と特徴を明らかにしようとした。そのための資料・データの収集先は、自発的結社の歴史家、結社所属の史家、結社記録を保存する古文書保管人、自発的結社の役職者、古物収集家、古物商、果ては米イーベイ・インターネットオークションにまで及んだ。

こうしたデータと方法意識に基づいてスコッチポルは、次のような興味深い知見を導き出した。その知見は次の四点に要約できよう。第一は、〈草の根ボランティア主義〉は、悲観論者が主張、あるいは楽観派が誤認するようにローカルでもなければ、ナショナルな政府や政治と無関係に存在したこともなく、元来大規模かつ地元を越えた会員が運営する連合体であった点、第二は、自発的連合体は共和国初期に姿を現し、その後一八二〇年代

―一九六〇年代にかけて全米各地、国民の全部門に拡大し、友人・隣人との交流や地元問題の解決のみならず、共和国の仲間・市民との接触を通じてナショナルな文化や政治を創出する組織力を培った点、第三は、その組織構造は、政治の世界の連邦的代議政府を模し、それを通じてアメリカ人は市民的な人間たりえた点、第四は、自発的連合体の盛衰は、政治制度（代表制や公共政策）が提供する機会構造によって規定されるがゆえに、公共政策のベクトルに影響を与えるために政治／行政に協働・関与したという点、である。

スコッチポルからすれば、一九六〇年代の〈メンバーシップからマネージメントへ〉の変化は、偶然の所産でもなければ、「長い六〇年代」の自動的反映物でもない。この変化は、社会的、政治的、技術的変化の結合から生まれたもの、と認識されるのである。政府の規制政策の変更がもたらした新しい政治的機会構造が、専門家によって運営される市民組織の台頭に拍車をかけ、市民活動家は中央でプロが管理するロビー活動を志向しだし、財政援助の革新的手法が会員ゼロの結社創設モデルを可能なものとし、最終的にはアメリカ階級構造やエリートのキャリア構造の変化が、専門家が運営する市民組織に広い支援の間口を用意した、というわけである。

同氏によれば、リベラル派は、六〇年代以降増進された社会的権利や市民アドボカシー・グループ活動の前進に満足しているが、今やアメリカ市民社会は、相当に特権的な、高度に個人主義的な専門家がその並はずれた市民的資源（財源、メディア注目度など）をベースに、市民の多数派の声《ヴォイス》を迂回して自己組織化し、新しい「市民」的アメリカの中心的な構成部分となっている。アメリカにおける新しい市民世界の内部に木霊する人種、ジェンダーをめぐる声《ヴォイス》の多重性にもかかわらず、新たに出現した市民世界は著しく寡頭的なのだ。専門家が運営する市民組織は、もはや大量の仲間・市民をメンバーシップ活動へと動員することはなく、階級の区分線を越えた連帯や友情とナショナルな民主主義に等しく重要な包摂的な市民動員には不熱心である。より多くの声《ヴォイス》は、民主的能力の増進と等価ではないのだ。市民性退潮の主な源泉を家族生活の衰弱、地元コミュニティの崩壊、個人的責任の基準の低下に求める「社会資本」論者が提案する地域第一主義《ローカリズム》は、非政治的、非制度的である分、民主的能力の増進にはいっそう実効的ではないと批判されるのである。

現代の変貌した市民社会は、スコッチポルの診断によれば、いまだに組織者の国であるが、「結社好き《ジョイナー》の国」からはほど遠いということになる。そうした市民世界の有り様は、国家レベルの政治、公共政策形成に密接に絡み合って、新たな市民性の再興をいっそう難しくしているのだ。

現代のアメリカ合衆国は、まさにこうした意味で「失われた民主主義」の時代にある。だからこそ、かつてトクヴィルが著書『アメリカのデモクラシー』においてアメリカ民主主義の培養基と捉えた自発的「結合《コンビネーション》」の芸術を斬新な形で再定式化し、力強く活性化することが重要となる。こう考えるスコッチポルは、民主的ガバナンスと多数の市民の関与を可能とする代表制システムを介して自己統治する草の根結社の間のつながりを強化する方途を見出そうとする。特定の場所・地域を越えた結社・ネットワークの構築、多数の仲間・市民を組織する市民リーダーの育成、代表制による意思決定の透明な手続きのナショナルな権力、社会的な力に向けての政治的、制度的な結合、という課題。それに向けてのナショナルな制度改革の一端は、第七章「アメリカ市民社会の再構築に向けて」で具体的に提案されている。そのいずれもが、「長い六〇年代」が引き起こした〈市民的関与〉の意味変化を押さえた上での提案となっており、大いに傾聴に値するところである。全国的コミュニティ、積極的政府、そして民主的な包摂的動員こそが、〈市民性再興〉の鍵概念なのだ。

かつて訳者は、アメリカの子どもの「政治」観、「民主主義」観、「良き市民」観の表象内容とその形成・発達過程を、アメリカ東部、西部の二地点を対象に実証的に分析したことがある（“The Child's Discovery of 'Political World': A Note on the United States”『甲南法学』二四巻一号（一九八三年一二月））。一九八〇年のことである。調査地の一つニューヘイブン市（コネチカット州）は、本書でも取り上げられている巨大な自発的メンバーシップ結社の一つ、コロンブス騎士団の結成地でもある。日常生活のそこかしこ、調査を目的とした頻繁な学校・地域訪問の途次にこの種の古典的結社の気配を感じさせる歴史の古い町、それがニューヘイブンであった。もう一つの調査地は、スタンフォード大学（カリフォルニア州パロアルト市）近郊の二つの学区。周辺の町との境界を飾る古びた結社サインの賑わいは、「ここは新開地ですが、結社活動は活発です。ご安心のほどを。」とでも言いたげで、これは「手段的活動主義《インストルメンタル・アクティビズム》」（タルコット・パーソンズ）の結社バージョンだ、と変に得心したことをつい先日のことのように思い起こす。

子どもの「政治の世界」と再社会化過程、いってみればアメリカの政治文化の形成・変容過程を「結社」に結び付けて歴史的に考察することは、その後の訳者にとっては「見果てぬ夢」のような宿題として残った。そうした宿題が訳者にもたらす残務感が、本訳業を通じて少しは薄らいだ気がする。そのような機会を作って下さった慶應義塾大学環境情報学部の渡辺靖先生には感謝の言葉もない。厚くお礼申し上げたい。また、訳者の能力をはるかに超えた「宿題」に対してこの上ない解答をプレゼントして下さった原著者のスコッチポル先生には、いくら感謝してもし切れない。心よりお礼を申し上げたい。

最後となったが、本書の出版にあたり、慶應義塾大学出版会の上村和馬氏には、出版の細部にわたる適切なアドバイスはもとより、校正の過程で貴重な助言を数多くたまわった。厚くお礼を申し上げる。

二〇〇七年七月

河田潤一

失われた民主主義
——メンバーシップからマネージメントへ

2007年 9 月25日　初版第 1 刷発行
2007年12月20日　初版第 2 刷発行

著　者————シーダ・スコッチポル
訳　者————河田潤一
発行者————坂上　弘
発行所————慶應義塾大学出版会株式会社
〒108-8346　東京都港区三田 2-19-30
TEL〔編集部〕03-3451-0931
〔営業部〕03-3451-3584〈ご注文〉
〃　03-3451-6926
FAX〔営業部〕03-3451-3122
振替　00190-8-155497
URL　http://www.keio-up.co.jp
装　丁————鈴木　衛
印刷・製本——株式会社丸井工文社
カバー印刷——株式会社太平印刷社

Printed in Japan　ISBN978-4-7664-1419-6

［著者］

シーダ・スコッチポル（Theda Skocpol）
ハーバード大学教授。1947年、米国デトロイト市生まれ。専攻、歴史社会学、政治学。大学学部、大学院でアメリカ政治、社会学、比較歴史社会学等を講じるかたわら、同大学アメリカ政治研究センター所長、アメリカ歴史社会科学会会長、アメリカ政治学会会長などを歴任。デビュー作の*State and Social Revolutions: A Comparative Analysis of France, Russia, and China*（1979）は、1979年のライト・ミルズ賞、1980年のアメリカ社会学会賞を受賞。邦訳としては、『歴史社会学の構想と戦略』（木鐸社、1995年）、『現代社会革命論――比較歴史社会学の理論と方法』（岩波書店、1997年）がある。「多様な研究領域でのナショナル・リーダー」（『ハーバード・ガゼット』）と評されるように、歴史社会学、福祉国家論、社会政策論、アメリカ政治、市民参加論、「結社」研究等で刮目すべき数多くの著書、論文を発表している。

［訳者］

河田潤一（かわた・じゅんいち）
大阪大学大学院法学研究科教授。1948年、神戸市生まれ。関西学院大学法学部政治学科卒業。神戸大学大学院法学研究科、甲南大学法学部教授を経て、1998年より現職。著書に、『比較政治と政治文化』（ミネルヴァ書房、1989年）、『現代政治学入門』（ミネルヴァ書房、1992年、編著）、『政党派閥――比較政治学的研究』（ミネルヴァ書房、1996年、共編著）、『ハンドブック政治心理学』（北樹出版、2003年、共編著）、*Comparing Political Corruption and Clientelism*（Ashgate, 2006, ed.）、訳書に、チャールズ・P・ヘンリー『アメリカ黒人の文化と政治』（明石書店、1993年）、ジェイムズ・ジェニングズ『ブラック・エンパワーメントの政治』（ミネルヴァ書房、1998年）、ロバート・D・パットナム『哲学する民主主義――伝統と改革の市民的構造』（NTT出版、2001年）、ゲア・ルンデスタッド『ヨーロッパの統合とアメリカの戦略――統合による「帝国」への道』（NTT出版、2005年）などがある。

索　引

英数字

〈9.11〉　8-9, 157-158, 209, 211-216, *12-13, 41-42*
　——とボランティア　9, 214-215
B・パスクアーレ社　66
GIビル（復員兵援護法）　59, 106, 115, 206-207, 249, *41*
M・C・リリー社　66
The Good Citizen　*13*
VFW婦人会　153, 162
YMCA　42, 44, 54, 130, 155

ア行

アース・デイ　117-118
アーモンド, ガブリエル　13, 107-108, 114
アイアン・ホール結社　49
愛国主義　8-9, 56-58, 60-61, 85, 113, 156-165, 213, 216
アジア系アメリカ人　120
新しい社会運動　12, 111-118, 136-138
アドボカシー・グループ　6, 12, 16, 107, 110-111, 119-148, 156, 167, 169-172, 174-177, 183-184, 188, 190-193, 197-198, 201-202, 205-206, 208-209, 230, 232, 235-237, 240, 242, 247-248, 250-251, *38*
　——とエリート　183-185, 191-193
　——と実業家（ビジネス）　183-185
　——と女性　166-169
　権利——　120-122
　市民——　120, 122-124, 126, 175, 202-205, 218, 237
『あなたの農業局』（*Your Farm Bureau*）　114
『アメリカ共和国』（*The American Commonwealth*）　20
『アメリカの民主主義』（*Democracy in America*）　19
アメリカの忠実なる隣人たち　153
アメリカ革命の娘たち　96
アメリカ政治学会（APSA）　4, 6
アメリカ独立革命　27, 32, 40, *17*
アメリカ歴史社会科学会（SSHA）　4, 6
アメリコープ　9, *13*
アルコール中毒者更正会　144
安全のための騎士と淑女　71, 16
イーグルス　39, 50, 57, 157, *21, 23, 28, 31*
イーグルス慈善保護会（FOE）　59, 67
イーグルス友愛会　85, 114
イタリアの息子たち　*35*
一般社会調査（GSS）　14, 159, 167, 183
医療保険改革　206-209, 249

飲酒運転防止母の会　131, 176
インディアン向上同盟　30
ヴァーバ, シドニー　13, 107-108, 114
ウィークリー・スタンダード誌　8
ウィービ, ロバート　38
ウィラード, フランシス　173
ウィル, ジョージ　8
ウィルダネス協会　118
ウォーカー, ジャック　123, 170, 175-176
ウォレン, マーク　234
ウスノウ, ロバート　142-144, 167, 181, 193-194, *13, 33*
ウッドメン・ハンドブック　86, 88
運動直接活動主義　189
エーデルマン, ジョウナ　236
エーデルマン, マリアン・ライト　168, 173
エドワード, ボブ　141-142
エバリー, ドン・E　219, 34
エリート　147, 178-179, 184
　——専門職　181, 183
　——キャリア構造　153
　——とアドボカシー・グループ　183-185, 191-193
　——とコミュニティ受託者　179-183
　——と自発的結社　39, 93-97, 146-147, 152, 228
エルクス　39, 50, 54, 57, 72, 95-96, 110, 154, 157, 162, *21, 26, 31, 34*
　——と黒人　20
『エルクス会員であるとはどういうことか』(*What It Means to Be an Elk*)　154
エルクス慈善保護会　96
エルシュテイン, ジーン・ベスキー　7, 219, *42*
オーリン財団　175
オグデン, ピーター　31
オッド・フェローズ大統一連合　31, 47-48, 100
オレン, ゲイリー　210

カ行
階級
　新しい中産——　38-39
　上層中流——　178, 191, 203, 205, 221
　中流——　58
　労働者——　58, 229
カーソン, レイチェル　118
カーター, ジミー　243
ガードナー, ジョン　174, 176
カーナン, トーマス・S　82
ガーバー, アラン　200-201
カーリー, マイケル　96
ガーンツ, マーシャル　138, 245
会員バッジ　65, 98, *24*
海外従軍軍人会　57, 70, 98, 114, 130, 156, 162, *11*
カウフマン, ジェイソン　68
革新主義時代　40, 199, 242-243
学生非暴力調整委員会（SNCC）　116-117
合衆国衛生委員会（傷病兵救済婦人中央協会）　42
カトリック慈善活動　224
カトリック絶対禁酒同盟　95
ガム, ジェラルド　23, 26, 39, *21*
ガルストン, ウィリアム　7-8, 219, *42*
環境防衛基金　110, 118, 122
環境（保護）団体　110, 117-118, 122-123, 136-137, 141, 146, 169-170, 191-192, 196, 229-233, *38*

患者の権利章典　249
ガンビー, ユージン　104
議事運営手続き　86-88
救世軍　224
共和党　57, 134, 145, 171, 223, 225, 232-234, 239-240, 246
——員　191
巨大教会　143
キリスト教委員会　42
キリスト教右派　231-233
キリスト教女子青年会（YWCA）　117, *34*
キリスト教徒安息日厳守促進同盟　34
キリスト教連合　134, 137, 232, 237, 239, 246-247
キワニス　113
ギングリッチ, ニュート　246-247
キング牧師　170
禁酒団体　28, 31, 35-36
禁酒党　29, 41, 45, 56, 86, 88-89
近代ウッドメン協会　93, 98, 153, *26*
クー・クラックス・クラン団　57, 107
草の根グループ　139-145, 168, 195-197
『草の根平和団体名鑑』（Grassroots Peace Directory）　141
クラーク, フランシス・E　75-76
グリーン, ドナルド　200-201
グリーンバーグ, スタンリー・B　211
グリーンピース　118, 134, *29*
クリスチャン・エンデヴァー　75, 85, 87
クリントン, ビル　206, 208
グレンジ　3-5, 45, 52, 59, 65, 67, 69, 73-74, 85, 89, 95, 97, 101, 106, 114, 157
クロニクル・オブ・フィランソロピー紙　212
クロフォード, スーザン　140
ケリー, オリバー　45
ゲルブ, ジョセフ　117, 122
『現代市民の政治文化』（The Civic Culture）　13, 108
ゴア, アル　223, 239
公益アドボカシー・グループ　203
交換クラブ　39
公民権運動　11, 115-117, 121, 170
コーテス, アーネスト　233
黒人　188
——と自発的結社　31, 47-48, 98-99, 113
——と社会運動　116-117
——と組織における差別　154-156, 188
黒人農民同盟　57
ゴドウィン, ケネス　178, 191-192
『孤独なボウリング』　7, 58, 139, 220, *12*
子どもたちのために　236, *45*
古ヒベルニア団　31, 54, 66, 85, 95-96, 98, *35*
——と黒人　98
コミュニタリアン　201, 219, 222
コミュニティ受託者　179-180
コモン・コーズ　122, 174, 176, 191, 242
コロンブス騎士団　39, 50, 54, 57, 70, 79, 82, 85, 95, 157, 162, *21, 35*
コンコード連盟　110, 122, 176

サ行

財団　127-128, 168, 174-177, 195-197, *38*
——と税優遇措置　196-197
サイツ, ドン　*11*
サウスダコタ婦人クラブ連合会　102
産業地域事業団（IAF）　233-235, 237, *45*
産業別労働組合会議（CIO）　111
サンデル, マイケル　7

シアー, スティーブン　198-200
ジェイコブス, ローレンス　199
シェパード・タウナー法　105
シエラクラブ　118, 122, 136-137, 231
ジェンキンス, J・クレイグ　174-175, 195-196
ジェンダー　155-156
自然資源防衛評議会　118
児童擁護基金（CDF）　107, 122, 129, 168, *36*
自発的結社
——とエリート　39, 93-97, 146-147, 152, 228
——と黒人　31, 47-48, 98-99, 113
——と女性　28, 45-46, 48-49, 54, 69-70, 79-80, 83-84, 96, 101-105, 117, 134-137, 153-154, 173
——と民族　30-31, 49-50, 54-55, 97-98, 113
市民アドボカシー・グループ　120, 122, 124, 126, 175, 202-205, 218, 237
市民社会会議　7
市民的活動家　235-236
市民的起業家　173, 176, 191, 206, 225, 235
市民的リーダーシップ　84, 93, 111, 152
——と女性　165-168
市民による有害廃棄物情報センター　141
市民の再生に関する全米委員会　220
市民変化推進ピュー・パートナーシップ　223
市民ロビー　204
社会運動
——助成金　195-196
——と黒人　116-117
——と女性　117, 137
——フィランソロピー　174, 196
社会資本　7, 67, 73, 139, 151, 180, 199, 219-222, 227, 231, *12*
社会保障法案　59
シャドソン, マイケル　178, *13*
シャピロ, ロバート　199
シャンブラ, ウィリアム・A　8, 19, 219, *14, 42*
銃規制　134
宗教　98, 205
——会衆　32-33, 143-145, 223-227, 231, 234, 236-237
——組織　75-76, 85, 87, 113, 136, 143-145, 205, 237, 252
アメリカの——　32-33, 225-226
自由公債　54
シュレジンガー（父）, アーサー　13, 18, 20-21, 60-61, 64, 91-92
シュロズマン, ケイ・リーマン　121, 123
ジョイス, マイケル・S　8, 19, *14*
小集団運動　139-145, 188, 194-195
少数民族　120
——の権利　11, 15-16, 120-122
『招待客のみ』（*By Invitation Only*）　198
小児麻痺救済基金　111, *27, 31*
上流階級　197
ジョーンズ, ブライアン　126
職人　153
植民地時代　27
食糧節約運動（アイオワ州）　52
女性
——とキャリア構造　166-168
——と自発的結社　28, 45-46, 48-49, 54, 69-70, 79-80, 83-84, 96, 101-105, 113, 117, 134-137, 153-154, 173
——と市民的リーダーシップ　165-168

——と社会運動　117, 137
——と組織における差別　154-156, 188
女性公正行動連盟　117
ジョン, リチャード　34
ジョンソン, アンドルー　45
新右翼　231-232
シンクタンク　127-128, 170, 174, 197, 208, 230, 232, 240, 250
信仰に基づくイニシアティブ　9, 223-227, *13*
人種差別　154-155
——の歴史　156
新中立主義（ネオ・マグワンプ）　243, 245-246
進歩主義勉強会　102-103
新労働組合主義　229
スウィーニー, ジョン　229
スクラー, キャサリン・キッシュ　33
スティルソン, ヘンリー　36
スプリングフィールド　2-3, 82
スミス, H・L　71
スミス, マーガレット・チェイス　96
スミス, レベッカ　71
政治行動委員会（PAC）　127-128, 171-172
政党　32, 57, 171-173, 243
——が関与しない（ノン・パーティザン）　234
聖堂会　50, 57, 96
青年カトリック協会　*26*
青年ヘブライ協会　54
性別分業　154
税優遇措置　171, 247-248
——と財団　196-197
世界エルクス慈善保護会　113
世界貿易センタービル　211, *41*
セルマック, アントン　95-96
選挙政治　171-172, 241, *34*
センチュリー・マガジン　90
セント・パトリック絶対禁酒・文芸協会（ボストン）　*26*
セント・ルーク結社　*34*
全米オーデュボン協会　118, 137
全米教員組合（NEA）　134
全米黒人地位向上協会（NAACP）　107, 117
全米女性機構（NOW）　117, 137
全米生命の権利委員会　110, 134
全米選挙調査（NES）　14, *12, 41*
全米中絶の権利行動連盟　110, 117
全米日曜学校集会　46
全米農業ニュース　*26*
全米母親会議　48, 59, 70
全米婦人有権者同盟　57
全米野生生物連盟　118, 131
全米ライフル協会（NRA）　134
全米旅行業協会　213, *42*
全米連邦選挙改革委員会　244
専門職　40, 91, 153, 161, 178-181, 229
——組織　114, 124-126, 146-147, 167, 181-183, 193, 228
エリート——　181-184

タ行
第一次世界大戦　51-52, 54, 56, 71, 124, 213
退役軍人組織　59-60, 94-95, 106, 113-114, 153, 156-159, 161, 167, 206-208, 226, *35*
大覚醒運動（第二次）　32
大恐慌　58, 104
第二次世界大戦　51, 58, 60, 113, 124, 137, 154, 158, 178, 181, 206-208, *14, 27*
ダイレクトメール勧誘　134, 172, 174-178, 191-192

タウンゼント運動　58-59
タウンゼント老齢年金計画　104
ターゲットを絞ったアクティベーション　198-202
ダージン, ウィリアム・ウォレン　2-6, 9, 16, *11*
『団体名鑑』　119-120, 124, *32*
地球の友　118
『秩序を求めて――一八七七－一九二〇年まで』　38
中絶　110, 232
忠節なムース結社　39, 50, 57, 93, 95, 157-158, *21, 26*
中立主義（マグワンプ）　242-243
　新――　243, 245-246
中流階級　58, 191, 196, 203-205, 222
　新しい――　38-39
　上層――　178, 191, 203, 205, 221
『沈黙の春』　118
ティアニー, ジョン・C　123
テキサス州　234
『哲学する民主主義』　7, *12*
ドイツ系アメリカ人同盟　54
統一職人古代結社（AOUW）　44, 49
統一メソジストの婦人たち　113
統括的な「情報センター」組織　141
投票動員（GOTV）　200, 245
東方の星　69, 131, 153, *11*
トクヴィル, アレクシス・ド　9, 13, 15, 19, 41, 51, 61, 151, 189, 252, *14, 17*
特殊利益グループ　144, 239, 242
独立オッド・フェローズ結社（IOOF）　3-4, 30-31, 36-37, 41, 44, 47-48, 50, 65-69, 76, 80, 87, 94, 96, 100, 154, *17, 19, 27*
　――教本　30, 97
独立グッド・テンプル結社（IOGT）　29, 36, 45, 56, 65, 69, *34*
ドナルドソン, パスカル　30, *17*
トラヴェラーズ・レスト・ロッジ第一号　80
ドラッカー, ピーター　8

ナ行

内国税収入局　246
南部キリスト教指導者会議（SCLC）　116-117
南北戦争　5, 27, 30-31, 40-45, 47-48, 51, 54, 56, 60, 68, 76, 85, 111, *11, 17, 19-20*
南北戦争在郷軍人会（GAR）　3-4, 6, 47, 56, 59, 65, 98
ニューディール　58-59, 104, 124, 207
ニューハンプシャー州　*43*
ニューヨーク・タイムズ紙　212, 224, *13*
農業（農民）　45, 52, 69, 105-106, 111, 114, 130, 153, *34*
農業団体　226
農業擁護者会　3, 45, *11*
ノースラヴェル　3
ノーナッシング　31

ハ行

ハーディング, ウォーレン　95
ハイサー, ジェイコブ・H　81-83
バウムガートナー, フランク　126
パットナム, ロバート・D　4-7, 12-13, 15, 23, 26, 28, 33, 35, 39, 58, 139-140, 150, 181, 190, 219-220, 222, 231, *12*
『パトロンの誇り』　73
パトロン助成金　174-176

母親年金　59
パリー，マリアン・リーフ　117, 122
ハルガリ結社　31
ハルクリ，アビゲイル　195-196
バンガー・デイリー・ニュース紙　222
ハンセン，ジョン・マーク　200
ビーバーちゃん　110
ビーム，クリストファー　6
非営利活動（組織）　6, 100, 110, 121, 126-129, 167, 181, 183-184, 188, 192, 223-225, 234, 246-248, 251
ピシアス騎士団　44, 50, 68, 70, 72, 79-82, 104, 154, 157, *11, 34*
ピシアスの姉妹　153, *11*
ビジネス・専門職集団　39, 52
ビジネス組織　114, 124-126, 147
ヒスパニック系アメリカ人　120, *41*
非党派活動（組織）　100, 246-247
ピュー財団　222-223, *45*
ヒル，ウォルター・B　90
ファーリー，ジム　96
フィッカート，フレデリック・A　88-89
フーバー，ハーバート・C　105
フェミニスト　122, 137
フェミニズム　11, 117, 122, 154-156, *29*
プエルトリコ　244-245
フォード，ジェラルド　244
フォード財団　175
福音派　110, 134, 143, 145, 231, 239, *33*
婦人キリスト教禁酒同盟（WCTU）　45-46, 48, 59, 65, 70, 79-80, 85, 95-96, 105, 154, 173, 232, *34*
婦人クラブ総連合（GFWC）　44, 48, 57, 59, 67, 70, 79, 82, 95, 102, 114, 117, 131, 137, *34*
婦人有権者同盟　113, 117
ブッシュ，ジョージ・W　9, 213-215, 223-224, 239, *13, 42*
父母と教師の全国協議会（PTA）　54, 57, 70, 104, 110, 114, 139-140, 144, 154-155, 194-195, 250, *34*
父母と教師の組織（PTO）　139-140, 194
ブライアン，ウィリアム・ジェニングス　93, 98
ブライス，ジェームズ　61
ブライス卿　20
ブラウン，リチャード・D　27
ブラッドリー財団　175
フリーマン，リチャード　244
プリンス・ホール・メーソン　31, 47, 67, 113
ブリント，スティーブン　179-180
ブルーカラー　91
——労働組合　181
ブルックス，デイビッド　179
米国医師会　181
米国機械工青年結社　57
米国教員連合　246
米国禁酒協会　28
米国建築家協会　181
米国在郷軍人会　52, 57, 59, 67, 85, 91, 98, 101, 104, 110, 114-115, 131, 156, 162, 207-208
——と黒人　98
米国女性道徳改革協会　28
米国赤十字　45, 54, 56, 111, 212, *27, 31, 42*
米国大学婦人協会　113, 117
米国退職者協会（AARP）　110, 131, 236
米国農業局連盟（AFBF）　52, 59, 69, 106, 111, 114, 130

米国保護連盟　57
米国労働総同盟（AFL）　54, 111
　——産別会議（AFL=CIO）　111, 130, 225, 229-230, 233, 239, 246-247, *44*
ヘイゼルトン, ミルドレット　74
平和運動組織　141, 25
ヘッドスタート計画　168
ベトナム戦争　116, 130, 157-159, 161, 210
ベリー, ジェフリー・M　12, 120, 122, 126, 128-129, 170, 202-205, *13*
ヘルマンの息子たち結社　31
ペンタゴン　211
奉仕クラブ　39
ホウルブルック, ヨシア　28
ボーイスカウト　54, 136
ホール, キャリー　45
保険友愛結社　49-50, 58-59, 71-72
保守派　124, 145, 175, 208, 246
ボストン　27, 96, 177, 233
ボヘミア・スラブ慈善協会　31
ボランティア活動　141, 166-167, 181, 193-194, 196, 211, 214-215, 222-223
ボランティア主義　18-19, 22-23, 26, 42, 56-61, 64, 84, 91, 140, 225
　——の起源　26-37
　草の根——　10-11, 20-21, 31-35, 51, 61, 85, 89
　植民地時代における——　31
ボルティモア　3, 30, 46
ホワイトヘッド・アンド・ホウエイグ社　66

マ行
マカベ騎士団　70, 72-73
マクニール=レーラー・ニュースアワー　239
マサチューセッツ州　4, 27, 159, 161-162, 165, *12, 16, 35, 43*
マッカードル, P・L　82
マックナット, ポール・V　101
マックファーソン, ジェームズ　42
マディソン, ジェイムズ　79
マルタ十字架　70
マン, ヘスター・マッキーン　*11*
ミシシッピー州　168
ミッチェル, ロバート・キャメロン　178
ミッチェル, ロンド・キャメロン　191-192
ミラー, サミュエル　81
民間の慈善団体　9
ミンコフ, デブラ　12, 120-121, 126, 190, *13, 14*
『民主主義の不満』　7
民主党　57, 134, 171, 191, 223, 234, 239-240
民族組織　30-31, 49-50, 54-55, 96-100, 113, *35*
民族的友愛組織　*28*
『ムースの真実』　158
ムースハート　71
ムース慈善保護会　71, *31*
メイン州　2, 27, 73-74, 101, 104, 222, 247, *11, 16, 43*
　——ビジネス・職業婦人連合　96
メーソン　29-30, 44, 72, 94-96, 113, 131, 157, *17-19, 21, 26*
メディア　33-34, 170-171, 177-178, 212-213, 223-235, 237-241
メディケア（老人医療保険制度）　169, 206
メディケード（医療扶助制度）　169
メディナ・テンプル聖堂会　95
モース, スザンヌ・W　223

ヤ行
友愛組織　3, 29-30, 37, 39-40, 44-45, 47, 49, 54, 56, 58-59, 69-73, 76, 79, 85-86, 92, 94, 96-98, 111, 114, 131, 136, 153-154, 156-159, 161-162, 167, *19, 21, 23, 26-27, 32, 34-35*
郵送名簿　191-192
　——組織　191-192, 208
郵便制度　33-34
ユダヤ家族奉仕　224
ユダヤ福祉局　54

ラ行
ライオンズクラブ　39, 113
ラヴェル歴史協会　3
ラッド, エヴァレット・カール　139-141, 193-194
ラティーノ移民労働者　229
リー, ロバート・E　42
リード, サミュエル　81-82
リバティ基金　212
リベラル派　11, 134, 175, 191, 205, 207, 224, 246
リンカーン, エイブラハム　2-4
ルースの家族　89-90, *25*
　黒人と——　89-90
ルター派社会奉仕　224
レイ, ダグラス　91-92
冷戦　141, 158
レヴィット, ペギー　140
レーガン, ロナルド　141, 232
レーマン, ニコラス　174
列車乗務員労働組合婦人会　153
レベッカ　67, 69-70
レベッカの娘たち　153, *24*
連合婦人クラブ　65, 104
ロイヤル, デヴィッド　81, 83
ロウィ, セオドア　79
労働騎士団　56, 26
労働組合　39-40, 58-59, 114, 130, 146, 153, 205, 225, 229, 242, 245
　——と新労働組合主義　229
　公務員——　225
　ブルーカラー——　181
労働者　39, 91, 131, 153, 204, 234
　——階級　58, 196, *31*
　移民（ラティーノ）——　229
ローズベルト, フランクリン・D　59, 96
ローゼンストーン, スティーブン　200
ロータリークラブ　39, 113
ロクスベリー・タマニー・クラブ　*26*
ロサンゼルス　177, 229
ロバートソン, パット　232
ロバート議事規則　86
ロビイスト　123, 169, 174, 235, 248, 250
ロビー活動　118, 123, 129, 171, 173, 191, 203, 208, 228-229, 233, 243
　——と市民　204

ワ行
ワイントラウブ, デヴィッド　68
ワシントニアン運動　29
ワシントニアン協会　29
ワシントン禁酒協会　65, *18*
湾岸戦争　157

註

第1章

1）ダージンの職業は、国立公文書館所蔵の北軍退役軍人記録のコピー、彼の“Soldier's Claim for Pension”（July 14,1890）から知ることができる。

2）これらの言葉は、ダージンを任命した1865年の「臨時命令」（*Lewiston Journal*, February 11, 1933, Maine Section, page A1に再録）からの引用。

3）インタビューからの広範な引用は、後に、“Lovell was Home of Last Surviving Pall-Bearer,”（*Lewiston Journal*, February 11, 1933, Maine Section, p. A1）に発表された。当論文によれば、最初の訪問記者は、「メイン州ノルウェーに夏の別荘を何年もの間持っていた名の通った新聞記者ドン・サイツ」であった。

4）ウォレン・ダージンの思い出話は、主に彼の兄弟の孫娘にあたる当時87歳の元教師、ヘスター・マッキーン・マン夫人によっている。ヘスターとは、1998年7月に電話で数回話をしたことがある。ダージン――後半生は、数十年の間、南北戦争年金受給者としてヘスターの母親と同居していた。ヘスターも生まれてから数十年は、同じ屋根の下で暮らしていた――に関していろいろ尋ねた後、ヘスターに自身の結社活動について聞いた。彼女の活動は、非常に多岐にわたるものであった。彼女は、ラヴェルの地元教会でさまざまな団体やイベントに参加していた。また、地元グレンジと郡（ポモナ）グレンジの活動的な一員でもあり、男女会員を平等に遇する農業擁護者会における最高位、第七位階にも上りつめた。ヘスターは、相当期間、ピシアスの姉妹の会員（彼女の夫はピシアス騎士団の会員）でもあり、また、東方の星では、副家政婦長となったのも当然と思われるほど、献身的に活動した。地元の他の婦人とともにヘスターは、率先して、海外従軍軍人会のラヴェル補助団を結成した。全体的に見て、彼女は、叔父ウォレンが加わったのと同じような階級横断的な結社に参加した、非常に市民としても参加的な女性であった。

5）ビルは、ノースラヴェルを車で走っていた。途中、みすぼらしい店屋の真向かいの家が彼の目に入り、ポーチに座っている老人と話すために車を止めた。地元の話を詳しく話しているうちに、ダージンの墓石のことを老人は話し出し、田舎道をつたってそこに行く段取りを話してくれた。

6）たとえば、*Biographical Sketches of the Members of the Senate and House of Representatives of Main*（オ

ーガスタにあるメイン州公文書館で利用可能）のシリーズ（隔年刊）を見よ。

7）所属団体名が記載された人物評伝は、政府関係者や他のエリートについては入手できることが多い。珍しく詳細な人物評伝が、タイトルは時代とともに変わっているものの、マサチューセッツ州で1890年代以降毎年編纂されてきた。1900年前後の最良のシリーズは、同州のA. M. Bridgeman of Brocktonが毎年発行していた*A Souvenir of Massachusetts*であり、次に良いのは、いろいろな印刷業者が州の後援を得て、毎年出版していた*Public Officials of Massachusetts*である。両方ともに、マサチューセッツ州立図書館で閲覧可能。

8）Christopher Beem, *The Necessity of Politics: Reclaiming American Public Life* (Chicago: University of Chicago Press, 1999), p 197.

9）Robert D. Putnam, *Making Democracy Work: Civic Traditions in Modern Italy* (Princeton: Princeton University Press, 1993)［拙訳『哲学する民主主義』NTT出版、2001年］、および*Bowling Alone: The Collapse and Revival of American Community* (New York: Simon and Schuster, 2000)［柴内康文訳『孤独なボウリング』柏書房、2006年］.

10）パットナムの著作『哲学する民主主義』は、「社会資本」論を現代イタリアの異なる州の経済発展と行政効率を説明するために使用している。『孤独なボウリング』の第17章〜第20章は、社会資本が、健康、教育、幸福に与える影響を強調している。

11）Michael Sandel, *Democracy's Discontent: America in Search of a Public Philosophy* (Cambridge, Mass.: Harvard University Press, 1996).

12）Council on Civil Society, *A Call to Civil Society: Why Democracy Needs Moral Trusts* (New York: Institute for American Values, 1998).

13）National Commission on Civic Renewal, *A Nation of Spectators: How Civic Disengagement Weakens America and What We Can Do about It* (College Park: National Commission on Civic Renewal, University of Maryland, 1998).

14）Michael S. Joyce and William A. Schmbra, "A New Civic Life," in *To Empower People: From State to Civil Society*, 2nd ed., edited by Michael Novak (Washington, D.C.: AEI Press, 1996), pp.15, 25.

15）Peter F. Drucker, *The Ecological Vision: Reflections on the American Conditions* (New Brunswick, N. J.: Rutgers University Press, 1993), p.9; and George Will, "Look at All the Lonely Bowlers," *Washington Post*, January 5, 1995, p. A29.

16）全米選挙調査、カイザー家族財団／ハーバード大学ケネディ行政大学院、ワシントン・ポスト紙による世論調査は、アメリカ人に「米国政府は正しいことをしていると信頼している」かと度重ねて聞いてきた。1964年には、76%が連邦政府を「いつも」「大半の場合」信頼していると回答したが、比率は1974年までに36%も落ち込み、2000年には29%まで低下した。しかしながら、この数字は、2001年9月11日以後は急激に上向き、アメリカ人の64%が連邦政府を「いつも」あるいは「大半の場合」信頼していると報告した。ロバート・D・パットナムが〈9.11〉前後に行った調査も、全国政府へのアメリカ人の信頼が同じように二倍になったことを記録している。より徹底的な分析としては、Stanley B. Greenberg, "'We' – Not 'Me,'" *American Prospect*, December 17, 2001; and Richard Morin and

Claudia Deane, "Poll: Americans' Trust in Government Grows," dateline september 28, 2001, available at http://www.washingtonpost.com. を参照。

17）Charles Moskos and Paul Glastris, "Now Do You Believe We Need a Draft?" *Washington Monthly*, November, 2001, pp.9-11; and Richard Just, "Suddenly Serviceable: Is This the Moment for National Service?" *American Prospect*, 13, no. 1 (2002):15-17.

18）アメリコープの提案された拡大に関しては、2002年の一般教書演説におけるブッシュ大統領の発言を見よ。

19）2001年11月8日のジョージア州アトランタでの、「我々はテロとの戦いで勝利するであろう」という大統領声明の抜粋は、ニューヨーク・タイムズ紙（November 9, 2001, p.B6）に掲載されている。数週間後ブッシュ大統領は、地元慈善団体への寄付をアメリカ国民に呼びかけた（"President Urges Support for American's Charities," released by the Office of the White House Press Secretary, November 20, 2001.）。ブッシュ大統領がこの演説を行ったのは、何百万というアメリカ国民が慈善寄付を、〈9.11〉救済資金に転用した後、多くの地元非営利団体が寄付金集めの減少に直面したことを知ったときであった。

20）「イニシアティブ」についての情報は、ホワイトハウスのウェブサイト（http://www.whitehouse.gov.）から手に入る。「信仰に基づくイニシアティブ」についてのさらなる議論や批判は、本書第七章にて展開。

21）Alexis de Tocqueville, *Democracy in America*, edited by J. P. Mayer, translated by George Lawrence (New York: Harper-Collins, [1835-40]1988), pp.244[松本礼二訳『アメリカのデモクラシー：第1巻（下）』岩波書店、2005年、136頁], 522[岩永健吉郎・松本礼二訳『アメリカにおけるデモクラシー』研究社、1972年、114頁].

22）近年の市民的成長に関するかなり楽観的な説明については、以下の文献を参照。Jeffrey M. Berry, *The New Liberalism: The Rising Power of Citizen Groups* (Washington, D.C.:Brookings Institution Press, 1999); Debra C. Minkoff, *Organizing for Equality: The Evolution of Women's and Racil-Ethnic Organizations in America, 1955-1985* (New Brunswick, N. J.:Rutgers University Press, 1995); Debra C. Minkoff, "Producing Social Capital: National Social Movements and Civil Society," *American Behavioral Scientist* 40, no.5 (March-April 1997): 606-19; Michael Schudson, *The Good Citizen: A History of American Civic Life* (Cambridge, Mass.: Harvard University Press, 1998), chap. 6; Robert Wuthnow, Loose Connections: Joining Together in America's Fragmented Communities (Cambridge, Mass.: Harvard University Press, 1998); and Everett Carl Ladd, *The Ladd Report* (New York: Free Press, 1999).

23）マイケル・シャドソンは例外の一人であるが、彼の著書*The Good Citizen*は、アメリカ史を通しての市民性の意味と実践の選ばれた一部の側面についての一つの解釈的考察である。ただ彼は、体系的なデータ分析をあえて提示しようとはしていない。データ分析者の一人ウスノウは、現在のアメリカのコミュニティについての社会調査と実地観察を信頼している。ミンコフとベリーは、印象的な新しいデータを使ってはいるが、1950年代以後に結成された市民組織しか扱っていない。パットナムは、1970年代以来の類似した態度と自

己報告行動を実証する社会調査を徹底的に採掘している。確かにパットナムも、結社メンバーシップの長期にわたる傾向を跡づけているが、それは、第二次世界大戦以後有力であったように見えるという理由で彼が選んだ地方支部ベースの結社の非無作為の部分集合に関してだけであった。もしパットナムが過去からのより幅広い、より典型的な一群の結社を含めていれば、彼の結論は必ずや変わっていたであろう。

24）Gabriel A. Almond and Sidney Verba, *The Civic Culture: Political Attitudes and Democracy in Five Nations* (Princeton: Princeton University Press, 1963)［石川一雄・片山寛光・木村修三・深谷満雄訳『現代市民の政治文化』勁草書房、1974年］。

25）特に、Sidney Verba, Kay Lehman Schlozman, and Henry E. Brady, *Voice and Equality: Civic Voluntarism in American Politics* (Cambridge, Mass.: Harvard University Press, 1995)を見よ。

26）本書の研究方法については、Paul Pierson and Theda Skocpol, "Historical Institutionalism in Contemporary Political Science," in *Political Science: The State of the Discipline*, edited by Ira Katznelson and Helen Milner (New York: W. W. Norton, 2002)でより詳しく説明してある。

第2章

1）引用は言うまでもなく、Alexis de Tocqueville, *Democracy in America*, edited by J. P. Mayer, translated by George Lawrence (New York: Harper-Collins, [1835-40]1988), p.513［前掲訳書『アメリカにおけるデモクラシー』105頁］から。

2）Arthur Schlesinger, "Biography of a Nation of Joiners," *American Historical Review* 50, no. 1 (October 1944):24.

3）Council on Civil Society, *A Call to Civil Society: Why Democracy Needs Moral Trusts* (New York: Institute for American Values, 1998), p.9.

4）Michael S. Joyce and William A. Schambra, "A New Civic Life," in *To Empower People: From State to Civil Society*, 2nd ed., edited by Michael Novak (Washington, D. C.: AEI Press, 1996), pp.11-12. ジョイスとシャンブラは保守主義者だが、アメリカの過去についての同様の見方は、今日の市民的積極参加をめぐる議論に関わるリベラル派も共有している。たとえば、デブラ・ミンコフは、「集合的アイデンティティの伝統的な基盤」は「地元コミュニティ」に根差していたので、目標を奉じ、象徴的なアイデンティティをはっきり述べる全国的結社は、1950年代以降の市民生活にとって新しいと考えている。彼女の"Producing Social Capital: National Social Movements and Civil Society," *American Behavioral Scientist* 40, no. 5 (March-April 1997): 613を参照。

5）Tocqueville, *Democracy in America*, p. 516［前掲訳書『アメリカにおけるデモクラシー』110頁］. これは、トクヴィルのいつも引用される章、"On the Use Which Americans Make of Associations in Civil Life"の中の重要な特定の例である。

6）James Bryce, *The American Commonwealth* (New York: Macmillan, 1895), vol.2, p. 278.

7）Schlesinger, "Nations of Joiners," pp. 2, 19, 25.

8）Ibid., p. 5.

9）Ibid., p. 11.

10）Ibid., p. 16.

11）地域研究には、次のものが含まれる。Stuart M. Blumin, *The Emergence of the Middle Class: Social Experience in the American City, 1760-1900* (Cambridge: Cambridge University Press, 1989); Don H. Doyle, "The Social Functions of Voluntary Associations in a Nineteenth-Century American Town," *Social Science History*, 1, no. 3 (1977): 333-55; and Mary R. Ryan, *Cradle of the Middle Class: The Family in Oneida Country, New York, 1790-1865* (Cambridge: Cambridge University Press, 1981). 有力な自発的結社の事例研究には、次の文献がある。Christopher J. Kaufman, *Faith and Fraternalism: The History of the Knights of Columbus, 1882-1982* (New York: HarPer and Row, 1982); David I. Macleod, *Building Character in the American Boy: The Boy Scouts, YMCA, and Their Forerunners, 1870-1920* (Madison: University of Wisconsin Press, 1983); Stuart McConnell, *Glorious Contentment: The Grand Army of the Republic, 1865-1900* (Chape1 Hil1: University of North Carolina Press, 1992). また、結社のタイプに関する優れた研究としては、以下がある。Mary Ann Clawson, *Constructing Brotherhood: Gender, Class, and Fraternalism* (Princeton: Princeton University Press, 1989); Jed Dannenbaum, *Drink and Disorder: Temperance Reform from the Washingtonian Revival to the WCTU* (Urbana: University of Illinois Press, 1984); Wanace Evan Davies, *Patriotism on Parade: The Story of the Veteran's Hereditary Organizations in America, 1783-1900* (Cambridge, Mass.: Harvard University Press, 1955); Anne Firor Scott, *Natural Allies: Women's Associations in American History* (Urbana: University Illinois Press, 1991).

12）Richard Brown, Gerald GammとRobert D. Putnamの論文の引用については、本章註18、20を参照されたい。

13）私が強調しているのは、メンバーシップ結社である。というのは、多くの人々が「自発的団体」という言葉を、現代の非営利の社会奉仕提供組織として、あるいは歴史的には貧困者への慈善奉仕を専門的に提供する団体を言うのに使っているからだ。本章および「市民的積極参加に関するプロジェクト」においては、私は、市民の自発的結社、すなわち、たとえ他人への慈善的援助の多少の提供、あるいはより広いコミュニティへの奉仕の提供に従事していても、人々が仲間の一員と物事を一緒に行う集団に焦点を当てている。

14）我々は、このリストでほぼ完全だと考えている。ほかにも巨大なメンバーシップ結社が新たに発見され、証拠が提供される可能性はあるかもしれない。だが、そうなっても、ここに報告の全体パターンには変わりないものと考えている。

15）集団のリストについては、次の文献が特に有益な出典を提供してくれる。Sophinisba P. Breckinridge, *Women in the Twentieth Century: A Study of' Their Political, Social, and Economic Activities* (New York: McGraw-Hill, 1933), pt. 1; Arthur R. Preuss, *A Dictionary of' Secret and Other Societies* (St. Louis: Herder, 1924); Alvin J. Schmidt, *Fraternal Organizations* (Westport, Conn.: Greenwood, 1980); and Albert C. Stevens, *Cyclopedia of Fraternities* (New York: Hamilton, 1899).

16）結社リストの充実は、Schmidt, *Fraternal Organizations*, Appendix 3, pp. 487-89に加え、Edward Nelson Palmer, "Negro Secret Societies," *Social Forces* 23 (December 1944): 207-12、および

Stephan Thernstrom, Ann Orlov, and Oscar Handlin, eds., *Harvard Encyclopedia of American Ethnic Groups* (Cambridge: The Belknap Press of Harvard University Press, 1980)所収の個別の民族集団に関する多数の論文から図った。

17）19世紀半ばから20世紀半ばまでは、どの規模の市においても、住所氏名録には企業や個々の市民に加え、教会ならびに自発的集団が頻繁に掲載されてあった。だが、リストの記載方法が常に標準化されているわけではなかった。というのも、リスト作成にあたったのが地元、広い地域の会社だったからだ。だが、結社の支持基盤の問題を考える場合、氏名録は非常に有益な資料である。我々はまた、1870年代から1920年代にかけてのすべての地元コミュニティをリストアップした、州大の住所氏名録*Maine Registers*も利用した。

18）Gerald Gamm and Robert D. Putnam, "The Growth of Voluntary Associations in America, 1840-1940," *Journal of Interdisciplinary History* 29, no. 4 (Spring 1999): 511-57.

19）我々の分析の詳細な説明としては、Theda Skocpol, Marshall Ganz, and Ziad Munson, "A Nation of Organizers: The Institutional Origins of Civic Voluntarism in the United States," *American Political Science Review* 94, no. 3 (September 2000): 527-46, esp. tables 3 and 4を見よ。

20）Richard D. Brown, "The Emergence of Urban Society in Rural Massachusetts, 1760-1830, " *Journal of American History* 6, no. 1(1974): 47.

21）Brown, "Emergence of Urban Society," pp. 40-41, table 1のデータに基づく。大部分の結社の急増は、1790年から1830年の間に起こった。この期間に、マサチューセッツとメイン両州の人口は2倍ちょっととなった。

22）Brown, "Emergence of Urban Society," p. 31.

23）Ibid., p. 43.

24）Scott, *Natural Allies*, chap. 1.

25）Carroll Smith-Rosenberg, *Disorderly Conduct: Visions of Gender in Victorian America* (New York: Knopf, 1985), p. 120.

26）Carl Bode, The American Lyceum: Town Meeting of the Mind (Chicago: University of Chicago Press, 1968); John A. Monroe, "The Lyceum in America before the Civil War," *Delaware Notes: Bulletin of the University of Delaware* 37, no. 3 (1942): 65-75. Holbrook also called for a federated organization of lyceums, with state and national bodies consisting of representatives sent from below. See his "American Lyceum," *American Annals of Education* 6 (1836):474-76; 7 (1837): 183-84.

27）Dannenbaum, *Drink and Disorder*; John Allen Krout, *The Origins of Prohibition* (New York: Knopf, 1925).

28）Milton Maxwell, "The Washingtonian Movement," *Quarterly Journal Studies on Alcohol* 11, no. 3 (1950): 410-51; A. B. Grosh, *Washingtonian Pocket Companion*, 2nd ed. (Utica, N.Y.: R.W. Roberts, 1842).

29）Samuel W. Hodges, "Sons of Temperance - Historical Record of the Order," in *Centennial Temperance Volume* (New York: National Temperance Society and Publication House, 1877), 544-98.

30）William W. Turnbull, *The Good Templars: A History of the Rise and Progress of the Independent*

Order of Good Templars (n. p., 1901).

31) Kathleen Smith Kutolowski, "Freemasonry and Community in the Early Republic: The Case for Antimasonic Anxieties," *American Quarterly* 34 (1982): 543-61; Lorman Ratner, *Antimasonry: The Crusade and the Party* (Englewood Cliffs, N.J.: Prentice-Hall, 1969).

32) Dorothy Ann Lipson, *Freemasonry in Federalist Connecticut, 1789-1835* (Princeton: Princeton University Press, 1977); Steven C. Bullock, *Revolutionary Brotherhood: Freemasonry and the Transformation of' the American Social Order, 1730-1840* (Chapel Hill: University of North Carolina Press, 1996). メーソンの本部《グランド・ロッジ》は、独立革命後は、合衆国の州単位で作られ、主権性を保持した。というのは、(基礎的、ブルーロッジ) メーソンは、一つの全国的な制度上のセンターの設立を決して認めなかったからだ。

33) Theodore A. Ross, *Odd Fellowship: Its History and Manual* (New York: M. W. Hazen, 1888), chaps. 1-3.

34) Ibid., chap. 14.

35) Paschal Donaldson, *The Odd Fellows' Text Book*, 6th ed. (Philadelphia: Moss and Brother, 1852), p. 9. 興味深いことにドナルドソンは、同書14頁にてオッド・フェローズは、トクヴィルが、*Democracy in America*の中で称賛した種類の結社の優れた例であった、と論じている。

36) Charles H. Lichtman, ed., *Official History of the Improved Order of Red Men*, rev. ed. (Boston: Fraternity, 1901), pp. 314-15.

37) John T. Ridge, *Erin's Sons in America: The Ancient Order of Hibernians* (New York: AOH Publications, 1986).

38) Stevens, *Cyclopedia of Fraternities*, pp. 234-35, 282-84.

39) Joseph Martinek, *One Hundred Years of the CSA: The History of the Czechoslovak Society of America*, translated by R. A. Gorman (Cicero, Ill.: Executive Committee of CSA, 1985), p. 22.

40) William Alan Muraskin, *Middle-Class Blacks in a White Society: Prince Hall Freemasonry in America* (Berkeley: University of California Press, 1975).

41) Edward Nelson Palmer, "Negro Secret Societies," *Social Forces* 23, no. 2 (1944): 208. パーマーは、「南北戦争後三年の間に」奴隷が解放された後、「黒人メーソンの一員に南部のすべての州が含まれているのを目撃することができた」と付け加えている。

42) Stevens, *Cyclopedia of Fraternities*, pp. 236-37. また、Charles H. Brooks, *The Official History and Manual of the Grand United Order of Odd Fellows in America* (Freeport, N.Y.: Books for Libraries Press, [1902] 1971), p. 91も参照のこと。

43) John H. Aldrich, *Why Parties? The Origin and Transformation of' Political Parties in America* (Chicago: University of Chicago Press, 1995), pt. 2.; and Martin Shefter, Political *Parties and the State: The American Historical Experience* (Princeton: Princeton University Press, 1994), pp. 61-71.

44) Kathryn Kish Sklar, "The 'Quickened Conscience': Women's Voluntarism and the State, 1890-1920," *Report from the Institute for Philosophy and Public Policy* 18, no. 3 (1998): 27.

45) Roger Finke and Rodney Stark, *The Churching of America, 1776-1990* (New Brunswick, N.J.:

Rutgers University Press, 1992).

46）Donald G. Mathews, "The Second Great Awakening as an Organizing Process, 1780-1830: An Hypothesis," *American Quarterly* 21, no. 1(1969): 23-43; Nathan O. Hatch, *The Democratization of American Christianity* (New Haven: Yale University Press, 1989).

47）アメリカ女性の市民的エンパワーメントは、次の文献にて概観できる。Paula Baker, "The Domestication of Politics: Women and American Political Society, 1780-1920," *American Historical Review* 89, no. 3 (1984): 620-47; Scott, *Natural Allies*; Theda Skocpol, *Protecting Soldiers and Mothers: The Political Origins of Social Policy in the United States* (Cambridge, Mass.: Harvard University Press, 1992), chap. 6.

48）Sklar, "Quickened Conscience," p. 27. 禁酒運動における女性については、Dannenbaum, *Drink and Disorder; Barbara Leslie Epstein, The Politics of Domesticity: Women, Evangelism, and Temperance in Nineteenth-Century America* (Middletown, Conn.: Wesleyan University Press, 1981) を見よ。

49）Patricia Kelley Hall and Steven Ruggles, "Moving through Time: Internal Migration Patterns of Americans, 1850-1990," paper presented at the annual meeting of the Social Science History Association, Fort Worth, Texas, November 1999. 以下も参照のこと。Edward Kopf, "Untarnishing the Dream: Mobility, Opportunity, and Order in Modern America," *Journal of Social History* 11 (Winter 1977): 202-27; Howard Chudacoff, *Mobile Americans: Residential and Social Mobility in Omaha, 1880-1920* (New York: Oxford University Press, 1972).

50）Roland Berthoff, *An Unsettled People: Social Order and Disorder in American History* (New York: Harper and Row, 1971), chap. 27.

51）Richard John, *Spreading the News: The American Postal System from Franklin to Morse* (Cambridge, Mass.: Harvard University Press, 1995), p. 31.

52）Ibid., p. 5.

53）Ibid., p. 3.

54）Ibid., chap. 5.

55）Ibid., chaps. 6-7.

56）アメリカ史全体を通じて、最終的に巨大となったすべてのメンバーシップ結社の約四分の三が、全国－州－地元の三層からなる連邦型組織に編成されており、残りの大部分は、違った種類の三層構造（たとえば、媒介レベルが州ではなく広い地域のレベルとなった構造）を制度化した。二つの集団、メーソンおよびワシントン禁酒協会には、全国的な組織上のセンターが存在しなかった。だが、もちろん、メーソンには強大な州レベルのグランド・ロッジが存在した。58の巨大結社中わずかに6つだけが、中央－地元組織としてずっと制度化されてきた。代表制を担う媒介組織は、合衆国の大規模メンバーシップ連合に昔から特徴的である。

57）以下の論文を参照。Herbert P. Kitschelt, "Political Opportunity Structures and Political Protest: Anti-Nuclear Movements in Four Democracies," *British Journal of Political Science* 16 (January 1986):

57-85; Sidney Tarrow, "States and Opportunities: The Political Structuring of Social Movements," in *Comparative Perspectives on Social Movements*, edited by Doug McAdam, John D. McCarthy, and Mayer N. Zald (Cambridge: Cambridge University Press, 1996), 41-61.

58）Turnbull, *The Good Templars*, pp. 88-89に引用.

59）Walter W. Powell and Paul J. DiMaggio, eds., *The New Institutionalism in Historical Analysis* (Chicago: University of Chicago Press, 1991).

60）Elisabeth S. Clemens, *The People's Lobby: Organizational Innovation and the Rise of 'Interest Group Politics in the United States, 1890-1925* (Chicago: University of Chicago Press, 1997).

61）Henry Leonard Stillson, *The History and Literature of Odd Fellowship* (Boston: Fraternity, 1897), p. 214.

62）Independent Order of Odd Fellows, *Journal of Proceedings of the Right Worthy Grand Lodge of the Independent Order of Odd Fellows ... to the Close of the Annual Session, 1843 ...* (New York: McGowan and Treadwell, 1844), p. xv.

63）たとえば、Ralph J. Pollard, *Freemasonry in Maine, 1762-1945* (Portland: Grand Lodge of Maine, 1945), pp. 67-68で展開されている国際紛争の議論を見よ。会員の居住資格は、調査した多くの友愛集団の憲章に明瞭な説明がある。

64）Robert H. Wiebe, *The Search for Order, 1877-1920* (New York: Hill and Wang, 1967).

65）Gamm and Putnam, "Growth of Voluntary Associations in America," fig. 2, pp. 526-27.

66）Jeffrey A. Charles, *Service Clubs in American Society* (Urbana: University of Illinois Press, 1993).

67）Ibid.; and Clifford Putney, "Service over Secrecy: How Lodge-style Fraternalism Yielded Popularity to Men's Service Clubs," *Journal of Popular Culture* 27 (1993): 664-83.

68）Gamm and Putnam, "Growth of Voluntary Associations in America," fig. 2, pp. 526-27.

69）上記の註16に引用した住所氏名録の入会の量的分析に基づく。

70）戦争そのもののせいで、多くの集団が存続できなくなった。というのも、指導的市民と多くの男が戦場に赴き、彼らが後にしたコミュニティは膨大な数に上った。対照的に女性は、戦争支援団体や主要な禁酒団体になだれ込んだ。そして、メーソン、オッド・フェローズといった友愛団体は、兵役前、あるいは兵役に就いている多くの若者を引きけた。これらの男性友愛会には、故郷を後に戦地に赴いた会員を地元で支援する方法がすでに存在していた。また、メーソンのグランド・ロッジの中には、軍隊の中に特別に「軍ロッジ」の設立を認めるものもあった。さらに、南北戦争終結直後に、二つにわかれていた合衆国のメンバーシップ連合体が、再統合した。オッド・フェローズの場合、戦争中の全国大会に象徴的な意味合いで欠席していた南部のグランド・ロッジ代表に席を確保して待っていた、との説明をロスはしている (Ross, *Odd Fellowship*, pp. 158-79)。大会では、代表が欠席の州の名前も呼ばれ、報告書まで彼らに郵送された。アポマトックスの降伏後数ヶ月で、南部のグランド・ロッジ代表は、オッド・フェローズの大会で彼らが復帰するのを待って空けていた席に舞い戻った。だが、合衆国政府と政党システムがともに元に戻るにはどうしても、さらに長い年月がかかった。

71）この点は、Skocpol, Ganz, and Munson, “A Nation of Organizers”の中で実証的により明確にされ、理論的に詳細に論じられている。以下の研究は、1920年代までの結社形成に対する連邦軍勝利の継続的な影響力を、さらに多くの統計分析を使って論証している。Jocelyn Elise Crowley and Theda Skocpol, “The Rush to Organize: Explaining Associational Formation in the United States, 1860s-1920s,” *American Journal of Political Science* 45, no. 4 (October 2001): 813-29.

72）Tocqueville, *Democracy in America*, p. 395[前掲訳書『アメリカのデモクラシー第1巻（下）』387-8頁], 646-50[井伊玄太郎訳『アメリカの民主政治（下）』講談社、1987年、469-82頁]を見よ。

73）Linus Pierpont Brockett, *The Philanthropic Results of the War in America. Collected from Official and Authentic Sources from an American Citizen* (New York: Sheldon, 1864).

74）James M. McPherson, *Battle Cry of' Freedom: The Civil War Era* (New York: Ballantine Books, 1988), p. 313.

75）Ibid., p. 330. 南北戦争を率いた大半の将校は、後衛から指揮したというよりは、むしろ陣頭に立って戦ったので、戦死者数も驚くほど多かった。

76）James W. Geary, *We Need Men: The Union Draft in the Civil War* (DeKalb: University of Northern Illinois Press, 1991), pp. 173-74, passim.

77）McPherson, *Battle Cry of Freedom*, p. 480.

78）特定の集団についてのより詳細は、Skocpol, Ganz, and Munson, “A Nation of Organizers,” p. 530の表1を見よ。

79）ニューヨーク・ソロリスクラブは、全米に散らばる約60の婦人クラブに声をかけて、総連合を結成した。この経緯については、Mildred White Wells, *Unity in Diversity: The History of' the General Federation of Women's Clubs* (Washing-ton, D.C.: General Federation of Women's Clubs, 1953), chap. 2を見よ。

80）J. J. Upchurch, *The Life, Labors, and Travels of Father J. J. Upchurch, Founder of the Ancient Order of United Workmen*, edited by Sam Booth (San Francisco: A. T. Dewey, 1887).

81）James R. Carnahan, *Pythian Knighthood: Its History and Literature* (Cincinnati: Pettibone Manufacturing Company, 1890), chaps. 5-6.

82）Sven D. Nordin, *Rich Harvest: A History of the Grange, 1867-1900* (Jackson: University of Mississippi Press, 1974), chap. 1.

83）この意味の徹底的かつ重要な論争については、Judith Ann Giesberg, *Civil War Sisterhood: The U.S. Sanitary Commission and Women's Politics in Transition* (Boston: Northeastern University Press, 2000)を見よ。

84）Ibid., p. 5.

85）Walter J. Davidson, *History of the American National Red Cross,* vol. 39, *General Organization* (Washington, D.C.: American National Red Cross, 1950).

86）Norton Mezvinsky, “The White-Ribbon Reform: 1874-1920” (Ph.D. dissertation, University of Wisconsin, 1959).

87) Reprinted in Helen E. Tyler, *Where Prayer and Purpose Meet: The WCTU Story, 1874-1949* (Evanston, IL: Signal, 1949), p. 18.

88) しかしながら、南部白人が地元の自発的集団に閉じこもったと思うのは間違いであろう。それどころか彼らは、南部の教会宗派内で会衆をよく組織したし、また州レベルの最高位グランド・ロッジによって支配されるメーソン組織の会員や、強大な南部管轄区によって支配されるスコット・ライト高位メーソン結社の会員を増やした。要するに、1860年以降、元南軍兵士は、本部を北部に置いている全国的管理センターを持つ結社よりも、人口一人あたりでは高い割合で、広い地域、州レベルに運営権限がある連合体を形成し、そこに参加したのだ。

89) 黒人の友愛・相互扶助集団に関する参考文献と利用可能な資料を概観したものとして、次の学会報告ペーパーがある。参照されたい。Theda Skocpol and Jennifer Oser, "Organization despite Diversity: The Origins and Development of African American Fraternal and Mutual Aid Associations," paper presented at the annual meeting of the Social Science History Association, Chicago, Illinois, November 2001. あまり名前の知られていない集団のいくつかの公式の歴史については、以下の文献を参照のこと。W. H. Gibson Sr., *History of the United Brothers of Friendship and Sisters of the Mysterious Ten* (Louisville, Ken.: Bradley & Gilbert, 1897); Wendell P. Dabney, *Maggie L. Walker and the I.O. of Saint Luke* (Cincinnati: Dabney, 1927); A. E. Bush and P. L. Dorman, *History of the Mosaic Templars of America: Its Founders and Officials* (Little Rock, Ark.: Central Publishing Company, 1924).

90) 概観と参考文献の追加については、以下を参照。Scott, *Natural Allies*; Breckinridge, *Women in the Twentieth Century*, pt. 1; Elisabeth S. Clemens, *The People's Lobby: Organizational Innovation and the Rise of Interest Group Politics in the United States, 1890-1925* (Chicago: University of Chicago Press, 1997); Elisabeth Clemens, "Securing Political Returns to Social Capital: Women's Associations in the United States, 1880s-1920s," *Journal of Interdisciplinary History* 29, no. 3 (1999) 613-38; Skocpol, *Protecting Soldiers and Mothers*, pt. 3.

91) Clawson, *Constructing Brotherhood*, chap. 6.

92) Seymour Martin Lipset and Earl Raab, *The Politics of Unreason: Right-Wing Extremism in America, 1790-1970* (New York: Harper and Row, 1970), pp. 81-104.

93) これは、Schmidt, *Fraternal Organizations*, Appendix 3, pp. 387-89に掲載のさまざまなタイプの友愛団体の設立年度の分析に基づく。

94) 集団の急増は、1910年頃に頂点を迎えた。表2-1 (本文) およびSkocpol, Ganz, and Munson, "A Nation of Organizers"の中のデータを参照。20世紀初頭以後、階級横断的な自発的集団の支部は、全体としては急増におそらく終止符を打ったが、この段落で概説した理由にもかかわらず、これは、その種の結社の衰退としてよりもむしろ固定化として解釈されるべきだ。たとえば、ガムとパットナムは、1910年以降の集団の増殖の衰えを、友愛集団について特に強調している (Gamm and Putnam, "Growth of Voluntary Associations in America")。だが、彼らは、エルクス、ムース、イーグルス、コロンブス騎士団といった固定化した友愛

集団において、ずっと大規模な都会ロッジが増加した点を考慮に入れそこねている。人口との関連で地元団体数を単に数える彼らの方法は、会員数が一定、あるいは伸び続けているのに結社形成のルールが変化するとき、まったく誤解を招きかねないことがわかる。

95）優れた概要については、以下の文献を参照。David M. Kennedy, *Over Here: The First World War and American Society* (New York: Oxford University Press, 1980); Ronald Schaffer, *America in the Great War: The Rise of' the War Welfare State* (New York: Oxford University Press, 1991); Ellis W. Hawley, *The Great War and the Search for Modern Order: A History of the American People and Their Institutions, 1917-1933* (New York: St. Martin's Press, 1979). しかしながら、これらの集大成のいずれも、階級横断的な自発的連合体が、戦時動員に果たした主要な役割について適切な注意を払っていない。どれも経営者の視点から書かれており、ビジネス＝政府間協力を強調している。

96）ビジネス・専門職結社の設立については、以下を参照。W. Lloyd Warner, editor, *The Emergent American Society, Volume 1: Large-Scale Organizations* (New Haven: Yale University Press, 1967), pp. 317-25; W. Lloyd Warner, *National Trade and Professional Associations of the United States, 1966* (Washington, D.C.: Potomac Books, 1966), pp. v-vii; Joseph F. Bradley, *The Role of' Trade Associations and Professional Business Societies in America* (University Park: Pennsylvania State University Press, 1965), chap. 2.

97）全国的に連邦化されたビジネス・専門職女性団体の戦時中の設立に関する議論は、*A History of the Oklahoma Federation of Business and Professional Women, 1919-1993* (Oklahoma Federation of Business and Professional Women, nod.), pp. 11-12を見よ。

98）William Pencak, *For God and Country: The American Legion, 1919-1941* (Boston: Northeastern University Press, 1989), chaps. 2-4; Thomas A. Rumer, *The American Legion: An Official History, 1919-1989* (New York: M. Evans, 1990), pp. 5-56.

99）Orville Merton Kile, *The Farm Bureau Movement* (New York: Macmillan, 1921).

100）Walton Rawls, *Wake Up, America! World War I and the American Poster*, with foreword by Maurice Rickards (New York: Abbeville Press, 1988).

101）Charles Howard Hopkins, *History of the Y.M.C.A. in North America* (New York: Association Press, 1951), pp. 485-504; Henry P. Davison, *The American Red Cross in the Great War* (New York: Macmillan, 1920); Kaufman, *Faith and Fraternalism*, chaps. 4, 6-9; National Jewish Welfare Board, *Final Report of War Emergency Activities* (New York: National Jewish Welfare Board, 1920). 背景については、Benjamin Rabinnowitz, *The Young Men's Hebrew Associations (1854-1913)* (New York: National Jewish Welfare Board, 1948) も参照のこと。

102）Mitch Reis, *The Boy Scouts of America during World War I & II* (private publ., 1984), chap. 1.

103）William C. Mullendore, *History of the United States Food Administration, 1917-1919* (Stanford: Stanford University press, 1941); Ida Clyde Clarke, *American Women and the World War* (New York: D. Appleton, 1918), pp. 61-73; James R. Nicholson, Lee A. Donaldson, and Raymond C. Dobson, *History of the Order of Elks, 1868-1978*, rev. ed. (Chicago: Grand Secretary's Office, 1978), pp.

246-47.

104）Kennedy, *Over Here*, pp. 27-29, 258-59.

105）この議論は、Theda Skocpol, Ziad Munson, Andrew Karch, and Bayliss Camp, "Patriotic Partnerships: Why Great Wars Nourished American Civic Voluntarism," in *Shaped by War and Trade: International Influences on American Political Development*, edited by Ira Katznelson and Martin Shefter (Princeton: Princeton University Press, 2002), 134-80において展開され、さらに実証されている。

106）William Preston Jr., *Aliens and Dissenters: Federal Suppression of Radicals, 1903-1913*, 2nd ed. (Urbana: University of Illinois Press, [1963] 1994), chap. 4.

107）さまざまな広い地域や州における結社の発展については、Ridge, *Erin's Sons*, pt. 2 (passim) を見よ。

108）Frederick C. Luebke, *Bonds of Loyalty: German-Americans and World War I* (DeKalb: Northern Illinois University Press, 1974), chaps. 9-10.

109）Ibid., pp. 269-70; Committee on the Judiciary, U.S. Senate, "National German-American Alliance Hearings Before the Subcommittee of the Committee on the Judiciary United States Senate, Sixty-Fifth Congress, Second Session on S. 3529 ... , February 23-April 13, 1918 (Washington, D.C.: Government Printing Office).

110）この話は、次の文献によって特にうまくなされている。Michael E. McGerr, *The Decline of Popular Politics* (New York: Oxford University Press, 1986); Michael Schudson, *The Good Citizen: A History of American Civic Life* (New York: Free Press, 1998).

111）Putnam, *Bowling Alone,* Appendix 3（前掲訳書、付録3）に、パットナムが列挙した20世紀の支部基盤の結社リストを参照のこと。

112）この効果についての議論は、David T. Beito, *From Mutual Aid to the Welfare State: Fraternal Societies and Social Services, 1890-1967* (Chapel Hill: University of North Carolina Press, 2000) に出てくる。私は、ベイトの代替論が説得力を持っているとは考えないが、同書は、さまざまな友愛連合体が運営する重要な社会奉仕施設の豊富な事例研究を提供してくれる。

113）ベイトの前掲書に関するエメリーの優れた書評、J. C. Herbert Emery, H-URBAN@H-NET.MSU.EDU in August 2000を参照のこと。

114）McConnell, *Glorious Contentment*; Skocpol, *Protecting Soldiers and Mothers*, chap. 2.

115）Nordin, *Rich Harvest*; John Mark Hansen, *Gaining Access: Congress and the Farm Lobby, 1919-1981* (Chicago: University of Chicago Press, 1991).

116）Skocpol, *Protecting Soldiers and Mothers*, pt. 3.

117）Henry J. Pratt, *The Gray Lobby* (Chicago: University of Chicago Press, 1976).

118）「数百万の正真正銘のアメリカ人にとっての新たな希望と安全——そして新しい種類の友情」を代表して、イーグルスの活動を自己満足気に概観したものとして、Richard S. Davis, "Fifty Years of Service," *Eagle* 36, no. 2 (February 1948): 7-9がある。

119）Michael J. Bennett, *When Dreams Came True: The G.I. Bill and the Making of Modern America* (Washington, D.C.: Brassey's, 1996); Davis R. B. Ross, *Preparing for Ulysses: Politics and Veterans*

during World War II (New York: Columbia University Press, 1969); Theda Skocpol, "The G.I. Bill and U.S. Social Policy, Past and Future," *Social Philosophy and Policy* 14, no. 2 (1997): 95-115.

120) Schlesinger, "Nation of Joiners," p. 2.

第3章

1) Jason Kaufman and David Weintraub, "How 'Local' Were Late 19th Century Fraternal Organizations? A Spatial Analysis of the Knights of Pythias Membership Rolls of Buffalo, New York (1894)" (unpublished paper, Department of Sociology, Harvard University, 2001).

2) Shirley Donnelly, *History of Oddfellowship in Oak Hill, W. Va.* (locally published pamphlet, 1952)の情報から試算。

3) David M. Fahey, *Temperance and Racism: John Bull, Johnny Reb, and the Good Templars* (Lexington: University of Kentucky Press, 1996), pp. 19-20.

4) *Ritual of a Rebekah Lodge under the Jurisdiction of the Sovereign Grand Lodge of the Independent Order of Odd Fellows* (Sovereign Grand Lodge of the I.O.O.F., 1928), p. 50, passim. これは、レベッカの娘たちの秘儀の古い原稿から短く引用したもの。同会には、本引用をお許し願いたい。

5) 議論については、Theda Skocpol, *Protecting Soldiers and Mothers: The Political Origins of Social Policy in the United States* (Cambridge, Mass.: Belknap Press of Harvard University Press, 1992), pp. 323-40を見よ。

6) *Ritual Veterans of Foreign Wars of the United States* (Kansas City, Mo.: National Headquarters, Veterans of Foreign Wars, 1942), pp. 52-53.

7) 筆者の個人コレクションの、この団体の会員リボンバッジに基づく。安全のための騎士と淑女が、1920年代に安全のための共済組合になったとき、モダンな装いの男性と婦人を表現するためにバッジを変えた。

8) Guy H. Fuller, ed., *Loyal Order of Moose and Mooseheart* (Loyal Order of Moose, 1918); Robert W. Wells, *Mooseheart: The City of Children* (Loyal Order of Moose, 1965).

9) この額入り証明書は、オクラホマ州ガスリーの古物商から、1999年10月に筆者が買い求めたもの。

10) 筆者の個人コレクションにある、日付不明のパンフレット "The Maccabees: A Service Organization for the Entire Family" から。

11) 筆者の個人コレクションにある、結社の切手・ポスター類から。メイン州マチャイアスの古物商で購入。

12) この点に関するデータは、Theda Skocpol, Marshall Ganz, and Ziad Munson, "A Nation of Organizers: The Institutional Origins of Civic Voluntarism in the United States," *American Political Science Review* 94, no. 3 (September 2000): 536-37に書かれたものである。

13) 筆者の個人コレクションの一つである絵葉書。メイン州の古物商から購入。

14) Reverend F. E. Clark, "The United Society of Christian Endeavor: State and Local Unions," (United Society of Christian Endeavor, Boston, 1892), p. 4; 強調は原文。メイン州エルズワースの古物商

で購入。このパンフレットは、結社の切手・ポスター類の個人コレクションの一つ。

15） Skocpol, Ganz, and Munson, “A Nation of Organizers,” p. 540, including fig. 5を参照。

16） ジェームズ・マディソンの古典「ザ・フェデラリスト」第10論文（*The Federalist Papers* (New York: Doubleday, 1966)［『ザ・フェデラリスト』斎藤眞・武則忠見訳『ザ・フェデラリスト』福村出版、1991年］)。また、Theodore Lowi, *The End of Liberalism*, 2nd ed. (New York: Norton, 1979)［村松岐夫監訳『自由主義の終焉』木鐸社、1981年］も見よ。

17） Henry Leonard Stillson, *The History and Literature of Odd Fellowship* (Boston: Fraternity, 1897), p. 355に報告されている。

18） David Royal, “Introduction of the Order of Knights of Pythias in the Grand Domain of Minnesota,” handwritten document, no date [1890s], Knights of Pythias Archives, Quincy, Mass.

19） Maurice Francis Egan and John B. Kennedy, *The Knights of Columbus in Peace and War*, vol. 1 (New Haven: Knights of Columbus, 1920), p. 72.

20） Jennie June Croly, *The History of the Women's Club Movement in America* (New York: Henry G. Allen, 1898), p. 779に報告されている。

21） Skocpol, Ganz, and Munson, “A Nation of Organizers,” pp. 534-36, including table 3.

22） W. A. Northcott, *The Woodman's Hand Book* (Davenport, Iowa: Egbert, Fidlar, & Chambers, 1894), p. 83, in a discussion of “The Lodge a School.”

23） Ibid.

24） 誓約カード。メイン州の古物商街で見つけたもの。結社の切手・ポスター類の個人コレクションの一つ。

25） 多くの集団の憲章からも類似のルールを引用できた。この引用は、*Constitution and General Laws of the Ancient Order Knights of the Mystic Chain of Pennsylvania* (Pittsburgh: Herald Printing Co., 1899), p. 52から。

26） Northcott, *Woodman's Hand Book*, p. 83.

27） Frederick A. Fickardt, “The Order of the Sons of Temperance of North America, as a School for Popular Debate and Eloquence,” in *The National Temperance Offering, and Sons and Daughters of Temperance Gift, edited by S. F. Cary* (New York: R. Vandien, 1850), pp. 168-69. 強調は原文。

28） Ibid., pp. 169-70. 強調は原文。

29） この点は、Sidney Verba, Kay Lehman Schlozman, and Henry E. Brady, *Voice and Equality: Civic Voluntarism in American Politics* (Cambridge, Mass.: Harvard University Press, 1995) において強調され、実証されている。

30） *Ritual of the Household of Ruth G.U.O. of O.F.* (Philadelphia: Subcommittee of Management, Grand United Order of Odd Fellows, 1902), pp. 37-38 in the “Charge” part of the Obligation and Installation ceremony. これは、秘儀の旧バージョンから短く引用したもの。ルースの家族には、本引用をお許し願いたい。

31） Ibid., p. 37.

32） すべての引用は、Walter B. Hill, “The Great American Safety-Valve,” *Century Magazine* 44, n.s.

22 (May-October 1892): 383-84から。

33）これと、次の段落の引用は、ダグラス・レイのタイプ原稿、Douglas Rae, "The End of Urbanism: Changing Geographies of Growth, Leadership, and Civic Density in New Haven, 1910-2000" (unpublished manuscript, Yale University, 2000), chapter 5, "Civic Density," pp. 24-28から。

34）支部レベルの階級的背景を記録している学術的研究としては、以下がある。Kaufman and Weintraub, "How 'Local' Were Late 19th Century Fraternal Organizations?"; Stuart McConnell, "Who Joined the Grand Army? Three Case Studies in the Construction of Union Veteranhood,1866-1900," in *Toward a Social History of the American Civil War*, edited by Marls A. Vinovskis (Cambridge: Cambridge University Press, 1990), pp. 139-70; and Mary Ann Clawson, *Constructing Brotherhood: Gender, Class, and Fraternalism* (Princeton: Princeton University Press, 1989), chap. 3. 友愛的つながりの世界では、メーソン、エルクスの場合、会員の多くはエリート層から上層ブルーカラーにかけてであるが、オッド・フェローズ、ムースでは、ブルーカラー、下層ホワイトカラーが中心である。こうした階級構成は、それぞれの支部でも見られた。だが、ほぼどこの支部でも一部の男たちは、エリート層、ホワイトカラー、ブルーカラーといった階級の区分線を越えて付き合いがあった。連邦化した婦人クラブの支部の多くでは、上流階層の会員がやや多く見られたが、それでもほとんどのケースで相当数の下層ホワイトカラー従業員、熟練ブルーカラー労働者、そして農民（田舎では）の妻たちが入会していた。

35）Guy H. Fuller, ed., *Loyal Order of Moose and Mooseheart* (Mooseheart, Ill.: Mooseheart Press, 1918), p. 166.

36）近代ウッドマン協会が出したことがはっきりしている、"W. J. Bryan's Speech at the M.W.A. Class Adoption in Lincoln, Nebraska, on May 6, 1903"という広く出回ったパンフレットから引用。

37）1920年代、全米農業ニュースは、*Religious & Fraternal Directory of Your National Government*を発行し、「連邦議会と諸君の全国政府の行政・司法部門の宗教・友愛・政治組織への入会を明らかにしている」。下院議員435名の70%、上院議員百名の三分の二がメーソンの会員であることを公式に表明していた。多くの他の友愛集団も頻繁にリストアップされており、その結果、友愛団体は、宗教的所属のリストを優に上回った。

38）Warner Olivier, *Back of the Dream: The Story of the Loyal Order of Moose* (New York: E. P. Dutton, 1952), p. 69.

39）James Michael Curley, *I'd Do It Again* (Englewood Cliffs, N.J.: Prentice-Hall, 1957), pp. 57-60. また、pp. 45, 78, 85, 334も参照。カーリーはまた、次に挙げる団体に参加するという恩恵にも浴した。フォレスターズ・オブ・アメリカ、青年カトリック協会、ボストンのセント・パトリック絶対禁酒・文芸協会、ロクスベリー・タマニー・クラブおよび他のアイルランド系政治団体。

40）Royce D. Delmatier, *Rumble of California Politics, 1848-1970* (New York: Wiley, 1970), p. 241.

41）Janann Sherman, *No Place for a Woman: A Life of Senator Margaret Chase Smith* (New Brunswick,

N. J : Rutgers University Press, 2000), pp. 46-47, 82-83.

42) Paschal Donaldson, *The Odd-Fellows Textbook*, 6th ed. (Philadelphia: Moss and Brother, 1852), p. 232.

43) "W. J. Bryan's Speech at the M.W.A. Class Adoption in Lincoln, Nebraska, on May 6, 1903."

44) "Address by Col. Paul V. McNutt, National Commander of the American Legion, before the 84th Legislature, January 24th, 1929" (undated pamphlet), p. 11.

45) 議事録および備え付けメモ（筆者の個人コレクション）。

46) *Girls' High School Parent-Teacher Program of Meetings 1933-1934* (pamphlet with no date or publisher)に掲載のとおり。筆者の切手・パンフレット類コレクション（ネット購入）。

47) 表2･1の縦列の一つは、合衆国の大規模な自発的結社の「政治への関与」の経験を過去、現在にわたって示してある。ここでは、大戦争の遂行を支援するため、全国的な協力関係に繰り返し入った四つの主要な結社の欄は空白になっている（結社名は、表2-1)。正式な戦時動員を支持した集団、また会員が選挙で選ばれる役職にしばしば立候補したり、あるいは就任していたメーソンのような友愛集団も空白となっている。だが、関与のあらゆる局面を考えていたとすれば、事実上すべての主要団体には、「政治への関与」の欄にチェックが付されていても不思議ではない。

48) "Shall This Iowa Boy Become President?" (pamphlet, Woman's Christian Temperance Union of Iowa, n.d.), p. 4. 筆者の、結社の切手・パンフレット類コレクションから。

49) Skocpol, *Protecting Soldiers and Mothers*, pt. 3.

50) この事例は、Elisabeth S. Clemens, *The People's Lobby* (Chicago: University of Chicago Press, 1997)によって説得的に論証されている。

51) Gabriel A. Almond and Sidney Verba, *The Civic Culture: Political Attitudes and Democracy in Five Nations* (Princeton: Princeton University Press, 1963)［前掲訳書『現代市民の政治文化』].

第4章

1) ここに示した大規模なメンバーシップ結社のリストの出所は、第2章で述べた「市民的積極参加に関するプロジェクト」研究である。当然ながら、「メンバーシップ」で何を意味しているかは、自発的結社によってかなり違う。我々の研究では、各集団のそれ独自の定義法を認めており、米国赤十字や小児麻痺救済募金では、集団が意味して差し支えない会員の外延の一部を示している。赤十字では、年に本当にちょっとの寄付をする人も全員が「会員」である。また、小児麻痺救済募金の場合、募金運動に参加したボランティアまで「会員」に含まれる。David Sills, *The Volunteers: Means and Ends in a National Organization* (New York: Free Press, 1957)が説明するように，全米小児麻痺救済募金には地方支部基盤の会員もいるが、数の上では年一回の募金運動参加者よりはるかに少ない。こうした全国的な医療保健関係団体一般については、Richard Carter, *The Gentle Legions: National Voluntary Health Organizations in America*, rev. ed. (New Brunswick, NJ.: Transaction Books, 1992)を見よ。

2) 少し計算方法が違うが、第二次世界大戦後のさまざまな結社の会員傾向については、パ

ットナム『孤独なボウリング』付属3を見よ。

3）パットナム、前掲訳書; Jeffrey A. Charles, *Service Clubs in American Society: Rotary, Kiwanis, and Lions* (Urbana: University of Illinois Press, 1993), chap. 7; Louise M. Young, *In the Public Interest: The League of Women Voters, 1920-1970* (Westport, Conn.: Green-wood Press, 1989), chaps. 13-15.

4）民族的友愛組織については、Gale Research Company, *The Encyclopedia of Associations*, vol. 1 (Detroit: Gale Research Company, 1955 and after)の中の、1950年代後半と60年代前半に関する年次別リストを参照のこと。黒人エルクスの20世紀における伸張ぶりについては、Charles H. Wesley, *History of the Improved Benevolent and Protective Order of Elks of the World, 1898-1954* (Washington, D.C.: Association for the Study of Negro History, 1955)を見よ。

5）Gabriel A. Almond and Sidney Verba, *The Civic Culture: Political Attitudes and Democracy in Five Nations* (Princeton: Princeton University Press, 1963), p. 302［前掲訳書『現代市民の政治文化』301頁］の表2。興味深いことに、この表の「友愛」の範疇は合衆国にだけ見られ、所属を表明している市民の比率が最も高いもの団体の一つである。

6）結社への総加入のアーモンドとヴァーバの国別比較については、『現代市民の政治文化』第11章第1表（Ibid., p. 302［前掲訳書、301頁］）を、男女別の国別比較については同じ章の第3表（p.303［同303頁］)、教育別については同章第4表（p. 304［同303頁］）を参照のこと。「何らかの団体」に属していると回答した者の教育水準における「初等教育以下」への「大学程度」の比率は、次のようであった（比率が高いほど階級分化が進んでいることを示す)。合衆国1.45、イギリス2.24、ドイツ1.51、イタリア1.84、メキシコ3.23。この指数で合衆国が健闘していることは、大して高くない教育水準のアメリカ人も相当に結社に加入していることを雄弁に物語っている。なにしろ労組加入率では合衆国は、ドイツ、(特に)イギリスより低いからである（同章第2表（p.302［同301頁］）参照)。

7）『現代市民の政治文化』第11章第5表（Ibid., p. 306［前掲訳書、303頁］)。全体で、アメリカ人の24%が、自分の団体が政治問題に関与していると信じている。その比率は、イギリス人19%、ドイツ人18%、イタリア人6%、メキシコ人11%であった。もちろん、アメリカ以外の国の一部、あるいはすべてにおいて政党は、政治関与を大量に組織化する上でより重要であったかもしれない。それにもかかわらず、これらのデータは、自発的結社が1960年における相当量の政治参加に影響を与えたことを示している。

8）Thomas A. Rumer, *The American Legion: An Official History, 1919-1989* (New York: M. Evans, 1990), pp. 211-393, passim; Bill Bottoms, *The VFW: An Illustrated History of the Veterans of Foreign Wars of the United States* (Rockville, Md.: Woodbine House, 1991), chaps. 5, 6, passim.

9）Richard S. Davis, “Fifty Years of Service: What the Eagle Record Has Meant to Everyone,” *Eagle* 36, no. 2 (February 1948): 7-9; Lloyd Gladfelter, “Your Social Security,” *Eagle* 39, no. 3 (March 1951): 7-9. 1948年発行のイーグルス50周年記念大型メダルの片面に、イーグルスが、州・全国政治で唱えていた公的社会保障プログラム（母親年金、老齢年金、勤労者補償、社会保障）の支援を受けた人々の絵が刻まれている。

10）John Mark Hansen, *Gaining Access: Congress and the Farm Lobby, 1919-1981* (Chicago: University

of Chicago Press, 1991), chaps. 3, 5.

11) Mildred White Wells, *Unity in Diversity: The History of the General Federation of Women's Clubs* (Washington, D.C.: General Federation of Women's Clubs, 1953), pp. 168-69, 210-11. PTAの公共政策問題への関与を概観するには、"Historical Information" on the organization's website at http://www.pta.orgを参照。

12) Theda Skocpol, "The G.I. Bill and U.S. Social Policy, Past and Future," *Social Philosophy and Policy* 14, no. 2 (1997) 106-9; Michael J. Bennett, *When Dreams Came True: The G.I. Bill and the Making of Modern America* (Washington, D.C.: Brassey's, 1996), chaps. 2, 3.

13) Doug McAdam, *Political Process and the Development of Black Insurgency* (Chicago: University of Chicago Press, 1982); Aldon D. Morris, *The Origins of the Civil Rights Movement: Black Communities Organizing for Change* (New York: Free Press, 1984).

14) Todd Gitlin, *The Sixties: Days of Hope, Days of Rage* (New York: Bantam, 1989)［疋田三良・向井俊二訳『六〇年代』彩流社、1993年］; J. Craig Jenkins and Charles Perrow, "Insurgency of the Powerless," *American Sociological Review* 42 (1977): 249-68; Debra C. Minkoff, *Organizing for Equality: The Evolution of Women's and Racial-Ethnic Organizations in America, 1955-1985* (Philadelphia: Temple University Press, 1995), chap. 2.

15) Elisabeth S. Clemens, *The People's Lobby: Organizational Innovation and the Rise of Interest Group Politics in the United States, 1890-1925* (Chicago: University of Chicago Press, 1997), chap. 2において展開されている有益な議論を参照のこと。

16) 特に、Morris, *Origins of the Civil Rights Movement*を見よ。

17) Ibid., chaps. 1, 2.

18) 新しいフェミニズムに関する私の議論は、ゲルブとパリーの研究に負っている。Joyce Gelb and Marian Lief Palley, *Women and Public Policies* (Princeton: Princeton University Press, 1982), chap. 2を参照されたい。

19) Jo Freeman, "The Origins of the Women's Liberation Movement," *American Journal of Sociology* 78 (1973): 792-811.

20) Gelb and Palley, *Women and Public Policies*, pp. 14-15.

21) Rachel Carson, *Silent Spring* (Boston: Houghton Mifflin, 1962)［青樹簗一訳『沈黙の春』新潮社、1964年］.

22) Robert Cameron Mitchell, Angela E. Mertig, and Riley E. Dunlap, "Twenty Years of Environmental Mobilization: Trends among National Environmental Organizations," in *American Environmentalism: The U.S. Environmental Movement, 1970-1990*, edited by Riley E. Dunlap and Angela E. Mertig (New York: Taylor and Francis, 1992), pp. 13-14. グリーンピースUSAは、世界的な環境保護団体のアメリカ支部として、1988年に設立された。

23) Ibid., pp. 12-14. 1960年代以前、これらの集団はすべて、かなり小規模なメンバーシップ結社であった。

24) この問題の議論と、いくつかの実証的テストについては、Frank R. Baumgartner and Bryan

D. Jones, *Agendas and Instability in American Politics* (Chicago: University of Chicago Press, 1993), p. 186を見よ．

25）人口一人あたりの傾向については、Putnam, *Bowling Alone*, p. 50［前掲訳書『孤独なボウリング』54頁］の図7を参照。

26）Jeffrey M. Berry, *The Interest Group Society*, 3d ed. (New York: Longman, 1997), chap. 2. また、Jack L. Walker Jr., *Mobilizing Interest Groups in America: Patrons, Professions, and Social Movements* (Ann Arbor: University of Michigan Press, 1991) も見よ．

27）Minkoff, *Organizing for Equality*, p. 17.

28）Ibid., p. 61.

29）Ibid., p. 62, fig. 3.1.

30）Ibid., p.17.

31）Ibid., p. 62, fig. 3.2.

32）Ibid., p. 63.

33）Kay Lehman Schlozman, "Representing Women in Washington: Sisterhood and Pressure Politics," in *Women, Politics, and Change*, edited by Louise A. Tilly and Patricia Gurin (New York: Russell Sage Foundation, 1990), 339-82.

34）Gelb and Palley, *Women and Public Policies*, p. 14. また、Ann N. Costain, "Representing Women: The Transition from Social Movement to Interest Group," *Western Political Quarterly* 34 (March 1981): 100-13も見よ．

35）Gelb and Palley, *Women and Public Policies*, p. 25.

36）これらの結社についての最良の研究には、次のようなものがある。Jeffrey M. Berry, *Lobbying for the People: The Political Behavior of' Public Interest Groups* (Princeton: Princeton University Press, 1977); Jeffrey M. Berry, *The New Liberalism: The Rising Power of Citizen* Groups (Washington, D.C.: Brookings Institution Press, 1999); Andrew S. McFarland, *Common Cause: Lobbying in the Public Interest* (Chatham, N.J.: Chatham House, 1984); Walker, *Mobilizing Interest Groups*, pp. 33-35.

37）Berry, *Lobbying for the People*, chap. 2. また、Putnam, *Bowling Alone*, p. 51［前掲訳書『孤独なボウリング』56頁］も参照．

38）Berry, *Lobbying for the People*, p. 34.

39）Kay Lehman Schlozman and John C. Tierney, *Organized Interests and American Democracy* (New York: Harper and Row, 1986), pp. 75-76.

40）Walker, *Mobilizing Interest Groups*, chap. 4.

41）Berry, *Interest Group Society*, pp. 31-37.

42）Jeffrey M. Berry, "The Rise of Citizen Groups," in *Civic Engagement in American Democracy*, edited by Theda Skocpol and Morris P, Fiorina (Washington, D.C.: Brookings Institution Press; and New York: Russell Sage Foundation, 1999), pp. 368-69.

43）Baumgartner and Jones, *Agendas and Instability*, pp. 186-87.

44）これまでの研究の知見は、Frank R. Baumgartner and Beth L. Leech, *Basic Interests* (Princeton: Princeton University Press, 1998), esp. pp. 100-101, 105-6において要領よくまとめられている。

45）Walker, *Mobilizing Interest Groups*, chap. 4; Berry, *Interest Group Society*, pp. 37-42; Kevin Phillips, *Arrogant Capital: Washington, Wall Street, and the Frustration of American Politics* (Boston: Little, Brown, 1994), p. 32. また、John B. Judis, "The Pressure Elite: Inside the Narrow World of Advocacy Group Politics," *American Prospect*, no. 9 (Spring 1992): 15-29も見よ。

46）Baumgartner and Jones, *Agendas and Instability*, p. 183.

47）Ibid., p.184.

48）Jeffrey Berry, "Building an Effective Lobby," paper presented at the annual meeting of the American Political Science Association, San Francisco, California, August 30-September 1, 2001, p. 27. これと次の段落は、ベリーのこの報告論文で示された議論と研究に負っている。

49）Ibid., pp. 2-3.

50）表4-1掲載の二つの団体、米国赤十字と小児麻痺救済募金は表4-3から省かれてある。これらの団体は、「会員」と称する会員数を、年間の寄付者やボランティアの総数に基づいてはじき出している。そして最近では、会員と称する人間がはっきりせず、だぶりも増えている。

51）友愛集団の中ではムース慈善保護会が、ここ数十年間、他の結社に比べてよくやってきた。その理由について、最終的な説明は私にはできない。ただ、ムースの場合、最初からエルクスやイーグルスよりも労働者階級の会員が比較的多かったからかもしれない。第5章で私が議論しているように、現代の友愛団体は、階級構造の最上位層において「会員」の大幅な減少を経験してきた。これが実態であるとすれば、会員構成がエリート的な集団ほど、1960年代、70年代により大きな会員の減少を経験していたということになる。

52）Berry, *Interest Group Society*, p. 27, fig. 2.4.

53）Burdett A., Loomis and Allan J. Cigler, "Introduction: The Changing Nature of Interest Group Politics," in *Interest Group Politics*, edited by Allan J. Cigler and Burdett A. Loomis, 5th ed. (Washington, D.C.: CQ Press, 1998), p. 12. 米国退職者協会についての私の説明も、Charles R. Morris, *The AARP: America's Most Powerful Lobby and the Clash of Generations* (New York: Times Books, 1996)に負っている。

54）Loomis and Cigler, "Introduction," p. 12.

55）Allen M. West, *The National Education Association: The Power Base for Education* (New York: Free Press, 1980).

56）Kelly Patterson, "The Political Firepower of the National Rifle Association," in *Interest Group Politics*, 5th ed., edited by Allan Cigler and Burdett A. Loomis (Washington, D.C.: CQ Press, 1998), 119-42.

57）これらの図表では、絶対規模で巨大な組織を追いかけることとし、男性／女性／両性成人の1%を超える全結社のリストアップをしなかった。こうした措置は、性別集団がどんどん減る時代を通して一貫した尺度を保持するために行った。

58）これらの数字は、『団体名鑑』(*Encyclopedia of Associations*) および Mitchell, Mertig, and Dunlap, "Environmental Mobilization," p. 13からまとめたものである。

59）Gelb and Palley, *Women and Public Policies*, p. 29; *Encyclopedia of Associations*.

60）婦人クラブ総連合のデータは、同団体の記録から直接得たものである。全米女性組織のデータは、1993年度版『団体名鑑』(*Encyclopedia of Associations*) からのもの。

61）これらの研究は、Putnam, *Bowling Alone*, p. 51［前掲訳書『孤独なボウリング』56頁］(参考文献も含む) において要約されており、またパットナム自身の知見と計算も追加されている。

62）ゲイル・リサーチ・カンパニーの1998年CD-ROMデータから筆者が計算。このデータは、『団体名鑑』(*Encyclopedia of Associations*) 第34版のデータに照応している。設立日時に関して回顧データを使うのは問題かもしれないが、この場合にはまったく問題がないと考えている。その理由は、1960年代－80年代設立の集団で存続をした団体には、当初目標まで会員数を増やす機会があったからだ。いくつかの集団は会員数について何も言わないし、これらうちの二、三には実際には会員がいるかもしれない。だが、その数は多そうではない。また、大半のこうした団体の名前や活動目標は、普通、会員がいないか、あるいは組織的支持基盤に基づいている集団を示している。

63）Everett Carl Ladd, *The Ladd Report* (New York: Free Press), p. 50.

64）Putnam, *Bowling Alone*, pp. 61-62［前掲訳書『孤独なボウリング』68-69頁］.

65）この段落のすべての引用は、Ibid., pp. 31-43［前掲訳書、31-47頁］(強調は原文)。この段落のすべての引用は、上記の頁から。

66）Putnam, *Bowling Alone*, pp. 57, 451 (n. 20)［前掲訳書、63、659頁］. また、以下も見よ。Susan Crawford and Peggy Levitt, "Social Change and Civic Engagement: The Case of the PTA," in *Civic Engagement in American Democracy*, edited by Theda Skocpol and Morris P. Fiorina (Washington, D.C.: Brookings Institution Press; New York: Russell Sage Foundation, 1999), pp. 253, 273-75.

67）Crawford and Levitt, "The Case of the PTA," pp. 276-77.

68）Ibid., pp. 275-76; Laura M. Litvan, "Is the PTA now a Teacher's Pet? Close Ties to Unions Spur Some to Break Away," *Investor's Busisess Daily*, October 20, 1997, pp. A1, A40.

69）Ladd, *The Ladd Report*, p. 33.

70）Ibid., p. 49.

71）Michael W. Foley and Bob Edwards, "The Paradox of Civil Society." *Journal of Democracy* 7, no. 3 (July 1996): 44.

72）Nicholas Freudenberg and Carol Steinsapir, "Not in Our Backyards: The Grassroots Environmental Movement," in *American Environmentalism*, edited by Riley E. Dunlap and Angela G. Mertig (New York: Taylor and Francis, 1992)［満田久義訳『現代アメリカの環境主義』ミネルヴァ書房、1993年］; Bob Edwards, "With Liberty and Justice for All: The Emergence and Challenge of Grassroots Environmentalism in the United States," in *Ecological Resistance Movements*, edited by Bron

Raymond Taylor (Albany: State University of New York Press, 1995), 35-55.

73）Foley and Edwards, “Paradox,” p. 44.

74）Bob Edwards, “Semiformal Organizational Structure among Social Movement Organizations: An Analysis of the U.S. Peace Movement,” *Nonprofit and Voluntary Sector Quarterly* 23, no. 4 (Winter 1994): 309-33. *Grassroots Peace Directory* (Pomfort, Conn.: Topsfield Foundation, 1987) からデータを利用.

75）Edwards, “U.S. Peace Movement,” p. 327.

76）平和運動組織とその支持基盤のさまざまなタイプについては、Edwards, “U.S. Peace Movement,” p. 314の表1を見よ。全体のパーセントを私は、この表1と、エドワードが予算総額の規模の大小によって出した比率、大規模＝7%、小規模＝93%を使って計算した。

77）Edwards, “U.S. Peace Movements,” pp. 327, 328.

78）Robert Wuthnow, *Sharing the Journey: Support Groups and America's New Quest for Community* (New York: Free Press, 1994). この研究は、1991年11月のある時点で行われた代表的な全国調査に主に基づいている（付録Aを参照）。しかし、ウスノウはまた、綿密なインタビューと全国的な組織傾向についての証拠も使っている。

79）Ibid., p. 23, chap. 2.

80）Ibid., p. 76.

81）Charles Trueheart, “Welcome to the Next Church,” *Atlantic Monthly* 278, no. 2 (August 1996): 37-58.

82）この点は、Robert Wuthnow, “Mobilizing Civic Engagement: The Changing Impact of Religious Involvement,” in *Civic Engagement in American Democracy*, edited by Theda Skocpol and Morris P. Fiorina (Washington, D.C.: Brookings Institution Press, and New York: Russell Sage Foundation, 1999), pp. 361-62で展開されている。

83）Wuthnow, *Sharing the Journey*, p. 76, table 3.2. See also p. 65, table 3.1.

84）Ibid., pp. 70-75.

85）Ibid., p. 76, table 3.2.

86）ウスノウの報告によれば、小集団の会員の26%が、所属集団には「会費」があると言っている (Ibid., p. 135, table 5.1)。

87）現代の新右翼の発展については、Lisa McGirr, *Suburban Warriors: The Origins of the New American Right* (Princeton: Princeton University Press, 2001) を見よ。

88）福音主義教徒はまた、散発的ではなく定期的に教会に最も出席しそうな人々である。Putnam, *Bowling Alone*, pp. 75-78, 161-62［前掲訳書『孤独なボウリング』84-88、191-192頁］を参照のこと。

第5章

1）Robert D. Putnam, *Bowling Alone: The Collapse and Revival of American Community* (New York: Simon and Schuster, 2000)［前掲訳書『孤独なボウリング』］.

2）この見方を洗練させた研究として、Steven J. Rosenstone and John Mark Hansen, *Mobilization, Participation, and Democracy in America* (New York: Macmillan, 1993) がある。私は、ローゼンストーンとハンセンが選挙政治について展開した議論を、市民生活についての議論に援用し、展開している。

3）いくつかの注目すべき例外が存在する。白人が支配的な結社の中で、労働騎士団と若干の労働組合は、主な農業連合体や一部の禁酒連合体（とりわけ、グッド・テンプル結社）と同様に女性を受け入れた。さらに重要なのは、黒人の友愛・相互扶助集団は、類似の白人の集団よりもずっと男女混在的であった感があることだ。事実、セント・ルーク結社のような男女混合型のいくつかの集団は、女性が結成し、組織の指導も女性によって行われた。セント・ルーク結社については、Wendell P Dabney, *Maggie L. Walker and the IooF Saint Luke: The Woman and Her Work* (Cincinnati: Dabney Publishing Company, 1927) を見よ。

4）女性の友愛主義者については、以下を参照。Mary Ann Clawson, *Constructing Brotherhood: Gender, Class, and Fraternalism* (Princeton: Princeton University Press, 1989), chap. 6; David T. Beito, *From Mutual Aid to the Welfare State: Fraternal Societies and Social Services, 1890-1967* (Chapel Hill: University of North Carolina Press, 2000), pp. 31-36 passim; and Elizabeth B. McGowan, "The Scope of Woman's Influence and Its Greatest Avenue for Good in Fraternal Organizations," *Ladies Review* 7 (January 1, 1901).

5）独立の女性連合体は、白人男性の友愛組織よりも、人種区分線を越えたある種の姉妹愛を苦心して成就しようとしがちであった。キリスト教女子青年会(YWCA)は、白人・黒人間の集団、プログラムの促進に大変な尽力をした。婦人キリスト教禁酒同盟は、南部以外では、若干の人種的に統合された団体を含んでおり、またさまざまな南部州で類似の黒人協会を制度化し、女性は人種の枠を越えて全国大会に白人と一緒に出席できた。婦人クラブ総連合(GFWC)とPTAは、結成が南部で人種的分離が最も激しかった19世紀後半だったので、ここまではいかなかった。この二つの連合体は、南部の白人女性が脱退するという脅しまで飛び出た全国レベルでの論争の後、黒人を全面的な参加から締め出す決定をした。にもかかわらず、両組織の全国レベルの指導者、そして各組織のいくつかの州単位の指導者は、黒人女性側での相応するメンバーシップ連合体とプログラムの調整を少ししようとした。一般に白人女性は、酒と戦ったり、子どもや家族を支援したり、公教育を改善するといった共有の諸目標を追求する際に、黒人の間の類似の組織をパートナーとして見た。

6）*What It Means to Be an Elk: Information Relating to the Order Collected and Published Specially for the Instruction of Initiates* (no date or publisher, probably 1950s), p. 8. これは、結社の切手・パンフレット類の筆者の個人コレクションの一つの、紙表紙のパンフレットである。

7）多くの白人は、友愛的な兄弟愛という同じ普遍的に練られた理想にコミットする黒人と団体名やシンボルを共有することさえ渋った。裁判所は、最終的にはこうした抵抗をはねつけたが、多くの白人友愛団体は、黒人側の相応団体が、「エルクス」や「ピシアス騎士団」と似ている通り名を使うのを阻止する州法の成立を扇動した。

8）詳細な分析は、Susan Crawford and Peggy Levitt, "Social Change and Civic Engagement: The Case

of the PTA," in *Civic Engagement in American Democracy*, edited by Theda Skocpol and Morris P. Fiorina (Washington, D.C.: Brookings Institution Press; New York: Russell Sage Foundation, 1999), pp. 249-96に見られる。

9）Robert Wuthnow, *Loose Connections: Joining Together in America's Fragmented Communities* (Cambridge, Mass.: Harvard University Press, 1998), p. 253, n. 51.

10）Putnam, *Bowling Alone*, p. 268［前掲訳書『孤独なボウリング』327頁］およびパットナムから頂戴した図。

11）Loyal Order of Moose, *Moose Facts*, 4th rev. ed. (Moose-heart, Ill.: Supreme Lodge Supply Department, 1944), p. 29. この小冊子（筆者の切手・パンフレット類の個人コレクションの一つ）の各頁には霊的な見出しが付いている。そして、これは「父と息子」と呼ばれている。

12）たとえば、James R. Nicholson, Lee A. Donaldson, and Raymond C. Dobson, *History of the Order of Elks, 1868-1978*, rev. ed. (Chicago: Grand Secretary's Office of the Benevolent and Protective Order of Elks of America, 1978), sections K and Lを見よ。

13）大学教育を受けたことがあるアメリカ人の間の傾向は、図を見やすくするために省略してあるが、友愛団体、退役軍人団体の会員数は、このタイプの回答者においても減少している。

14）マサチューセッツ州立図書館は、これらの住所氏名録（旧版タイトルは、*Public Officials of Massachusetts*、現タイトルは*Public Officers of the Commonwealth of Massachusetts*）を継続して所蔵している。

15）図5-3は、ここ数十年の友愛会員の減少を実際より少な目に表している。というのは、多くのマサチューセッツ州上院議員は、昔は所属する友愛団体を複数箇リストアップしたものであったが、1980年代、90年代でもなんらかの友愛的絆を示し続けた議員は、普通一つの団体――典型的には、カトリック系か民族系（たとえば、コロンブス騎士団、イタリアの息子たち、古ヒベルニア団）――しか挙げていないからである。

16）Mabel Newcomer, *A Century of Higher Education for American Women* (New York: Harper, 1959), p. 46, table 2. さらに多くの議論と参考文献については、Theda Skocpol, *Protecting Soldiers and Mothers: The Political Origins of Social Policy in the United States* (Cambridge, Mass.: Harvard University Press, 1992), pp. 340-43を見よ。

17）以下を見よ。Robert D. Mare, "Changes in Educational Attainment and School Enrollment," in *State of the Union: America in the 1990s*, vol. 1: *Economic Trends*, edited by Reynolds Farley (New York: Russell Sage Foundation, 1995), pp. 164-67.

18）Ibid., p. 167; Suzanne M. Bianchi, "Changing Economic Roles of Women and Men," in *State of the Union: American in the 1990s*, vol. 1: *Economic Trends*, edited by Reynolds Farley (New York: Russell Sage Foundation, 1995), pp. 124-25, tables 3.6 and 3.7.

19）Wuthnow, *Loose Connections*, p. 241, n. 5に引用の米国国勢調査局の図表。

20）Wuthnow, *Loose Connections*, p. 76. また、Kay Lehman Schlozman, "Did Working Women Kill the PTA?" *American Prospect* 11, no. 20 (September 11, 2000): 14-15も参照のこと。この論文の

タイトルは、誤解を招きかねない。論文が提示している事実は、女性の従業者と非従業者を対比した政治関与の集合レベルに関係するものである。寄付を含む、あらゆる種類の政治関与がカウントされている。

21）Dora L. Costa and Matthew E. Kahn, "Understanding the Decline in Social Capital, 1952-1998" (unpublished paper pre-pared with support from the National Bureau of Economic Research and presented to the Economic History Workshop, Harvard University, 2001).

22）Wuthnow, *Loose Connections*, pp. 78-79.

23）パットナムは結局、伝統的な市民活動の低下のほんのごく一部しか、家庭、コミュニティ、職場での性役割の変化に原因を求めないことになる。だが、この結論は、統計的手法の綿密な使用によってあまりにも厳密に示されすぎである。パットナムは、女性を常勤、パートタイム、主婦に三分し、それぞれの参加レベルの差異のみを考えている。彼は、最も学歴が高い女性が、時が経って加入し、指導してきた種類の団体を丹念に調べていない。また、さらに重要な点は、パットナムは、ふれ合い効果を考えていない。高学歴の女性が加入する集団の所属や参加スタイルを変更するとき、そのことによって、他の女性や男性も影響を受ける。また、家事や有給労働の分業のあり方が変わるとき、皆の文化的理想、皆のタイムスケジュールに影響を与える。時間不足だけが問題なのではない。等しく密接に関係するのは、人々が、無償の活動のためにまとまった時間をやりくりする可能性である。高学歴の女性は今日、高学歴の男性と同様に、相変わらず非常に市民的に参加的であるかもしれないが、彼女らは違ったタイプのことをしている。だから、彼女らの要望に合わせて、定期的な集会の予定を立てるのは事実上不可能である！

24）児童擁護基金の説明については、David Walls, *The Activist Almanac* (New York: Fireside, 1993), p. 279 を参照。また、Marian Wright Edelman, *Families in Peril: An Agenda for Social Change* (Cambridge, Mass.: Harvard University Press, 1987) も参照のこと。

25）Putnam, *Bowling Alone*, p. 281［前掲訳書『孤独なボウリング』343-344頁］.

26）Allan J. Cigler and Burdett A. Loomis, "Introduction: The Changing Nature of Interest Group Politics" in *Interest Group Politics*, edited by Allan J. Cigler and Burdett A., Loomis (Washington, D.C.: CQ Press, 1983), pp. 11-12; and Steven Rathgeb Smith and Michael Lipsky, *Nonprofits for Hire: The Welfare State in the Age of Contracting* (Cambridge, MA: Harvard University Press, 1993).

27）この言い回しは、Hugh Heclo, "Issue Networks and the Executive Establishment," in *The New American Political System*, edited by Anthony King (Washington, D.C.: American Enterprise Institute, 1978), p. 89から。

28）Morris P. Fiorina and Paul E. Peterson, *The New American Democracy* (Boston: Allyn and Bacon, 1998), p. 352, chap. 12.

29）Kevin Phillips, *Arrogant Capital: Washington, Wall Street, and the Frustration of American Politics* (Boston: Little, Brown, 1994), pp. 25, 32［伊奈久喜訳『アメリカで「革命」が起きる』日本経済新聞社、1995年］. フィオリナとピーターソンによれば、議会スタッフのワシントン在勤と選挙区事務所在勤の割合は、現在のところ6対4である (Fiorina and Peterson, *New American*

Democracy, p. 352)。

30) Jeffrey M. Berry, *The Interest Group Society*, 3d ed. (New York: Longman, 1997), p. 220.

31) この変化の一例については、Mark Hansen, *Gaining Access: Congress and the Farm Lobby, 1919-1981* (Chicago: University of Chicago Press, 1991), pt. 2を見よ。

32) Jack L. Walker, *Mobilizing Interest Groups in America: Patrons, Professions, and Social Movements* (Ann Arbor: University of Michigan Press, 1991), p. 72.

33) Phillips, *Arrogant Capital*, chap. 2; David M. Ricci, *The Transformation of American Politics: The New Washington and the Rise of Think Tanks* (New Haven: Yale University Press, 1993) Andrew Rich and R. Kent Weaver, "Advocates and Analysts: Think Tanks and the Politicization of Expertise," in *Interest Group Politics*, 5th ed., edited by Allan J. Cigler and Burdett A. Loomis (Washington, D.C.: CQ Press, 1998), 235-53.

34) Karen Paget, "Citizen Organizing: Many Movements, No Majority," *American Prospect*, no. 2 (Summer 1990): 115-28.

35) 政治活動委員会(PAC)については、以下参照。Berry, *Interest Group Society*, pp. 55-58, chap. 7; and M. Margaret Conway and Joanne Connor Green, "Political Action Committees and Campaign Finance," in *Interest Group Politics*, 5th ed., edited by Allan J. Cigler and Burdett A. Loomis (Washington D.C.: CQ Press, 1998), pp. 193-214.

36) Berry, *Interest Group Society*, chap. 3.

37) この段落は、特に、Walker, *Mobilizing Interest Groups*, pp. 23-27によっている。政府の内と外での政党政治の変貌は、John H. Aldrich, *Why Parties? The Origin and Transformation of Political Parties in America* (Chicago: University of Chicago Press, 1995), pt. 3でも分析されている。

38) Marshall Ganz, "Voters in the Cross Hairs: How Technology and the Market are Destroying Politics," *American Prospect*, no. 16 (Winter 1994)100-109.

39) 19世紀合衆国の政党政治が利用した民衆動員の幅広いスタイルについての優れた議論は、Stevene Schier, *By Invitation Only: The Rise of Exclusive Politics in the United States* (Pittsburgh: University of Pittsburgh Press, 2000), esp. chaps 2を見よ。

40) 良い概観は、Michael T. Hayes, "The New Group Universe," in *Interest Group Politics*, 2nd ed., edited by Allan J. Cigler and Burdett A. Loomis (Washington, D.C.: CQ Press, 1986), 133-45から得ることができる。

41) Andrew S. McFarland, *Common Cause: Lobbying in the Public Interest* (Chatham, N.J.: Chatham House, 1984), pp. 1-2, 75-76.

42) 合衆国の財団を概観するには、以下参照。Joseph C. Kiger and Sara L. Engelhardt, *Philanthropic Foundations of the Twentieth Century* (Westport, Conn.: Greenwood Press, 2000); and Teresa Odendahl, *America's Wealthy and the Future of Foundations* (New York: Foundation Center, 1987). 補助金支出の最近の傾向および新財団の設立については、ファンデーションセンター(http://fdncenter.org)が記録している。

43) J. Craig Jenkins and Abigail Halcli, "Grassrooting the System? The Development and Impact of

Social Movement Philanthropy, 1953-1990," in *Philanthropic Foundations: New Scholarship, New Possibilities* (Bloomington: Indiana University Press, 1999) p. 230, table 10.1.

44）Nicholas Lemann, "Citizen 501(c)(3)," *Atlantic Monthly* (February 1997): 19.

45）Jenkins and Halcli, "Grassrooting the System." 会費の重要性が次第に低下している点については、Putnam, *Bowling Alone*, p.63.［前掲訳書『孤独なボウリング』70頁］を見よ。

46）以下を見よ。J. Craig Jenkins, "Channeling Social Protest: Foundation Patronage of Contemporary Social Movements," in *Private Action and the Public Good*, edited by Walter W. Powell and Elisabeth S. Clemens (New Haven: Yale University Press, 1998), pp. 206-16; Joyce Gelb and Marian Leif Palley, *Women and Public Policies* (Princeton: Princeton University Press, 1982), pp. 42-50; and Berry, *Lobbying for the People*, pp. 71-76. ベリーは、1972-73年に83の公益組織を研究し、約半数が相当な額の助成金を財団から得ていたことを発見した。ただ残念なのは、組織の設立年度別による、助成金のカテゴリー内におけるバリエーションは報告されていない。

47）Robert Lerner, Althea K. Nagai, and Stanley Rothman, *Giving for Social Change: Foundations, Public Policy, and the American Political Agenda* (Westport, Conn.: Praeger, 1994), chap. 8, "Foundations and Their Public Policy Grants"; Sally Covington, *Moving a Public Agenda: The Strategic Philanthropy of Conservative Foundations* (Washington, D.C.: National Committee for Responsive Philanthropy, 1997). 多文化主義についての考え方に影響を受け、また明らかに党派的であると非難されるのを気にしているリベラルの財団は、資源の一部を「独立派」とはっきりわかる受取人に注ぐが、保守の財団はそのようなことはほとんどやらない。さらに重要なのは、リベラルの財団は、最近数十年の間にコミュニティの組織化活動や特定の問題に活動を絞ったアドボカシー・グループに対して数多くの少額の短期助成金を付与する方向に動いた。これら諸財団が、気前よく施してくれるものだから、結果、助成金をもらう方は、年がら年中、やれ申請書の作成だ、現場訪問の主催だ、報告書の作成だ、と面倒な仕事からなかなか抜け出せない。これとは対照的に保守系財団の場合、右派勢力の政治動員を強化しようと、リサーチ・メディア力を構築すべく多額の長期的な助成金を活用する。

48）財団助成金とその影響については、特にJenkins and Halcli, "Grassrooting the System," and Jenkins, "Channeling Social Protest"を見よ。黒人運動への影響については、特にJ. Craig Jenkins and Craig M. Eckert, "Channeling Black Insurgency: Elite Patronage and Professional Social Movement Organizations in the Development of the Black Movement," *American Sociological Review* 51 (December 1986): 812-29を参照のこと。

49）Walker, *Mobilizing Interest Groups*, chap. 5, esp. tables 5-1, 5-2.

50）Walker, *Mobilizing Interest Groups*, pp. 93-94.

51）環境保護団体の資金調達戦略の変化については、以下の論文を見よ。Christopher J. Bosso, "The Color of Money: Environ-mental Groups and the Pathologies of Fund Raising," in *Interest Group Politics*, 4th ed., edited by Allan J. Cigler and Burdett A. Loomis (Washington, D.C.: CQ Press, 1995), pp. 101-30; Paul E. Johnson, "Interest Group Recruiting: Finding Members and

Keeping Them," in *Interest Group Politics*, 5th ed., edited by Allan J. Cigler and Burdett A. Loomis (Washington, D.C.: CQ Press, 1998), pp. 35-62.

52) McFarland, *Common Cause*, p. 76.

53) ダイレクトメール戦術をうまく概観したものとして、以下がある。Berry, *Interest Group Society*, pp. 77-80; R. Kenneth Godwin and Rondo Cameron Mitchell, "The Implication of Direct Mail for Political Organizations," *Social Science Quarterly* 65, no. 3 (1984): 829-39.

54) Johnson, "Interest Group Recruiting."

55) この変化は、James M. Fallows, *Breaking the News: How the Media Undermine American Democracy* (New York: Pantheon, 1996)の中で説明されている。

56) Howard Kurtz, *Hot Air: All Talk, All the Time* (New York: Times Books, 1996).

57) Godwin and Mitchell, "Implications of Direct Mail," p. 836.

58) Michael Schudson, "What If Civic Life Didn't Die?" *American Prospect*, no. 25 (March-April 1996): 19. また、Mare, "Changes in Educational Attainment," pp. 166-67も見よ。

59) Steven Brint, *In an Age of' Experts: The Changing Role of Professionals in Politics and Public Life* (Princeton: Princeton University Press, 1994), p. 3.

60) Sheldon Danziger and Peter Gottschalk, *America Unequal* (New York: Russell Sage Foundation; Cambridge, Mass.: Harvard University Press, 1995); Mare, "Changes in Educational Attainment," pp. 203-7.

61) David Brooks, *Bobos in Paradise: The New Upper Class and How They Got There* (New York: Simon and Schuster, 2000).

62) Brint, *Age of Experts*.

63) Robert H. Frank and Philip J. Cook, *The Winner-Take-All Society* (New York: Free Press, 1995), p. 12, chap. 8.

64) Wuthnow, *Loose Connections*, p. 47.

65) Ibid., p. 46.

66) Putnam, *Bowling Alone*, chaps. 3-5［前掲訳書『孤独なボウリング』］.

第6章

1) 現代の市民的傾向を楽観的に見る分析者による関連研究の引用については、第1章の注22を参照されたい。

2) 悲観論者の研究や報告書の引用については、第1章の註9および11-13を見よ。

3) Debra C. Minkoff, "Producing Social Capital: National Movements and Civil Society," *American Behavioral Scientist* 40 (March-April 1997): 606-7.

4) Andrew S. McFarland, *Common Cause: Lobbying in the Public Interest* (Chatham, N.J.: Chatham House, 1984), pp. 48-49.

5) R. Kenneth Godwin and Robert Cameron Mitchell, "The Implications of Direct Mail for Political Organizations," *Social Science Quarterly* 65, no. 3 (1984): 829-39.

6）Everett Carl Ladd, The Ladd Report (New York: Free Press, 1999), chaps. 1-3; Robert Wuthnow, *Sharing the Journey* (New York: Free Press, 1994).

7）Wuthnow, *Sharing the Journey*, pp. 3-6, 358-60.

8）Robert Wuthnow, *Loose Connections: Joining together in America's Fragmented Communities* (Cambridge, Mass.: Harvard University Press, 1998), pp. 77-78.

9）ラッドの議論は、第4章で示してある。

10）J. Craig, Jenkins and Abigail Halch, "Grassrooting the System? The Development and Impact of Social Movement Philanthropy, 1953-1990, 1953-1990," in *Philanthropic Foundations: New Scholarship, New Possibilities*, edited by Ellen Condliff Lagemann (Bloomington: Indiana University Press, 1999), p. 253.

11）Stevene Schier, *By Invitation Only: The Rise of Exclusive Politics in the United States* (Pittsburgh: University of Pittsburgh Press, 2000), p. 3.

12）Lawrence R. Jacobs and Robert Y. Shapiro, *Politicians Don't Pander. Political Manipulation and the Loss of Democratic Responsiveness* (Chicago: University of Chicago Press, 2000).

13）Schier, *By Invitation Only*, p. 3.

14）Steven J. Rosenstone and John Mark Hansen, *Mobilization, Participation, and Democracy in America* (New York: Macmillan, 1993).

15）Alan S. Gerber and Donald P. Green, "The Effects of Canvassing, Telephone Calls, and Direct Mail on Voter Turnout: A Field Experiment," *American Political Science Review* 94, no. 3 (September 2000): 662.

16）モーリス・P・フィオリナは、この現象を説明するのに有益な議論を展開してきた。次の文献を参照。Morris P. Fiorina, "Extreme Voices: The Dark Side of Civic Engagement," in *Civic Engagement in American Democracy*, edited by Theda Skocpol and Morris P. Fiorina (Washington, D.C.: Brookings Institution Press; New York: Russell Sage Foundation, 1999), pp. 395-425; and "Parties, Participation, and Representation in America: Old Theories Face New Realities" (unpublished paper presented at the annual meeting of the American Political Science Association, Washington, D.C., August 31-September 3, 2000).

17）Godwin and Mitchell, "Implications of Direct Mail."

18）Jeffrey M. Berry, *The New Liberalism: The Rising Power of Citizen Groups* (Washington, D.C.: Brookings Institution Press, 1999), p. 9.

19）Ibid., pp. 34-35.

20）Ibid., p.57.

21）Ibid., pp. 55-56.

22）Ibid.

23）Ibid., p. 56.

24）Ibid.

25）Ibid., pp. 56-57.

26）この議論を詳細に展開したものとしては、拙著、Theda Skocpol, *The Missing Middle: Working Families and the Future of American Social Policy* (New York: Norton and the Century Foundation, 2000)がある。

27）GIビルについての私の説明は、特に以下の文献に負っている。Michael J. Bennett, *When Dreams Came True: The G.I. Bill and the Making of Modern America* (Washington, D.C.: Brassey's, 1996); Davis R. B. Ross, Preparing for Ulysses (New York: Columbia University Press, 1969); and Theda Skocpol, "The G.I. Bill and U.S. Social Policy, Past and Future," *Social Philosophy and Policy* 14, no. 2 (1997): 95-115.

28）詳細な分析と参考文献については、Theda Skocpol, *Boomerang: Health Care Reform and the Turn against Government* (New York: Norton, 1997)を参照。このエピソードにおける世論と世論調査については、Jacobs and Shapiro, *Politicians Don't Pander*, pt. 2を参照のこと。

29）Gary Orren, "Fall from Grace: The Public's Loss of Faith in Government," in *Why People Don't Trust Government*, edited by Joseph S. Nye Jr., Philip D. Zelikow, and David C. King (Cambridge, Mass.: Harvard University Press, 1997), pp. 80-81［嶋本恵美訳『なぜ政府は信頼されないのか』英治出版、2002年、117-118頁］. ミシガン大学の全米選挙調査（1958-96年）における同じ質問への回答は、図3-1に示されている。

30）Ibid., p. 81［前掲訳書、120頁］.

31）Robert J. Blendon, John M. Benson, Richard Morin, Drew E. Altman, Mollyann Brodie, Mario Brossard, and Matt James, "Changing Attitudes in America," in *Why People Don't Trust Government*, edited by Joseph S. Nye Jr., Philip D. Zelikow, and David C. King (Cambridge, Mass.: Harvard University Press, 1997), p. 210［前掲訳書、285頁］.

32）"USA Today Snapshots: Stars and Stripes Are Flying High," *USA Today*, October 19-21, 2001, p.1.

33）"A Survey of Charitable Giving after September 11, 2001," prepared for Independent Sector by Wirthlin Worldwide, October 23, 2001. 概観するには、http:// www.independentsector.org/sept11/survey.html を見よ。

34）パットナムが〈9.11〉以前に実施していたある調査への回答者を対象に〈9.11〉後に行った世論調査の結果について、同氏からもらったEメール。しかし、次のことは注意しておく価値がある。黒人およびヒスパニックに対する信頼の新たなレベルに関して報告されてはあったが、にもかかわらず、ニューヨーク消防士記念碑のスポンサーが、三人の白人消防士が世界貿易センタービルの瓦礫上で星条旗を掲げた「絵」をシンボリックな意味で変えたいと提言したとき、「絵」をめぐる公けの論争が止むことはなかった。スポンサーが欲しがった「絵」は、白人、黒人、ヒスパニックの消防士が星条旗を掲げた構図であったが、一般市民の批判に遭ってその主張を撤回した。

35）Richard Morin and Claudia Deane, "Poll: Americans' Trust in Government Grows," *Washington Post Online*, September 28, 2001.

36）Stanley B. Greenberg, "'We'-Not' Me," *American Prospect* 12, no. 22 (December 17, 2001):

37）Fred Kaplan, "Charity Chief Says Giving Far Exceeds Sept. 11 Goal," *Boston Sunday Globe*, January

27, 2002, pp. 1, A24.

38）Winnie Hu, "Outpouring for Sept. 11 Groups Means Less for Food Banks," *New York Times*, November 21, 2001, p. B8.

39）Stephen G. Greene et. al., "Trimming Holiday Hopes," *Chronicle of Philanthropy*, December 13, 2001.

40）"The American Red Cross Hears America," an advertisement in the *New York Times*, November 27, 2001, p. B10を見よ。米国赤十字もまた、激しい内部の指導権争いへと変わり、それは継続し、〈9.11〉後の緊張によってさらに悪化した。以下を参照されたい。Deborah Sontag, "Who Brought Bernadine Healy Down?" *New York Times Magazine*, December 23, 200: 1, pp. 32-40, 52-55.

41）Kaplan, "Charity Chief."

42）David M. Kennedy, *Over Here: The First World War and American Society* (New York: Oxford University Press, 1980), pp. 106-13.

43）"Bush's Star Role in TV Travel Ad May Shine On," in the "Washington Wire" column of the *Wall Street Journal*, November 21, 2001, p. 1.

44）2002年1月14日月曜日に、全米旅行業協会は、ウェブ(http://www.tia.org)上で、「アメリカの消費者のなんと70%が、ブッシュ大統領が企業のテレビコマーシャルに出ているのを見た。そして、合衆国の成人人口の半数以上が、広告を正確に口にできる」と公式に発表した。

45）彼は、その事例を大げさに言っているが、テロへの戦いと第二次世界大戦の有益な対比は、Michael Barone, "Not a Victory for Big Government," *Wall Street Journal*, January 15, 2002, p. A16に見られる。

46）Alison Mitchell, "After Asking for Volunteers, Government Tries to Determine What They Will Do," *New York Times*, November 10, 2001, p. B7.

47）"Post 9-11 Attitudes: Religion More Prominent, Muslim-Americans More Accepted," Pew Research Center for the People and the Press, December 6, 2001.

48）Albert R. Hurt, "Waiting for the Call," *Wall Street Journal*, May 30, 2002, p. A15.

第7章

1）この立場の最も明快な説明は、Marvin Olasky, *Compassionate Conservatism: What It Is, What It Does, and How It Can Transform America* (New York: Free Press, 2000), with a foreword by George W. Bush に見られる。

2）シャンブラの地域第一主義《ローカリスト》的な見方については、Michael S. Joyce and William A. Schambra, "A New Civic Life," in To Empower People: From State to Civil Society, 2d ed., edited by Michael Novak (Washington, D.C.: AEI Press, 1996)を見よ。ガルストンとエルシュテインは、第1章で説明した全米的な市民改革委員会で主導的な役割を果たした。また、ドン・E・エバリーは、ブッシュ大統領の重要アドバイザーの一人である。彼の考え方については、Don E. Eberly, *America's Promise: Civil Society and the Renewal of American Culture* (Lanham, Md.: Rowman

& Little-field, 1998)を参照されたい。

3) National Commission on Civic Renewal, "A Nation of Spectators: How Civic Disengagement Weakens America and What We Can Do About It" (College Park, Md.: National Commission on Civic Renewal, 1998), p. 9, and recommendations on pp. 9-20.

4) Robert D. Putnam, *Bowling Alone: The Collapse and Revival of American Community* (New York: Simon and Schuster, 2000), chap. 24［前掲訳書『孤独なボウリング』］。この段落のすべての参考文献と引用は、本章で強調した改革提言からのものである。

5) パットナムが説明するように、社会的つながりが促進されれば、多くの人々はより幸福に、また健康になり、学校や職場、公共機関も円滑に運営されるのかもしれない(Putnam, *Bowling Alone*, pt. 4)。パットナムが、そのようなものとして民主主義(『孤独なボウリング』第21章「民主主義」を参照)を評価する唯一の帰結は、よりローカルな対面的交流が民主的参加の原動力であるという怪しげな前提に基づいている。

6) Putnam, *Bowling Alone*, chap. 16.

7) 社会資本がきわめて豊かな州として、パットナムが好んで取り上げるのは、ニューハンプシャー州である。Tamar Lewin, "One State Finds Secret to Strong Civic Bonds," *New York Times*, August 26, 2001, pp. 1, 14に手短に述べられているように、パットナムが近年収集したデータは、ニューハンプシャー州民は階級の区分線を越えてかなり平等にコミュニティ活動に参加していることを示している。しかしながら、彼らの参加は、圧倒的に地元集中であり、これは、ニューハンプシャーが、市民的健全度についての大きな問題をむし返す。ニューハンプシャー州の州政府の能力は弱い。というのは、州には所得税も売上税もないからだ。特権的でない州民は、メイン州の同じような人々と同じ問題の多くに苦しんでいるが、支援はより少ない。学校や公立大学にも十分な資金を出してこられなかった。とにかく、ニューハンプシャーでは、「地元コミュニティ」が話のすべてなのだ。というのは、固定資産の多くの納税者は、バカンス用別荘を持つ州外の人間だし、州南域の急速に発展する地域の住人の多くは、州外の大学の学位を持ち、隣接するマサチューセッツ州で仕事をするかなり裕福な高い社会的地位の人々だからである。

8) Allan Drury, "Mainers' Pay Slips, Except for the Rich," *Maine Sunday Telegram*, September 3, 2000, pp. 1A, 14A.

9) Tux Turkel, "Health Care Puts Pinch on Workers," *Maine Sunday Telegram*, September 3, 2000, pp. IA, 14A.

10) "New Survey Dispels Myths on Citizen Engagement," News Release, Pew Partnership for Civic Change, Charlottesville, Virginia, announcing *Ready, Willing, and Able: Citizens Working for Change* (Richmond, Va.: Pew Partnership of Civic Change, 2001). 報告書については、www.pewpartnership.org を見よ。

11) *Ready, Willing, and Able*, p. 1 (エグゼクティブサマリー).

12) "New Survey," pp. 1-2.

13) "Remarks by the President in Announcement of the Faith-based Initiative," Office of the Press

Secretary, the White House, January 29, 2001.

14) "Foreword by President George W. Bush," *Inrallying the Armies of Compassion* (Washington, D.C.: The White House, 2001).

15) "The Bush 'Faith-based' Initiative: Why It's Wrong" (Washington, D.C.: Americans United for Separation of Church and State, February 20, 2001). 次のサイトで利用可能。http://www.au.org.

16) Laurie Goodstein, "States Steer Religious Charities toward Aid," *New York Times*, July 21, 2001. プレミアム・アーカイブ(http://www.nytimes.org)を通じて利用可能。

17) この可能性は、"Spiritual Poverty," *New Republic* 4, no. 516 (August 6, 2001): 7において詳細に論じられている。

18) Roger Finke and Rodney Stark, *The Churching of America, 1776-1990* (New Brunswick, N.J.: Rutgers University Press, 1992).

19) Peter Dobkin Hall, "Vital Signs: Organizational Population Trends and Civic Engagement in New Haven, Connecticut, 1850-1998," in *Civic Engagement in American Democracy*, edited by Theda Skocpol and Morris P. Fiorina (Washington, D.C.: Brookings Institution Press; New York: Russell Sage Foundation, 1999), pp. 211-48に記載されている傾向を見られたい。

20) Alan S. Gerber and Donald P. Green, "The Effects of Canvassing, Telephone Calls, and Direct Mail on Voter Turnout: A Field Experiment," *American Political Science Review* 94, no. 3 (September 2000): 653-63に報告されている、創意に富んだ厳密な実地実験を見られたい。

21) より詳しくは、AFL＝CIOのウェブサイト(http://www.aflcio.org)を見よ。

22) Harold Meyerson, "California's Progressive Mosaic," *American Prospect* 12, no. 11 (June 18, 2001): 17-23.

23) 改革後のAFL＝CIOの戦略と困難については、以下を参照。John J. Sweeney, *America Needs a Raise: Fighting for Economic Security and Social Justice* (Boston: Houghton Mifflin, 1996); Richard Rothstein, "Toward a More Perfect Union: Labor's Hard Road," *American Prospect*, no. 26 (May-June 1996) 47-53; Kim Voss and Rachel Sherman, "Breaking the Iron Law of Oligarchy: Union Revitalization in the American Labor Movement," *American Journal of Sociology* 106, no. 2 (September 2000): 303-49.

24) 優れた概要については、Riley E. Dunlap and Angela G. Mertig, eds., *American Environmentalism: The U.S. Environmental Movement, 1970-1990* (New York: Taylor and Francis, 1992)〔前掲訳書『現代アメリカの環境主義』〕を見よ。

25) Putnam, *Bowling Alone*, p. 162〔前掲訳書『孤独なボウリング』192頁〕.

26) 私の説明は、特に次の研究を参考にしている。Clyde Wilcox, *Onward Christian Soldiers? The Religious Right in American Politics* (Boulder, Colo.: Westview Press, 1996); Robert Wuthnow, "The Political Rebirth of American Evangelicals," in *The New Christian Right: Mobilization and Legitimation*, edited by Robert C. Liebman and Robert Wuthnow (Hawthorne, N.Y.: Aldine, 1983), pp. 167-85; and Ralph Reed, *Politically Incorrect: The Emerging Faith Factor in American Politics* (Dallas: Word Publishing, 1994).

27）Ernesto Cortes, Jr., "Reweaving the Fabric: The Iron Rule and the IAF Strategy for Power and Politics," in *Interwoven Destinies: Cities and the Nation*, edited by Henry G. Cisneros (New York: Norton, 1993), pp. 691-92.

28）IAFの特にアメリカ南西部における組織化や達成業績の見事な分析については、Mark R. Warren, *Dry Bones Rattling: Community Building to Revitalize American Democracy* (Princeton: Princeton University Press, 2001); and Dennis Shirley, *Community Organizing for Urban School Reform* (Austin: University of Texas Press, 1997)を参照されたい。

29）Warren, *Dry Bones Rattling*, pp. 35, 253. IAFはまた、民衆の組織化のために専門的技術をテコ入れする道を見出した。IAFの組織者は、そこそこいい給料をもらい、大人の生活を維持するには十分な諸手当ももらっている。彼ら組織者は、やっていることはプロである。彼らは、共有されたエートスの持ち主であり、絶えず新しい物事を学んでいる。重要な意味で、彼らはキャリアの持ち主だ。組織者は、ボランティアのコミュニティ・リーダーを訓練し、励ますのに専念し——次の段階では、コミュニティ・リーダーが、IAFのキャンペーンの目標を明確化できるようにと少しばかり彼らから距離を置く。IAF組織はこのように、専門的意見と純粋に民主的な関与を結合している。新しく出現した草の根リーダーは絶えず動員されるが、ベテランのプロの組織者は、彼らの闘いを共有し、運動構築の試験ずみの方法で訓練を提供する。

30）より詳しくは、子どもたちのためのサイト(http://www.stand.org)を見よ。さらなる分析については、Theda Skocpol and, Jillian Dickert, "Speaking for Families and Children in a Changing Civic America," in *Who Speaks for America's Children? The Role of Child Advocates in Public Policy*, edited by Carol J. De Vita and Rachel Mosher-Williams (Washington, D.C.: Urban Institute Press, 2001)を見よ。

31）市民ジャーナリズムの活動についてさらに知りたい人は、ピュー財団の市民ジャーナリズムセンター(Center for Civic Journalism)のサイト(http://www.pewcenter.org/doingcj/)を見られたい。

32）選挙資金改革の現在の戦略についての気の利いた概観と論評については、John B. Judis, "Goo-Goos versus Populists," *American Prospect*, no. 30 (January-February 1997): 12-14を見よ。

33）19世紀の人民による政党政治とそれへのエリート改革者の反発についての優れた説明については、Michael E. McGerr, *The Decline of Popular Politics: The American North, 1856-1900* (Oxford: Oxford University Press, 1986)を見よ。

34）Paul Kleppner, *Who Voted? The Dynamics of Electoral Turnout, 1870-1980* (New York: Praeger, 1982).

35）Karen M. Paget, "Citizen Organizing: Many Movements, No Majority," *American Prospect*, no. 2 (Summer 1990): esp. 123-24.

36）この点は、Judis, "Goo-Goos versus Populists"の中で展開されている。

37）委員会の最終報告書は、2001年8月1日に公開された。次のサイトで利用可能。
http://www.reformelections.org.

38）特に、次の論説を参照のこと。Wendy M. Rahn, John Brehm, and Neil Carlson, “National Elections as Institutions for Generating Social Capital,” in *Civic Engagement in American Democracy*, edited by Theda Skocpol and Morris P. Fiorina (Washington, D.C.: Brookings Institution Press; New York: Russell Sage Foundation, 1999), pp. 111-60.

39）Richard B. Freeman, “What, Me Vote?”(discussion paper prepared for the Russell Sage Conference on Inequality, June 2001), p. 14.

40）合衆国の19世紀の選挙の社会力学については、McGerr, *Decline of Popular Politics*を見よ。

41）Marshall Ganz, “Motor Voter or Motivated Voter?” *American Prospect*, no. 28 (September-October 1996): 41-49. また、Ganz, “Voters in the Cross Hairs: How Technology and the Market are Destroying Politics,” *American Prospect*, no. 16 (Winter 1994): 100-109も参照。

42）州における選挙運動資金法と選挙運動の要約については、Robert Dreyfuss, “Reform beyond the Beltway: States as Laboratories of Clean Money,” *American Prospect*, no. 38 (May Tune 1998): 50-55を見よ。

43）この点については、Theda Skocpol, *Boomerang: Health Care Reform and the Turn against Government*（New York: Norton, 1997）を参照されたい。